एक और नीमसार

संगतिन आत्ममन्थन और आन्दोलन

एक और नीमसार

संगतिन आत्ममन्थन और आन्दोलन

एक और नीमसार

संगतिन आत्ममन्थन और आन्दोलन

डायरी नवीस

ऋचा नागर

ऋचा सिंह

सहयोग

सुरबाला वैश्य

रीना पाण्डे

राजकमल प्रकाशन

नयी दिल्ली पटना इलाहाबाद

मूल्य : ₹ 250

पहला संस्करण : 2012

प्रकाशक : राजकमल प्रकाशन प्रा. लि.
1-बी, नेताजी सुभाष मार्ग
नई दिल्ली-110 002

शाखाएँ : अशोक राजपथ, साइंस कॉलेज के सामने, पटना-800 006
पहली मंजिल, दरबारी बिल्डिंग, महात्मा गांधी मार्ग, इलाहाबाद-211 001

वेबसाइट : www.rajkamalprakashan.com
ई-मेल : info@rajkamalprakashan.com

आवरण : रामबाबू

मुद्रक : बी.के. ऑफसेट
नवीन शाहदरा, दिल्ली-110 032

EK AUR NEEMSAAR
Sangtin Atmamanthan Aur Andolan
by Richa Nagar & Richa Singh

ISBN : 978-81-267-2194-8

माया को

जिसने संगतिन के मूल्यों को भरपूर जीया

तथा

पापा (स्व. फौजदार सिंह) और संचित बाबा (स्व. संचित सिंह) को

जिनके क़िस्से-कहानियों और संघर्षों ने

शोषण और ज़िन्दगी के मायनों से

हमारा पहला परिचय करवाया

यह सफ़रनामा

होली वैसे तो हमेशा अपने साथ कोई न कोई रंग लेकर आती है, पर सन् 2009 की होली सीतापुर के मिश्रिख और पिसावाँ ब्लॉकों के गाँवों में जो छटा लेकर आई वह सच में अनोखी थी। एक बहुत लम्बी जंग के बाद संगतिन किसान मज़दूर संगठन से जुड़े बीस गाँवों के 826 मज़दूर परिवारों ने राष्ट्रीय ग्रामीण रोज़गार गारण्टी योजना[1] के तहत उत्तर प्रदेश सरकार से लगभग पन्द्रह लाख रुपये बेरोज़गारी भत्ते के रूप में हासिल किए थे।

जीत के कुमकुमों की इस फुहार से ठीक सात बरस पहले होली के आसपास ही इस संघर्ष यात्रा के पहले रंग फूटे थे। हम में से एक ऋचा (ऋचा सिंह) उन दिनों सीतापुर ज़िले में महिला समाख्या कार्यक्रम को नेतृत्व दे रही थी और दूसरी ऋचा (ऋचा नागर) मिनिसोटा विश्वविद्यालय से अवकाश लेकर लखनऊ में कुछ महिला संगठनों के साथ जुड़कर काम कर रही थी। रंग, धूल और लगातार गरमाती धूप के बसन्ती समां में उस बरस हम दोनों ने महिला संगठनों से जुड़ी चुनौतियों पर एक बेबाक बातचीत शुरू की थी। उस बातचीत से शुरू हुआ चिन्तन तथा आत्ममन्थन का एक सिलसिला, जिसमें सीतापुर में कार्यरत सात और साथी हमारे संग तन-मन से जुड़ गईं।

नौ महिलाएँ जब अपनी यादों, भावनाओं और अनुभवों की गठरियाँ टटोलते हुए मार्च 2002 में एक दूसरे के साथ एक रास्ता खोजने चली थीं तब हमें एहसास भी नहीं था कि यह सफ़र किस तरह से हमारी आगे की ज़िन्दगियों की डगर तय करने जा रहा है। बचपन की यादों और जवानीं और मातृत्व की मुलायम अनुभूतियों और कसैली पीड़ाओं से गुज़रता यह सामूहिक संवाद जैसे-जैसे महिला सशक्तीकरण से जुड़े काम के आत्मालोचन में तब्दील होता चला गया वैसे-वैसे समूह में अपने पुराने

1. इस लड़ाई के समापन के कुछ आठ माह बाद राष्ट्रीय ग्रामीण रोज़गार गारण्टी योजना (नरेगा) का नाम महात्मा गांधी राष्ट्रीय ग्रामीण रोज़गार गारण्टी योजना (मनरेगा) कर दिया गया। इस पुस्तक में इस योजना का जिस समय जो नाम था, उसी नाम से उल्लेख किया गया है।

सफ़र को एक नया मोड़ देकर सशक्तीकरण को अलग ढंग से परिभाषित करने की इच्छा भी लगातार ज़ोर पकड़ती चली गई। एन.जी.ओ. कार्य-क्षेत्र की जो सच्चाइयाँ लेखिकाओं ने पिछले आठ से तेरह सालों में अपनी आँखों के सामने उघड़ती देखी थीं और जिनमें कहीं-न-कहीं पूरी हिस्सेदारी भी निभाई थी–उस एन.जी.ओ. कार्य-क्षेत्र से मिले सबक़, उससे जुड़ी तकलीफ़ें, दिक़्क़तें और ख़ुशियाँ हमारे चिन्तन और लेखन प्रक्रिया का केन्द्र बनीं। इसके साथ ही साथ शुरू हुआ आगे के सफ़र को अन्जाम देने के लिए कुछ बुनियादी सवालों को पहचानने का सिलसिला–महिला सशक्तीकरण के मौजूदा चेहरे को क़रीब से देखने के बाद हम किन वजूहात से उसे कुबूल नहीं कर पा रहे? उस सशक्तीकरण की सूरत को हम कैसे बदलना चाहते हैं? क्यों और किसके लिए?

आगे के दौर के लिए सपने संजोने की प्रक्रिया में नौ संगतिनों ने अपनी-अपनी जीवन यात्रा को एक सामूहिक सफ़र से गूँथकर ग्रामीण समुदायों में काम करने वाली संस्थाओं को लेकर जहाँ एक ओर कई उलझन भरे सवाल उठाए वहीं दूसरी ओर उन सवालों से जूझने के लिए एक राह भी तय की। इन सवालों और राहों की चर्चाएँ जब *संगतिन यात्रा : सात ज़िन्दगियों में लिपटा नारी विमर्श* पुस्तक में समाहित होकर सार्वजनिक मंच पर सामने आईं तो पुस्तक की लेखिकाएँ जिस संस्था से जुड़कर रोज़ी-रोटी कमा रही थीं वहाँ पुस्तक में व्यक्त विचारों को लेकर एक संग्राम-सा छिड़ गया। डेढ़ बरस के भीतर इस लड़ाई ने साठ गाँवों में सक्रिय संगतिन किसान मज़दूर संगठन का रूप अख़्तियार कर लिया। 2009 के आते-आते यह संगठन लगभग पाँच हज़ार साथियों के संघर्षों और अरमानों को ऊर्जा देने वाले आन्दोलन में तब्दील हो चुका था।

एक पल को पिछले सात बरसों की यह यात्रा एक चलचित्र सरीखी लगती है लेकिन दूसरे पल लगता है मानो पिछले सात सालों में लगभग पाँच हज़ार साथियों ने साथ मिलकर एक युग का सफ़र तय कर डाला हो। *एक और नीमसार* 2004 से 2011 तक का ऐसा सफ़रनामा है जिसे हम दो डायरी नवीसों ने संगतिन के तमाम जुझारू साथियों की मदद से बयान किया है। इनमें अधिकांश साथियों का न तो औपचारिक शिक्षा से कोई साक्षात्कार हुआ है, और न ही उन्हें किसी सार्वजनिक मंच पर अपने जीवन या अपनी संघर्ष-गाथा का अपने मुख से वर्णन करने का मौक़ा मिला है लेकिन इन साथियों के संगठनात्मक सफ़र में ऐसे अनगिनत सबक़ भरे हुए हैं जो हमारे देश और दुनिया में आज ज़बर्दस्त प्रेरणा स्रोत बन सकते हैं। सीतापुर, लखनऊ और मिनियापोलिस-सेण्ट पॉल के बीच की तमाम दूरियों के आर-पार पिछले सात सालों में बड़े जतन और भरोसे से पिरोई यह डायरी इन्हीं सबक़ों और ऊर्जाओं को पाठकों के साथ बाँटने की कोशिश है। संगतिन सत्याग्रह की इस डायरी की अगर

चिकन की लखनवी कढ़ाई से तुलना करें तो संगतिन किसान मज़दूर संगठन के साथियों ने अपना गाढ़ा पसीना बहाकर कपड़े की वह बुनावट और रूपरेखा तैयार की है जिसमें इस किताब में लिखे लफ़्ज़ टाँके बनकर उभरे हैं। इस कढ़ाई के कई हिस्सों को भरने में सुरबाला और रीना ने हमारी ख़ास मदद की है। उनके और संगठन के अख़बार *हमारा सफ़र* के योगदान से बना यह सफ़रनामा सीतापुर के साठ गाँवों में चल रहे संघर्ष का लेखा-जोखा और मन्थन है।

इस सफ़र की सबसे कठिन लड़ाइयाँ यक़ीनन संगतिन किसान मज़दूर संगठन के साथियों ने लड़ी हैं। क़दम से क़दम मिलाकर और निजी जीवन में तमाम ख़तरे उठाते हुए इन जुझारू साथियों ने ही संगठन के हर अभियान को एक आन्दोलनात्मक शक्ल दी है लेकिन साथियों की कोशिशों को सफलता की मंज़िल तक पहुँचाने में देश-विदेश में मौजूद तमाम सहयोगियों और शुभचिन्तकों ने भी हमारा जमकर साथ दिया है। शहरों, राज्यों और मुल्कों की सरहदों और सच्चाइयों के आर-पार के इस सफ़र में हम उन सबके शुक्रगुज़ार हैं जिन्होंने हर अहम मोड़ पर हमारी उमंगों और उम्मीदों को जगाए रखा। संगठन की रणभूमि के निकट सीतापुर और लखनऊ में जो सहयोगी सफ़र में हमारे साथ बार-बार कन्धे से कन्धा मिलाकर खड़े हुए हैं उनमें शामिल हैं—एम. आर. शर्मा, राना शर्मा, अरुन्धति धुरू, गोपाल टण्डन और उमेश पाण्डे।

हम आभारी हैं उन सारे प्रशंसकों, सहयोगियों और आलोचकों के, जिन्होंने संगतिन के सामूहिक सफ़र को तमाम मंचों पर एक सम्मानजनक जगह देकर हमें आत्मविश्वास से भरे रखा। देश के भीतर अनिल चौधरी, शंकर सिंह, कृष्ण कुमार, श्रुती ताम्बे, गणेश विस्पुते, आलोक मेहता, सरस्वती राजू, उषा सीतालक्ष्मी, रवि चपराला, सुधा नागवरपु, द्विजेन्द्रनाथ गुरू (द्विजी), शर्मिला रेगे सहित पुणे विद्यापीठ के क्रान्तिज्योति सावित्रीबाई फुले स्त्री अभ्यास केन्द्र के सदस्य तथा देश के बाहर डेविड फ़ाउस्ट, लीना रानाडे, अश्विनी ताम्बे, मैरियन वेरनर, जेरी प्रैट, जिम ग्लासमैन, शरद चारी, एरिक शेप्पर्ड, हेल्गा लाइटनर, आब्दी समातार, मार्गलीट चू, सोफ़ी शैन्क, ललित बत्रा और कोनी बेन्सन संगठन के उन दोस्तों में से हैं जिन्होंने देवडूँगरी, दिल्ली, पुणे, हैदराबाद, टोरोण्टो, सिराक्यूज़, वैनकूवर, लन्दन, मिनियापोलिस, ग्रनादा, और केप टाउन में रहकर भी बार-बार सीतापुर तक का ज़ेहनी सफ़र तय किया है और संघर्ष के वैचारिक पैनेपन को बनाए रखने में हमारी अपार मदद की है।

सुरबाला वैश्य के साथ हम दोनों को 2007 में सामूहिक अमरीका-भ्रमण करने का मौक़ा मिला जिसने इस पुस्तक का बीजारोपण करने में अहम भूमिका निभाई। इस भ्रमण को सफल बनाने में डेविड, लीना, सुधा और द्विजी के अलावा हमें जिन दोस्तों का भरपूर सहयोग मिला उनमें शामिल हैं—चन्द्रा तळपदे मोहन्ती, मेरी टॉमस,

अनु माण्डिविली, एलिज़ाबेथ स्वार्थआउट, लूईज़ फ़ॉर्टमैन, अलोन्द्रा एसपेहल, मरियानो एस्पिनोज़ा, सीलि्विया गॉन्ज़ालेज़ और डेबोरा रोज़नस्टीन।

संगतिन किसान मज़दूर संगठन के जिन साथियों की कहानियों और हिम्मतों ने इस सफ़रनामे के एक-एक लफ़्ज़ को जान दी है उनके प्रति आभार शब्दों में व्यक्त किया ही नहीं जा सकता। अलावा इनके, हमारी लेखन यात्रा के कुछ और हमसफ़र हैं जो हमारी तमाम कमज़ोरियों के बावजूद हर कठिन घड़ी में हमारा संबल बनते हैं और संगठन की हर जीत का जश्न मनाते हैं–अम्मा (शिवकुमारी सिंह), माँ (विभा नागर), मुकेश भार्गव, शाश्वत सिंह, तरुण कुमार, डेविड फ़ाउस्ट, दीक्षा नागर, प्रचेता नागर, पार्थ ऋचा और मेधा फ़ाउस्ट-नागर।

हमारा अशेष आभार जाता है बाबूजी (शरद नागर) को। लेखनी, विचारों और रणनीतियों के इस सफ़र में हम दोनों को सन् 2002 से बाबूजी से अद्‌भुत मार्गदर्शन, सहयोग और प्रेरणा मिली है। जहाँ *संगतिन यात्राः सात ज़िन्दगियों में लिपटा नारी विमर्श* और *हमारा सफ़र* अख़बार के शुरुआती अंकों में लिखे हर लफ़्ज़ को अपनी आँखों से पढ़कर बाबूजी ने उन्हें तराशने में मदद की थी, वहीं *एक और नीमसार* के हर जुमले को बाबूजी ने अपने कानों और मन से सुनकर हमें लफ़्ज़ों और ज़मीनी आन्दोलन को आपस में पिरोने की ऊर्जा दी है।

संगतिन किसान मज़दूर संगठन की यात्रा से उपजे कड़वे-मीठे सचों में लिपटा यह सफ़रनामा–*एक और नीमसार*–आपके हाथों में है। उम्मीद है कि संगठन के सफ़र के साथ-साथ आपके साथ संवाद भी चलता रहेगा ताकि आत्मालोचन तथा आन्दोलन को निरन्तर पिरोने और बढ़ाने की हिम्मत और दिशा हमें हर ओर से मिलती रहे।

–ऋचा नागर और ऋचा सिंह

क्रम

पहला खण्ड

संगतिन सत्याग्रह की डायरी

पहला खण्ड

संगतिन सत्याग्रह की डायरी

सपनों से संगठन तक

शुरुआती क़दम : सपने और फ़ैसले

25 दिसम्बर, 2004

मिश्रिख में एक धर्मशाला की छत। जाड़े की गुनगुनी धूप में बैठी नौ संगतिनें याद कर रही हैं जुड़ने और रचने के उन महीनों को जिनसे *संगतिन यात्रा* पुस्तक उपजी और वे सारी लड़ाइयाँ और ख़ुशियाँ जिन्होंने किताब के छपने के साथ उनके आगे के जीवन के लिए तमाम मुश्किल सवाल खड़े कर दिए। मायकों और ससुरालों में बिताए बचपन और जवानी के ढेरों पलों की मिठास और कड़वाहट को, अपने घर-परिवार और बच्चों के भविष्य से जुड़ी उम्मीदों और नाउम्मीदियों को, अपने गाँवों की महिलाओं की आँखों में पलते सपनों को अब एन.जी.ओ. की दुनिया के ढाँचों से जुदा करके देख पाना असम्भव-सा बन पड़ा है। अपने अनुभवों और चिन्तन के दम पर हमारी जागती आँखों ने मिलजुल कर एक सपना देखा है जिसको ज़मीन पर उतारने के लिए नौ दिल बेचैन हैं।

संगतिनों की बेचैनियों के बीच कुलबुलाता सपना कई मायनों में सीधा-सरल है। यह सपना है एक ऐसे संगठन का जो हमारे गाँवों के लोगों का हो, जहाँ के फ़ैसले दूर बैठे किसी एन.जी.ओ. के पदाधिकारी या अनुदान दाता न लें। सशक्तीकरण और सामाजिक बदलाव की प्रक्रिया अनुदान मिलने या न मिलने से संचालित न हो, बल्कि लोग अपने जीवन और परिस्थितियों के हिसाब से संगठन निर्माण और सकारात्मक सामाजिक बदलाव की प्रक्रिया चला सकें। ऊपर से सरल दीखने वाले इस सपने से जुड़ी तमाम कड़वी सच्चाईयाँ और चुनौतियाँ हमारे सामने हैं।

एक अहम चुनौती रोज़ी-रोटी से जुड़ी है। संगतिन की आर्थिक स्थिति ऐसी नहीं है कि एक बँधी-बँधाई रोज़ी-रोटी का जुगाड़ हो सके। आर्थिक रूप से घर चलाने की ज़िम्मेदारी कहीं-न-कहीं हर संगतिन के कन्धों पर आन पड़ी है और, घरों की चहारदीवारियों से बाहर निकली महिलाओं को सिर्फ़ सामाजिक बदलाव के नाम पर बाहर नहीं रहने दिया जाएगा, यह भी सब भली-भाँति जानती हैं। साथ ही, यह

सवाल भी सामने है कि संगतिन अनुदान दाताओं के कुचक्र में फँसेगी या लोगों को निजी व पारिवारिक स्तर पर ख़तरे मोल लेने होंगे? हालाँकि, हर आन्दोलन को चलाने के लिए पैसे की ज़रूरत होती ही है, संगतिन का फ़ैसला है कि हम आन्दोलन की ज़रूरत के हिसाब से आर्थिक सहयोग ढूँढ़ेंगे, अनुदान दाताओं के प्रॉजेक्ट के आधार पर नहीं।

26 दिसम्बर, 2004

कड़ाके की ठंड है और बत्ती घण्टों के लिए गुल है। मिश्रिख की उसी धर्मशाला के एक अँधेरे कमरे में हम सब एक पैट्रोमैक्स के इर्द-गिर्द शॉलों और रज़ाइयों में सिकुड़े बैठे हैं। कुछ ऐसे कठिन सवाल मुँह बाए खड़े हैं कि हम सब बार-बार ख़ामोशियों में सिमट जाते हैं। विकेन्द्रीकरण, पारदर्शिता और सामूहिकता जैसे शब्दों के मायने हमने देखे और समझे हैं, लेकिन क्या इन मायनों की गहराइयों को गाँव के साथियों के बीच हक़ीक़त की ज़मीन पर उतार पाना इतना आसान होगा? हमने जो सोचा है उसे करेंगे कैसे? लेकिन अपने पिछले काम के दम पर कहीं-न-कहीं यह भरोसा भी है कि अगर हम सब ईमानदारी और लगन के साथ जुट गए तो लोग अपने साथ हो रहे अन्यायों के ख़िलाफ़ ज़रूर एकजुट होंगे।

समूह ने तय किया है कि हम गाँवों में लोगों के साथ उनके ही मुद्दों पर लगातार बातचीत करेंगे, और उनके भीतर इतना उत्साह जगाने की कोशिश करेंगे कि हम सब अपने आपको अशक्त समझने के बजाय अपनी स्थितियों को बदलने का जतन करें। इसमें कोई दो राय नहीं कि सरकारी नीतियों, जातिगत राजनीति और सत्ता की राजनीति में दबंगों के प्रभाव से गाँव के उपेक्षित, शोषित और तिरस्कृत वर्गों को बहुत कम फ़ायदे और कहीं ज़्यादा नुकसान हुए हैं। फिर भी, सिर्फ़ यह मान लेना ग़लत होगा कि हमारे ख़िलाफ़ हो रहे अन्याय से हमें आज़ाद कराने की ज़िम्मेदारी किसी और की है—लगभग उतना ही ग़लत जितना कि सरकार और राजनीतिक पार्टियों की कृपा से फैला यह नज़रिया कि सरकार तो ग्रामीण जनता के लिए बहुत कुछ करना चाहती है, लेकिन गाँवों में बसे लोग ही निकम्मे और नालायक़ हैं। इस गहरी निराशा से बाहर निकलना ही होगा।

7 जनवरी, 2005

सतनापुर गाँव में आग तापते कुछ लोग। बातचीत के दौरान सवाल उठा कि एक संगठित समूह को मिश्रिख के गाँवों में क्या काम करना चाहिए? सवाल मुँह से निकलते देर नहीं कि सड़क, पानी, पेंशन और आवास जैसी ढेरों समस्याओं की एक लम्बी सूची बनने लगी।

अचानक एक बुज़ुर्ग ने कहा–"हम पढ़े-लिखे नहीं हैं, हम क्या जानें क्या काम करना चाहिए?"

इस पर तुरन्त किसी का जवाब आया–"अरे पढ़े नहीं हैं तो क्या हुआ? कढ़े तो हैं, ज़िन्दगी का अनुभव तो है।"

लेकिन हम यह भी ख़ूब जानते हैं कि शहरों-क़स्बों में बैठा कोई भी तथाकथित पढ़ा-लिखा शख़्स–भले ही वह उम्र और अनुभव में कितना ही कच्चा क्यों न हो–गाँव के किसी भी व्यक्ति को ज्ञान देने में कभी पीछे नहीं रहता। कढ़ा हुआ कहना एक बात है, और ग़रीबों की कढ़ाई को महत्व देना और।

सड़क, पानी, पेंशन और आवास जैसी समस्याओं पर काम करने की ज़रूरत को नकारा नहीं जा सकता लेकिन फ़िलहाल संगठन बनाने के लिए हमें एक ऐसे मुद्दे की तलाश है जिस पर अधिक से अधिक लोग एकजुट होकर, सोच-समझकर योजनाबद्ध तरीक़े से संघर्ष करें। चर्चाएँ जारी हैं।

नहर अभियान की शुरुआत

25 मार्च, 2005

संगतिन यात्रा पुस्तक का विमोचन हुए एक साल हुआ है। तब से अब तक लम्बा सफ़र तय किया है हम सबने। सशक्तीकरण की बनी-बनाई परिभाषाओं से अलग हटकर लोगों की हताशाओं और सपनों को जानने-समझने के लिए पिछले तीन महीनों में रीना, सुरबाला और ऋचा सिंह ने कई गाँवों में लोगों के साथ लम्बा समय बिताया है। कोशिश है कि लोग अपनी छोटी-छोटी समस्याओं से बाहर निकलकर यह पहचानें कि हमारी बदहाली के लिए ज़िम्मेदार कौन है और इन स्थितियों को बदलने के लिए हमें क्या करना होगा? लोग कुछ करना चाहते हैं, लेकिन क्या? जितने गाँव और जितने लोग, उतनी ही बातें हैं। कहीं कहा गया कि कुछ रोज़गार का जुगाड़ करना चाहिए, जैसे अगरबत्ती या मोमबत्ती बनाने का काम। कहीं लोगों की शिकायत थी–"अरे! इस प्रधान के रहते कुछ नहीं हो सकता। हमारे प्रधान के ख़िलाफ़ प्रस्ताव लाने में हमारी मदद कीजिए।"

ऐसी चर्चाओं के बीच दो मुद्दे बार-बार उठते रहे। एक तो इस्लामनगर रजबहा में पानी लाने का मुद्दा और दूसरा, ईंट भट्ठों की वजह से खेतों की मिट्टी के बरबाद होने का मुद्दा। बातचीत में लोगों ने यह भी समझा कि ईंट भट्ठों के मुद्दे पर काम करने का मतलब है–भट्ठे के मालिकों से सीधा टकराव। अभी संगतिन की ऐसी ताक़त नहीं है कि सीतापुर जनपद में चारों तरफ़ फैले ईंट भट्ठों के मज़दूरों को संगठित करके इन मालिकों से टक्कर ले सके।

लेकिन इस्लामनगर रजबहा का मुद्दा हमें रह-रह कर खींच रहा है। इस रजबहा में सोलह सालों से पानी नहीं आया है। पानी के न आने से क़रीब चालीस गाँव प्रभावित हैं और सूखी नहर का असर पूरे इलाक़े में दीख रहा है। कितनी ही बुज़ुर्ग औरतों के मुँह से हमने क़िस्से सुने हैं जिनमें नहर की वजह से सबेलिया गाँव में खूब धान होने का ज़िक्र बार-बार आता है। पीहर वाले जानते थे कि सबेलिया में बिटिया को दोनों पहर भात मिलेगा, तभी तो उनकी शादियाँ सबेलिया में कीं। नहर से पानी क्या ग़ायब हुआ, भर-पेट भात छिन गया!

नहर का मुद्दा भी दबावों व ख़तरों से घिरा है। नहर की सफ़ाई का ठेका अक्सर कुछ ख़ास व्यक्तियों को दिया जाता है, जो नाम-मात्र की सफ़ाई करवाकर पूरा का पूरा पैसा अपने हितैषियों के साथ मिलकर हड़प लेते हैं लेकिन नहर के मसले पर दबंगों से बचने की थोड़ी उम्मीद यूँ नज़र आ रही है कि हम लोग सीधे सरकार के सामने अपनी माँगें रख सकते हैं। चूँकि जनता तक पानी पहुँचाना सरकार की ज़िम्मेदारी है, इसलिए सरकार को अपना मुख्य केन्द्र-बिन्दु बनाकर दबंगों से होने वाले टकराव को टाला जा सकता है।

29 सितम्बर, 2005

बड़ी संख्या में लोग ऐसा मान चुके हैं कि जो नहर सोलह बरसों से सूखी पड़ी है उसमें अब क्या ख़ाक पानी आएगा। संगतिन की कोशिश है कि लोग इस बात को मानें कि अगर सबका नहीं तो कुछ ही लोगों का एकजुट होकर खड़े हो जाना असम्भव को सम्भव की दिशा में ले जा सकता है। गाँव-गाँव में बैठकें हो रही हैं। नहर संघर्ष समितियाँ बन रही हैं। लोग जुड़ने लगे हैं।

यह बात भी उठ रही है कि सूखी नहर से प्रभावित इलाक़ों में एक ताक़तवर संगठन खड़ा करने के लिए साथियों के एक ऐसे पक्के सुगठित समूह की ज़रूरत है जिसकी मुद्दों पर गहरी पकड़ बने और जो दूर-दराज़ के गाँवों तक अपनी पहुँच बनाकर नहर-संघर्ष को आगे बढ़ा सके। तय हुआ है कि जो साथी अपने गाँवों में नेतृत्व की भूमिका में उभर रहे हैं उनकी बैठकें नियमित रूप से आयोजित की जाएँ ताकि वे पक्के साथियों के रूप में मज़बूती से खड़े हो सकें।

6 अक्टूबर, 2005

चार दिनों पहले सम्पन्न हुई पदयात्रा से संघर्ष और उम्मीद का माहौल बन गया। दो अक्टूबर को यह पदयात्रा मिश्रिख के इमामपुर गाँव से निकली। एक दिन पहले हसनैन और शम्भू ने पदयात्रा के रास्ते में आने वाले गाँवों में दीवार लेखन करके अभियान का संदेश लोगों तक पहुँचाना शुरू कर दिया। सुबह सात बजे जब इमामपुर

से पदयात्रा निकली तो महज़ सात लोग साथ थे और सामने थी छोटे-छोटे बच्चों की टोली। एक साथी ने बच्चों को साथ जोड़ते हुए एक ज़ोरदार नारा दिया–

बच्चा-बच्चा पानी-पानी।
माँग रहा है हिन्दुस्तानी॥

बच्चों को नारा बोलने में कोई दिक़्क़त नहीं हुई और हम सबकी टोली चल पड़ी दूसरे गाँव खनेहुना की ओर। और जब हमने ग्यारह किलोमीटर की पदयात्रा पूरी की तो सौ से भी अधिक लोग साथ थे। इस पूरी पदयात्रा ने हम सबको उत्साहित कर दिया। ऐसा आभास हो रहा है कि लड़ाई दूर तक जाएगी और नहर में पानी यक़ीनन लाएगी।

शिवराम, रायबहादुर, सन्तोष, सुनीता, कमला, प्रमोद, शम्भू, सरस्वती अम्मा, राजपति, सोबरन, हसनैन जैसे क़रीब पन्द्रह से बीस पक्के साथियों का एक समूह उभर आया है जो सक्रियता के साथ गाँव की बैठकों में मदद कर रहा है।

लगातार चलने वाली बैठकों, पदयात्राओं, अध्ययन तथा रैलियों के ज़रिए लोगों की उम्मीद बढ़ रही है कि नहर में पानी आ सकता है। कुछ गाँवों में लोग बहुत उत्साहित होकर इस अभियान में जुड़ रहे हैं, तो कुछ गाँवों में लोग इस कोशिश को एक सिरे से नकारे दे रहे हैं। सक्रिय साथी भी कभी-कभी हताश होकर कहते हैं–"हमने जो सोचा है वह कर पाना सम्भव नहीं।" पर अधिक देर होने से पहले कोई साथी कहीं-न-कहीं से एकाध उदाहरण पकड़ाकर यह समझा ही देता है कि कुछ भी हो, नहर में पानी आएगा ज़रूर। और सब जुट जाते हैं सफ़र की अगली तैयारी में।

12 नवम्बर, 2005

नहर के मुद्दे को लेकर हमारी पहली रैली 18 अक्टूबर को निकली थी। उस रैली को निकले महीना-भर भी नहीं बीता है कि आज सुबह खानपुर गाँव के एक साथी का संदेश मिला–जिस नहर में बरसों से महज़ ख़ानापूर्ति के लिए सिल्ट-सफ़ाई का काम होता था उसी नहर में हमारे शोर मचाने के बाद एक बार फिर 'काम के बदले अनाज योजना' के अन्तर्गत सिल्ट-सफ़ाई शुरू हो गई है, लेकिन यह काम ठेकेदारों के माध्यम से करवाया जा रहा है। जानकारी मिलने के साथ ही एक बड़ा सवाल सामने है–जब 'काम के बदले अनाज' योजना के अन्तर्गत ठेकेदारों द्वारा काम कराना ग़ैरकानूनी है तो फिर यहाँ ठेकेदारी क्यों? आज सिंचाई विभाग के उच्चाधिकारियों से इस मामले में बात की गई लेकिन वे इस बात से साफ़ मुकर गए कि काम ठेकेदारों के ज़रिए हो रहा है।

13 नवम्बर, 2005

कल हुई बहस का फ़ायदा हुआ। आज सिंचाई विभाग के उच्चाधिकारी इस्लामनगर रजबहा पर जाँच के लिए पहुँचे। जब नहर पर काम कर रहे मज़दूरों ने उन्हें ख़ुद बताया कि वे किस ठेकेदार के लिए यह काम कर रहे हैं, तब कहीं जाकर उच्चाधिकारी महोदय को यक़ीन हुआ। ठेकेदारों के लिए काम कर रहे मज़दूर नहर से दूर के गाँवों के हैं। ठेकेदार इन्हें सरकार द्वारा निर्धारित अट्ठावन रुपये की दैनिक मज़दूरी न देकर सिर्फ़ चालीस या पचास रुपये का भुगतान कर रहे हैं और नक़द भुगतान लेने की मजबूरी में मज़दूर इस शोषण के शिकार हो रहे हैं। चूँकि नियमतः सिल्ट-सफ़ाई का काम रजबहा के आसपास के गाँवों के मज़दूरों को मिलना चाहिए, मज़दूर साथियों ने 'काम के बदले अनाज' योजना के अन्तर्गत सिल्ट-सफ़ाई के काम की माँग की है।

5 दिसम्बर, 2005

रजबहा में पानी लाने का जोश चरम पर है। आए दिन सिंचाई विभाग को कोई-न-कोई ज्ञापन या पत्र दिया जा रहा है। जिस व्यवस्था में काग़ज़ के दम पर गाँव के लोगों को बार-बार उनके ही हक़ की लड़ाई में हराया जाता है वहाँ साथियों ने ठाना है कि काग़ज़ी ख़ानापूरी में हम कहीं कच्चे नहीं पड़ेंगे। हर रोज़ तमाम काग़ज़ों पर दस्तख़त करने की कवायद चालू है।

पिछले दिनों ऐसे ही एक ज्ञापन पर दस्तख़त करते-करते आँट के शम्मू ने बाक़ी साथियों के सामने एक दमदार सवाल रख दिया। शम्मू ने साफ़ कहा कि अब वह नहर संघर्ष समिति के प्रतिनिधि के रूप में किसी भी दस्तावेज़ पर हस्ताक्षर करने को तैयार नहीं है। हँसी-हँसी में ही शम्मू ज़रा चिढ़ाने वाले अन्दाज़ में बार-बार यही सवाल दोहराता–"यह तो बताएँ, भला मैं संगतिन क्यों नहीं?"

संगतिन संस्था की रचना भले ही महिला मुद्दों को ध्यान में रखकर हुई हो लेकिन आज जो संगठन उभर रहा है उसमें विकास की राजनीति से लेकर जाति, वर्ग, और लिंग भेद के तमाम मुद्दों पर महिलाओं के नेतृत्व में सैकड़ों पुरुष साथी आवाज़ उठा रहे हैं। नहर संघर्ष से जुड़े कई साथियों को लग रहा है कि ऐसे महत्वपूर्ण मोड़ पर संगतिन की परिभाषा पर संजीदा होकर पुनर्विचार करने का वक़्त आ गया है।

28 दिसम्बर, 2005

सिंचाई विभाग से हुई लम्बी बहसों के बाद रजबहा के आस-पास के मज़दूर साथियों को सिल्ट-सफ़ाई का काम मिला। यह काम उन गाँवों के मज़दूरों ने किया जहाँ पानी

नहीं पहुँच रहा था या कम पहुँच रहा था, और यह काम इस समझ के साथ हुआ कि नहर में पानी के आगे बढ़ने से सबको फ़ायदा होगा। अगर पानी थोड़ा आगे पहुँच गया तो सिंचाई विभाग के सामने नज़ीर पेश होगा और टेल तक पानी पहुँचाने की लड़ाई को बल मिलेगा।

नहर में पानी पहुँचने की उम्मीद ने आज साथियों को जो ख़ुशी दी वह मज़दूरी मिलने की आस से भी ज़्यादा बड़ी थी। लोगों ने सचमुच दिल से काम किया। नतीजतन, पानी नहर की मोहम्मदनगर पुलिया और खानपुर माइनर तक पहुँच गया है। मोहम्मदनगर गाँव की बगिया में बैठकर आज जब साथी बातचीत कर रहे थे तो सामने इस्लामनगर और खानपुर के लोग बरसों बाद नहर के पानी से अपने खेत सींच रहे थे। महीनों की मेहनत-मशक़्क़त के बाद अपनी आँखों से यह नज़ारा देखने पर उम्मीद की किरण और तेज़ हो गई है। लगभग नौ किलोमीटर लम्बा इलाक़ा अभी भी पानी की पहुँच से दूर है। हमें यक़ीन है कि पानी टेल तक ज़रूर पहुँचेगा।

अभी दस ही दिनों पहले की तो बात है जब शाम को काम से लौटे कुँवरापुर गाँव के मज़दूर साथियों ने रीना को बताया कि नहर में वक़्त से पहले ही पानी आ गया है। इस पानी से सत्रह किलोमीटर लम्बे रजबहा के पाँच किलोमीटर क्षेत्र में आने वाले किसान ही सिंचाई कर सकते थे। यदि सफ़ाई कुछ दिन और चल जाती तो मोहम्मदनगर पुलिया यानी नौ किलोमीटर के क्षेत्र में आने वाले किसान सिंचाई कर पाते। रजबहा में पानी आ जाने से सिल्ट-सफ़ाई के काम में ख़लल पड़ना ही था क्योंकि पानी का रिसाव मिट्टी को गीला कर देता है जिससे सफ़ाई का काम बेहद कठिन हो जाता है।

सवाल है कि जो रजबहा बरसों से सूखा पड़ा था वहाँ सफ़ाई का काम आगे बढ़ने से पहले ही पानी क्यों छोड़ दिया गया? कई साथियों के घरों में रोज़ का चूल्हा तक नहीं जल रहा और दो वक़्त की रोटी जुटाने में मुश्किलें पेश आ रही हैं। ऐसे में अगर सफ़ाई का काम कुछ दिन और चल जाता तो थोड़ा पैसा और अनाज हाथ में आ जाता। साथ ही, रजबहा की सफ़ाई आगे तक होने से टेल-एरिया तक पानी भी पहुँच जाता।

साथियों का यह विचार रीना ने जे.ई. को फ़ोन पर बताया। पहले तो वह कुछ सुनने को तैयार नहीं हुए। फिर एक लम्बी हुज्जत के बाद उन्होंने अपनी मजबूरी ज़ाहिर कर दी–"देखिए, इस मामले में मैं कुछ नहीं कर सकता।"

साथियों के तर्कपूर्ण प्रस्ताव को जब जे.ई. ने इस तरह ठुकरा दिया तो रीना भी अपनी नाराज़गी छिपा न सकी। बोली–"ठीक है, आप बैठिए। अब तो जो भी करना है हम लोग ही करेंगे। हम जा रहे हैं पानी रोकने। और हमें रोकने के लिए

आपको जो कुछ करना है, वो आप कीजिए।"

रीना ने ग़ुस्से में जे.ई. को धमकी तो दे दी, लेकिन दिसम्बर की कँपकँपाती साँझ में पानी रोकने की धमकी को सच्चाई में बदलने के लिए भला कौन साथी हामी भरता? शम्मू के अतिरिक्त और किसी साथी ने साथ चलने की इच्छा ज़ाहिर न की। रीना अकेले ही शम्मू की साइकिल पर बैठकर चल दी लेकिन अपने ही साथियों के साथ न आने का दुख आँखों से आँसू बनकर बह निकला।

थोड़ी-सी दूर चलने के बाद ही कुछ आहट पाकर रीना पलटी तो क्या देखती है कि दस-पन्द्रह साथी हाथों में लाठियाँ और फावड़े लिए चले आ रहे हैं। सबसे आगे गाँव के बुज़ुर्ग सोबरन दादा थे। रीना से बोले–"अरे! जब हमरे गाँव की बहुरिया हम लोगों के लिए निडर होकर चल दी, तो हम कैसे आगे न आते?"

फिर क्या था? हेड के आस-पास के गाँवों से लगभग डेढ़ सौ लोग हेड पर जमा हो गए और कड़ाके की ठण्ड में घुटने तक पानी में उतर कर सबने बन्धा बाँध दिया।

बन्धा बाँधने के लिए संगतिन के साथी निकले हैं, यह ख़बर सिंचाई विभाग को मिल गई। तीन कर्मचारी साथियों को रोकने के इरादे से हेड तक पहुँचे लेकिन इतने बड़े झुण्ड और उस झुण्ड के तेवर देख तीनों उल्टे पैर वापस लौट गए।

बन्धा बाँधकर पानी रोकने के एक दिन बाद 20 दिसम्बर को क़रीब तीन सौ साथियों ने सिंचाई विभाग घेर लिया। झींखकर सिंचाई विभाग ने तीन और किलोमीटर तक साथियों से सफ़ाई का काम करवाया। सबने संगठित होने की ताक़त भीतर तक महसूस की।

इसी बीच गाँवों में ख़बर फैल रही है कि सरकार ने राष्ट्रीय ग्रामीण रोज़गार गारण्टी योजना लागू की है जिसमें गाँव के लोगों को सौ दिन की सरकारी मज़दूरी मिलेगी। इसके लिए श्रमिक कार्ड बनेगा। जिसके पास कार्ड नहीं होगा उसे मज़दूरी नहीं मिलेगी। कुछेक साथियों को रोज़गार गारण्टी योजना की थोड़ी जानकारी है इसलिए वे यह बातें और इनसे जुड़ी लालफ़ीताशाही समझ पा रहे हैं किन्तु बड़ी संख्या में ऐसे लोग हैं जिन्हें इस योजना के बारे में कोई जानकारी नहीं है। प्रशासन पर लोगों का भरोसा ख़त्म हो चुका है इसलिए हरेक को डर है कि कहीं वही न छूट जाए। अपना कार्ड बनवाने के लिए 'पहले मैं' के चक्कर में सबने भागमभाग शुरू कर दी है।

4 जनवरी, 2006

पानी टेल तक नहीं पहुँचने का एक कारण हेड एरिया के गाँवों द्वारा खान्दियाँ लगाकर पानी रोकना है। खान्दियाँ लगने से बहुत-सा पानी बिखरकर बरबाद होता

है इसलिए 3 जनवरी, 2006 की पूरी रात कड़ाके की ठण्ड में सुरबाला और रीना के नेतृत्व में क़रीब बारह साथियों ने जगह-जगह लगी खान्दियों को बन्द किया। पानी एक किलोमीटर आगे बढ़ा। सबकी उम्मीदों ने पींग ली।

एक ओर जहाँ साथियों का उत्साह बढ़ रहा है, वहीं दूसरी ओर घरों में हलचलें भी मच रही हैं। सुरबाला के घर में इस बात को लेकर हंगामा मचा कि यह भला कैसा काम है जिसमें पूरी रात रजबहा के किनारे चलते हुए बिता दी जाए? संगठन से जुड़ी नेतृत्वकारी महिलाओं का इस तरह के तनावों से आए दिन साबिक़ा पड़ रहा है। जब-जब कोई महिला साथी अपनी और संगठन की ताक़त के बलबूते समाज को अपनी लड़ाई और अपने अस्तित्व का बोध कराती है तब-तब उसके घरों की दीवारें हिलती ही हैं।

5 जनवरी, 2006

सिंचाई विभाग से लेकर ज़िलाधिकारी कार्यालय तक घेराव और प्रदर्शन के बलबूते क़रीब 300 साथियों को नक़द मज़दूरी और अनाज लेने में सफलता मिली। विकास भवन के एक कर्मचारी ने संगतिन को बधाई देते हुए कहा—"जिस ज़िले में 'काम के बदले अनाज' योजना का 1200 क्विण्टल से अधिक अनाज ब्लैक कर दिया गया, वहीं संगतिन 58 क्विण्टल गेहूँ वितरण करवाने में सफल रही है।"

यानी, संगठन के दम पर आज लालचियों के आगे से परोसी हुई थाली खींच लेने जैसा काम हुआ है! किन्तु मज़दूरी भुगतान के दौरान हमारे सामने फिर एक बड़ी चुनौती पेश आई। लगभग दस मज़दूर साथियों की हाज़िरी उनके किए काम से अधिक निकली और लगभग इतने ही साथी ऐसे थे जिनकी हाज़िरी छूट गई थी। ज़ाहिर है, जिनको अपनी मेहनत की कोई मज़दूरी नहीं मिली, वह खूब नाराज़ हुए। निश्चित ही हाज़िरी लगाने में कुछ ग़लतियाँ साथियों द्वारा अनजाने में हुईं और कुछ जान-बूझकर सिंचाई विभाग द्वारा की गईं ताकि संगठन बनने से पहले ही बिखर जाए।

पूरे दिन साथियों में आपसी बहस होती रही कि अब क्या किया जाए? सरौनी की राजपति बोली—"इसमें करना क्या है? जिनको ज़्यादा दिनों की मज़दूरी मिली है, वे अतिरिक्त मज़दूरी उन साथियों को दे दें जिन्हें मज़दूरी नहीं मिली है।"

लेकिन रोज़ की रोटी का संकट झेल रहे साथी घर आया अनाज दूसरे को क्यों देना चाहेंगे? सलाह-मशवरे के बाद तय हुआ कि अधिक मज़दूरी में मिला नक़द पैसा वही साथी रखें जिन्हें मज़दूरी में नफ़ा हुआ है, लेकिन उन्हें मिला अनाज मज़दूरी न मिलने वाले साथियों में वितरित किया जाए। बेशक, ऐसी दिक़्क़तों से एक साथ जूझकर ही हम सब सही मायनों में संगठित हो पाएँगे।

संगठन का बनना

19 जनवरी, 2006

मिश्रिख खण्ड विकास कार्यालय। राष्ट्रीय ग्रामीण रोज़गार गारण्टी योजना के क्रियान्वयन की पूर्व तैयारियों के अन्तर्गत श्रमिक पहचान-पत्र पर फ़ोटो लगाने के लिए फ़ोटोग्राफ़ी का काम शुरू हो गया है। गाँव के मज़दूर साथियों की फ़ोटो लेने के लिए तीन तारीखें तय हैं। पहली तारीख़ आज है।

पूरे परिसर में लोगों की लम्बी-लम्बी कतारें लगी हैं। तीन पुलिस वाले डण्डा फटकारते इधर-उधर घूम रहे हैं। जब जिसको जी चाहे, गाली देकर डाँट रहे हैं। मुख्य द्वार के बन्द गेट पर एक दबंग प्रधान जी पहरेदारी कर रहे हैं। प्रधान और ब्लॉक कर्मी भी मज़दूर साथियों को डाँटने-डपटने में लगे हैं। एक भी लाइन आगे नहीं बढ़ रही।

पूरा मंज़र देखकर जल्द ही समझ में आ गया कि सिर्फ़ एक ही फ़ोटोग्राफ़र को बुलाया गया है और उसके कैमरे में भी कोई दिक़्क़त आ गई है। हज़ारों की संख्या में खड़े मज़दूर और एक अदद फ़ोटोग्राफ़र!

पता चला, फ़ोटोग्राफ़र साहब सीतापुर से तशरीफ़ लाए हैं। एक और फ़ोटोग्राफ़र महोदय को आना था लेकिन वह नहीं पहुँचे। चारों ओर अफ़रा-तफ़री देखकर साथियों ने बी.डी.ओ. साहब को मिश्रिख से एक और फ़ोटोग्राफ़र बुलाने के लिए कहा। बी.डी.ओ. साहब का टका-सा जवाब मिला—"फ़ोटोग्राफ़र भेजने का निर्णय ज़िला-स्तरीय अधिकारियों का है। मैं इसमें कुछ नहीं कर सकता।"

हद है! क्या मिश्रिख में फ़ोटोग्राफ़र नहीं हैं? लेकिन ऐसे मौक़ों पर विकेन्द्रीकरण की नीति ग़ायब न हो तो भला सत्ता कैसे चलेगी? बी.डी.ओ. साहब हमारी टीका-टिप्पणी में छिपा व्यंग्य समझ चुके थे। उसे नज़रअन्दाज़ करके बोले—"अरे ये स्साले मज़दूर होते ही नालायक़ हैं। शान्ति से कुछ नहीं करते।"

जब लोग अधिक और संसाधन इतने कम होंगे तो अशान्ति तो बार-बार पैदा होनी ही है। संसाधनों से घिरे हुए अफ़सर बड़ी आसानी से कह देते हैं—"मज़दूरों को मुफ़्त की खाने की आदत पड़ गई है। कुछ भी बँटे, कमबख़्त दौड़े चले आते हैं।" सवाल है कि प्रशासन ऐसी व्यवस्था क्यों नहीं करता जिससे मज़दूर को भी लगे कि उसकी समाज में कोई वक़त है? क्यों हर बार समृद्ध तबक़ा अपनी ग़ैर-ज़िम्मेदाराना हरकतों का दोष ग़रीबों पर मढ़ देता है?

बहस जारी रही। बी.डी.ओ. को न्याय-पंचायतवार फ़ोटोग्राफ़ी कराने की सलाह दी गई लेकिन वह कुछ मानने को तैयार कहाँ थे? अन्ततः ज़िलाधिकारी महोदय से बात हुई और उन्हें यह सुझाव जँच गया। ज़िलाधिकारी की बात को बी.डी.ओ.

साहब भला कैसे टालते? सो, न्याय-पंचायतवार फ़ोटोग्राफ़ी की योजना बनाकर खण्ड विकास कार्यालय के नोटिस बोर्ड पर चस्पां करना तय हुआ।

5 मार्च, 2006

लोग खेतों में सिंचाई करने की आस में बैठे हैं और नहर में पानी का नामो-निशान नहीं है। माह दिसम्बर में मोहम्मदनगर पुलिया तक पहुँचे पानी की वजह से सभी को उम्मीद है कि एक बार फिर नहर में पानी आएगा और इंजन एवं डीज़ल द्वारा सिंचाई करने में होने वाले बड़े ख़र्च से राहत मिल जाएगी। गेहूँ की फ़सल खेतों में है और खेत सूख रहे हैं। साथी लगातार सिंचाई विभाग से रोस्टर-वाइज़ पानी पहुँचाने की माँग कर रहे हैं लेकिन सब कुछ बेअसर है। सिंचाई विभाग के रोज़-रोज़ के झूठे आश्वासनों से तंग आकर संगतिन ने ज़िलाधिकारी-सीतापुर के सामने अपनी समस्या ले जाने का फ़ैसला किया है।

7 मार्च, 2006

आज क़रीब चार सौ मज़दूर साथी सुबह ग्यारह बजे सीतापुर पहुँच गए। सीतापुर के एक सहयोगी ने सुझाव दिया–''चलिए, धरना-स्थल पर बैठते हैं।''

बहेरवा की मधुरानी बोली–''हम धरना-स्थल पर बैठने नहीं, अपनी नहर में पानी लेने आए हैं। हम तो ज़िलाधिकारी के दरवाज़े पर ही बैठेंगे।''

सहयोगी ने चिन्ता ज़ाहिर की–''वहाँ नहीं बैठने देंगे?''

"क्यों नहीं बैठने देंगे? वहाँ बैठना हमारा अधिकार है?'' यह कहते हुए सब साथी ज़िलाधिकारी के कमरे के सामने बैठ गए।

एक-दो बाबुओं ने टोका–''आप लोग यहाँ क्यों बैठ रहे हैं?'' पर तेज़ नारों के बीच उनकी आवाज़ें दब गईं। ऐसा जोश देख बाबू भी किनारे खड़े हो गए।

थोड़ी देर में ही ज़िलाधिकारी महोदय तशरीफ़ लाए। ''कुछ लोग बातचीत के लिए आ जाइए,'' कहते हुए वह भीतर दाख़िल हुए।

प्रतिनिधि मण्डल अन्दर पहुँचा। सिंचाई विभाग के अधिशासी अभियन्ता जिनका सुबह से कोई अता-पता नहीं था, न जाने कैसे यहाँ प्रकट हो चुके थे। बातचीत शुरू हुई। प्रतिनिधि मण्डल पूरी समस्या बता पाता, उससे पहले ही ज़िलाधिकारी महोदय ने कोतवाली-सीतापुर को फ़ोन मिलाकर निर्देश दिए–''सैक्रेड हार्ट कॉलेज के सामने सिंचाई विभाग का दफ़्तर है। यदि वहाँ से उनका घेराव करने वाले लोगों के ख़िलाफ़ कोई रिपोर्ट दर्ज़ हो तो आप बिना मुझसे पूछे आन्दोलनकारियों के ख़िलाफ़ कोई कार्यवाही नहीं करेंगे।''

फ़ोन रखकर ज़िलाधिकारी अधिशासी अभियन्ता की तरफ़ मुख़ातिब हुए और

बोले–"अब आपकी सुरक्षा बाहर बैठे लोगों के हाथों में है। आप तय कर लीजिए कि आप इनकी माँगें पूरी कर रहे हैं या नहीं?"

अधिशासी अभियन्ता की आँखों में आँसू आ गए। बाहर बैठे साथियों के बीच आकर सुबह तक माँगें पूरी होने का आश्वासन देने के सिवाय उनके पास दूसरा कोई रास्ता न बचा।

8 मार्च, 2006

अधिशासी अभियन्ता सुबह नौ बजे नहर के हेड पर मौजूद थे। यूकेलिप्टस की डालियों तथा गन्ने के पतावर और मिट्टी डालकर पानी को रजबहा की ओर मोड़ा गया। दो घण्टे के इस काम में लगे नौ साथियों को किसी मस्टर-रोल या काग़ज़ पर दस्तख़त करवाए बिना ही पचास रुपये के हिसाब से मज़दूरी का भुगतान भी तुरन्त हो गया। निश्चित ही मज़दूरी का यह भुगतान अधिशासी अभियन्ता ने अपनी जेब से किया होगा। कुछ साथियों के मन में सवाल उठा–"आज जो अधिकारी अपनी जेब से भुगतान कर रहा है, क्या कल वह अपनी जेब भरने के मौक़े नहीं तलाशेगा?" लेकिन इस मसले पर झगड़ा करने का सही समय अभी नहीं है।

11 मार्च, 2006

पानी मोहम्मदनगर पुलिया तक पहुँच गया। रजबहा में पानी देख कुँवरापुर के सुरेश ने चर्चा छेड़ी–"ज़िलाधिकारी हो तो ऐसा! मानना पड़ेगा कि गाँव की योजनाएँ ठीक से लागू न हो पाने का सबसे बड़ा कारण ये अधिकारी ही होते हैं। और रही-सही क़सर हमारे नेता पूरी कर देते हैं। लेकिन अगर कोई अधिकारी चाहे तो कहीं-न-कहीं से सही रास्ता निकाल ही लेता है।"

रीना बोली–"यह इस पर निर्भर करता है कि कुर्सी पर कौन बैठा है? वह किसकी समस्याओं को कैसे समझता है? अगर प्रशासन ठान ले तो जनता की समस्याएँ सुलझा ले जाता है, और अगर वह न चाहे तो लालफ़ीताशाही का अनन्त खेल ही चलता रहता है।"

लेकिन ज़िलाधिकारी के सहयोग का असर कितने दिन रहेगा? मोहम्मदनगर पुलिया के आगे नहर में सात किलोमीटर का हिस्सा ऐसा है जिसमें ढेरों झाड़ियाँ उगी हैं। नहर का यह हिस्सा सिंचाई विभाग द्वारा किए जाने वाली सफ़ाई के बजट से बाहर है। इस बिन्दु पर संगठन की विभागीय अधिकारियों से काफ़ी बहसें होने के बावजूद सिंचाई विभाग यह मान कर चल रहा है कि इस हिस्से में पानी नहीं पहुँच सकता।

इस वक़्त संगठन की ज़रूरत है कि लोग–ख़ासकर मोहम्मदनगर पुलिया से आगे

स्थित गाँवों के साथी, जिनके खेतों में एक बार भी पानी नहीं पहुँचा है–बिना थके या निराश हुए हिम्मत के साथ संघर्ष जारी रख सकें। एक साथी ने कहा कि लोगों का इस मुद्दे से जुड़ाव बरक़रार रखने के लिए लगातार कुछ न कुछ करते रहना होगा। नहर में जहाँ-जहाँ अधिक रुकावटें हैं, क्यों न वहाँ-वहाँ श्रमदान करके सफ़ाई की जाए?

हर गाँव में यह चर्चा छिड़ी और नियत तिथि पर सौ से अधिक साथियों ने मिलकर पानी को आगे बढ़ने से रोकने वाली सारी रुकावटें साफ़ कर डालीं। फ़िर भी पानी आगे न बढ़ा। लेकिन टेल तक पानी पहुँचाने की ज़िद के ये आलम हैं कि इस प्रसंग से निराश होने की बजाय कुछ साथियों ने मोहम्मदनगर पुलिया से कुँवरापुर गाँव तक नाली बना कर प्रतीक रूप में टेल के नज़दीक पानी पहुँचा दिया है।

साथियों का जोश बढ़ाने के लिए कहानियों और उदाहरणों के ज़रिए लगातार यह बातचीत हो रही है कि कितने ही लोगों ने जीवन की लड़ाइयों में बार-बार असफल होकर भी हार नहीं मानी और आख़िरकार जीत उन्हीं की हुई। सबने ग़ौर किया कि एक नन्हीं सी चींटी अनेक चींटियों के साथ जुटकर किस तरह अपने से भी बड़ा मिठाई का टुकड़ा एक जगह से दूसरी जगह ले जाती है, कैसे लगातार रगड़ खा-खाकर कुएँ में डूबने वाली रस्सी कुएँ की जगत को काटे बग़ैर नहीं मानती, कैसे मिट्टी का घड़ा पक्के-से-पक्के फ़र्श को घिस देता है।

नहर में पानी लाने का जुनून कुछ इस क़दर चढ़ा है कि नारे और गीत लोगों की ज़ुबानों से स्वतः ही फूटने लगे हैं :

हम सबने यह ठाना है।
नहर में पानी लाना है॥
जन-जन का यह नारा हो।
नहर में जल की धारा हो॥
जब खेतों में होगी हरियाली।
गाँव-गाँव होगी ख़ुशहाली॥
मज़दूरों-किसानों ने कुछ करने की ठानी है।
सरकार के ख़ाते में दाना है न पानी है॥
की बहुत शिकायत, अब तक तुमने न मानी है।
ख़ुद ही राह बना लेंगे, दरिया तूफ़ानी है॥

20 अप्रैल, 2006

जब पक्के साथियों की मासिक बैठक कुँवरापुर में जमी तो इस सवाल ने फिर से ज़ोर पकड़ा कि महिला मुद्दों के प्रति अपनी प्रतिबद्धता बरक़रार रखते हुए किसानों

और मज़दूरों की ताक़त को संगतिन में कैसे पहचाना जाए? कई साथियों का मानना है कि संगतिन की अस्मिता को छेड़े बग़ैर संगठन के लिए एक ऐसा नाम सोचना चाहिए जिसमें किसानों और मज़दूरों के संघर्ष को भी एक ख़ास जगह मिले। तय हुआ कि जो पंजीकृत संस्था *संगतिन* के नाम से 1998 में स्थापित हुई थी वह आज चल रही सामूहिक यात्रा का एक अहम हिस्सा है और हमारी पहचान में हमेशा मौजूद रहेगा, लेकिन साथियों के आन्दोलनकारी सुरों से उभरता हमारा जनमंच *संगतिन किसान मज़दूर संगठन* के नाम से जाना जाएगा।

14 मई, 2006

ऐलान हुआ है कि अब राष्ट्रीय ग्रामीण रोज़गार गारण्टी योजना में श्रमिक पहचान पत्र बनने की बजाय हर परिवार का जॉब-कार्ड बनेगा। यानी, इतनी मेहनत-मशक़्क़त से हुई फ़ोटोग्राफ़ी पर हुआ सारा ख़र्च रद्दी की टोकरी में चला गया। मज़दूरों में फिर से अफ़रा-तफ़री मची हुई है क्योंकि उन्होंने अफ़वाह सुनी है कि जॉब-कार्ड की संख्या सीमित है। हरेक चाह रहा है कि उसका जॉब-कार्ड पहले बन जाए। गाँवों में बिचौलिए उभर आए हैं और दस से बीस रुपये लेकर जॉब-कार्ड बनवाने की गारण्टी ले रहे हैं।

गाँव-गाँव में बैठकें आयोजित करके इस योजना की ख़ास-ख़ास जानकारियाँ पहुँचाई जा रही हैं लेकिन इन जानकारियों का क्या फ़ायदा जब ब्लॉक पर मज़दूरों की कोई सुनवाई ही नहीं हो रही? लोग कभी प्रधान, कभी सेक्रेटरी तो कभी ब्लॉक के चक्कर पर चक्कर लगा रहे हैं।

उधर मज़दूर किसान शक्ति संगठन (राजस्थान) के साथियों से यह जानकारी मिली है कि 2 फ़रवरी, 2006 को योजना के लागू होते ही उनके क्षेत्र के साथियों ने तुरन्त रोज़गार की माँग का आवेदन लगाकर फ़रवरी और मार्च के भीतर ही चालीस से पचास दिनों का काम कर लिया है लेकिन यहाँ सीतापुर में जॉब-कार्ड बनने तक के लाले पड़ रहे हैं। चर्चा गरमाने लगी है कि सरकारी तन्त्र को अपनी निराशा से अवगत कराने के लिए कुछ करने का समय आ गया है।

21 जुलाई, 2006

मिश्रिख में संगठन द्वारा जॉब-कार्ड बनवाने की चर्चा ज्यों ही सुलगी, त्यों ही इस चर्चा की गरमी पड़ोसी ब्लॉक पिसावाँ तक पहुँच गई। अल्लीपुर की महिला मज़दूर, रामबेटी, मिश्रिख के कुछ साथियों को पहले से जानती थी। रामबेटी ने उनसे सम्पर्क करके पिसावाँ के निरीक्षण भवन में संगठन की पहली बैठक आयोजित की। इस बैठक में चार गाँवों के लोग पहुँचे जिनमें अधिकांशतः महिलाएँ थीं। इस तरह

मिश्रिख ब्लॉक के साथ-साथ पिसावाँ ब्लॉक के वासी भी रोज़गार गारण्टी के मसले को लेकर संगतिन किसान मज़दूर संगठन में सक्रिय हो उठे।

25 जुलाई, 2006

सब जोश में हैं। कोई कह रहा है डी. एम. के यहाँ चलो, तो कोई लखनऊ चल पड़ने को तैयार है। लेकिन ज़्यादातर लोग समझ रहे हैं कि अधिकाधिक संख्या में मज़दूर साथी दोनों ब्लॉकों के दफ़्तरों पर ही इकट्ठे हो पाएँगे—एक तो गाँवों के नज़दीक होने से साथियों की तादाद खूब होगी। दूसरे, लोग साइकिल से सफ़र तय कर सकेंगे और सवारी का किराया बचेगा। यह सब सोचकर बी.डी.ओ. से आमना-सामना करने की बात तय हुई। चूँकि मिश्रिख के साथ-साथ अब पिसावाँ ब्लॉक भी संघर्ष में जुड़ चुका है इसलिए साथियों का सुझाव है कि क्यों न मिश्रिख के उप-ज़िलाधिकारी का घेराव करके उनसे दोनों ब्लॉकों के बी.डी.ओ. को जनता के सामने बुलाने को कहा जाए। सबकी सहमति बन गई है। तैयारियाँ चालू हैं।

ये चर्चाएँ भी चलीं कि क्या हमारा मक़सद सिर्फ़ जॉब-कार्ड बनवाना है? क्या हमें यह पूछने का हक़ नहीं कि क़ानून बनने के बावजूद अभी तक हमारे जॉब-कार्ड क्यों नहीं बने? बी.डी.ओ. रोज़गार गारण्टी के कार्यक्रम अधिकारी हैं, क्या उनकी कोई ज़िम्मेदारी नहीं? ऐसे सवालों से शायद उप-ज़िलाधिकारी और बी.डी.ओ. की सेहत पर कोई असर नहीं पड़ेगा लेकिन अधिकारी यह समझें कि उनसे भी ऐसे सवाल पूछे जा सकते हैं। कम-से-कम वे यह तो मानें कि उनसे लापरवाही हुई है और जनता उनसे जवाब-तलब कर सकती है।

इस तरह की चर्चाओं ने जगह-जगह होने वाली बैठकों में ज़बर्दस्त जान डाल दी। दो-दो की टोलियों में लोग गाँवों में बैठकें करके साथियों को तैयार करने में लग गए। साथी चर्चा चला सकें, यह सोचकर दो तरह के परचे बने—एक में जॉब-कार्ड न बनने के कारणों को सवालों के रूप में उठाया गया और दूसरे में तारीख़ और समय डालकर लोगों से आह्वान किया गया कि अपने हक़ की इस लड़ाई में वे भी उठ खड़े हों और अधिक से अधिक संख्या में घेराव के लिए पहुँचें। यानी, रोज़गार के मुद्दे पर इस तरह मोर्चा साधने की कोशिश है जिससे संघर्ष के साथ-साथ संगठन निर्माण की प्रक्रिया भी गहराती चले।

23 अगस्त, 2006

चिलचिलाती धूप में लगभग डेढ़ हज़ार मज़दूर साथी दरोगापुरवा बाग़ से रैली निकालकर आज मिश्रिख तहसील[2] पहुँचे। उप-ज़िलाधिकारी का घेराव करने उत्तर

2. मिश्रिख तहसील में चार ब्लॉक शामिल हैं—मिश्रिख, पिसावाँ, महोली और मछरेटा।

प्रदेश एवं सीतापुर जनपद के कई संगठनों के सदस्य एवं व्यक्तिगत स्तर पर साथ देने वाले ढेरों सहयोगी तमाम दूरियाँ तय करके रैली का साथ देने के लिए पहुँचे।

यह रैली एक जीता-जागता सत्याग्रह थी, जिसमें अन्याय के प्रति साथियों का रोष उनकी अदम्य ताक़त बनकर फूटा पड़ रहा था। प्रशासन के सामने इस ताक़त के आगे झुकने के अलावा कोई चारा न था। चार घण्टों के घेराव के बाद मिश्रिख के उप-ज़िलाधिकारी, पिसावाँ के बी.डी.ओ. और मिश्रिख के ए.डी.ओ.–पंचायत जनता के समक्ष आए। पहुँचते ही बी.डी.ओ. ने ऐलान किया–"अभी काउण्टर लगाकर आप लोगों के जॉब-कार्ड बनवाते हैं।"

उनका जुमला ख़त्म भी न हुआ था कि लोगों के हुजूम से एक साथी की तीखी आवाज़ उभरी–"बी.डी.ओ. साहब! अब तो आप जॉब-कार्ड बनवा ही देंगे लेकिन पहले यह तो बताइए कि जॉब-कार्ड अब तक क्यों नहीं बने?"

वहाँ खड़े अधिकारियों ने किसी मज़दूर से ऐसे सवाल की ख़्वाब में भी उम्मीद न की थी! एक साथ सबकी त्यौरियाँ चढ़ गईं।

कुछ साथियों को इस ऐतिहासिक पल की क़ीमत समझते देर न लगी। पहली पंक्ति में बैठे एक साथी ने खड़े होकर नारा लगाया–

"हम अपना अधिकार माँगते।
नहीं किसी से भीख माँगते॥"

नारे के गूँजते ही बँधी मुट्ठियों के साथ हवा में लहराती बाँहों और गरजते हुए नारों का तूफ़ान सामने था। मिनटों में सारी त्यौरियाँ ढीली पड़ गईं और पसीने छूटने लगे। बी.डी.ओ. साहब माइक पर अपनी पकड़ स्थिर करते हुए बोले–"हम मानते हैं कि आपके जॉब-कार्ड बन जाने चाहिए थे। ग़लती चाहे जिस स्तर पर भी हुई हो, मानी हमारी ही जाएगी।"

हमेशा ग़रीबों को दोषी ठहराने वाले अधिकारियों से सार्वजनिक मंच पर इतना कहलवा पाना संगठन के लिए कोई छोटी बात न थी।

बी.डी.ओ. महोदय ने काउण्टर लगवा कर तुरन्त जॉब-कार्ड बनवाने की बात दोहराई। कुछ सहयोगियों को लगा कि संगठन को बी.डी.ओ. के प्रस्ताव का स्वागत करना चाहिए। अगर तुरन्त जॉब-कार्ड बन जाते हैं तो मज़दूर साथियों को लगेगा कि उन्हें इस कठिन जंग से कुछ हासिल हुआ।

किन्तु कई साथियों ने इस बात का विरोध किया। सर्वेश बोला–"हम लोग आज जॉब-कार्ड बनवाने आए ही नहीं हैं। आज तो हम सिर्फ़ अधिकारियों को उनकी ग़लती का एहसास कराने और जॉब-कार्ड के बनने की योजना तैयार करवाने आए हैं।"

'ग़रीबों को कुछ दे दो, उनके लिए कुछ बना दो, तो वह ख़ुश हो कर लौट जाएँगे'—अधिकारीगण और तमाम लोगों के दिमाग़ों में जमी इस धारणा को तोड़ने का मन साथी पूरी तरह बना चुके थे। जिस बी.डी.ओ. से चन्द मिनटों पहले ही उसकी ग़लती कुबुलवाई थी उसी बी.डी.ओ. का अहसान लेकर साथी घर लौटने को तैयार नहीं थे।

और भी विचारणीय मसले थे। शाम हो चुकी थी—इस समय चाहे कितने भी काउण्टर लग जाते, डेढ़ हज़ार की संख्या में जॉब-कार्ड बनने में अफ़रा-तफ़री मच जाती। कार्ड बन ही नहीं पाते, और उनके न बनने का दोष छूटते ही मज़दूर साथियों के मत्थे मढ़ दिया जाता।

दूसरे संगठनों और शहरों से आए सहयोगियों को साथियों की ज़िद ने कहीं नाराज़ तो कहीं निराश किया लेकिन बाद में उन्होंने साथियों की बात की पर्तों में जाकर इस राजनीति को गहराई से समझा।

अधिकारीगण के साथ दोनों ब्लॉकों में न्याय-पंचायतवार शिविर लगाकर जॉब-कार्ड बनवाने की योजना बनी और अनगिनत मुस्कुराहटों व उम्मीदों में लिपटी एक नई संगठनात्मक ताक़त के साथ एक यादगार रैली का समापन हुआ।

15 सितम्बर, 2006

जॉब-कार्ड बनने के लिए लगने वाले शिविरों की सूचना ज़्यादा-से-ज़्यादा लोगों तक पहुँचे, इसलिए यह तय हुआ था कि शिविर की तारीख़ों को मिश्रिख और पिसावाँ ब्लॉक के सार्वजनिक नोटिस-बोर्ड पर चस्पां कर दिया जाएगा । पर ब्लॉक द्वारा इस दिशा में कोई प्रयास नहीं किए गए जबकि रोज़गार गारण्टी में पूरी योजना के प्रचार-प्रसार हेतु स्पष्ट निर्देश और बजट हैं।

लिहाज़ा, संगठन के ही कुछ साथियों ने इस आदेश की फ़ोटोकॉपी जगह-जगह चिपका दी। कुतुबनगर व आँट के बाज़ारों को साथियों ने अपने प्रचार का केन्द्र बनाया तथा ठेलिया और टैम्पो चलाने वालों ने संगठन के लिखित संदेश को गाँव-गाँव तक पहुँचाने में मदद की। फिर भी दोनों ब्लॉक में ऐसे कई गाँव बाक़ी रह गए जहाँ संगठन के साथियों के न होने से शिविर लगने की सूचना नहीं पहुँच सकी।

ग्राम पँचायतों के सेक्रेटरी और उनके सहायक भी अपनी तरफ़ से गड़बड़ियाँ करने में भला क्यों चूकते? मसलन, कुतुबनगर न्याय-पंचायत में सेक्रेटरी ने प्रत्येक जॉब-कार्ड पर पाँच रुपये लेने की कोशिश की। जब लोगों ने हल्ला मचाया तब सेक्रेटरी महोदय ने मजबूरन पैसा वापस किया। कई न्याय-पंचायतों पर जॉब-कार्ड के आवेदन भरवा लिए गए लेकिन जॉब-कार्ड ही उपलब्ध न हो पाए।

और कहीं भी सेक्रेटरी साहब अपने साथ फ़ोटोग्राफ़र को लेकर नहीं गए। जहाँ फोटोग्राफ़र नहीं पहुँचे, वहाँ लोगों ने स्वयं ही आवेदन-पत्र के लिए फ़ोटो दिया मगर उन्हें फ़ोटो-ख़र्च का पैसा नहीं मिला। कुछ गाँवों के शिविरों में जॉब-कार्ड बनवाने के लिए फ़ोटो जमा करवा लिए गए, किन्तु इनमें से अनेक लोगों के फ़ोटो प्रधान या सेक्रेटरी से खो गए। दोबारा फ़ोटो खींची गईं लेकिन सब मज़दूरों के निजी ख़र्च पर। यही नहीं, कुछ कार्डों पर सेक्रेटरी महोदय पंजीकरण संख्या डालना भूल गए, तो कुछ पर मुहर लगाना। ग़ौरतलब है कि ऐसी दिक़्क़तें तब पेश आ रही हैं जब संगठन के पास शिविरों के लिए बी.डी.ओ. द्वारा हस्ताक्षरित योजना है।

तमाम पापड़ बेलने के बाद ढेरों जॉब-कार्ड तो बन गए हैं लेकिन उन पर लगने वाले फ़ोटो के पैसों का भुगतान बहुत कम हुआ है। सब मना रहे हैं कि यह काम प्रशासन से बिना किसी टकराव के हो जाए।

12 अक्टूबर, 2006

अचानक पता चला कि इस्लामनगर रजबहा से निकले माइनरों में राष्ट्रीय ग्रामीण रोज़गार गारण्टी योजना के अन्तर्गत ठेकेदारों द्वारा सिल्ट-सफ़ाई का काम कराया जा रहा है जबकि इस योजना के नियमों के हिसाब से ठेके पर काम नहीं करवाया जा सकता।

साथी इस बाबत जे.ई. से बात करने पहुँचे तो उन्होंने सफ़ाई दी–"ठेकेदार ठेका लेने के लिए दबाव डालेंगे इसलिए चुपचाप माइनरों में सफ़ाई का काम शुरू करा दिया गया है।" जब साथियों ने जे.ई. को ठेकेदारों के नाम गिनाए तब वह यह तो माने कि ठेके पर काम हो रहा है, लेकिन उन्होंने तुरन्त अपना बचाव भी किया– "मेरे पास कई रजबहों की ज़िम्मेदारी है। यह सम्भव ही नहीं कि गाँव-गाँव जाकर मज़दूर ढूँढ़ूँ, इसलिए ठेकेदारों का सहारा लेना ही पड़ता है।"

बात साफ़ थी। जे.ई. ठेकेदारों से नहीं, बल्कि संगतिन किसान मज़दूर संगठन के साथियों से बचने की फ़िराक में थे। संगठन की एक साथी ने सुझाव दिया कि काम के लिए मज़दूरों की ज़रूरत है, इस बात को लाउड-स्पीकर द्वारा प्रचारित कर दिया जाए, मज़दूर स्वयं आ जाएँगे।

यदि सरकारी महकमों के ज़रिए सूचनाएँ देने का काम हो पाता तो मज़दूरों की समस्याओं का अन्त न हो जाता? संगठन के साथियों ने ख़ुद ही खानपुर, कुँवरापुर, सरौनी, सबेलिया और कैथोलिया गाँवों में फ़ोन और चिट्ठियों द्वारा नहर में सिल्ट-सफ़ाई का काम उपलब्ध होने की सूचना पहुँचाई। अन्ततः लगभग डेढ़ सौ मज़दूर साथियों ने अपनी सुविधानुसार नहर में सिल्ट-सफ़ाई की।

6 नवम्बर, 2006

एक ओर संगठन के साथी सिल्ट-सफ़ाई का काम करते रहे और दूसरी ओर ठेकेदार के मज़दूर भी उसी काम में लगे रहे। ठेकेदार से जुड़े मज़दूरों से संगठन के साथियों ने पूछा कि ठेकेदार से जायज़ मज़दूरी न मिलने के बावजूद वह उसके लिए काम क्यों कर रहे हैं? मज़दूरों ने अपनी मजबूरी की दो वजहें बताईं–पहली, रोज़ पैसा मिलने की ज़रूरत और दूसरी, ठेकेदारों के ज़रिए लगातार काम उपलब्ध होने की उम्मीद।

सिल्ट-सफ़ाई ठेकेदारों द्वारा भी कराई जा रही है, यह जानकारी संगठन ने सिंचाई विभाग के अधिशासी अभियन्ता को दी तो वह झल्लाते हुए ऋचा सिंह को आरोपित करते हुए बोले–"हम यह भी तो कह सकते हैं कि संगठन के साथी दरअसल आपके मज़दूर हैं और आप इनकी ठेकेदार हैं।"

अधिशासी अभियन्ता द्वारा संगठन को इस तरह अपमानित करना साथियों को भाया नहीं। दूरभाष द्वारा बात उच्चाधिकारियों तक पहुँची और उन्होंने बी.डी.ओ. को तुरन्त मौक़े पर पहुँचने के लिए कहा। मज़े की बात है कि सिंचाई विभाग के सहायक अभियन्ता, जो थोड़ी ही देर पहले संगठन से बात भी नहीं करना चाह रहे थे, बी.डी.ओ. के पहले ही कार्यस्थल पर पहुँच गए। जब बी.डी.ओ. भी अपने लाव-लश्कर के साथ तशरीफ़ लाए तो मज़दूर साथियों ने साफ़-साफ़ लफ़्ज़ों में इस बात की पुष्टि की कि ठेके पर सिल्ट-सफ़ाई का काम हो रहा है।

10 नवम्बर, 2006

संगठन के एक सहयोगी ने ख़बर दी कि उन्हें बी.डी.ओ. की जाँच रिपोर्ट की प्रति मिल गई है, किन्तु रिपोर्ट संगठन की बात के विपरीत जा रही है। कुछ साथी तुरन्त विकास भवन पहुँचे और रिपोर्ट देखी तो भौंचक्के रह गए। बी.डी.ओ. ने अपनी जाँच रिपोर्ट में साफ़ झूठ लिखा था–"मज़दूरों ने मुझे बताया कि ठेके पर कोई काम नहीं हो रहा है।"

बी.डी.ओ. की पोल खोलने के उद्देश्य से संगठन के सात साथी सी.डी.ओ. से मिले। सर्वेश ने ठेकेदार के लिए छह दिन काम किया था। उसने बताया कि उसे ठेकेदार ने तीन सौ रुपये मज़दूरी के भुगतान के रूप में दिए हैं। यह सुनकर सी.डी.ओ. ने हैरान होकर दोनों हाथों से अपना सिर पकड़ लिया। फिर भी बी.डी.ओ. की झूठी रिपोर्ट पर कोई कार्यवाही नहीं हुई।

20 नवम्बर, 2006

बी.डी.ओ. की जाँच के बाद ठेकेदार के लिए काम कर रहे मज़दूर भी काम पर नहीं

आए। ठेकेदार गहरी फ़िक्र में हैं कि कहीं उनका पैसा न डूब जाए।

18 नवम्बर तक साथियों द्वारा सफ़ाई का काम चला और 19 नवम्बर की सुबह नहर में पानी आया। परन्तु न तो पानी पाँच किलोमीटर से आगे बढ़ा और न ही मज़दूरी का भुगतान हुआ, जबकि नियमानुसार राष्ट्रीय ग्रामीण रोज़गार गारण्टी योजना में सात दिनों के अन्दर मज़दूरी का भुगतान होना चाहिए था।

नहर की सफ़ाई के दौरान सहायक अभियन्ता और जे.ई. पर दबाव बनाकर साथियों ने नहर में बने गेट के खम्भों की मरम्मत करवा ली थी। लोग बताते हैं कि पहले इन खम्भों पर लोहे के पटरे लगते थे, बाद में लकड़ी के। धीरे-धीरे पटरे ग़ायब हो गए और फिर बाद में कुछ लोगों ने खम्भे भी तोड़ दिए। क़रीब सात-आठ सालों बाद खम्भों की मरम्मत हुई लेकिन पटरों का कहीं अता-पता नहीं है और बिना पटरों के रज़बहा में पानी के आगे जाने की गुँजाइश नहीं है।

23 नवम्बर, 2006

सिंचाई विभाग के अधिकारियों और कर्मचारियों को फ़ोन कर-करके साथी थक चुके हैं। आज सन्तराम, सन्तोष, सुरबाला, कमलेश और ऋचा सिंह के पाँच सदस्यीय प्रतिनिधि मण्डल ने सिंचाई विभाग के अधिकारियों से मुलाक़ात की। अधिशासी अभियन्ता का टालमबाज़ अन्दाज़ और बेरुख़ी देखकर प्रतिनिधि मण्डल ने चेतावनी दी कि यदि चौबीस घण्टों के भीतर नहर में पटरे लगवाकर मज़दूरी का भुगतान नहीं हुआ तो संगतिन किसान मज़दूर संगठन 25 नवम्बर, 2006 को सिंचाई विभाग का घेराव करेगा।

25 नवम्बर, 2006

सिंचाई विभाग की ख़ामोशी से तंग आकर कुँवरापुर, खानपुर, सबेलिया और कैथोलिया के लगभग डेढ़ सौ मज़दूर साथी सिंचाई विभाग आ धमके। दिन के बारह बजे से शुरू इस धरने को सिंचाई विभाग के अधिकारी हल्के अन्दाज़ में लेते रहे। चार बजे तक तेज़ हवा चलने की वजह से मौसम जितना ठण्डा हो गया था, साथियों का पारा उतना ही गरम। नाराज़ साथियों ने सिंचाई विभाग के तीनों गेट बन्द कर कर्मचारियों का बाहर आना-जाना रोक दिया।

गेट बन्द होते ही सिंचाई विभाग में हड़कम्प मच गया। मज़दूर तोड़-फोड़ कर सकते हैं, यह सूचना तुरन्त थाने पहुँच गई जबकि दोपहर से एक भी अधिकारी या कर्मचारी ने यह पूछने की भी ज़रूरत नहीं समझी थी कि इतने सारे लोग यहाँ धरना दिए क्यों बैठे हैं?

शाम साढ़े पाँच बजे पाँच सिपाही डण्डे फटकारते हुए प्रकट हो गए और

ज़ोर-ज़ोर से चिल्लाकर साथियों को भगाने लगे। घबराकर मज़दूर साथी बरामदे से नीचे उतरने लगे। इसी बीच दो-तीन महिलाएँ पुलिस वालों से बहस करने लगीं। बहस से हिम्मत पाकर बाक़ी साथी बरामदे से नीचे उतर कर बैठ गए। पुलिस ने साथियों को कार्यालय से बाहर खदेड़ने की भरसक कोशिश की, लेकिन सब अड़े बैठे रहे। टामा और रामबहादुर जी (पिता) ने सुर पकड़ाए तो साथी उनके साथ पूरे दम से गीत गाने लगे।

शायद पुलिस को यह चिन्ता सता रही थी कि अगर ये लोग नहीं हटे तो उन्हें भी रात वहीं बितानी पड़ेगी। एक सब-इंसपेक्टर ने अन्दर जाकर अधिकारियों से बात की। थोड़ी ही देर में अधिशासी अभियन्ता और सहायक अभियन्ता पुलिस के घेरे में अपने कमरे से बाहर आए। सरस्वती अम्मा यह नज़ारा देखकर हँसीं–"अरे यह अधिकारी पुलिस के घेरे में! हम ग़रीबों के एक साथ खड़े होने का ऐसा भय?"

धरने से छुट्टी पाने के लिए अधिशासी अभियन्ता ने मज़दूरी भुगतान और नहर में पटरे लगाने का वचन दिया लेकिन सिंचाई विभाग के अधिकारियों की मौखिक बातों पर अब संगठन को यक़ीन नहीं रह गया था, इसलिए साथियों ने अपनी हर माँग के लिखित जवाब की दरख़्वास्त की। अधिकारी लिखित आश्वासन देने से मुकर गए और बात जहाँ की तहाँ रुक गई।

साथियों ने मान लिया कि अब तो रात खुले में ही बितानी है। सीतापुर में संगठन को सहयोग देने वाले लोगों–जैसे, व्यापार मण्डल के अध्यक्ष, पत्रकार, नगर पालिका अध्यक्ष–तक फ़ोन द्वारा धरने की सूचना पहुँचाई गई और कुछ बिस्तरों एवं भोजन के लिए मदद माँगी गई। सब जगहों से समर्थन और सहयोग का वायदा मिला और साथियों की हिम्मत दूनी हो गई।

क़रीब सात बजे सिंचाई विभाग के दो कर्मचारियों ने आकर पहले साथियों से और फिर अधिशासी अभियन्ता से बात की। पता नहीं उनकी आपस में क्या बातचीत हुई लेकिन आधे घण्टे में अधिशासी अभियन्ता और सहायक अभियन्ता अपने कमरे से बाहर निकले और साथियों से थोड़ी-बहुत बहस के बाद उन्होंने 26 नवम्बर को मज़दूरी भुगतान और 2 दिसम्बर तक नहर में पटरे लगाने की माँगें लिखित रूप में मान लीं।

26 नवम्बर, 2006

सवेरे ग्यारह बजे से इन्तज़ार कर रहे साथियों की मज़दूरी का भुगतान करने सहायक अभियन्ता, जे.ई. और एक अन्य कर्मचारी दोपहर तीन बजे पहुँचे। भुगतान की कार्यवाही शुरू होने से पहले साथी इन तीनों को खरी-खोटी सुनाने से न चूके। बीस मज़दूर साथियों का भुगतान आज भी नहीं हो पाया–कुछ तो दूसरे कामों के कारण

मज़दूरी लेने न आ पाए, कुछ के जॉब-कार्ड ही नहीं बने थे और बाक़ी के नाम मस्टर रोल में जे.ई. की ग़लती की वजह से नहीं चढ़े थे। इनका भुगतान होने में कम-से-कम एक माह तो लगना ही है।

हर क़दम पर नई जंग

15 जनवरी, 2007

आँट, कुतुबनगर, मिश्रिख और पिसावाँ में क्षेत्रीय बैठकें शुरू हो चुकी हैं और करीब पिचहत्तर गाँवों के लोग इन बैठकों में शरीक हो रहे हैं। जॉब-कार्ड बने, कई गाँवों में काम हुआ और मज़दूरी का भुगतान भी हो गया, लेकिन जॉब-कार्ड प्रधान या सेक्रेटरी के क़ब्ज़े में ही रहे। कहीं-कहीं तो मज़दूरों ने जॉब-कार्ड माँगे ही नहीं और जहाँ माँगे वहाँ ये बहाने दिए गए कि अभी जॉब-कार्ड पर पैसा चढ़ना बाक़ी है या उस पर सेक्रेटरी के दस्तख़त नहीं हो पाए हैं। बार-बार माँगने पर अक्सर कुछ ऐसा सुनने को मिलता–"क्या जल्दी है? काम ख़त्म हो जाने पर ले लेना। कोई दूध तो नहीं देता तुम्हारा कार्ड, जो जल्दी मचा रही हो?"

परन्तु कार्ड तो हमेशा मज़दूर के हाथ में लौटना चाहिए, वैसे ही जैसे बैंक की पास-बुक पैसा चढ़ा कर ख़ातेदार को दे दी जाती है। फिर कार्डों पर मज़दूरी चढ़ाकर उन्हें वापस करने में इतनी देर क्यों? जैसी धाँधलियाँ राशन-कार्ड जमा करके प्रधान एवं कोटेदार किया करते हैं, कहीं वैसा ही जॉब-कार्ड के साथ तो नहीं? जॉब-कार्ड पर अधिक कार्य-दिवस चढ़ाकर मज़दूरी का पैसा निकाल लेने के कई मामले सामने आए हैं। गोदलामऊ ब्लॉक के एक गाँव में अस्सी प्रतिशत कार्ड ऐसे मिले जिनपर मज़दूरों द्वारा किए काम से अधिक कार्य-दिवस चढ़ा कर पैसे की गड़बड़ियाँ की गई हैं।

तमाम कोशिशों के बावजूद ढेरों साथियों को न तो जॉब-कार्ड मिले और न ही आवेदन-पत्र के लिए खिंचे फ़ोटो-ख़र्च का भुगतान हुआ। फ़ोटो के पैसों के भुगतान के लिए मानो एक आन्दोलन छिड़ गया। एक कर्मचारी ने पूछा–"पन्द्रह रुपयों के लिए इतने दिन लड़ने का क्या तुक?" साथियों का जवाब था–"सवाल फ़ोटो पर ख़र्च हुए पन्द्रह रुपयों का नहीं बल्कि अपने हक़ का है। पन्द्रह रुपयों से ही पन्द्रह लाख बनते हैं। हम अपना हक़ लेंगे, भले ही उसके लिए हमें पचास रुपये ही क्यों न ख़र्च करने पड़ें?"

तय हुआ कि ब्लॉक पर जाकर एस.डी.एम. से बात की जाए। साथ ही, अपनी बात को गाँव-गाँव तक पहुँचाने के लिए साथियों ने एक परचा छापा। आँट और कुतुबनगर में सक्रिय साथियों की बैठकें हुईं और फिर चला एक साथी से दूसरे साथी

ज़ोर-ज़ोर से चिल्लाकर साथियों को भगाने लगे। घबराकर मज़दूर साथी बरामदे से नीचे उतरने लगे। इसी बीच दो-तीन महिलाएँ पुलिस वालों से बहस करने लगीं। बहस से हिम्मत पाकर बाक़ी साथी बरामदे से नीचे उतर कर बैठ गए। पुलिस ने साथियों को कार्यालय से बाहर खदेड़ने की भरसक कोशिश की, लेकिन सब अड़े बैठे रहे। टामा और रामबहादुर जी (पिता) ने सुर पकड़ाए तो साथी उनके साथ पूरे दम से गीत गाने लगे।

शायद पुलिस को यह चिन्ता सता रही थी कि अगर ये लोग नहीं हटे तो उन्हें भी रात वहीं बितानी पड़ेगी। एक सब-इंसपेक्टर ने अन्दर जाकर अधिकारियों से बात की। थोड़ी ही देर में अधिशासी अभियन्ता और सहायक अभियन्ता पुलिस के घेरे में अपने कमरे से बाहर आए। सरस्वती अम्मा यह नज़ारा देखकर हँसीं–"अरे यह अधिकारी पुलिस के घेरे में! हम ग़रीबों के एक साथ खड़े होने का ऐसा भय?"

धरने से छुट्टी पाने के लिए अधिशासी अभियन्ता ने मज़दूरी भुगतान और नहर में पटरे लगाने का वचन दिया लेकिन सिंचाई विभाग के अधिकारियों की मौखिक बातों पर अब संगठन को यक़ीन नहीं रह गया था, इसलिए साथियों ने अपनी हर माँग के लिखित जवाब की दरख़्वास्त की। अधिकारी लिखित आश्वासन देने से मुकर गए और बात जहाँ की तहाँ रुक गई।

साथियों ने मान लिया कि अब तो रात खुले में ही बितानी है। सीतापुर में संगठन को सहयोग देने वाले लोगों–जैसे, व्यापार मण्डल के अध्यक्ष, पत्रकार, नगर पालिका अध्यक्ष–तक फ़ोन द्वारा धरने की सूचना पहुँचाई गई और कुछ बिस्तरों एवं भोजन के लिए मदद माँगी गई। सब जगहों से समर्थन और सहयोग का वायदा मिला और साथियों की हिम्मत दूनी हो गई।

क़रीब सात बजे सिंचाई विभाग के दो कर्मचारियों ने आकर पहले साथियों से और फिर अधिशासी अभियन्ता से बात की। पता नहीं उनकी आपस में क्या बातचीत हुई लेकिन आधे घण्टे में अधिशासी अभियन्ता और सहायक अभियन्ता अपने कमरे से बाहर निकले और साथियों से थोड़ी-बहुत बहस के बाद उन्होंने 26 नवम्बर को मज़दूरी भुगतान और 2 दिसम्बर तक नहर में पटरे लगाने की माँगें लिखित रूप में मान लीं।

26 नवम्बर, 2006

सवेरे ग्यारह बजे से इन्तज़ार कर रहे साथियों की मज़दूरी का भुगतान करने सहायक अभियन्ता, जे.ई. और एक अन्य कर्मचारी दोपहर तीन बजे पहुँचे। भुगतान की कार्यवाही शुरू होने से पहले साथी इन तीनों को खरी-खोटी सुनाने से न चूके। बीस मज़दूर साथियों का भुगतान आज भी नहीं हो पाया–कुछ तो दूसरे कामों के कारण

मज़दूरी लेने न आ पाए, कुछ के जॉब-कार्ड ही नहीं बने थे और बाक़ी के नाम मस्टर रोल में जे.ई. की ग़लती की वजह से नहीं चढ़े थे। इनका भुगतान होने में कम-से-कम एक माह तो लगना ही है।

हर क़दम पर नई जंग

15 जनवरी, 2007

आँट, कुतुबनगर, मिश्रिख और पिसावाँ में क्षेत्रीय बैठकें शुरू हो चुकी हैं और करीब पिचहत्तर गाँवों के लोग इन बैठकों में शरीक हो रहे हैं। जॉब-कार्ड बने, कई गाँवों में काम हुआ और मज़दूरी का भुगतान भी हो गया, लेकिन जॉब-कार्ड प्रधान या सेक्रेटरी के क़ब्ज़े में ही रहे। कहीं-कहीं तो मज़दूरों ने जॉब-कार्ड माँगे ही नहीं और जहाँ माँगे वहाँ ये बहाने दिए गए कि अभी जॉब-कार्ड पर पैसा चढ़ना बाक़ी है या उस पर सेक्रेटरी के दस्तख़त नहीं हो पाए हैं। बार-बार माँगने पर अक्सर कुछ ऐसा सुनने को मिलता–"क्या जल्दी है? काम ख़त्म हो जाने पर ले लेना। कोई दूध तो नहीं देता तुम्हारा कार्ड, जो जल्दी मचा रही हो?"

परन्तु कार्ड तो हमेशा मज़दूर के हाथ में लौटना चाहिए, वैसे ही जैसे बैंक की पास-बुक पैसा चढ़ा कर ख़ातेदार को दे दी जाती है। फिर कार्डों पर मज़दूरी चढ़ाकर उन्हें वापस करने में इतनी देर क्यों? जैसी धाँधलियाँ राशन-कार्ड जमा करके प्रधान एवं कोटेदार किया करते हैं, कहीं वैसा ही जॉब-कार्ड के साथ तो नहीं? जॉब-कार्ड पर अधिक कार्य-दिवस चढ़ाकर मज़दूरी का पैसा निकाल लेने के कई मामले सामने आए हैं। गोदलामऊ ब्लॉक के एक गाँव में अस्सी प्रतिशत कार्ड ऐसे मिले जिनपर मज़दूरों द्वारा किए काम से अधिक कार्य-दिवस चढ़ा कर पैसे की गड़बड़ियाँ की गई हैं।

तमाम कोशिशों के बावजूद ढेरों साथियों को न तो जॉब-कार्ड मिले और न ही आवेदन-पत्र के लिए खिंचे फ़ोटो-ख़र्च का भुगतान हुआ। फ़ोटो के पैसों के भुगतान के लिए मानो एक आन्दोलन छिड़ गया। एक कर्मचारी ने पूछा–"पन्द्रह रुपयों के लिए इतने दिन लड़ने का क्या तुक?" साथियों का जवाब था–"सवाल फ़ोटो पर ख़र्च हुए पन्द्रह रुपयों का नहीं बल्कि अपने हक़ का है। पन्द्रह रुपयों से ही पन्द्रह लाख बनते हैं। हम अपना हक़ लेंगे, भले ही उसके लिए हमें पचास रुपये ही क्यों न ख़र्च करने पड़ें?"

तय हुआ कि ब्लॉक पर जाकर एस.डी.एम. से बात की जाए। साथ ही, अपनी बात को गाँव-गाँव तक पहुँचाने के लिए साथियों ने एक परचा छापा। आँट और कुतुबनगर में सक्रिय साथियों की बैठकें हुईं और फिर चला एक साथी से दूसरे साथी

ज़ोर-ज़ोर से चिल्लाकर साथियों को भगाने लगे। घबराकर मज़दूर साथी बरामदे से नीचे उतरने लगे। इसी बीच दो-तीन महिलाएँ पुलिस वालों से बहस करने लगीं। बहस से हिम्मत पाकर बाक़ी साथी बरामदे से नीचे उतर कर बैठ गए। पुलिस ने साथियों को कार्यालय से बाहर खदेड़ने की भरसक कोशिश की, लेकिन सब अड़े बैठे रहे। टामा और रामबहादुर जी (पिता) ने सुर पकड़ाए तो साथी उनके साथ पूरे दम से गीत गाने लगे।

शायद पुलिस को यह चिन्ता सता रही थी कि अगर ये लोग नहीं हटे तो उन्हें भी रात वहीं बितानी पड़ेगी। एक सब-इंसपेक्टर ने अन्दर जाकर अधिकारियों से बात की। थोड़ी ही देर में अधिशासी अभियन्ता और सहायक अभियन्ता पुलिस के घेरे में अपने कमरे से बाहर आए। सरस्वती अम्मा यह नज़ारा देखकर हँसीं–"अरे यह अधिकारी पुलिस के घेरे में! हम ग़रीबों के एक साथ खड़े होने का ऐसा भय?"

धरने से छुट्टी पाने के लिए अधिशासी अभियन्ता ने मज़दूरी भुगतान और नहर में पटरे लगाने का वचन दिया लेकिन सिंचाई विभाग के अधिकारियों की मौखिक बातों पर अब संगठन को यक़ीन नहीं रह गया था, इसलिए साथियों ने अपनी हर माँग के लिखित जवाब की दरख़्वास्त की। अधिकारी लिखित आश्वासन देने से मुकर गए और बात जहाँ की तहाँ रुक गई।

साथियों ने मान लिया कि अब तो रात खुले में ही बितानी है। सीतापुर में संगठन को सहयोग देने वाले लोगों–जैसे, व्यापार मण्डल के अध्यक्ष, पत्रकार, नगर पालिका अध्यक्ष–तक फ़ोन द्वारा धरने की सूचना पहुँचाई गई और कुछ बिस्तरों एवं भोजन के लिए मदद माँगी गई। सब जगहों से समर्थन और सहयोग का वायदा मिला और साथियों की हिम्मत दूनी हो गई।

क़रीब सात बजे सिंचाई विभाग के दो कर्मचारियों ने आकर पहले साथियों से और फिर अधिशासी अभियन्ता से बात की। पता नहीं उनकी आपस में क्या बातचीत हुई लेकिन आधे घण्टे में अधिशासी अभियन्ता और सहायक अभियन्ता अपने कमरे से बाहर निकले और साथियों से थोड़ी-बहुत बहस के बाद उन्होंने 26 नवम्बर को मज़दूरी भुगतान और 2 दिसम्बर तक नहर में पटरे लगाने की माँगें लिखित रूप में मान लीं।

26 नवम्बर, 2006

सवेरे ग्यारह बजे से इन्तज़ार कर रहे साथियों की मज़दूरी का भुगतान करने सहायक अभियन्ता, जे.ई. और एक अन्य कर्मचारी दोपहर तीन बजे पहुँचे। भुगतान की कार्यवाही शुरू होने से पहले साथी इन तीनों को खरी-खोटी सुनाने से न चूके। बीस मज़दूर साथियों का भुगतान आज भी नहीं हो पाया–कुछ तो दूसरे कामों के कारण

मज़दूरी लेने न आ पाए, कुछ के जॉब-कार्ड ही नहीं बने थे और बाक़ी के नाम मस्टर रोल में जे.ई. की ग़लती की वजह से नहीं चढ़े थे। इनका भुगतान होने में कम-से-कम एक माह तो लगना ही है।

हर क़दम पर नई जंग

15 जनवरी, 2007

आँट, कुतुबनगर, मिश्रिख और पिसावाँ में क्षेत्रीय बैठकें शुरू हो चुकी हैं और करीब पिचहत्तर गाँवों के लोग इन बैठकों में शरीक हो रहे हैं। जॉब-कार्ड बने, कई गाँवों में काम हुआ और मज़दूरी का भुगतान भी हो गया, लेकिन जॉब-कार्ड प्रधान या सेक्रेटरी के क़ब्ज़े में ही रहे। कहीं-कहीं तो मज़दूरों ने जॉब-कार्ड माँगे ही नहीं और जहाँ माँगे वहाँ ये बहाने दिए गए कि अभी जॉब-कार्ड पर पैसा चढ़ना बाक़ी है या उस पर सेक्रेटरी के दस्तख़त नहीं हो पाए हैं। बार-बार माँगने पर अक्सर कुछ ऐसा सुनने को मिलता–"क्या जल्दी है? काम ख़त्म हो जाने पर ले लेना। कोई दूध तो नहीं देता तुम्हारा कार्ड, जो जल्दी मचा रही हो?"

परन्तु कार्ड तो हमेशा मज़दूर के हाथ में लौटना चाहिए, वैसे ही जैसे बैंक की पास-बुक पैसा चढ़ा कर ख़ातेदार को दे दी जाती है। फिर कार्डों पर मज़दूरी चढ़ाकर उन्हें वापस करने में इतनी देर क्यों? जैसी धाँधलियाँ राशन-कार्ड जमा करके प्रधान एवं कोटेदार किया करते हैं, कहीं वैसा ही जॉब-कार्ड के साथ तो नहीं? जॉब-कार्ड पर अधिक कार्य-दिवस चढ़ाकर मज़दूरी का पैसा निकाल लेने के कई मामले सामने आए हैं। गोदलामऊ ब्लॉक के एक गाँव में अस्सी प्रतिशत कार्ड ऐसे मिले जिनपर मज़दूरों द्वारा किए काम से अधिक कार्य-दिवस चढ़ा कर पैसे की गड़बड़ियाँ की गई हैं।

तमाम कोशिशों के बावजूद ढेरों साथियों को न तो जॉब-कार्ड मिले और न ही आवेदन-पत्र के लिए खिंचे फ़ोटो-ख़र्च का भुगतान हुआ। फ़ोटो के पैसों के भुगतान के लिए मानो एक आन्दोलन छिड़ गया। एक कर्मचारी ने पूछा–"पन्द्रह रुपयों के लिए इतने दिन लड़ने का क्या तुक?" साथियों का जवाब था–"सवाल फ़ोटो पर ख़र्च हुए पन्द्रह रुपयों का नहीं बल्कि अपने हक़ का है। पन्द्रह रुपयों से ही पन्द्रह लाख बनते हैं। हम अपना हक़ लेंगे, भले ही उसके लिए हमें पचास रुपये ही क्यों न ख़र्च करने पड़ें?"

तय हुआ कि ब्लॉक पर जाकर एस.डी.एम. से बात की जाए। साथ ही, अपनी बात को गाँव-गाँव तक पहुँचाने के लिए साथियों ने एक परचा छापा। आँट और कुतुबनगर में सक्रिय साथियों की बैठकें हुईं और फिर चला एक साथी से दूसरे साथी

तक चिट्ठियों और परचों के माध्यम से सूचनाएँ पहुँचाने एवं बैठकें आयोजित करने का सिलसिला। सैकड़ों नए साथी मुद्दे से जुड़ते चले गए।

15 फरवरी, 2007

चौदह फ़रवरी को लगभग एक हज़ार साथी तहसील चौराहे पर पहुँचे ही थे कि तभी एस.डी.एम. भी वहीं तशरीफ़ ले आए। उन्होंने माइक पर सबको सम्बोधित करते हुए कहा कि चूँकि जॉब-कार्ड से सम्बद्ध सारे रिकार्ड बी.डी.ओ. के पास मौजूद हैं, इसलिए सारे साथी तुरन्त ब्लॉक पर चलें। एक ज़िम्मेदार अधिकारी की बात मानकर जनसमूह ब्लॉक की ओर चल पड़ा।

न जाने क्यों इस बार ब्लॉक ऑफ़िस के चारों ओर भारी सुरक्षा बल तैनात था जबकि इसके पहले रैलियों के दौरान मुश्किल से दो-तीन पुलिस वाले होते थे। ब्लॉक में दो घण्टे बैठे रहने के बाद भी जब कोई अधिकारी न दिखा तो साथी "फ़ोटो का पैसा और जॉब-कार्ड वापस दो" का नारा लगाने लगे। नारों की आवाज़ कानों में पड़ने के बाद एस.डी.एम. और बी.डी.ओ. ब्लॉक पर तशरीफ़ लाए। अपने सुरक्षा गार्ड से घिरे ब्लॉक प्रमुख भी पहुँच गए। एस.डी.एम. बोले–"एक प्रतिनिधि मण्डल हम लोगों से अन्दर आकर बात करे। तभी इन समस्याओं का निराकरण हो सकेगा।"

लेकिन साथी अधिकारियों को जनता के बीच में बुलाने की माँग पर अड़े रहे। अन्ततः तीनों अधिकारी जनता के सामने आए। संगठन के कुछ साथी नाराज़ होकर बोले–"चार बज गए और पूरा दिन ख़त्म होने को आ गया है। आज हम यहीं रहेंगे और कल बात करेंगे।"

इन साथियों को शान्त कर संगठन की संचालन समिति ने अधिकारियों के साथ बातचीत शुरू की लेकिन हर बात रोककर ब्लॉक प्रमुख बार-बार यही सवाल दोहराते–"आप लोग इतनी सारी जनता के साथ आकर तमाशा क्यों करते हैं?"

ग़रीब मज़दूरों का इकट्ठे होकर अपना हक़ माँगना सबको तमाशा लगता है, लेकिन बन्द कमरों के भीतर चलने वाले उन तमाशों का क्या, जिनके सहारे उन्हीं मज़दूरों का हक़ मारा जाता है? जब जनता इन बन्द दरवाज़ों के पीछे चल रही हरकतों को उजागर करने के लिए बाहर खड़ी होकर आवाज़ लगाने लगती है तब उस ललकार को कभी 'तमाशा' तो कभी 'बेवक़ूफ़ी' क़रार कर दिया जाता है।

बेहद तनाव भरे माहौल में भी संचालन समिति ने कई ग्रामसभाओं के लिए फ़ोटो-ख़र्च के भुगतान एवं जॉब-कार्डों के वितरण हेतु ग्रामसभावार तारीख़ें तय करा लीं। प्रशासन से इससे ज़्यादा गम्भीर टकराव के लिए अभी संगठन की तैयारी नहीं थी।

26 मार्च, 2007

तय तारीख़ों पर लगे शिविरों में जहाँ-जहाँ संगठन के सक्रिय साथी पहुँचे, वहाँ-वहाँ फ़ोटो का पैसा वितरित हुआ हालाँकि इसके लिए बहुत दिक़्क़तों का सामना भी करना पड़ा। जैसे, सेक्रेटरी कहीं बहुत देर से पहुँचे तो कहीं प्रधान सूचना होने के बावजूद नहीं मिले। तय जगहों को बिना सूचना के बदल देने की कोशिशें भी हुईं। इन सारी परेशानियों के बावजूद कई ग्रामसभाओं में फ़ोटो के पैसे का भुगतान हुआ।

पदयात्राएँ और आत्ममन्थन

10 मई, 2007

जैसे-जैसे संगठन नए गाँवों में फैल रहा है, वैसे-वैसे यह महसूस हो रहा है कि जुड़ने वाले हर साथी की सोच का गहराना भी बेहद ज़रूरी है। नौ लोगों के लिए साथ-साथ एक सामूहिक सपना रचना एक बात है, और कई हज़ार लोगों के लिए ऐसा सपना बुनना कुछ और। जाति, वर्ग और लिंग के भेदों में लिपटी और ताक़तवरों और संसाधन विहीन तबक़ों के बीच के खेलों में उलझी जिन गुत्थियों से यह संगठन जूझना चाहता है उसकी समझ बनाने के लिए ऐसा क्या किया जाए जिससे संगठन को विस्तार और वैचारिक गहराई, दोनों मिलते चलें?

विचार-विमर्श से सुझाव निकला कि क्यों न उसी तरह पदयात्राएँ करें जैसे हमने नहर के मुद्दे से नए लोगों को जोड़ने के लिए की थीं? उन एक-एक दिन की कई पदयात्राओं से कितना कुछ हासिल हुआ था—संगठन के साथ बड़ी संख्या में लोग भी जुड़े, और हमक़दम बने साथियों के साथ घर-परिवार से लेकर दुनिया जहान की ढेरों बातें भी हुईं।

सो इस बार भी रोज़गार गारण्टी से जुड़ी सम्भावनाओं और धाँधलियों को लेकर अधिक से अधिक लोगों को जोड़ने के लिए और संगठन के भीतर सही मायनों में एकजुटता बनाने के उद्देश्य से मिश्रिख और पिसावाँ के कुछ गाँवों में पदयात्रा की योजना बनी है। बेशक मई की दुपहरिया परेशान कर डालेगी लेकिन इस वक़्त खेती-बाड़ी का काम न होने से गाँव के लोग ज़रा फ़ुरसत में होते हैं, इसलिए यह समय संगठन को मज़बूत करने के लिए बहुत मददगार सबित हो सकता है।

16 जून, 2007

पिसावाँ में संगठन के साथियों ने छब्बीस मई से दो जून तक उन गाँवों में पदयात्रा करना तय किया जहाँ के लोग जॉब-कार्ड बनवाने के मुद्दे में आगे आए थे। सवाल

उठा कि ऋचा सिंह, रीना और सुरबाला के साथ और कौन चलेगा? क़रीब सात साथियों ने अपनी सहमति दी लेकिन नियत समय और स्थान पर इन तीनों के अलावा सिर्फ़ ब्रह्मप्रसाद पहुँच पाए। चारों सबेलिया गाँव की ओर चल पड़े।

सबेलिया गाँव में अनुसूचित जाति का बाहुल्य है। गाँव से थोड़ी ही दूर दस-पन्द्रह परिवार छप्पर डालकर रह रहे हैं। पदयात्रियों ने इन्हीं साथियों के बीच रात बिताना तय किया। पहुँचते ही दही और पानी आया। सुरबाला, रीना और ऋचा को चिन्ता हुई–क्या पता यादव बिरादरी के ब्रह्मप्रसाद जी यहाँ अन्न-जल ग्रहण करेंगे या नहीं? इसके पहले होशंगाबाद के समाजवादी जनपरिषद से जुड़े आदिवासी साथियों के यहाँ इन्होंने पानी भी पीने से इन्कार कर दिया था। सवाल तीनों को उलझा ही रहा था कि ब्रह्मप्रसाद जी दही का कटोरा उठाकर खाने लगे।

रात में बैठक के लिए पूरा गाँव इकट्ठा था। बातचीत गरमा ही रही थी कि अचानक एक लड़का आया और ब्रह्मप्रसाद जी को बुलाकर ले गया। पता चला कि जिन दलित परिवारों के साथ सुरबाला, रीना और ऋचा खाना खा रहे थे उन्हीं लोगों ने ब्रह्मप्रसाद जी के लिए गाँव के एक यादव परिवार के यहाँ खाना बनवाया था। ब्रह्मप्रसाद जी हैरान होकर बोले–"पता नहीं क्यों इन लोगों ने मेरा खाना दूसरी जगह बनवाया? मैंने तो शाम को अन्न-जल सब स्वीकार कर लिया।"

इस घटना से जातिवाद पर नए सिरे से बात छिड़ी। कितने ही मौक़ों पर हमारे समाज में अछूत कहे जाने वाले किसी न किसी वजह से अपने आपको ख़ुद ही पीछे धकेलने पर मजबूर होते हैं। ब्रह्मप्रसाद जी जैसे साथियों को यह समझना होगा कि जिस छुआछूत को पालने और बढ़ाने में हम सबने अलग-अलग वक़्त पर अपने-अपने ढंग से भागीदारी निभाई है उस छुआछूत के मकड़जाल से निकलने के लिए इस संगठन को बहुत काम करना होगा।

एक सवर्ण साथी ने ख़ुद ही पदयात्रा में शामिल होने का फ़ैसला किया लेकिन जैसे ही उन्हें पता चला कि पदयात्रियों की टोली किसी के भी घर खा-पी लेगी तो उन्होंने ऐन मौक़े पर जाने से मना कर दिया। दलितों के यहाँ अन्न ग्रहण करने के मामले को लेकर ब्राह्मण परिवार की रीना के पति, रामनरेश ने भी कुछ कम बवाल नहीं किया। इसी तरह सबेलिया गाँव के आठ नवयुवक तीन दिन के लिए पदयात्रा में शामिल हुए। इनमें से पासी समुदाय के एक युवक, टामा ने पहले तो रैदास के घर बना भोजन ग्रहण करने से मना कर दिया पर जल्द ही अपना मन बदल लिया। वह समझ गया कि संगठन से जुड़ना है तो जातिभेद का यह स्वरूप ही सबसे पहले तजना होगा। लेकिन मन को बदलने का यह सफ़र टामा के लिए आसान न होगा, यह भी टामा समझ रहा था।

13 जुलाई, 2007

इधर जॉब-कार्ड का नाटक जारी था। मार्च 2007 तक साथियों को सौ दिन का रोज़गार उपलब्ध होना था लेकिन बमुश्किल पन्द्रह-बीस दिनों का रोज़गार ही मिल पाया। अप्रैल 2007 से नया वित्तीय वर्ष शुरू होने के बावजूद काम मिल पाने की कोई सम्भावना नहीं दिखाई दे रही थी। साथी समझ गए हैं कि रोज़गार का हक़ ले पाना आसान न होगा। जॉब-कार्ड बनवाने और फ़ोटो-ख़र्च के भुगतान के लिए दो बार मिश्रिख तहसील कार्यालय घेरने के बाद साथियों का कहना है कि अब यह लड़ाई ब्लॉक या तहसील स्तर पर लड़ने से कुछ हासिल न होगा। सी.डी.ओ. को घेरकर लड़ाई को एक क़दम आगे बढ़ाने का वक़्त आ गया है।

बार-बार साथियों के बीच एक सवाल उठता हैः छोटे-से-छोटे काम के लिए भी प्रशासन बिना प्रदर्शन या घेराव के हमारी बात क्यों नहीं सुनता? और यही प्रशासन घेराव के बाद उसी काम को फट् से करने को राज़ी क्यों हो जाता है? सिंचाई विभाग के साथ हो रहे संघर्ष के दौरान एक कर्मचारी बोला–"आजकल के अफ़सर बस दो तरह के लोगों से डरते हैं–या तो दस बन्दूकधारी हों या फिर हाथों में फावड़े लिए सौ मज़दूर! आप लोग अगर ऐसे ही दबाव बनाते रहे तो यह अधिकारी हार कर सुधरेंगे।"

कर्मचारी की बात अपनी जगह, लेकिन प्रश्न है कि क़ानून के अन्तर्गत सरकारी योजनाओं को लागू करने के मामले को लेकर घेराव और प्रदर्शन करने की ज़रूरत क्यों? जो अधिकारी नित नियम-क़ायदों की बात करते हैं, वही लगातार नियमों की अवहेलना क्यों करते हैं?

अलावा धरने के दूसरा कोई चारा नहीं। लिहाज़ा, ज़िला कार्यक्रम समन्वयक की भूमिका निभा रहे सी.डी.ओ. महोदय[3] को नोटिस देकर यह माँग रखना तय हुआ कि मज़दूरों को नरेगा के अन्तर्गत तुरन्त काम उपलब्ध करवाया जाय। यदि नोटिस पर प्रशासन की कोई प्रतिक्रिया न हुई तो 8 अगस्त को धरना दिया जाएगा।

14 अगस्त, 2007

नोटिस पर कोई प्रशासकीय हरकत न होनी थी, न हुई। तय तारीख़ 8 अगस्त, 2007 को लगभग दो हज़ार साथियों का हुजूम सीतापुर में इकट्ठा हो गया। जिस पल इलाहाबाद बैंक मैदान से विकास भवन की ओर रैली चली, उस पल ऐसा लगा मानो

3. फ़रवरी 2006 को रोज़गार गारण्टी कार्यक्रम के लागू होने के साथ ही जनपद स्तर पर सी.डी.ओ. (मुख्य विकास अधिकारी) इसके जिला कार्यक्रम समन्वयक नियुक्त हुए। लगभग तीन साल बाद अप्रैल 2009 से सरकार ने ज़िला कार्यक्रम समन्वयक की ज़िम्मेदारी ज़िलाधिकारी को सौंप दी और सी.डी.ओ. सह-ज़िला कार्यक्रम समन्वयक की भूमिका में आ गए।

संगठन बड़े-से-बड़े पहाड़ से टकराने को तैयार है।

रैली विकास भवन पहुँची तो पता चला कि सी.डी.ओ. किसी बैठक में भाग लेने लखनऊ गए हैं। नोटिस के बावजूद सी.डी.ओ. के न मिलने पर साथी ग़ुस्से से तिलमिला उठे। कोई भी अधिकारी हाथ में ज्ञापन लेकर यह तो बहुत आसानी से कह देता है–"ठीक है, मैं आपकी बात साहब तक पहुँचा दूँगा ताकि आपकी समस्या का जल्द समाधान हो।" लेकिन दरअसल होता यह है कि जनता की उम्मीदों से भरा और बड़े जतन-पसीने से बना ज्ञापन या तो किसी फ़ाइल में बन्द होकर धूल फाँकता है या रद्दी की टोकरी में फिंक जाता है। नाराज़ साथी विकास भवन घेर कर बैठ गए और सी.डी.ओ. से नीचे के पद पर बैठे किसी भी अधिकारी से बात करने से इन्कार कर दिया।

फिर फूटा ग़ुस्से का ऐसा ग़ुबार, जिसे क़ाबू में करना किसी के बस का नहीं था। लोगों ने अपनी शिकायतें सामने रखनी शुरू कीं–नरेगा में किस तरह की घपलेबाज़ियाँ चल रही हैं? किस तरह चार दिन के काम को चालीस दिन का काम बताकर पैसा निकाला जा रहा है और कहाँ जा रहा है यह पैसा? प्रधान अपनी मजबूरियाँ समझाते हुए कहते हैं–"हम क्या करें? हमें जो ऊपर रिश्वतें देनी पड़ती हैं, वह क्या हम अपनी जेब से देंगे?" साथी समझ रहे हैं कि उनके छप्परों का सीतापुर, लखनऊ व दिल्ली की ऊँची इमारतों के साथ क्या रिश्ता है? चार दिन की हाज़िरी को चालीस दिन का काम दिखलाकर किनके घर और भविष्य चमकाए जा रहे हैं?

आख़िरकार संगठन के साथियों का आमना-सामना ज़िलाधिकारी से हुआ। ज़िलाधिकारी महोदय बातचीत के लिए सी.डी.ओ. के कक्ष में तशरीफ़ लाए। जनपद के समस्त बी.डी.ओ. अपनी नियमित ज़िलास्तरीय बैठक के लिए सीतापुर आए हुए थे। ज़िलाधिकारी के आदेश पर यह सभी बी.डी.ओ. वार्ता में शामिल होने के लिए सी.डी.ओ. के कमरे में हाज़िर हुए। संगतिन किसान मज़दूर संगठन का पन्द्रह सदस्यीय प्रतिनिधि मंडल कुर्सियों पर बैठा था। कुर्सियाँ कम पड़ गईं। पिसावाँ ब्लॉक की मुन्नी अपने बी.डी.ओ. को खड़ा देख कुर्सी से उठने लगी तो रामबेटी उसका हाथ पकड़कर बोली–"बैठी रहो। कितनी बार यह हमें अपने कमरे में घुसने नहीं देते। यह आज हमारे सामने, चाहे ज़िलाधिकारी के प्रभाव में ही सही, लेकिन खड़े तो हैं। इन्हें खड़ा ही रहने दो।" बी.डी.ओ.-पिसावाँ खड़े रहे। साथियों ने अपनी संगठित शक्ति को एक बार फिर क़रीब से पहचाना।

साथियों के पास गाँववार समस्याओं और माँगों की सूची थी। ज़िलाधिकारी ने कई बातें मानीं तो कई बातों पर थोड़ी बहस के बाद सहमति ज़ाहिर की। जैसे, वह इस बात को मानने के लिए तैयार नहीं थे कि मज़दूरी का भुगतान बैंक के माध्यम से किया जा सकता है लेकिन नक़द भुगतान में हो रही गड़बड़ियों को कैसे रोकेंगे,

इस सवाल का भी कोई सन्तोषजनक जवाब नहीं दे पा रहे थे। अन्ततः संगठन की ज़िद पर वह प्रयोग के रूप में पाँच ग्रामसभाओं में बैंक के माध्यम से भुगतान करवाने को राज़ी हुए। ज़िलाधिकारी से हुई वार्ता में यह भी तय हुआ कि काम का आवेदन देने के पन्द्रह दिनों के अन्दर काम दिया जाएगा, धाँधलियों को ख़त्म करने के लिए मस्टर-रोल कार्यस्थल पर रखा जाएगा और महिलाओं और विकलांगों को काम में प्राथमिकता दी जाएगी।

सफल वार्ता और ज़िलाधिकारी के सम्बोधन के साथ घेराव समाप्ति की घोषणा हुई और सभी अपने-अपने ठिकानों की ओर चल दिए। विकास भवन से निकलकर ऋचा सिंह अभी चन्द कदम ही चली थीं कि एक शुभचिन्तक ने उनके हाथ में एक काग़ज़ थमा दिया। नज़र डाली तो देखा कि वह काग़ज़ मिश्रिख के छह गाँवों–हुसैनपुर, रन्नूपुर, मोहम्मदनगर, रामपुरभूड़ा, कुतुबनगर और जमुनिया–के प्रधानों द्वारा ज़िलाधिकारी को दिए गए ज्ञापन की फ़ोटोप्रति था। संगतिन किसान मज़दूर संगठन पर तमाम आरोप लगाए गए थे–जैसे, संगठन से जुड़े मज़दूर बिना काम किए मज़दूरी का पैसा लेना चाहते हैं और ये मज़दूर मिलकर प्रधानों को मानसिक रूप से प्रताड़ित कर रहे हैं। यह ख़बर भी मिली कि बी.डी.ओ. एसोसियेशन के राज्य-स्तरीय पदाधिकारी इस पूरे मामले को लेकर ज़िलाधिकारी से मिले हैं और उन्हें यह धमकी दी है कि यदि संगठन की माँगों को लेकर उन पर किसी भी तरह का दबाव बनाया गया तो वह नरेगा योजना के क्रियान्वन से जुड़ा कोई काम नहीं करेंगे।

प्रधानों और बी.डी.ओ. एसोसियेशन की तकलीफ़ की इस उद्घोषणा के बावजूद सीतापुर में आयोजित संगतिन किसान मज़दूर संगठन के साथियों की यह पहली रैली ज़िला प्रशासन पर अपना दबाव बनाने में कामयाब रही। फिर भी, पिसावाँ ब्लॉक में क़रीब छह सौ मज़दूर साथियों के काम का आवेदन प्राप्त कराने के लिए ज़िलाधिकारी महोदय को हस्तक्षेप करना ही पड़ा। अधिकांशतः गाँवों में काम की शुरुआत हो गई।

8 नवम्बर, 2007

नहर-संघर्ष के दौरान साथियों ने सपना संजोया था कि संगठन की जीत मनाने के लिए सब मिलकर एक सम्मेलन करेंगे। सो, टेल तक पानी पहुँचने के अवसर पर सम्मेलन की तैयारियाँ शुरू हो गईं। उन्तीस और तीस अक्टूबर को खानपुर गाँव के एक बग़ीचे में आयोजित सम्मेलन में संगठन के क़रीब चार सौ महिला तथा पुरुष साथियों ने भागीदारी की। सम्मेलन के लिए साथियों ने गाँव-गाँव से राशन जुटाया–साथियों का मानना था कि यह हमारा सम्मेलन है, इसे हम पूरी तरह से अपने ही बलबूते करेंगे।

हफ़्ते भर बाद जब साथियों ने मिलकर सम्मेलन की समीक्षा की तो सम्मेलन की रात को घटी एक घटना का ज़िक्र कई लोगों ने किया। पण्डाल में चर्चा चल रही थी कि अचानक जेनेरेटर बन्द हो गया। घुप्प अँधेरा। कुछ के दिलों में धुकधुकी हुई कि कहीं किसी महिला के साथ कोई बदसुलूकी न हो जाए। लेकिन ऐसा कुछ न हुआ। एक घण्टा बीतते-बीतते जेनेरेटर ठीक हो गया और सब कुछ सामान्य रूप से चलने लगा।

समीक्षा के दौरान बात उठी कि महिला संगठनों के साथ काम करते हुए जब भी औरतों के साथ कोई सम्मेलन किया गया तब हमेशा इस बात को लेकर सतर्कता बरती गई कि महिलाओं के इर्द-गिर्द कहीं कोई आदमी न फटक पाए। और आज हम ऐसे मुक़ाम पर पहुँच गए हैं जहाँ महिला-पुरुष दोनों का एक साथ बैठकर देर रात तक चर्चाएँ करना और फिर जिसको जहाँ जगह मिले, वहाँ निडर हो कर सो जाना संगठन के जीवन का सामान्य हिस्सा बन चुका है। साथियों में यह विश्वास मज़बूत हुआ है कि यदि हम समाज में सबको बराबरी देने की बात करते हैं तो मर्दों व औरतों का साथ बैठ कर सामाजिक बदलाव की प्रक्रियाओं पर चर्चाएँ चलाना एक बुनियादी क़दम है।

एक ऐतिहासिक आन्दोलन की ओर

बेरोज़गारी भत्ते की लड़ाई

15 नवम्बर, 2007

नवम्बर का आधा महीना बीत गया है। मई से अब तक कुछ गाँवों के साथियों को ही रोज़गार मिल पाया है। काम के लिए किया जाने वाला आवेदन ही प्राप्त (रिसीव) नहीं किया जा रहा है। जहाँ दबाव बनाकर साथी आवेदन प्राप्त करा ले गए हैं वहाँ भी काम मिलने के आसार नहीं दीख रहे। ज़िलाधिकारी का हस्तक्षेप भी कारगर साबित नहीं हुआ। अब क्या किया जाए?

एक सुझाव आया है कि काम का आवेदन प्राप्त होने के पन्द्रह दिनों के अन्दर काम न मिलने पर बेरोज़गारी भत्ता दिए जाने का प्रावधान है, इसलिए क्यों न नरेगा के तहत बेरोज़गारी भत्ते की माँग की जाए? बेरोज़गारी भत्ता मिले या न मिले, अधिकारी इस दबाव में तो आएँगे ही कि मजदूरों को बेरोज़गारी भत्ता देना पड़ेगा। बेरोज़गारी भत्ता देने का एक मतलब होगा कि विकास विभाग मज़दूरों को काम उपलब्ध कराने में असमर्थ रहा है, और जनता के लिए बने तमाम सरकारी विभाग काम पूरा करें या नहीं, अपने आपको नाकारा तो किसी भी क़ीमत पर साबित नहीं होने देना चाहते।

क्या हमारी इतनी ताक़त है कि हम एक लम्बा धरना चला ले जाएँ? एक रैली में दो-तीन हज़ार लोगों का आना एक बात होती है और लगातार एक धरने पर बैठना कुछ और। ढेरों प्रश्न हैं–कितने लोग आएँगे? क्या खाएँगे? कितने दिनों तक धरने पर बैठेंगे? बिनोद, रामनरेश, शिवराम जैसे कई साथी बोले–"हम लोग पचास गाँवों से निकलकर साथ खड़े होकर लड़ रहे हैं। एक-एक दिन एक-एक गाँव के साथी बैठेंगे तो भी पचास दिन आराम से खिंच जाएँगे।"

साथियों ने अपने-अपने घरों और गाँवों के हालात को याद किया–कहीं आग के सहारे पूस की रातें बीतती हैं तो कहीं आग जलाने के लिए भी कुछ नहीं होता। घरों में ओढ़ने के लिए बमुश्किल एक रज़ाई या कम्बल होता है जो लोग बच्चों को

ओढ़ा देते हैं। एक तरफ़ से किसी ने हुँकारी भरी–"ग़रीब के लिए ठण्ड हमेशा बड़ी मुसीबतें लेकर आती है।" दूसरे कोने से आवाज़ आई–"अरे, ग़रीब को गरमी और बरसात ही कहाँ अकेला छोड़ती है?" जैसे-जैसे साथी इन कष्टों को याद करते चले, धरने के दौरान होने वाले काल्पनिक कष्ट मामूली लगने लगे।

28 नवम्बर, 2007

संघर्ष का ऐलान करते हुए संगठन ने सी.डी.ओ. (मुख्य विकास अधिकारी) को नोटिस दे दिया। ग़रीब मज़दूरों के हक़ में बने क़ानून की धज्जियाँ उड़ाते अधिकारियों के सामने साथियों ने पाँच मुख्य माँगें रखीं–

- आवेदन प्राप्त होने के पन्द्रह दिनों के अन्दर काम उपलब्ध न करा पाने पर अधिनियम के अनुसार बेरोज़गारी भत्ता दिया जाए।
- सौ दिनों का काम उपलब्ध कराने एवं समय से मज़दूरी भुगतान की योजना बनाई जाए।
- रोज़गार गारण्टी का अधिक से अधिक काम ग्राम पंचायतों द्वारा करवाया जाय।
- अधिनियम के अनुसार महिलाओं एवं विकलांगों को काम उपलब्ध कराया जाय।
- सभी ब्लॉकों में रोज़गार गारण्टी के अन्तर्गत कराए कार्यों की जनता-जाँच (सोशल-ऑडिट) करवाई जाए।

जैसी कि सबको उम्मीद थी, नोटिस देखकर सी.डी.ओ. निर्विकार भाव से बोले– "बेरोज़गारी भत्ता नहीं दिया जा सकता।"

साथियों का सवाल था–"जो क़ानून में लिखा है, वह क्यों नहीं दिया जा सकता?"

"नहीं। नहीं दिया जा सकता। बेरोज़गारी भत्ता देने का मतलब है–बी.डी.ओ. के ख़िलाफ़ कार्यवाही होना। हाँ, शेष चार माँगों के लिए मैं बी.डी.ओ. से बात करता हूँ।"

एक साथी बोली–"बी.डी.ओ. से बात तो हम भी कर लेते हैं। सवाल बी.डी.ओ. से बात करने का नहीं, बल्कि हमारी माँगों पर कार्यवाही करने का है।"

पूरी बहस में सारे साथियों और उनकी माँगों को टालते हुए सी.डी.ओ. साहब अपनी महिमा बखानने में लगे रहे कि उन्होंने कितनी मेहनत करके केन्द्र सरकार से नरेगा के अन्तर्गत फण्ड लिया और उत्तर प्रदेश के अन्य ज़िलों की अपेक्षा जनपद सीतापुर कितनी बेहतर स्थिति में है। ज़िला स्तर पर नरेगा को क्रियान्वित करने वाले ज़िला कार्यक्रम समन्वयक खुलेआम क़ानून की अवहेलना कर रहे थे और साथी संगठित होकर लड़ने के बावजूद कुछ नहीं कर पा रहे थे।

सी.डी.ओ. के कक्ष से बाहर निकलते हुए सारे साथी चुप थे। चुप्पी टूटी तो इस फ़ैसले के साथ कि प्रशासन के हाथों हुए इस अपमान से भिड़ने का एक ही तरीक़ा है—नोटिस में दी समयावधि के अनुसार 5 दिसम्बर, 2007 से अनिश्चितकालीन धरने की शुरुआत की जाए।

5 दिसम्बर, 2007

हमेशा की तरह नोटिस पर कोई कार्यवाही न हुई। 'करो या मरो' की स्थिति फिर सामने थी। आख़िरकार, आज 5 दिसम्बर, 2007 को मिश्रिख और पिसावाँ के लगभग चार सौ साथियों ने सीतापुर विकास भवन के धरना स्थल पर पहुँच कर अनिश्चितकालीन धरने का ऐलान कर दिया।

उत्तर प्रदेश में मुख्यमंत्री के उच्चस्तरीय प्रतिनिधि मण्डल द्वारा ज़िलों में हो रहे विकास की समीक्षा का दौर चल रहा है। जनपद सीतापुर में 7 दिसम्बर को समीक्षा बैठक होनी है। साथी यह मानकर चल रहे हैं कि सी.डी.ओ. सात तारीख़ के पहले हमारी माँगों पर ज़रूर कार्यवाही करेंगे क्योंकि प्रशासन यह नहीं चाहेगा कि मुख्यमंत्री के प्रतिनिधि मण्डल तक यह ख़बर पहुँचे कि सैकड़ों मज़दूर विकास भवन में डेरा डाले बैठे हैं। यानी, साथी कुल दो दिनों के धरने की तैयारी के साथ बैठे हैं।

शाम सात बजे सिटी मजिस्ट्रेट का संदेश आया कि वह सी.डी.ओ. के कमरे में हैं और हमें जो भी ज्ञापन देना है, उन्हें दे दें। सिटी मजिस्ट्रेट को साफ़ जवाब मिला—"हम अपनी माँगों की सूची सी.डी.ओ. को पहले ही दे चुके हैं। अब हमें कोई ज्ञापन नहीं देना। आप उन तक यह संदेश पहुँचा दीजिए कि हम लोग अपनी माँगें पूरी हुए बिना यहाँ से नहीं हिलेंगे।"

सिटी मजिस्ट्रेट बैरंग वापस लौट गए।

6 दिसम्बर, 2007

विकास भवन शिविर। दिसम्बर की हाड़ कँपकँपा देने वाली ठण्ड और हमारे पास एक सहयोगी द्वारा भेजी गई पचास रज़ाइयाँ। लड़ने-झगड़ने के बाद प्रशासन से अलाव के लिए थोड़ी लकड़ियाँ भी मिल गईं। हमारे पास करने के लिए हैं ढेरों बातें। और क्या चाहिए? एक दूसरे से बतियाते और गाते-बजाते रात गुज़र गई। यह पहला मौक़ा है जब हमारी रात विकास भवन में गुज़री।

सिर्फ़ बैठने से कुछ न होगा—कुछ ऐसा करना चाहिए जिससे प्रशासन, जनता, और मीडिया का ध्यान हमारी समस्याओं पर पड़े। ऐसा सोचकर ज़िलाधिकारी कार्यालय से लगभग 500-600 साथियों की टोली "रघुपति राघव राजा राम,

अधिकारियों को बुद्धि दो भगवान," गाते हुए विकास भवन के अन्दर परिक्रमा करने लगी। साथियों की आवाज़ों से पूरा परिसर गूँजने लगा।

अभी लोग पहले तल पर ही पहुँचे थे कि पता चला, सी.डी.ओ. अपने कमरे में आ गए हैं। सब उनके कमरे के बाहर आकर बैठ गए और ज़ोर-ज़ोर से नारेबाज़ी करने लगे। अर्दली ने आदेश दिया कि कुछ लोग भीतर आकर साहब से बात कर लें। जनसमूह के एक कोने से बिटोली की तीखी आवाज़ आई–"इतने सारे लोग तुम्हारे साहब से बात करने उनके कमरे के बाहर बैठे हैं, लेकिन उन्हें बाहर आने में शर्म आ रही है?"

बिटोली के सुर में एक साथ कई सुर मिल गए–"उनसे बोलो, बाहर आएँ। अब बन्द कमरों में साहबों से कोई बातचीत नहीं होगी।"

सी.डी.ओ. को बाहर आना ही पड़ा।

सैकड़ों साथियों ने सी.डी.ओ. को घेर रखा था लेकिन उनके चेहरे पर शिकन का नामो-निशां न था। आते ही बोले–"आपकी सारी माँगें पूरी की जाएँगी। आपको जो कुछ भी कहना है, लिखित रूप में दे दीजिए।"

लोग खड़े होकर ज़ोर-ज़ोर से बोलने लगे "लिखित में कहना क्या है? आपके पास हमारी माँगें हैं। जब तक वे पूरी नहीं होतीं, हम नहीं जाएँगे।"

"मुख्यमंत्री की समीक्षा टीम आ रही है। मुझे एक ज़रूरी काम से जाना है। मैं लौटकर प्रतिनिधि टीम से बात करूँगा।" ऐसा वायदा करके सी.डी.ओ. अपने कमरे में ग़ायब हो गए और दो मिनट बाद ही अपनी कार में बैठ मैदान-ए-जंग से भागने लगे।

कई साथी यह कहते हुए उठ खड़े हुए कि "बहुत हो गया! अब इनको घेर लिया जाए, तभी यह कुछ करेंगे।" बड़ी मुश्किल से इन साथियों को समझा-बुझाकर रोका गया। उस दिन सी.डी.ओ. वापस नहीं आए। अधिकांश साथियों को लगा कि आज सी.डी.ओ. को जाने नहीं देना चाहिए था। यह संगठन के सब्र का इम्तिहान था।

पूरा दिन हम इस इन्तज़ार में बैठे रहे कि शायद प्रशासन की कार्यवाही शुरू हो लेकिन ज़िला प्रशासन धरने को पूरी तरह अनदेखा करके मुख्यमंत्री की समीक्षा के लिए ब्लॉक रेउसा के गाँव सुपौली को सजाने-सँवारने में ही लगा रहा।

घरों से लाया हुआ खाना चुक गया है। कुछ साथियों को लगा कि गाँवों में जाकर राशन इकट्ठा करने का वक़्त आ गया है। तभी कुछ ने सुझाया कि सीतापुर के अनेक सहयोगियों ने ज़रूरत पड़ने पर मदद करने की बात कही है। क्यों न उनके सहारे सीतापुर शहर की जनता से मदद माँगी जाए?

गुज़ारिश करने भर की देर थी कि मीडिया-बन्धु, व्यापार-मण्डल, नगर पालिका

अध्यक्ष और व्यक्तिगत स्तर पर अनेक लोग साथियों के लिए राशन जुटाने में लग गए। आश्वासन मिला–"जब तक धरना चलेगा, खाने के लिए राशन की कमी न होगी।" सीतापुर शहर से मिले इस समर्थन ने संगठन की हिम्मत दूनी कर दी।

ढेरों साथी सुबह आते हैं और शाम को चले जाते हैं, फिर भी ऐसा कोई वक़्त नहीं होता जब धरने में चार सौ से पाँच सौ साथी मौजूद न हों। इतने साथियों के खाने का बन्दोबस्त करना आसान नहीं, इसलिए सबने सिर्फ़ एक ही समय खाना खाने का निर्णय लिया है। दस-पन्द्रह साथियों ने खाना बनाने की ज़िम्मेदारी ले ली है। आज रात सबने उबले आलू और नमक के साथ रोटी खाई।

खाने की तैयारियों के बीच कुछ साथियों के दिमाग़ में एक विचार कौंधा–अगर ज़िले के सारे अधिकारी सुपौली में मुख्यमंत्री की समीक्षा टीम के लिए तैयारियाँ कर रहे हैं, तो क्यों न हम लोग भी वहीं चलें? सबको सुपौली जाने का विचार पसन्द तो आया लेकिन सवाल है कि सुपौली पहुँचेंगे कैसे? रेउसा ब्लॉक में स्थित सुपौली सीतापुर से क़रीब साठ-पैंसठ किलोमीटर दूर है। एक-दो लोगों के जाने का कोई मतलब नहीं और बड़ी टीम के लिए वाहन जुगाड़ना आसान नहीं। विकास भवन के एक शुभचिन्तक अधिकारी ने राय दी कि इतनी दूर जाने का कोई औचित्य नहीं है क्योंकि वहाँ रोज़गार गारण्टी के अलावा पूरे विकास के मुद्दों की समीक्षा होनी है। साथियों को लगा कि सुपौली न जाकर विकास भवन का काम-काज ठप्प करने में ही ज़्यादा समझदारी होगी।

विकास भवन का काम-काज ठप्प करने का मतलब है–तुरन्त पुलिसिया कार्यवाही। तय हुआ कि किसी भी हाल में लाठी चार्ज होने की स्थिति नहीं बनने देनी है, क्योंकि लाठी चार्ज की ख़बरें दो-तीन दिन जनता और मीडिया में चर्चा का विषय तो बनती हैं लेकिन मार खाए मज़दूरों की लम्बी देख-रेख और उनके परिवार का पालन-पोषण कठिन हालात पैदा करके उनका मनोबल तोड़ देता है। अगर मुक़द्दमा दर्ज होता है तो उस मुक़द्दमे से लड़ना और भी मुश्किल होता है। इन स्थितियों को झेल पाने की अभी हमारी तैयारी नहीं, इसलिए इनसे बचना ही बेहतर है।

कुछ साथी जोश में भरकर मरने-मारने की बात भी करने लगे। लेकिन इसके साथ तुरन्त यह बात भी उठी कि हमारा मूल मक़सद क्या है? अगर किसी वजह से मारपीट होती है तो हमारी माँगें छूट जाएँगी। अगर मरने-मारने की दिशा में जाना ही है तो उसकी तैयारी पहले से करनी होगी ताकि साथी सिर्फ़ मार खाए ही नहीं बल्कि मारें भी। अभी तो हम सबको 'एकै साधे सब सधै' वाली बात बराबर याद रखनी होगी।

ये रणनीतियाँ बन ही रही थीं कि सीतापुर के एक शुभचिन्तक का फ़ोन आया,

बोले–"आप लोग सुपौली नहीं जा रहे हैं?"

"जाना तो चाहते हैं, लेकिन जाएँ कैसे? एकाध के जाने का कोई असर नहीं होगा और पचास-साठ लोगों की टीम के जाने के लिए साधन की व्यवस्था नहीं है।"

"साधन की चिन्ता न कीजिए। जुगाड़ हो जाएगा।"

जुगाड़ हो गया। ऋचा सिंह और रामबेटी के नेतृत्व में साठ साथियों की टीम सुपौली जाने को तैयार हो गई।

7 दिसम्बर, 2007

सवेरे के ठीक साढ़े नौ बजे चार साथियों की टोली सीतापुर के विकास भवन के अन्दर घुस गई। टोली ने तब तक आ चुके कर्मचारियों तथा सफ़ाई-कर्मियों से अनुरोध किया कि संगठन के साथी विकास भवन बन्द करने जा रहे हैं इसलिए वे लोग बाहर निकल जाएँ। बिना किसी विरोध के सब लोग बाहर चले गए। दस बजे तक विकास भवन के चारों दरवाज़ों पर साथियों की टोलियाँ खड़ी हो चुकी थीं। विकास भवन को ठप्प करने का मतलब था–लगभग तीस विभागों के कार्यालयों का काम बन्द! यह फ़ैसला हो गया था कि पुलिस के आने पर थोड़ी-बहुत बहस के बाद संगठन विकास भवन पर अपना क़ब्ज़ा छोड़ देगा।

उधर सुपौली जाने वाली टीम को पुलिस की निगाह से बचाना भी था। सुपौली के लिए जुगाड़ की गई बस धरना स्थल से काफ़ी दूर खड़ी कराई गई और जाने वाले सभी साथी एक साथ निकलने के बजाय चुपचाप अकेले निकल कर बस तक पहुँच गए।

सुपौली गाँव में हज़ारों की संख्या में ग्रामवासी एकत्रित थे। पूरा गाँव रातों-रात प्रदर्शन के लिए तैयार कर लिया गया था। नाके-नाके पर अधिकारी और पुलिस कर्मचारी दिखाई पड़ रहे थे। साथियों ने ख़ामोशी से आगे की पंक्ति में अपने लिए जगह बना ली। तय योजनानुसार ऋचा सिंह मौक़ा मिलते ही मंच के पास पहुँचकर प्रतिनिधि मण्डल से अपनी बात कहने लगीं। प्रतिनिधि मण्डल ने उन्हें माइक पर आकर अपनी बात सबके सामने कहने का न्यौता दिया।

फिर क्या था? सीतापुर में रोज़गार गारण्टी के करोड़ों रुपयों का किस तरह बन्दर-बाँट चल रही है, संगतिन किसान मज़दूर संगठन के हज़ारों साथी धरना दिए क्यों बैठे हैं–एक-एक करके ऋचा ने ज़िले के आला अधिकारियों, तमाम जनता और प्रतिनिधि मण्डल के बीच सीतापुर के विकास विभाग की कलई खोल दी। नीचे खड़े मज़दूर साथी भी बीच-बीच में अपनी बात जोड़ते रहे। इस पूरी बातचीत के गवाह बने हज़ारों लोग चकित होकर सब कुछ सुनते रहे।

प्रतिनिधि टीम ने तीन दिनों के अन्दर मज़दूर साथियों की समस्याओं पर

कार्यवाही करने का आदेश दिया। सुपौली पहुँचने का संगठन को एक बड़ा फ़ायदा यह भी हुआ कि व्यापक रूप में संगठन की माँगें जनता तक पहुँचीं और तमाम लोग संगतिन किसान मज़दूर संगठन के साथ हो गए।

उधर विकास भवन पर कब्ज़ा किए साथियों को हटाने के लिए बारह बजते-बजते सर्किल ऑफ़िसर-सिटी अपने दल-बल के साथ पहुँच गए। लगभग डेढ़ घण्टे की बहस के बाद साथियों ने विकास भवन पर अपना कब्ज़ा छोड़ा और तथाकथित विकास को लागू करने वाले नुमाइन्दों को अन्दर जाने का रास्ता दिया। ज़िले के इतिहास में पहली बार गाँव के मज़दूरों ने शहर की जनता के सामने विकास के प्रतीक के रूप में बने भवन से जुड़े मायनों पर गम्भीर प्रश्न खड़े कर दिए।

8 दिसम्बर, 2007

सुपौली प्रदर्शन में संगतिन किसान मज़दूर संगठन की धमक और विकास भवन पर संगठन के साथियों द्वारा किए कब्ज़े की चर्चाओं से पूरा सीतापुर ज़िला गरमा उठा। साथियों को उम्मीद थी कि इतना कुछ होने के बाद आज सुबह संगठन को वार्ता के लिए ज़रूर बुलाया जाएगा, लेकिन दोपहर तक ऐसा कुछ नहीं हुआ।

साथी भी कहाँ हार मानने वाले थे? डंके की चोट पर दो डिब्बे तैयार किए गए। एक पर लिखा—सी.डी.ओ. को घूस देने के लिए सहयोग कीजिए, और दूसरे पर लिखा—मज़दूरों के हक़-हुकूक के संघर्ष के लिए सहयोग कीजिए। दोनों डिब्बे लेकर साथी अभी धरना-स्थल से चन्द क़दम आगे ही बढ़े थे कि एक आदमी दौड़ता हुआ आया और बोला कि सी.डी.ओ. साहब वार्ता के लिए बुला रहे हैं। एक साथी तमक कर बोली—"यह भला कौन सा तरीक़ा है वार्ता के लिए बुलाने का? जाकर सी.डी.ओ. साहब से कह दीजिए कि प्रतिनिधि मण्डल चार बजे वार्ता के लिए पहुँचेगा।"

उसके इतना कहने के साथ सारे साथी आगे बढ़ लिए।

संघर्ष और घूस के लिए सहयोग राशि माँगते हुए संगठन के साथियों का हुजूम लालबाग से म्यूनिसिपल मार्केट तक घूमा। बीच-बीच में साथी मेगा-माइक पर बताते चल रहे थे कि वे क्यों धरना दे रहे हैं और सहयोग-राशि माँगने के पीछे उनकी क्या सोच है? घूस का डिब्बा देखकर लोग मुस्कुराते या ठहाका मार कर हँसते। एक सज्जन 500 रुपये का नोट मज़दूरों के डिब्बे में और 100 रुपये का नोट सी.डी.ओ. के डिब्बे में डालते हुए बोले कि इतना हिस्सा तो सी.डी.ओ. साहब लेते ही हैं इसलिए वह इतना उनके डिब्बे में डाले दे रहे हैं। कई बार ऐसा भी हुआ कि लोग बिना पढ़े किसी भी डिब्बे में पैसा डाल देते और जब कोई साथी बताता तो उन्हें समझ में आता कि उन्होंने पैसा गाँव वासियों को देना चाहा लेकिन वह ग़लती से पहुँच गया सी.डी.ओ. की जेब में! कभी-कभार कोई साथी मीठे बोलों में यह भी

जतला देता कि बिना पढ़े ग़लत डिब्बे में पैसा डालने वाले पढ़े-लिखे शहरी अधिकतर उसी तबक़े से आते हैं जो अपने आपको तो जागरूक समझता है और गाँव के लोगों की बदहाली उनके अनपढ़ होने से जोड़ता है।

दो घण्टे के भ्रमण के बाद शाम चार बजे प्रतिनिधि मण्डल वार्ता के लिए चल पड़ा। सी.डी.ओ. कक्ष में कदम रखते ही सब चौंक पड़े। वहाँ पिसावाँ के बी.डी.ओ. और मिश्रिख के पूर्व एवं वर्तमान बी.डी.ओ. के साथ ख़ैराबाद के बी.डी.ओ. भी मौजूद थे जबकि तय था कि सम्बन्धित अधिकारियों के अतिरिक्त वहाँ कोई नहीं रहेगा।

शाम चार बजे से शुरू हुई बातचीत रात दस बजे तक चलती रही। सी.डी.ओ. साहब ने चार माँगों को मौखिक रूप से माना लेकिन बेरोज़गारी भत्ते की माँग को मानने से इन्कार कर दिया। जिरह जारी रही। अन्त में सी.डी.ओ. एवं डी.डी.ओ. ने लिखित रूप से माना कि वे सैद्धान्तिक रूप से बेरोज़गारी भत्ता देने के लिए सहमत हैं और यह भी कि आवेदन पत्रों के साक्ष्यों की जाँच-पड़ताल करके वे 10 दिसम्बर, 2007 को अपरान्ह चार बजे तक संगठन के प्रतिनिधियों से इस बात की पुष्टि कर देंगे।

"विकास विभाग के अधिकारियों की मौखिक बातों से संगठन का भरोसा उठ चुका है"—अधिकारियों के सामने यह ऐलान करते हुए प्रतिनिधि मण्डल ने शेष चार माँगों पर हुई बातचीत और उस पर हुई सहमति पर कार्यवृत्त की माँग की है। धरना जारी है।

10 दिसम्बर, 2007

आज इस पूरे आन्दोलन का सबसे कठिन दिन रहा। सी.डी.ओ. के बुलावे पर सीतापुर के तमाम ब्लॉकों के प्रमुख, क्षेत्र पंचायत प्रमुख, बी.डी.ओ., ढेरों प्रधान एवं सेक्रेटरी आज सवेरे ही विकास भवन पहुँच गए। दस बजते-बजते पूरा विकास भवन चौपहिया और दुपहिया वाहनों से भर गया। इन ढेरों गाड़ियों के मालिकों के बन्दूकधारी सुरक्षाकर्मियों की उपस्थिति ने पूरे माहौल को बेहद तनाव से भर दिया। सितम्बर 2006 में सी.पी.आई.एम.एल. द्वारा विकास भवन पर किए जा रहे एक धरने के दौरान प्रधानों एवं कर्मचारियों की मिलीभगत द्वारा आन्दोलनकारी मज़दूर साथियों के साथ मारपीट की घटना हो चुकी थी। उस तरह की घटना फिर दोहराई न जाए, यह सोचकर संगठन ने पुलिस अधीक्षक-सीतापुर से कहकर धरना-स्थल पर सुरक्षा उपलब्ध करवाई।

शाम चार बजे वार्ता शुरू हुई तो सी.डी.ओ., डी.डी.ओ. और सम्बन्धित बी.डी.ओ. के साथ ए.डी.एम. (अपर ज़िलाधिकारी) भी प्रतिनिधि मण्डल के सामने आए।

संगठन के कई सहयोगियों सहित सीतापुर के प्रिंट और इलेक्ट्रॉनिक मीडिया के प्रमुख कार्यकर्ता भी वार्ता-स्थल पर मौजूद थे। प्रतिनिधि मण्डल बैठा ही था कि मिश्रिख के ब्लॉक प्रमुख भी वार्ता-स्थल पर पहुँच गए। सी.डी.ओ. ने उन्हें सम्मान के साथ बैठने के लिए कहा।

प्रतिनिधि मण्डल को तुरन्त समझ में आ गया कि पूरी तैयारी साथियों को दहलाने के नीयत से की गई है। मिश्रिख के ब्लॉक प्रमुख के सामने साथियों का बोल पाना आसान न होगा, यह बात प्रशासन भली-भाँति समझता था लेकिन साथी भी कहाँ पीछे हटने वाले थे? वे भी ज़रूरत पड़ने पर ब्लॉक प्रमुख को जवाब देने के लिए तैयार हो गए।

ब्लॉक प्रमुख महोदय बार-बार वार्ता को दूसरी दिशा में ले जाने की कोशिश करते लेकिन साथी हर बार बातचीत को अपनी माँगों पर ले आते। यह क्रम चल ही रहा था कि मिश्रिख विधानसभा के भूतपूर्व विधायक सी.डी.ओ. कक्ष में दाख़िल हुए। बी.डी.ओ. सहित कई लोग उन्हें देखकर खड़े हो गए लेकिन संगठन के अधिकतर साथी अपनी कुर्सियों पर डटे रहे। यानी संगठन भूतपूर्व बाहुबली विधायक से बहस करने को तैयार था। एक-दो साथियों को डर था कि कहीं पूरी वार्ता पूर्व विधायकजी के इर्द-गिर्द ही सिमट कर न रह जाए लेकिन पूर्व विधायक और ब्लॉक प्रमुख जल्द-ही वार्ता में मूक दर्शक बन गए।

वार्ता के दौरान यह बात साफ़ समझ में आ गई कि प्रशासन और जन-प्रतिनिधियों का गठजोड़ किस तरह एक दूसरे को बचाता है। बार-बार वही कहावत याद आती–'हाकिम न आए तारीख बढ़ जाए, मुजरिम न आए वारण्ट कट जाए।' साथी ख़ुद देख रहे थे कि जब हाशियों पर ढकेले लोग संगठित होते हैं तो कैसे बड़ी-बड़ी ताक़तें तक 'चोर-चोर मौसेरे भाई' की तर्ज़ पर एकजुट हो जाती हैं--कभी उन्हें कुचलने के लिए, तो कभी वार्ताओं के सहारे उनकी ज़बान खींच लेने के लिए।

चार माँगों पर सहमति बनी और लिखित कार्यवृत्त भी उपलब्ध करा दिया गया किन्तु बेरोज़गारी भत्ते की माँग पर सी.डी.ओ. ने कहा कि वह सम्बन्धित अधिकारियों से जाँच करवा कर अगली सुबह तक ही कुछ बता पाएँगे। इस बीच मिश्रिख एवं पिसावाँ ब्लॉक के कई साथियों ने सूचना दी कि उनके गाँवों में प्रधान, सेक्रेटरी और पंचायत मित्र दबाव और लालच के सहारे संगतिन किसान मज़दूर संगठन के ख़िलाफ़ ग़लत बयानी कराकर फ़र्ज़ी दस्तावेज़ तैयार करवा रहे हैं। फ़र्ज़ी काम के लिए अलग-अलग गाँवों में अलग-अलग तरीक़े अपनाए जा रहे हैं। जैसे, कुँवरापुर में मज़दूरी-भुगतान के लिए पैसा मँगाने के बहाने दस्तख़त करवाए गए तो कोंचपुर में सरकारी आवास दिलाने की बात कहकर हस्ताक्षर करा लिए गए। कुल सरकारी

मशीनरी की कोशिश है कि किसी भी तरह बेरोज़गारी भत्ते की माँग की पात्रता को ही झूठा ठहरा दिया जाए।

चारों ओर हो रहे इस फ़रेब को रोकने के लिए संगठन ने सम्बन्धित ग्रामसभाओं की रोज़गार गारण्टी सम्बन्धी समस्त पत्रावालियाँ मुख्यालय पर मँगाकर सील करवाने की माँग की है।

11 दिसम्बर, 2007

धरना-स्थल सबका प्रशिक्षण स्थल बन गया है। एक आन्दोलन चलाने के लिए क्या-क्या करना पड़ता है, किस तरह के पैंतरों की ज़रूरत पड़ती है और उन्हें कब और कैसे लागू किया जाता है—यह सब हम एक-दूसरे से सीख रहे हैं। जिन साथियों को जातिभेद की दरारों ने बरसों एक-साथ खाने-पीने से रोका था, वही साथी एक-दूसरे के हाथों पकी रोटियों से अपने पेट और क्रान्ति की ज्वाला को ईंधन दे रहे हैं। जिन साथियों को नारे और गीत याद नहीं हो पाते थे या जो संगठन के गीतों को अपनी आवाज़ देने में हिचकिचाते थे, उनके ही रचे गीतों व नारों की गूँज को सीतापुर लम्बे अरसे तक याद रखेगा।

आन्दोलन की इसी पाठशाला में कुछ साथियों ने प्रस्ताव रखा कि भूख हड़ताल की जाए और तब तक न उठा जाए जब तक बेरोज़गारी भत्ते की माँग पूरी न हो। लेकिन संगठन को ऐसी हड़ताल का कोई अनुभव न था। पहला सवाल हुआ—"कौन से साथी भूख हड़ताल पर बैठेंगे?"

दसियों हाथ एक साथ उठ गए।

"कितने दिन बैठ सकते हैं ऐसे?"

कई साथी जवाब में एक साथ बोल पड़े—"चाहे जब तक बैठना पड़े!"

अन्य बिन्दुओं पर विचार-विनिमय चालू हो गया। भूख हड़ताल शुरू करें तो उसे धरने के अन्त तक चलाएँ लेकिन धरना कितने दिन तक चलेगा, इसका कोई ठिकाना नहीं। संघर्ष के इस चरण में आमरण अनशन की ज़रूरत नहीं। ये बातें विचारने के बाद आज क्रमिक अनशन की शुरुआत हुई और पाँच साथी—रीना, केशव, सहोदरा, सावित्री तथा रामसहाय—सी.डी.ओ. कक्ष के दरवाज़े के सामने चौबीस घण्टे की भूख हड़ताल पर बैठ गए।

अब इन्तज़ार है सी.डी.ओ. की जाँच और उनके फ़ैसले का। शाम को मीडिया के एक सहयोगी ने ख़बर सुनाई कि कल आदेश मिलने वाला है कि कोई भी मज़दूर बेरोज़गारी भत्ते का पात्र नहीं है।

क्या इतने दिनों से चल रहे आन्दोलन का अन्त ऐसे होगा?

12 दिसम्बर, 2007

आज सी.डी.ओ. का एक संदेशवाहक रामबेटी और ऋचा सिंह के नाम बन्द लिफ़ाफ़े में उनका आदेश लेकर धरना-स्थल पर पहुँचा। साथियों ने लिफ़ाफ़ा सी.डी.ओ. के सम्मुख खोलना तय किया और संगठन का प्रतिनिधि मण्डल सहयोगी साथियों के साथ सी.डी.ओ. के यहाँ पहुँच गया। सी.डी.ओ. ने स्वयं लिफ़ाफ़ा खोलकर अपना आदेश पढ़ा–सी.डी.ओ. महोदय ने बिना किसी जाँच-पड़ताल के मिश्रिख एवं पिसावाँ ब्लॉक के बी.डी.ओ. (खण्ड विकास अधिकारियों) की आख्या के आधार पर बेरोज़गारी भत्ते की पात्रता को निरस्त कर दिया था। संगठन के साथी खुलेआम झूठे ठहरा दिए गए थे।

आदेश की प्रतिलिपि लेकर सब धरना-स्थल की ओर बढ़ चले। रास्ते में किसी ने पूछा, "अब क्या होगा?" एक साथी बोली–"जो सारे साथी कहेंगे, वही किया जाएगा।"

माइक पर पूरा आदेश पढ़ने के बाद साथियों से पूछा गया–"इस आदेश को माना जाए या नहीं?"

एक साँस में कान भेदने वाली 'नहीं' से पूरा विकास भवन गूँज उठा।

एक साथी माइक पर बोली–"सी.डी.ओ. कार्यक्रम समन्वयक हैं लेकिन यदि वह नियम के विरुद्ध फ़ैसला देते हैं तो हम उस आदेश को क्यों मानें? जिस बी.डी.ओ. ने काम नहीं दिया उसी बी.डी.ओ. की आख्या पर अगर हमारी बेरोज़गारी भत्ते की पात्रता ख़ारिज हुई है तो हम सब भी सी.डी.ओ. साहब के आदेश को ख़ारिज करते हैं।"

यह निर्णय आसान नहीं था। रोज़गार गारण्टी के ज़िला-स्तरीय अधिकारी के आदेश को ख़ारिज करने के साथ ही दूसरी चुनौती सामने थी कि अब अगला क़दम क्या हो? सबने तय किया कि धरना तब तक चलेगा जब तक ज़िला प्रशासन सही फ़ैसला नहीं लेता।

आन्दोलन को समर्थन देने आए संदीप पाण्डे, अरुन्धति धुरू और संगठन के प्रतिनिधि मण्डल ने ज़िलाधिकारी से मुलाक़ात की। ज़िलाधिकारी धरना समाप्त करने की बात कहते रहे और प्रतिनिधि मण्डल बेरोज़गारी भत्ते की माँग पर अड़ा रहा। चूँकि सी.डी.ओ. ने रोज़गार गारण्टी कार्यक्रम के समन्वयक होते हुए बेरोज़गारी भत्ते की पात्रता ख़ारिज की है और संगठन ने उनके आदेश को मानने से इन्कार कर दिया है इसलिए पूरे मामले की जाँच होनी ज़रूरी है।

ज़िलाधिकारी ने मजिस्ट्रेट-स्तर की जाँच कराने की बात रखी। प्रतिनिधि मण्डल का जवाब था–"पूरे मामले में जिस तरह अधिकारियों और कर्मचारियों ने फ़ेरबदल और वादाख़िलाफी की है, उससे सरकारी मशीन पर से हमारा भरोसा उठ गया है।

जाँच ऐसी समिति द्वारा हो जिसमें संगठन के साथी भी शामिल हों।''

''मैं देखता हूँ,'' यह कहकर ज़िलाधिकारी ने बात ख़त्म कर दी। साथी उनके आवास से वापस धरना-स्थल पर आ गए।

13 दिसम्बर, 2007

ज़िलाधिकारी संगठन के साथियों को जाँच समिति में लेने को तैयार नहीं हैं लेकिन संगठन भी अपनी माँग पर अड़ा है। सम्बन्धित ग्रामसभाओं से रोज़गार गारण्टी सम्बन्धित फ़ाइलें मँगवाकर अपर-ज़िलाधिकारी की उपस्थिति में सील करके कोषागार में रखी गई हैं। दो ग्रामसभाओं की पत्रावली नहीं आई है किन्तु आश्वासन दिया गया है कि जल्द ही उन्हें मँगवाकर जाँच समिति को सौंप दिया जाएगा। धरना एवं क्रमिक अनशन जारी हैं। संगठन को समर्थन देते हुए सीतापुर की आम जनता ने आज हस्ताक्षर अभियान की शुरुआत की है।

14 दिसम्बर, 2007

प्रातः 11 बजे ज़िलाधिकारी के आदेश-पत्र को अतिरिक्त उप-ज़िलाधिकारी ने धरना-स्थल पर आकर सुनाया। ज़िलाधिकारी ने मिश्रिख उप-ज़िलाधिकारी को समिति का अध्यक्ष नामित करने के साथ-साथ सीतापुर के अतिरिक्त उप-ज़िलाधिकारी, ग्राम्य विकास विभाग के अधिशासी अभियन्ता या उनके द्वारा नामित सदस्य एवं ऋचा सिंह को समिति के सदस्यों के रूप में नामित किया है। ऋचा सिंह को दो सदस्य नामित करने का अधिकार भी मिला है जिसके अन्तर्गत साथियों ने अल्लीपुर की निवासी, रामबेटी एवं एम.आर. शर्मा, पत्रकार 'हिन्दुस्तान टाइम्स', को सर्वसम्मति से सदस्य नामित किया है। इस छह सदस्यीय जाँच समिति में मज़दूर साथियों का प्रतिनिधित्व करती रामबेटी का शामिल होना संगठन के लिए कितनी बड़ी उपलब्धि है, इसका अन्दाज़ा एक महिला साथी के चन्द लफ़्ज़ों से लगा–''आज संगठन की मज़दूर एस.डी.एम. की बराबरी में बैठ गई। मज़दूर तो जीत ही गए, अब तो बस जाँच बाक़ी है।''

दस दिनों तक सीतापुर की तमाम जनता, बुद्धिजीवियों और मीडिया-बन्धुओं के ज़बर्दस्त सहयोग से चला हमारा ऐतिहासिक धरना आज उठ गया, इस संकल्प और घोषणा के साथ कि आन्दोलन समाप्त नहीं हुआ है बल्कि जाँच की कार्यवाही तक स्थगित किया जा रहा है। जाँच में यदि हेराफ़ेरी की कोशिश हुई तो संगठन के प्रतिनिधि जाँच समिति का बहिष्कार करेंगे और अनिश्चितकालीन धरने की तुरन्त वापसी होगी।

16 फरवरी, 2008

जाँच समिति की पहली बैठक विकास भवन में 16 दिसम्बर, 2007 को हुई जहाँ सभी सदस्यों ने मिलकर जाँच की प्रक्रिया तय की। बेरोज़गारी भत्ते की माँग करने वाले गाँवों में दो तरह के गाँव हैं—वे, जहाँ नरेगा के अन्तर्गत काम हुआ है और वे जहाँ राज्य वित्त आयोग के माध्यम से काम हुआ है। दोनों बी.डी.ओ. ने अपनी आख्या में यह तर्क दिया कि मज़दूर जिस समय का भत्ता माँग रहे हैं उस समय वे अन्यत्र काम कर रहे थे लेकिन अधिनियम के अनुसार राज्य वित्त आयोग के काम को नरेगा के अन्तर्गत तब ही मान्यता मिल सकती है जब राज्य-स्तर पर नरेगा और आयोग का आपस में समन्वय हुआ हो।

जाँच समिति के एक सदस्य का मानना था कि किसी भी मज़दूर को सिर्फ़ काम मिलने से मतलब है। अगर उसने कहीं भी काम किया है तो वह बेरोज़गारी भत्ते का पात्र कैसे हो सकता है? संगठन के प्रतिनिधियों ने इस तर्क को काटते हुए मिसाल दी कि अगर किसी महिला का पति उसे छोड़ दे और उस महिला का मायका उसका पूरा ख़र्च उठा ले तो क्या वह महिला अपने पति से गुज़ारा भत्ता पाने की क़ानूनन हकदार नहीं होती? इसी तरह रोज़गार गारण्टी के अन्तर्गत काम न मिलने पर मज़दूर अपने घर में चूल्हा जलाने के लिए कहीं न कहीं काम तो करेगा ही। असल सवाल है कि रोज़गार गारण्टी के अन्तर्गत काम माँगने पर उसे काम मिला या नहीं?

बेरोज़गारी भत्ते की माँग करने वाले लगभग एक हज़ार मज़दूर साथियों में से दो प्रतिशत से अधिक लोगों को कहीं कोई काम नहीं मिला था। दरअसल, पूरे इलाक़े में दो-दो, चार-चार ग्रामसभाओं के बीच किसी न किसी योजना के अन्तर्गत एक या दो काम चलते रहे हैं। साथी बेरोज़गारी भत्ते के पात्र न बनें, इसलिए इन कामों का उल्लेख किया जा रहा है। इन सबकी तह में ख़ास बात यह है कि रोज़गार गारण्टी और राज्य वित्त आयोग का राज्य-स्तर पर कोई समन्वय नहीं हुआ है। यह तर्क सबकी समझ में आया और जाँच समिति ने राज्य वित्त आयोग का काम करने वाले साथियों को बेरोज़गारी भत्ते का पात्र मानते हुए नरेगा के सारे गाँवों में जाना तय किया।

28 फरवरी, 2008

जाँच समिति जिस गाँव में पहुँचती, विकास विभाग का पूरा का पूरा महकमा भी वहाँ पहुँच जाता। कहाँ तो गाँव वालों को लाख ढूँढ़ने पर भी ग्रामसभा-सेक्रेटरी के दर्शन नसीब नहीं होते और कहाँ हर जाँच के दौरान एक-एक गाँव में तीन-चार सेक्रेटरी एक साथ विराजमान थे। ब्लॉक-स्तरीय सरकारी तन्त्र की यह भरसक कोशिश रही कि मज़दूर साथियों का कोई न कोई ऐसा बयान मिल जाए जिससे उनका बेरोज़गारी

भत्ता न बन पाए। जाँच के पहले ही दिन अल्लीपुर गाँव में संगठन के सक्रिय साथी ओमप्रकाश ने कई बार पूछने पर भी यह नहीं बताया कि किस तारीख को काम चला था। वह बस यही कहता रहा कि उसे याद नहीं है जबकि साथी जानते थे कि ओमप्रकाश जल्दी कुछ नहीं भूलता। बाद में ओमप्रकाश ने कुबूल किया कि गाँव के प्रधान उसके सामने खड़े थे और वह प्रधान को नाराज़ नहीं करना चाहता था।

आए दिन गाँवों से ख़बरें आ रही हैं कि अमुक प्रधान ने साथियों को ताना मारा, या अमुक व्यक्ति धमका रहा था कि देखते हैं, कैसे लेते हो तुम बेरोज़गारी भत्ता? या किसी ने संगठन या महिला साथियों के नाम पर गाली दी। बराबर साथियों के साथ मार-पीट होने का ख़तरा बना है। नेतृत्वकारी साथियों को जान-बूझकर ऐसे मामलों में फँसाने की कोशिशें हो रही हैं जिनसे संगठन का ध्यान जाँच से हटकर उस मामले पर चला जाए। संगठन की ताक़त का अहसास कर चुके साथी जानते हैं कि किसी भी हाल में हमें इन झगड़ों से बचना है। मिश्रिख ब्लॉक के गोपलापुर, दधनामऊ और अर्थापुर गाँवों में साथियों के साथ मारपीट और गाली-गलौज की घटनाएँ भी हुईं। ये सारे मामले थाने तक ज़रूर पहुँचे लेकिन समझौता करके सुलझा लिए गए।

एक बात संगठन से जुड़े हर साथी और सहयोगी को देर-सबेर समझ में आ ही गई कि बेरोज़गारी भत्ता लेने के नाम पर शुरू हुआ संघर्ष केवल चन्द रुपयों को पाने का संघर्ष नहीं है। यह तो साथियों के हक़ और स्वाभिमान के लिए छेड़ी गई ऐसी मुहीम है जिसको बिना जीते अब आगे बढ़ पाना नामुमकिन है।

14 मार्च, 2008

ज़िलाधिकारी महोदय के आदेशानुसार जाँच समिति को एक माह के अन्दर अपनी रिपोर्ट देनी थी। लेकिन हमारे देश में कितनी जाँचें समय पर पूरी होती हैं जो यह जाँच वक़्त पर पूरी हो जाती? तीनों प्रशासनिक अधिकारियों को अपने सरकारी काम-काज के साथ जाँच के लिए समय निकाल पाने में बेपनाह दिक़्क़तें पेश आईं। आज कहीं जाकर जाँच समिति की रिपोर्ट जमा हुई है। चूँकि बेरोज़गारी भत्ता देने का निर्णय नियमानुसार राज्य-स्तर पर लिया जाना है, इसलिए रिपोर्ट को ज़िले से राज्य-स्तर पर जाना है।

3 अप्रैल, 2008

रिपोर्ट जमा होते ही मालूम हुआ कि सीतापुर का प्रधान संघ जाँच के विरोध में 2 अप्रैल, 2008 को विकास भवन पर धरना प्रदर्शन करेगा। प्रधानों की नाराज़गी की ख़बर जाँच के दौरान मिली थी और सीतापुर के एक सहयोगी ने व्यक्तिगत रूप

से प्रधानों को यह समझाने की कोशिश भी की कि संगठन का संघर्ष प्रधानों की सार्वजनिक भर्त्सना नहीं बल्कि मज़दूरों की अपने क़ानूनी अधिकारों को पाने की लड़ाई है लेकिन संगठन के विरुद्ध प्रधानों को भड़का कर एकजुट करने के काम को बी.डी.ओ. बड़ी तन्मयता से करते रहे। प्रधान संघ के धरने से ज़िलाधिकारी महोदय भी दबाव में आ गए हैं।

ज़िलाधिकारी से कुछ साथियों की भेंट हुई तो पता चला कि पूरा मामला पुनः जाँच समिति को सौंपा जाएगा ताकि सम्बन्धित अधिकारियों, कर्मचारियों और प्रधानों के पक्षों को सुनते हुए फिर से गणना का काम हो सके। साथी सी.डी.ओ. के सामने अड़कर बैठ गए कि वह जाँच समिति को पुनः जाँच के लिए आदेश दें। काफ़ी बहस-मुबाहिसे और दबाव के बाद सी.डी.ओ. ने आज पुनः जाँच का आदेश पारित किया है। यानी आज से फिर शुरू हो गया है जाँच का अन्तहीन सिलसिला।

7 मई, 2008

किस मज़दूर साथी का कितना बेरोज़गारी भत्ता बनता है—इसका आकलन करने के लिए ज़रूरी था कि दोनों ब्लॉकों से सम्बन्धित ग्रामसभाओं के रोज़गार गारण्टी के सारे दस्तावेज़ जाँच समिति को उपलब्ध कराए जाएँ। कहाँ तो आकलन कर एक माह के अन्दर जाँच समिति को रिपोर्ट सौंपनी थी, कहाँ आज चौंतीस दिन बीत चुकने के बाद और जाँच समिति अध्यक्ष, उप-ज़िलाधिकारी, मिश्रिख द्वारा तीन बार लिखित रूप में दस्तावेज़ माँगे जाने के बावजूद मिश्रिख एवं पिसावाँ के बी.डी.ओ. ने समिति को काग़ज़ का एक टुकड़ा भी मुहैया नहीं करवाया है।

25 मई, 2008

ब्लॉक-स्तरीय अधिकारी एक तहसील स्तर के अधिकारी की लगातार अवहेलना क्यों कर रहे हैं, यह एक शोचनीय प्रश्न है। कहीं यह सबकी मिलीभगत का नतीजा तो नहीं? हार कर दस्तावेज़ उपलब्ध कराने की ज़िम्मेदारी अपने कंधों पर लेते हुए संगठन ने 21 मई, 2008 से विकास भवन-सीतापुर में दूसरा अनिश्चितकालीन धरना शुरू कर दिया। मई की तपती दुपहरिया में धरने पर बैठे सैकड़ों मज़दूरों को जब दो दिनों तक प्रशासन ने कोई तवज्जोह नहीं दी तो लू के थपेड़ों ने मज़दूर साथियों का पारा सातवें आसमान पर चढ़ा दिया। सारे साथियों ने सी.डी.ओ. को घेर कर माँग की कि मिश्रिख और पिसावाँ से जाँच समिति द्वारा माँगे गए दस्तावेज़ तुरन्त जाँच समिति को उपलब्ध कराए जाएँ। कुछ सहयोगियों को यह घेराव अनुचित जान पड़ा क्योंकि सी.डी.ओ. दिल की बीमारी से ग्रस्त हैं किन्तु आपत्ति करने वालों को धरना दे रहे साथियों के जीने-मरने की चिन्ता न सताई।

23 मई की रात के लगभग दस बजे मिश्रिख के उप-ज़िलाधिकारी और दोनों ब्लॉकों के बी.डी.ओ. विकास भवन पहुँचे और तय हुआ कि 24 मई, 2008 की दोपहर में जाँच समिति के प्रतिनिधियों के सामने सारे दस्तावेज़ उपलब्ध कराए जाएँगे। दस्तावेज़ निर्धारित समय पर उपलब्ध करा दिए गए और धरना समाप्त हुआ।

जो दस्तावेज़ पिछले डेढ़ महीने से उप-ज़िलाधिकारी के कहने के बावजूद उपलब्ध नहीं हो रहे थे वे सी.डी.ओ. को घेरने से उपलब्ध हो गए। अब जाकर शुरू हुआ है बेरोज़गारी भत्ते के आगणन का काम।

7 जून, 2008

जाँच प्रक्रिया चालू है। साथियों को बहला-फुसलाकर, डरा-धमका कर या फिर उन्हें किसी तरह का लालच देकर उनसे संगठन या फिर संगठन के दो-चार नेतृत्वकारी साथियों के खिलाफ़ कुछ-न-कुछ लिखवाने की कोशिशें शुरू से ही होती रही हैं। पिछले दिसम्बर में आवारा का लालच देकर कोंचपुर और कुँतरापुर में ढेरों ऐसे साथियों के हस्ताक्षर कराए गए थे जो बेरोज़गारी भत्ते के पात्र थे। आन्दोलन के निर्णायक मोड़ पर कहीं फिर से ऐसा कुछ किया गया तो? हर गाँव में साथी समझ गए हैं कि इस नाज़ुक वक़्त में कोई भी प्रधान या अन्य व्यक्ति किसी आवासीय कॉलोनी या योजना का लालच देकर 'हमें बेरोज़गारी भत्ता नहीं चाहिए' जैसा वक्तव्य लिखकर मज़दूरों के फ़र्ज़ी हस्ताक्षर इकट्ठा कर सकता है। तय हुआ कि बिना पढ़े कोई साथी किसी भी काग़ज़ पर हस्ताक्षर नहीं करेगा।

7 मई की शाम को ख़बर मिली कि आँट के प्रधान ने कोंचपुर के कुछ साथियों से स्टाम्प पेपर पर दस्तख़त करा लिए हैं। पलक झपकते ही छह-सात साथी कोंचपुर के लिए रवाना हो गए। कोंचपुर में चार-पाँच साथियों ने बताया कि प्रधान ने उनसे हस्ताक्षर कराए हैं लेकिन उनमें से किसी को पता नहीं था कि जिस स्टाम्प पेपर पर दस्तख़त कराए गए उस पर क्या इबारत लिखी हुई थी। इससे भी ज़्यादा अफ़सोस की बात है कि कोई भी साथी प्रधान से यह पूछने की हिम्मत नहीं कर सका कि किस वक्तव्य पर हस्ताक्षर कराए जा रहे हैं।

इस धोखाधड़ी को उजागर करने के लिए कई साथी तहसील आकर जाँच समिति अध्यक्ष, उप-ज़िलाधिकारी, मिश्रिख के सामने यह बयान देने के लिए तैयार हो गए कि प्रधान ने फ़रेब के सहारे उनसे स्टाम्प पेपर पर हस्ताक्षर करवाए हैं लेकिन ऐन मौक़े पर इनमें से केवल एक साथी, रामप्रकाश बयान देने पहुँच पाया। रामप्रकाश के साथ कुछ ऐसे साथी भी पहुँचे जिन्होंने हस्ताक्षर नहीं किए थे लेकिन जिनकी बेरोज़गारी भत्ते की पात्रता बनती थी। इनमें से ज़्यादातर महिलाएँ थीं। इन महिलाओं को डर

था कि कहीं फ़र्ज़ी बयानों पर उनके ही फ़र्ज़ी हस्ताक्षर करवाकर जाँच समिति को न थमा दिए जाएँ।

12 अक्टूबर, 2008

बहुत रोने-झींखने के बाद कहीं जाकर बेरोज़गारी भत्ते से सम्बन्धित गाँवों के प्रधान और सेक्रेटरी अपना पक्ष रखने के लिए जाँच समिति के सामने आए लेकिन दोनों ब्लॉकों के बी.डी.ओ. बार-बार तारीख़ तय होने के बावजूद अपना पक्ष सामने रखने से मुकर गए। हाँ, मौखिक रूप से दोनों ने यह ज़रूर कहा कि अब उन्हें कुछ नहीं कहना है–जाँच समिति को जो उचित लगे, लिखे।

पूरी रिपोर्ट जाँच समिति ने 10 अक्टूबर को ज़िलाधिकारी-सीतापुर को सौंप दी। जाँच के लिए समिति 14 दिसम्बर, 2007 को गठित हुई थी तथा 3 अप्रैल, 2008 को सी.डी.ओ. ने रिपोर्ट पुनः आकलन एवं आगणन के लिए जाँच समिति को वापस की थी। कुल एक साल तीन माह तक चली यह जाँच संगठन के धैर्य की परीक्षा थी। संगठन के ख़िलाफ़ न जाने कितने साथियों को डराया-धमकाया गया, लालच दिया गया लेकिन संगठन ने अपना पूरा ध्यान जाँच पर केन्द्रित रखा। कुछ साथियों को अर्जुन और चिड़िया वाली कथा बार-बार याद आती। द्रोणाचार्य ने अपने शिष्यों से पेड़ पर बैठी चिड़िया की आँख पर निशाना लगाने को कहा। जब शिष्य पेड़ के पास पहुँचता तो गुरुजी पूछते कि उसे क्या दिखाई दे रहा है? प्रत्येक शिष्य आस-पास की हर वस्तु का पूरा विवरण देता और गुरुजी निशाना लगवाए बिना ही उसे वापस अपनी जगह लौटा देते। जब अर्जुन की बारी आई तो गुरुजी ने अपना सवाल दोहराया–"क्या दिखाई दे रहा है?"

अर्जुन का जवाब था–"चिड़िया की आँख।"

द्रोणाचार्य ने आश्वस्त होकर अर्जुन को निशाना लगाने का आदेश दिया और अर्जुन ने चिड़िया की आँख को बेध दिया।

संघर्ष के इस चरण में पूरा संगठन अर्जुन बन गया था। अपनी क्षमताओं और सीमाओं के साथ संगठन के प्रत्येक साथी ने जाँच को ही अपना लक्ष्य बनाए रखा। रिपोर्ट जमा हो गई। अब देखना है कि आगे क्या होता है?

27 नवम्बर, 2008

ज़िलाधिकारी के यहाँ से रिपोर्ट सी.डी.ओ. तक और वहाँ से आयुक्त ग्राम्य विकास विभाग, लखनऊ तक भेजी जानी थी। 18 अक्टूबर, 2008 को संगठन के प्रतिनिधि सी.डी.ओ. के पास यह जानने के लिए पहुँचे कि रिपोर्ट आयुक्त को भेजी गई या नहीं तो पता चला कि दोनों अधिकारियों के घरों और कार्यालयों के बीच सिर्फ़ चन्द

क़दमों की दूरी होने के बावजूद रिपोर्ट सी.डी.ओ. के यहाँ नहीं पहुँची थी। संगठन द्वारा तहक़ीक़ात होने पर अगले रोज़ रिपोर्ट सी.डी.ओ. तक पहुँचाई गई।

रिपोर्ट आयुक्त को कब भेजी गई और क्या कार्यवाही चल रही है, यह जानने के लिए संगठन के प्रतिनिधि सी.डी.ओ. से मिले। सी.डी.ओ. ने बताया कि रिपोर्ट सम्बन्धित ब्लॉक के बी.डी.ओ. के यहाँ स्पष्टीकरण के लिए गई है। जिन बी.डी.ओ. की आख्या के आधार पर बेरोज़गारी भत्ते की पात्रता ख़ारिज की गई थी उन्हीं बी.डी.ओ. को पुनः स्पष्टीकरण के लिए रिपोर्ट भेजने का औचित्य साथियों की समझ के परे था, लेकिन इस लालफ़ीताशाही और अड़ंगेबाज़ी पर नाराज़ होने के सिवाय फ़िलहाल और कुछ नहीं किया जा सकता।

लम्बे इन्तज़ार के बाद ज़िला-स्तर पर हो रही हीला-हवाली पर चिन्ता व्यक्त करते हुए संगठन के एक नौ सदस्यीय प्रतिनिधि मण्डल ने 26 नवम्बर, 2008 को आयुक्त से जाँच समिति की रिपोर्ट के आधार पर बेरोज़गारी भत्ते का भुगतान कराने की अपील की। आयुक्त ने प्रतिनिधि मण्डल के सामने ही सी.डी.ओ., सीतापुर के नाम पत्र बनवा कर दस दिनों के अन्दर रिपोर्ट भेजने के लिए आदेश जारी किया।

18 दिसम्बर, 2008

तय समयावधि में रिपोर्ट नहीं भेजी गई। रिपोर्ट को ठण्डे बस्ते में जाते देख साथियों ने आज चेतावनी रैली निकाली। जब रैली सी.डी.ओ. के यहाँ पहुँची तो पता चला कि आज ही रिपोर्ट ख़ास संदेशवाहक के हाथों आयुक्त को भेजी गई है।

प्रशासन किसी भी काम को कितनी आसानी से एक अन्तहीन सिलसिले में बदल सकता है! संगठन ने प्रशासन को चेताया कि यदि बेरोज़गारी भत्ते का भुगतान नहीं हुआ तो साथी एक लम्बी लड़ाई छेड़ देंगे।

लखनऊ के सहयोगी आयुक्त के यहाँ रिपोर्ट पर कार्यवाही करने के लिए लगातार दबाव बना रहे हैं। बावजूद इसके कोई कार्यवाही न होती देखकर संगठन ने 16 जनवरी, 2009 से इस मोर्चे के अन्तिम अनिश्चितकालीन धरने पर बैठने का ऐलान कर दिया है।

15 जनवरी, 2009

दिसम्बर 2007 और मई 2008 में चले धरनों के दौरान हमें सीतापुर की जनता का अभूतपूर्व सहयोग तो मिला, किन्तु यह भी समझ में आया कि अपने हक़-हुक़ूक़ के लिए चल रहे इस आन्दोलन को अपने ही दम पर चलाने की तैयारी करनी होगी।

जनवरी 2009 में धरने की योजना बनाते हुए तय हुआ कि कम से कम तीस दिनों तक धरने पर बैठने की तैयारी होनी चाहिए। महीने भर तक रोज़ पाँच सौ

लोगों के लिए रोटी का जुगाड़ कोई हँसी-खेल नहीं लेकिन जिन मज़दूरों को हिकारत से लिफ़ाफ़ा-छाप कहा जाता है—यानी जिनके घरों में रोज़ का राशन लिफ़ाफ़े में ख़रीद कर आता है—उन्हीं साथियों ने सिर्फ़ अपने बलबूते बीस क्विंटल से भी अधिक राशन इकट्ठा कर लिया है। कुछ साथियों के घरों में तो राशन था ही नहीं। मज़दूरी करके जो भी पैसा मिला, उससे राशन ख़रीदा और फिर धरने में सहयोग दिया।

एक बात तो पक्की है—यह आन्दोलन अब थमने वाला नहीं!

21 जनवरी, 2009

एक लम्बे धरने की तैयारी के साथ साथियों ने एक बार फिर विकास भवन पर डेरा डाल दिया लेकिन धरना शुरू होने के चन्द घण्टों पहले 16 जनवरी की सुबह-सुबह जब *हिन्दुस्तान* अख़बार उठाया तो मुख्य पृष्ठ पर सीतापुर में मज़दूरों को भुगतान किए जाने वाले बेरोज़गारी भत्ते की हैरतअंगेज़ ख़बर थी। जिस हक़ को पाने के लिए लम्बी जंग का ऐलान करके सैकड़ों साथी सीतापुर पहुँचे उस हक़ के मिलने की खबर इस तरह उनके और बाक़ी दुनिया के पास पहुँचेगी, यह साथियों की कल्पना के परे था लेकिन जब अपनी जीत पर यक़ीन हुआ तो लोग ख़ुशी के मारे बल्लियों उछल पड़े।

"लड़ेंगे-जीतेंगे।
लड़े हैं-जीते हैं॥"

मज़दूरों के विजयनाद से पूरा विकास भवन गूँजने लगा। संगठन की संघर्ष-यात्रा के गवाह बने सीतापुर शहर में हज़ारों की तादाद में साथी और सहयोगी इस जीत की ख़ुशी का इज़हार करने निकल पड़े। 17 जनवरी की जीत रैली ने सबसे पहले शहीद पार्क में जाकर सत्याग्रह के प्रतीक बापू से आगे के संघर्षों के लिए आशीर्वाद लिया। कमलेश, टामा, बिटोली और माया ने बापू को सबकी ओर से माला पहनाई और सबने 'रघुपति राघव राजा राम' गीत गाया। यहाँ से रैली सीतापुर शहर की गलियों में अपनी विजय पताका फहराने चल पड़ी।

माइक का बन्दोबस्त नहीं हो पाया लेकिन किसी को इसकी फ़िक्र कहाँ थी? जीत के नशे ने आज सबकी आवाज़ों में जहान का दम भर दिया था। पड़ाव पर लोगों का हुजूम पहुँचा तो सीतापुर व्यापार मण्डल के सहयोगी स्वागत में सामने खड़े थे। कोई कुछ समझ पाता, इससे पहले ही साथियों के ऊपर फूलों की बारिश हो रही थी। संगठन की जीत का यह जश्न मनाने वाले वही सहयोगी थे जिन्होंने दिसम्बर 2007 में धरने पर बैठे साथियों के लिए राशन जुटाने का बेहतरीन काम किया था।

फूल बरसाने का विचार कहाँ से आया, यह पूछने पर एक सहयोगी ने कहा—

"यह एक सामूहिक जीत है। पारम्परिक रीति से किन्हीं एक-दो को माला पहनाने या सम्मानित करने का इस जीत में कोई मतलब ही नहीं। आख़िर हर मज़दूर, हर साथी को लगना चाहिए कि उसका सम्मान हुआ है!"

धरना स्थल पर वापस लौटकर सभा हुई। सबने अपने दिलों को मथती बातें सामने रखीं। एक साथी ने कहा–"इस जीत के साथ हमारी ज़िम्मेदारियाँ और बढ़ गई हैं। हमें फलों से लदे पेड़ की तरह झुकना होगा। यह संघर्ष जारी रहेगा।"

रोज़गार गारण्टी से सम्बद्ध अन्य माँगों को लेकर धरना चला और माँगें पूरी होने पर 20 जनवरी को साथियों ने धरना ख़त्म करने की घोषणा की।

आख़िरी दाँव

1 फरवरी, 2009

भुगतान की कार्यवाही के लिए साथियों के ख़ातों की संख्या (अकाउण्ट नम्बर) लेने की शुरुआत हो चुकी थी। तभी 24 जनवरी को ख़बर मिली कि बी.डी.ओ. इस पूरे मामले को लेकर हाई-कोर्ट चले गए हैं। भुगतान की प्रक्रिया अचानक थम गई।

लोग सकते में आ गए। अब क्या होगा?

लेकिन साथियों को कहीं-न-कहीं यक़ीन था कि ईमानदारी के साथ लड़ी इस जंग का वाजिब फल ज़रूर मिलेगा। अगर हाई-कोर्ट ने रोक लगाई, तो भी इसका मतलब यह क़तई न होगा कि हम हार गए हैं। बेरोज़गारी भत्ते की पात्रता साबित हो चुकी है और वह हमारे लिए एक बहुत बड़ी जीत है।

तीन दिन बाद हाई-कोर्ट ने फ़ैसला सुनाया कि पात्र व्यक्तियों के लिए आयुक्त बेरोज़गारी भत्ते का भुगतान सुनिश्चित कराए, परन्तु यह ज़रूर देख ले कि भुगतान पात्र व्यक्तियों को ही हो। संगठन की जीत पर हाई-कोर्ट की मुहर लग चुकी थी।

इस तरह एक लम्बे संघर्ष का सफल अन्त हुआ। हालाँकि, पात्र मजदूर साथियों के खाते में बेरोज़गारी भत्ते में मिली धनराशि पहुँचने का बाक़ी काम भी आसान नहीं होगा क्योंकि पूरी धनराशि बी.डी.ओ. के माध्यम से जानी है। जो बी.डी.ओ. इस भत्ते की पात्रता निर्धारित होने के घोर विरोधी रहे हैं, वही इसके सफल वितरण में क्योंकर मदद करना चाहेंगे?

24 फरवरी, 2009

जीत के साथ और चुनौतियाँ भी आनी ही थीं। साथियों को पहले से ही पता था कि उन्हें आर्थिक रूप से कोई लाभ नहीं होना है क्योंकि लड़ाई किसी व्यक्ति-विशेष

के लाभ के लिए लड़ी ही नहीं गई थी फिर भी बेरोज़गारी भत्ते के भुगतान का आदेश होते ही चर्चा उठी कि जहाँ पूरी लड़ाई संगठन द्वारा लड़ी गई वहाँ भत्ता केवल 826 परिवारों का ही क्यों बना? ऐसे सवाल उठना स्वाभाविक है और संगठन को इन पर लगातार चर्चाएँ कर एक सामूहिक संघर्ष पर समझ बनाने का काम लगातार करना होगा।

पूरी लड़ाई ने हमें बहुत कुछ सिखाया और नई शुरुआतों की नींव रखी। जहाँ साथियों ने अपने ही द्वारा रची जनशक्ति को पहचाना वहीं उन्होंने आन्दोलन को चलाने के लिए आर्थिक मज़बूती की ज़रूरत भी महसूस की। बेरोज़गारी भत्ता मिलने के साथ ही साथियों ने अपने भुगतान का तीन से पाँच प्रतिशत अंश संगठन को सहयोग के रूप में देने का निश्चय किया और इस तरह संगठन का अपना कोष शुरू हुआ। इसके अलावा संगठन के साथियों ने एक अनाज बैंक बनाने का अभूतपूर्व फ़ैसला लिया–धरने और सम्मेलन में उपयोग के बाद बचा लगभग दस क्विण्टल राशन अनाज बैंक के रूप में रख दिया गया ताकि ज़रूरतमन्द साथियों को उनके कठिन दिनों में भूखा न रहना पड़े–जब उनके घरों में राशन का जुगाड़ हो तब वह अनाज बैंक को वापस कर दें ताकि उन्हीं की तरह कोई दूसरा ज़रूरतमन्द साथी उस अनाज का उपयोग कर सके।

14 मार्च, 2009

लेकिन हर गाँव में दो से तीन ऐसे साथी थे जिन्हें लगा कि उन्हें बेरोज़गारी भत्ते का जो भी पैसा मिला वे उसे संगठन को क्यों दें? इस पर मिश्रिख और पिसावाँ में पहले से ही बनी समितियों ने बातचीत की। कुछेक साथियों की सोच बदली और कुछ की नहीं। कुछ ऐसे भी हैं जो लड़ाई में साथ न आए लेकिन बाद में बोले कि उन्हें तो कुछ मिला ही नहीं। कई नए गाँव जुड़े तो कुछ मज़बूत संगठन वाले गाँव कमज़ोर भी पड़े। नए साथी नेतृत्व की भूमिका में उभरे तो कई पुराने साथी नेतृत्व की भूमिका से पीछे भी हटे। इन सारे उतार-चढ़ावों के बावजूद ज़िले से लेकर राज्य एवं राष्ट्रीय-स्तर तक संगतिन किसान मज़दूर संगठन द्वारा बेरोज़गारी भत्ते के लिए किया गया संघर्ष चर्चा का विषय बना और संगतिन किसान मज़दूर संगठन की एक पहचान बनी।

संगठन की बढ़ती पहचान और मज़बूती के साथ नई चुनौतियाँ सामने हैं–एक लगातार फैलते हुए संगठन में व्यक्तिगत, पारिवारिक और सामूहिक रूप से हर साथी की सोच कैसे बढ़े? अलावा इसके ऐसी तमाम छोटी-बड़ी चुनौतियाँ हैं जो सफ़र की डगर पर हमें चौकन्ना रखती हैं। जैसे, अगस्त 2008 में एक लम्बे संघर्ष के बाद इस्लामनगर रजबहा की सिल्ट-सफ़ाई हुई और रजबहा में पानी आया। तब से लेकर

आज तक अक्टूबर-नवम्बर के महीनों में संगठन को हर साल सिल्ट-सफ़ाई के लिए प्रशासन पर दबाव डालना पड़ता है। ज़रा सी चूक होने पर सिल्ट-सफ़ाई के नाम पर ख़ानापूरी हो कर रह जाती है।

सफ़र जारी है

25 अप्रैल, 2009

संगठन की बैठक में बात छिड़ी कि किसी प्रधान के पास कोई शिकायत लेकर जाओ तो वह अक्सर टका-सा जवाब दे देता है–"मैं तो कोशिश कर रहा हूँ लेकिन क्या करूँ, यह कमबख़्त सिस्टम ही टेढ़ा है।"

सेक्रेटरी के पास जाओ तो वह भी कुछ ऐसा ही कह कर टरका देते हैं। ब्लॉक पर जाओ तो बी.डी.ओ. भी "सिस्टम ही ऐसा है" का राग छेड़ देते हैं! और तहसील और ज़िले के आला अधिकारी भी सिस्टम का ही रोना रोते हैं।

चर्चा को अचानक रोक कर कुसुमा बोल पड़ी–"यू बताओ, ई सिसटम मिली कहाँ? पहिले यहि कै ठीक करी।"

हँसी-हँसी में कही गई कुसुमा की बात में सचमुच संगठन के सारे संघर्षों का सार छिपा है। कितने ही साथी अक्सर कहते हैं–कहाँ-कहाँ क्या-क्या करें, जहाँ मुड़ो वहीं संघर्ष का एक अनन्त मैदान दीखता है। सरकारी अस्पताल जाओ तो डॉक्टर नहीं मिलते, मिलते हैं तो उनके पास देने के लिए ढंग की दवा नहीं है। थाने जाओ तो पुलिस सुनती नहीं है। ब्लॉक और तहसील के हाल तो और भी लाजवाब हैं! ऊपर से ग़रीब को इस देश में इंसान ही नहीं समझा जाता–जिसको देखो जब, जहाँ, जैसे चाहे वैसे दुत्कार देता है। अभी तक बड़े अधिकारियों के कमरों में जाने से पहले कई मज़दूर अपनी चप्पलें बाहर उतार देते हैं। हिम्मत ही नहीं पड़ती चमचमाते फर्शों पर अपनी ग़र्द-भरी चप्पलों में क़दम रखने की! कितने मज़दूर ऐसे हैं जो चाहकर भी अधिकारियों के आगे हाथ जोड़े बिना अपनी बात नहीं कह पाते। जातिवाद और क़ौमी दीवारों की घुटन भी कोई कम नहीं है। और फिर, साथियों के घरों में कितनी ही बार मर्द अपनी पत्नियों के साथ बदसुलूकी करते हैं और बार-बार महिलाएँ अपनी ज़बानें सिलकर उस बदसुलूकी को स्वीकार करती हैं। पेंशन, आवास, मध्याह्न-भोजन जैसी तमाम सरकारी योजनाओं से जुड़ी बड़ी-बड़ी धाँधलियों से जूझते-निबटते हरेक साथी को अपने अस्तित्व और आत्म-सम्मान की लड़ाई भी हर पल संगठित होकर ही लड़नी होगी।

दो साल बाद

15 अप्रैल, 2011

चुनौतियों के इन अनन्त घेरों में खोजती-सीखती और अपने साथियों के साथ जीती-जागती संगतिन यात्रा जारी है। हालाँकि हम सब ही सिस्टम का हिस्सा हैं, फिर भी इस सिस्टम की सड़न और थकन से निजात पाना क्या इतना सहल है? हम चाहे कितनी ही सामूहिक हिम्मत बटोर लें, चाहे कितने ही कठिन सवालों से जूझ लें, हमें बार-बार इस व्यवस्था में अपनी कमज़ोर जगह का एहसास होता है। जिस दिशा में मुड़ते हैं, सरसों के दानों की तरह चुनौतियाँ रास्ते में बिखरी मिलती हैं। बड़ी मेहनत से इन दानों को हम अपने हाथों से हटाकर एक जगह से दूर करते हैं तो दानों की कोई और गठरी फिसल कर दूसरी जगह हमारे रास्ते में बिखरी होती है। हम एक मामले में लड़ कर सुकून की साँस भी नहीं ले पाते हैं कि सामने कोई दूसरा मामला होता है। विकास भवन हो, तहसील या ब्लॉक हो या फिर थाना या कचहरी हो, हर जगह लूटने वालों की जमात बैठी है। पूरा देश जानता है कि कचहरी में मुक़द्दमे की तारीख़ लेनी हो तो उपयुक्त नोट बाबू को देना ही होगा। फिर आख़िर उसी कचहरी से न्याय की उम्मीद कैसे करें? वजह चाहे एक्सीडेण्ट के बाद सही इलाज न मिल पाना हो या टी.बी या फिर मामूली बुख़ार, छोटी-छोटी बीमारियाँ इस व्यवस्था में जानलेवा बन जाती हैं।

संगतिन किसान मजदूर संगठन के साथियों को दो साल लम्बी लड़ाई के बाद रोज़गार गारण्टी के अन्तर्गत बेरोज़गारी भत्ता मिला। हमें उम्मीद थी कि इस संघर्ष से मनरेगा में स्थितियाँ सुधरेंगी लेकिन आज भी किसी मनरेगा कार्य-स्थल पर मस्टर-रोल नहीं दीखता। यानी पैसे की लूट-खसोट पर एक पल को भी लगाम नहीं लग रही है। हम इस सड़े-गले सिस्टम में जगह-जगह छेद बना कर उसे कमज़ोर बनाने की कोशिश करते हैं लेकिन न जाने कितने हाथ कहाँ-कहाँ से निकल कर उन छेदों को बन्द करने चले आते हैं। बजाय इसके कि प्रशासन बने हुए नियम-क़ायदों को ठीक से लागू करवाए या सामाजिक मुद्दों के प्रति संवेदनशील बने, नेताओं, उद्योगपतियों, और प्रशासकीय मशीनरी के गठजोड़ हमारी हर लड़ाई को कहीं न कहीं बेअसर करते रहते हैं।

एक ओर संगतिन किसान मज़दूर संगठन के साथी सन 2011 का स्वागत इस सपने के साथ करते हैं कि दस साल बाद कैसे होंगे उनके गाँव? इस सपने में वह सब कुछ मौजूद है जिसके लिए संगठन लगातार संघर्ष कर रहा है—साथियों के लिए रोज़ी-रोटी, उनके स्वाभिमान और अस्तित्व की गरिमा, उनके बच्चों के लिए एक ऐसा भविष्य जो जीवन की उमंग जगाए रखे। लेकिन इस पूरी व्यवस्था के रहते क्या यह

सीधा-सादा सपना एक अन्तहीन लड़ाई बने बिना सम्भव हो पाएगा? यह खुला सवाल न केवल जनसंगठनों के सामने है बल्कि उन सबके आगे है जो आम लोगों की आँखों में सपनों के पलने की बुनियादी ज़रूरत में विश्वास रखते हैं।

मिश्रिख ब्लॉक के गाँव सतनापुर का चाँदू 14 जुलाई, 2010 को सीतापुर से अपने घर वापस जाता है। अचानक पुलिस उसे पकड़कर सीतापुर कोतवाली पहुँचा देती है। सतनापुर के तमाम साथी नाराज़ होकर निजी स्तर पर इस मसले पर आवाज़ उठाते हैं। जाँच प्रक्रिया चलती है। सीतापुर सदर चौकी के इंचार्ज साथियों से गुज़ारिश करते हैं कि वे इस मामले को न उठाएँ। वह बताते हैं कि उन्होंने अपने बड़े अधिकारियों के कहने पर ऐसा किया और अब जाँच की कार्यवाही में वह फँस रहे हैं। अन्ततः जाँच रिपोर्ट आती है और चाँदू बेक़सूर साबित होता है लेकिन सदर चौकी इंचार्ज निलम्बित हो जाते हैं और निलम्बन वाली रात अपने ही सर्विस रिवॉल्वर से आत्महत्या कर लेते हैं। आँखों में आँसू लिए हम सब सनाका खाए खड़े रह जाते हैं। एक बेक़सूर एस. आई. इस सिस्टम की वेदी की भेंट चढ़ गया। एक साथी कुसुमा की बात दोहराती है—"सब कहते हैं क्या करें, यह सिस्टम ही ऐसा है। पहले इसे ही ठीक किया जाए। पर सिस्टम को ठीक करने की दिशा में एक क़दम भी उठाओ तो सिस्टम में बैठा एक आदमी ही मरने को मज़बूर हो जाता है और उस सिस्टम को चलाने वालों की सेहत पर कोई असर नहीं पड़ता है।"

साथियों के मन में सवाल है—सीतापुर में चाँदू की गिरफ़्तारी और छत्तीसगढ़ में बरसों से आदिवासियों के बीच काम कर रहे विनायक सेन को नक्सलियों की मदद करने के आरोप में जेल में धर देना आपस में कैसे जुड़ा है और हमारे समाज की किस सच्चाई को बयां कर रहा है? निश्चित ही विनायक सेन एक असाधारण शख़्स हैं और चाँदू एक सीधा-सादा नवयुवक, जिसका जीवन अपने परिवार के जानवरों को चराने में बीत रहा है लेकिन एक कड़ी है जो इन दोनों को जोड़ती है—दोनों बेक़सूर हैं। परन्तु वह सदर चौकी इंचार्ज भी तो बेक़सूर ही था। सिस्टम के इस खेल में बेक़सूरों का जेल जाना, मरना-मारना लगातार जारी है। छत्तीसगढ़ में नक्सलवादियों से निपटने के लिए सल्वा जुडुम बनाया गया किन्तु सरकार यही स्थापित करने में लगी रही कि इसे आदिवासी चला रहे हैं। सत्ता हमेशा चाहती है कि उसका कोई विरोध न हो परन्तु जब सरकार का बड़े पैमाने पर विरोध होने लगा तब मानवाधिकारों के हिमायती विनायक सेन को जेल में डालकर सरकार ने न्याय के लिए आवाज़ उठाने वाले तमाम लोगों को सबक़ देने की कोशिश की—यदि आपका एक भी कथन सरकार के ख़िलाफ़ गया तो आपकी ज़ुबान खींचकर आपको ख़ामोश कर दिया जाएगा।

सब पैसा कमाने की अनन्त होड़ में लगे हैं। सत्ता में शीर्ष पर बैठे व्यक्तियों

के सामने पैसा कमाने की आसान राहें है। सरकार को अधिक से अधिक मुनाफ़ा कमाने के लिए उद्योग चाहिए। उद्योग के लिए ज़रूरी हो जाता है ग़रीबों की ज़मीनें बेचना। सरकार को फ़िक्र नहीं है कि देश में प्रति व्यक्ति खाद्यान्न की उपलब्धता कम होती जा रही है। उसकी चिन्ता के आँकड़ों में आम इन्सान की जगह सिर्फ़ वोट है। सरकार जो कुछ भी करती है वह केवल अपने वोटर लुभाने के लिए करती है। उसके ज़ेहन में विकास का एक ही फॉर्मूला बैठा हुआ है—विकास वही जो ढेर सारा मुनाफ़ा लाए, मुनाफ़ा बढ़ेगा तो संसद में सीटें बढ़ेंगी, सीटें बढ़ेंगी तो विकास और मुनाफ़ा ख़रीदने के रास्ते भी बढ़ेंगे।

इस व्यवस्था के नियम और परिभाषाओं को बदलने के लिए लड़ने वाले लोगों में अधिकांश लोग वह हैं जिन्हें पेट की रोटी की लड़ाई के साथ-साथ सर्दी, गर्मी और बरसात की मार का भी सामना करना पड़ता है। सूचना के अधिकारों के अन्तर्गत सूचना माँगने की क़ीमत देश के अनेक राज्यों में लोगों को मर कर चुकानी पड़ी है। सिस्टम को ठीक करने की लड़ाई जब लोगों को एक छोटे से क्षेत्र में ही पस्त कर देती है, तो फिर इतने बड़े देश में, या फिर वैश्विक स्तर पर इस व्यवस्था से भिड़ते रहने का काम करें तो कैसे?

ज़रा एक पल को वहीं लौटते हैं जहाँ से हमने यह डायरी शुरू की थी—सिंचाई के पानी के लिए संघर्ष। क्या नहरों की सिल्ट-सफ़ाई का काम सिर्फ़ केन्द्र सरकार की एक योजना-भर है? क्या सिल्ट-सफ़ाई ठीक होने का जुड़ाव कृषि वृद्धि दर या खाद्य सुरक्षा से नहीं है? क्या नहरों में पानी बहने का कोटे पर मिलने वाले राशन से रिश्ता नहीं है? क्या नक़दी फ़सलों के उत्पादन का हमारे साथियों की भूख से कोई रिश्ता नहीं है? एक वक़्त था जब धान और गेहूँ की फ़सलें उन्हीं खेतों में लहलहाती थीं जहाँ अब केवल गन्ना नज़र आता है। गेहूँ की फ़सल की कटाई के बाद उन्हीं खेतों से सीला बीन कर तमाम परिवार अपनी बसर करते थे। हम कैसे समझें उन तकलीफ़देह रिश्तों को जो मौजूद हैं वर्तमान और भूत की इन भूखों के बीच, पेटों और नक़द पैसे के बीच, सिंचे खेतों और बंजर बन गई भूमियों के बीच?

सामाजिक बदलाव का काम विपरीत धाराओं के बीच में से तैरते रहने का काम है। बदलाव के पाट चौड़े होते हैं। एक बार कूदने से पाट नहीं बँधते। चुनौतियाँ बरक़रार रहती हैं। कभी ताक़तवर व्यवस्था के रूप में, तो कभी हमारी अपनी सोच, सपनों और मान्यताओं की घुटन बनकर। पिछले तीन-चार सालों से संगठन की कुछ निश्चित बैठकें हर माह होती हैं। ढेरों महिला-पुरुष इनमें भागीदारी करते हैं। लगभग हर बैठक में घूंघट की बात उठती है। तमाम महिलाएँ घूंघट से बाहर निकली हैं लेकिन हर बार दो-चार घूंघट ऐसे मौजूद होते ही हैं कि फिर से वही बात चल पड़ती है। संगठन के अधिकाधिक साथी चाहते हैं कि महिला और पुरुष इन बैठकों में

साथ-साथ बैठें। ऐसा होता भी है, लेकिन अगर इस बातचीत को जारी न रखा जाए तो मर्द और औरतें फिर से अलग-अलग बैठे दीखने लगते हैं।

साथी यह सब बदलने का बड़ा सपना देखते हैं, साथ ही उनके अनगिनत छोटे-छोटे सपने भी हैं। किसी का आवास, किसी की पेंशन, किसी की मज़दूरी। छोटे-छोटे सपने पूरे होते हैं तो हमें ताक़त मिलती है और हम चल पड़ते हैं एक और सपना पूरा करने की ओर। यह कुछ भी आसान नहीं है, फिर भी हर तरफ़ लोग संगठित हो रहे हैं—चाहे वह नर्मदा बचाओ आन्दोलन हो, या सिंगूर में अपनी ज़मीन के लिए लड़ने वाले किसान हों, या सोनभद्र में अपने जंगलों को बचाने के लिए आदिवासियों का संघर्ष हो। इन छोटी-बड़ी लड़ाईयों में हमेशा उम्मीद बसती है। कभी हम उम्मीद जीतते हैं, कभी उम्मीद खोते हैं। हर सफलता संघर्ष को ताक़त देती है, हर साथी का जुड़ना लड़ाई को उम्मीद और ऊर्जा की नई पींग देता है। असफलताएँ भी कुछ जुदा तरह से मज़बूत कर जाती हैं। सीतापुर से दूर एक जवान लड़की अपने ही घर में अपने रिश्तेदारों के हाथों परिवार की इज़्ज़त के नाम पर जान से मारी जाती है और अपनी सीमाओं की वजह से हम कुछ नहीं कर पाते लेकिन उस मक़ाम पर असफल होने की तकलीफ़ हमें ऐसी ही किसी दूसरी मौत के आगे ज़्यादा मज़बूती से खड़े होने की ताक़त देती है। हमारी हर हार हमें अपना संघर्ष कुछ और आगे बढ़ाने का दम दे जाती है।

संगठन के सहयोगी, जिनमें से कई सीतापुर से दूर स्थित हैं, अनेकों बार अपने आपको ऐसी स्थिति में पाते हैं जहाँ वे व्यवस्था या सिस्टम के तीव्र आलोचक होते हुए भी इस सिस्टम के तमाम फ़ायदे उठा ले जाते हैं। ऐसे सहयोगियों का साथ भी अक्सर हमारे लिए हिम्मत का स्रोत बनता है और हम नई जगहें बना पाते हैं आलोचनात्मक चिन्तन करने की, निडर होकर सपने संजोने की।

अपनी राह पर चलते-चलते हम पल भर दम लेकर पलट कर भी देखते हैं और विचार करते हैं कि जो किया उसमें कहाँ और क्या कमी रह गई? ऐसा क्या कर सकते थे जिससे जो किया वह और बेहतर हो पाता? ऐसे क्षणों में हमें रह-रह कर याद आती है डॉ. ज़ाकिर हुसैन द्वारा लिखी कहानी, *अब्बू ख़ाँ की बकरी*। अब्बू ख़ाँ की पहाड़ी बकरी, चाँदनी यह जानती है कि अब्बू खाँ के सुरक्षित बाड़े के उस पार छलाँग लगाना उसके लिए बेहद ख़तरनाक है। बाड़े के उस पार भेड़िए हैं और भेड़ियों से टकरा पाना आसान नहीं है। ऐसे टकराव में चाँदनी को अपनी जान से भी हाथ धोना पड़ सकता है। लेकिन चाँदनी को बार-बार लगता है कि अपनी आज़ादी और अस्तित्व को पूरा जीने का उसके पास बस एक ही मौक़ा है और उसे बाड़ा छोड़ना ही होगा। आज़ादी की यही ज़बर्दस्त चाह चाँदनी को वह ताक़त देती है जिसके बल पर वह अब्बू ख़ाँ की लाड़ भरी आवाज़ को सुनकर भी अनसुना कर देती है। अब्बू

ख़ाँ उसे बार-बार अपने पास वापस बुलाते हैं। चाँदनी उन्हें पलटकर देखती है, शायद पिघलती भी है, लेकिन आगे बढ़ जाती है, जबकि सामने भेड़िए की आँखें उसे एकटक देख रही हैं।

मूल मुद्दा अपने अस्तित्व की पहचान, अपनी आज़ादी का है। आज़ाद ज़िन्दगी जीने का नशा ही हमारे संघर्ष के सफ़र को हर पल ताक़त देता है। वही ताक़त जो चाँदनी को मिली।

दूसरा खण्ड

आलोचना, आत्ममन्थन और आन्दोलन

टूटती ख़ामोशियाँ, उभरते सुर

खानपुर की कैलाशा अम्मा को अपनी उम्र नहीं मालूम लेकिन देखने में कोई साठ बरस की लगती हैं। संगठन के तमाम लोगों की तरह कैलाशा भी पैदा होने के साथ ही ज़िन्दगी की जंग से कुछ इस क़दर रू-ब-रू हुई कि बचपन और बुढ़ापे के बीच का सफ़र मानो चन्द पलों में ही सिमट गया। कैलाशा को हम सब साथी कैलाशा अम्मा कहते हैं। संगठन की कोई भी बैठक, रैली या धरना प्रदर्शन हो, कैलाशा अम्मा पहुँचती ज़रूर हैं लेकिन अक्सर चुप रहती हैं। कुछ पूछो तो भी मुश्किल से बोलती हैं।

शारदा नहर में पानी आने के बाद खानपुर में दो दिन का सम्मेलन होना था। सम्मेलन की तैयारियाँ ज़ोर-शोर से चल रही थीं। गाँव-गाँव से चन्दा इकट्ठा हो रहा था। कितना चन्दा और राशन इकट्ठा हुआ है, कुछ लोग बैठे यह हिसाब कर ही रहे थे कि अचानक कैलाशा अम्मा ने अपनी पल्लू की गाँठ खोलकर एक मुड़ा-तुड़ा पचास रुपये का नोट निकाला और उसे आगे बढ़ाकर बोलीं–"यू हमरी तरफ से।" नोट थमाकर कैलाशा हमेशा की तरह चुपचाप अपनी जगह बैठ गईं।

सब अवाक रह गए। कड़ी मज़दूरी करने वाली कैलाशा अम्मा अपने लिए बमुश्किल दो जून की रोटी का जुगाड़ कर पाती हैं। कई बार गाँव के साथी तक उन्हें मज़दूरी के काम में साथ लेने से हिचकते हैं क्योंकि उनकी जर्जर काया जल्दी थक जाती है। उन्हीं कैलाशा अम्मा के लिए यह सम्मेलन इतना बड़ा हो गया कि उन्होंने अपनी एक दिन की रोटी संगठन के नाम कर दी। कैलाशा अम्मा के ख़ामोश समर्थन ने सम्मेलन को जो ताक़त दी वह पूरे जोशोख़रोश से बोलने वाले साथियों से भी बड़ी थी। कैलाशा ने अपने समर्थन को कोई नाम न देकर, अपने त्याग को लफ़्ज़ों में न लपेटकर अपनी ख़ामोशी को संगठन के लिए जीती-जागती प्रेरणा बना दिया। उनके इस योगदान ने भूख के मायनों को संगठन में उभरते दिली रिश्तों से कुछ इस तरह जोड़ा कि भूखे पेटों से निकली हुंकारें साथियों के लिए आशाओं से चमकती सम्भावनाओं में बदलने लगीं।

कैलाशा अम्मा का मौन समर्थन आज भी जारी है लेकिन उनकी चुप्पी संगठन के कार्यकर्ताओं को बराबर एक अहम मक़सद की याद दिलाती रहती है कि कैलाशा

जैसे साथियों की ख़ामोशियाँ किस तरह संगठन की आवाज़ को कुछ ऐसे बुलन्द करें कि उनकी तकलीफ़ें, उनके बलिदान हम सबको सामूहिक रूप से दिशा व हिम्मत दे सकें।

ख़ामोशियाँ और आन्दोलन

जब नौ संगतिनों ने अपनी सामूहिक लेखनी पहली बार चलाई थी तो सफ़र की शुरुआत की थी अपने बचपन को याद करके। उस समय लगा था कितने नन्हे-से थे जीवन के वे पल जिन्हें किताबों व कहानियों में लोग अक्सर एक रंग-बिरंगे, ख़ुशनुमा और ख़ूबसूरत दौर के रूप में याद किया करते हैं। लेकिन सफ़र जैसे-जैसे आगे बढ़ा वैसे-वैसे हमें एहसास हुआ हर ज़िन्दगी में उन्हीं छोटे-छोटे बचपनों की लम्बी, बेहद लम्बी मौजूदगी का। बचपन की यादें चाहे हम जितनी ही मुश्किल से जिला पाएँ और वे यादें चाहे कितने ही आँसू बनकर उमड़ें, लेकिन छोटे-से बचपन के अनुभव हाशिए के संघर्षों को आजीवन बढ़ाते रहते हैं।

बचपन हमारे पूरे जीवन को प्रभावित करता है—हमारा बोलना, हमारा ख़ामोश रहना, हमारा आत्मविश्वास, हमारा ग़ुस्सा—सब बीते बचपन की घटनाओं में उलझा रहता है। तभी तो बचपन की भूली हुई ज़ुबान खुलने के बाद संगतिनों को यकायक यह सवाल पहचानने व पूछने के लिए नया हौसला मिला कि क्यों हमारी एक साथी अपने जीवन का एक तिहाई हिस्सा जी लेने के बाद भी अक्सर ऐसे मौक़ों पर ख़ामोश रह जाती है जहाँ उसका दिल चीख़ना चाहता है, और वहीं दूसरी साथी के लफ़्ज़ पूरी चर्चा में आसानी से हावी हो जाते हैं? ज्यों-ज्यों नौ संगतिनों का सफ़र कई हज़ार संगतिनों की यात्रा बनता गया, इस सवाल ने नई पेचीदगियाँ अख़्तियार कर लीं—क्यों बचपन में झेले अपमानों का असर एक साथी की घुट्टी में कुछ ऐसे पड़ता है कि वह सबके आगे हाथ जोड़े बिना अपनी बात कह ही नहीं पाती जबकि दूसरी साथी का यक़ीन कहता है कि उसके बच्चे ज़िन्दगी की मार तब तक झेलते रहेंगे जब तब कि वे ख़ुद पर वार करने वाले हर हाथ को काटना नहीं सीखते? और कैसे एक संगठन इन दोनों साथियों की जुदा ताक़तों को आपस में पिरो कर ही अपनी दिशा पाता है?

नहर से रोज़गार गारण्टी और डेरी तक के काम में जुटे संगठन के ढेरों साथियों में से कुछ ऐसे हैं जो ख़ूब बोलते हैं, कुछ ऐसे हैं जो ख़ास वक़्त पर बोलते हैं, और कुछ हैं जो बोलते ही नहीं। इन साथियों ने जब-जब अपनी चुप्पियाँ संगठन की आवाज़ में जोड़ीं तब-तब एहसास हुआ कि उन साथियों की ग़ैरमौजूदगी संगठन की वैचारिक उठान को किस हद तक रोके हुए थी। यानी, एक तरफ़ जहाँ तमाम साथी

संगठन के साथ जुड़कर अपनी-अपनी आवाज़ें बुलन्द करते हैं, तो वहीं दूसरी ओर संगठन उनकी आवाज़ों और ख़ामोशियों के दम पर ही अपने उन सुरों को पहचान पाता है जो उनकी ग़ैरमौजूदगी में संगठन ने कभी जाने ही नहीं थे। इन खामोशियों और आवाज़ों के दम से संगठन में कौन आगे है और कौन पीछे—यह बुनियादी संतुलन बार-बार बदलता है और आगे के लिए नई सम्भावनाएँ बनाता है।

जैसे अब रामबहादुरजी (पिता) से ही बात उठाएँ। नहर में पानी लाने का संघर्ष जब पूरे ज़ोर पर था तब कुँवरापुर के रामबहादुरजी ने उस पूरी लड़ाई में आगे से आगे बढ़कर ऐसी नेतृत्वकारी भूमिका निभाई कि वह केवल कुँवरापुर गाँव के ही मुँहबोले पिता नहीं रहे, हम सबके पिता बन गए। पिता की आवाज़ में जहान भर का दम है। जब हम लोगों ने नहर के मुद्दे पर पहली रैली निकाली, तब पिता के क़दम सबसे आगे थे। पिता नारे बोलते तो हम सबकी मुट्ठियाँ ख़ुद-ब-ख़ुद नारे लगाने के लिए आसमान की तरफ़ उठ जातीं। लेकिन कई बार ऐसा भी होता कि ऐन मौक़े पर पिता अचानक ग़ायब हो जाते या साफ़ मना कर देते कि संगठन की फलाँ गतिविधि में हिस्सा लेने का मेरा मन नहीं है। तब हम असमंजस में पड़ जाते कि अब क्या करें।

नहर में सफ़ाई का काम चल रहा था। संगठन के तमाम दलित साथी फावड़े लेकर सफ़ाई में जुटे थे। पिता, शम्मू व प्रमोद जैसे कई साथियों ने मेट बनकर मज़दूर साथियों की हाज़िरी लगाने का काम तो चाव से किया लेकिन ख़ुद मज़दूरी में जुटने से इन्कार कर दिया। काम कर रहे मज़दूरों ने भी इन्हें मेट के रूप में सहजता से स्वीकार कर लिया। पिता, शम्मू और प्रमोद की मज़दूरों के रूप में हाज़िरी लगी। हैरतअंगेज़ स्थिति तो तब बनी जब मज़दूरी करने वाले कई साथियों को कम मज़दूरी मिली और मेटगिरी (यानी हाज़िरी लगाने) का काम करने वाले साथियों की मज़दूरी में कोई गड़बड़ी नहीं हुई।

कुछ मज़दूर साथियों ने विरोध किया—"भई वाह! वही पुराना सिलसिला जो ग़रीबों और दलितों के साथ हमेशा चलता आया है! जो लोग दिन-दुपहरिया फावड़े चलाकर पसीना बहाएँ उन्हीं की मज़दूरी में धाँधली?" साथ ही, जातिवाद की बू में लिपटा कसैला सच कि सवर्ण जातियों से जुड़े साथी काम की ज़रूरत तो महसूस करते हैं लेकिन अपनी जाति के अहम तले इस क़दर दबे रहते हैं कि उन्हें बराबर बदनामी का डर खाता रहता है—"अगर हम मज़दूरी करेंगे तो दुनिया क्या कहेगी?"

मेटगिरी करने वाले अधिकांश सवर्ण साथियों में खानपुर से एक दलित मज़दूर, पप्पू भी था। पप्पू को भी तीन दिन अधिक की मज़दूरी मिली। पप्पू से हाज़िरी लगाने में तमाम ग़लतियाँ भी हुई थीं। सो मज़दूर साथियों का ग़ुस्सा पप्पू पर फूट पड़ा। तभी एक साथी ने सवाल उठाया कि ग़लतियाँ तो शम्मू और पिता से भी हुई है फिर

गालियाँ सिर्फ़ पप्पू को ही क्यों पड़ रही हैं? क्या इसलिए कि इस गड़बड़ी में वही एक दलित है?

इस प्रसंग पर बातचीत छिड़ने के साथ ही इस सवाल ने आग पकड़ी कि संगठन के मूलभूत सिद्धान्तों के बावजूद–कि सबको बराबरी के मौक़े तथा अपनी बात कहने-सुनने का पूरा हक़ मिले–ऊँची जाति और वर्ग इतनी आसानी से संगठन में क्योंकर हावी हो जाते हैं? क्यों कुछ साथी बार-बार अपनी ख़ास जाति व वर्ग की अहमियत संगठन में भी बनाए रखना चाहते हैं और वर्चस्व बनाए रखने की उनकी यह अभिलाषा किस तरह कमलेश, सुनीता, रामबेटी व रामभजन जैसे दलित साथियों की आवाज़ों को दबाने का काम करती है?

इस बात के उठते ही टामा, सुनीता व कमलेश जैसे साथी जो अक्सर चुप्पी साधे रहते थे अपनी-अपनी ख़ामोशियाँ तोड़कर संगठन की लड़ाई को नई शक्ल देने लगे। इनकी जुदा-जुदा आवाज़ें ढेरों चुप रहने वाले साथियों की सम्मिलित आवाज़ बनकर बाहर आने लगी। इन आवाज़ों के असर से मज़दूरी का मुद्दा संगठन के सबसे गम्भीर मुद्दे के रूप में उभरा तथा मज़दूर साथी तेज़ी से नेतृत्व की भूमिका में आने लगे। जिस संगठन में 95 प्रतिशत से भी ज़्यादा साथी दलित या वंचित समूह से हों वहाँ संख्या को भी अपना असर दिखाना ही था। जहाँ पहले यह लगता था कि पिता के दम भरे नारों के बिना हर रैली सूनी रहेगी, वहीं इन नई आवाज़ों ने ताक़तवर जातियों और वर्गों के मुद्दों को पीछे ढकेलने का काम बड़ी स्वाभाविक गति से शुरू कर दिया।

कहानियाँ चुप्पियों की

बनवारी

मिश्रिख में संगठन का दो दिवसीय प्रशिक्षण चल रहा था। शामिल होने वाले लगभग पचास लोगों में से अधिकतर साथी एक रोज़ का खाना अपने साथ लेकर आए थे। दोपहर आते-आते यह समझ में आ गया कि कुछ साथी खाना नहीं लाए हैं। उनके खाने की व्यवस्था कर ली गई। ऋचा सिंह खाना खाकर पानी पीने चली तो देखा कि नल के पास बनवारी खाना खा रहा था। ऋचा यूँ ही बात करने के लिए बनवारी के पास बैठ गई।

बनवारी बोला–"दीदी, आज मैं खाना नहीं लाया क्योंकि राशन का कोई इन्तज़ाम ही नहीं हो पाया।"

ऋचा–"घर पर बच्चे क्या खाएँगे?"

"इतना आटा था कि बच्चों की दो वक़्त की रोटी हो जाएगी।"

"और फिर उसके बाद?"

"कहीं-न-कहीं कुछ काम खोज लेंगे, नहीं तो कहीं से उधार ले आएँगे।" खानपुर गाँव की मौर्य बिरादरी का बनवारी यह सब शान्त भाव से बता रहा था जैसे कोई बड़ी बात नहीं है। बचपन से बनवारी ने भूख को रोज़मर्राह की एक सच्चाई के रूप में स्वीकार कर लिया है। फिर भी, उसका ज़्यादातर समय तो इस फ़िक्र में जाता ही है कि कल उसके बच्चों और उसकी भूख कैसे मिटेगी। क्या इसीलिए वह अक्सर संगठन में होने वाली बातचीत के दौरान ख़ामोश रहता है?

मई 2006 में अचानक ख़बर मिली कि बनवारी ने अपनी बेटी की बारात लौटा दी है। ख़बर परेशान करने वाली थी। बारात का लौटाया जाना लड़के वालों के लिए तो बेइज़्ज़ती का सबब होता ही है, लेकिन किसी भी बेटी और उसके परिवार के लिए भी हमेशा के लिए एक दर्दनाक कलंक बन जाता है। बनवारी की पत्नी का देहान्त हो चुका है इसलिए समाज की झूठी-सच्ची बदनामी के अंजाम भी बनवारी को अकेले ही झेलने होंगे। गाँव वाले भी इस तरह की घटना में उलझने से कतराते हैं इस भय से कि कल को हमारी बेटियों का ब्याह भी कहीं तय न होगा। लोग थू-थू करेंगे–"अरे, इनके गाँव से तो बारातें वापस आ जाती हैं। ऐसे गाँव में ब्याह क्या करना!"

जब तक ऋचा सिंह सीतापुर से खानपुर पहुँची तब तक बारात लौट चुकी थी। बनवारी ने ऋचा से कहा–"दीदी, बिन माँ की बेटी है मेरी। उसे कहीं ऐसे ही थोड़े न फेंक दूँगा। एक तो लड़के की दूसरी शादी है, उस पर से लड़के वाले कोई माल नहीं लाए। या तो लेन-देन को लेकर कुछ कहे न होते। जब अभी से झूठ बोल रहे हैं तो आगे बेटी के साथ न जाने क्या-क्या करेंगे। बस, इसलिए मैंने बारात वापस कर दी।"

ऋचा को समझ नहीं आ रहा था कि बनवारी को कैसे साँत्वना दे लेकिन बनवारी ने बारात वापस करने की बात जिस अन्दाज़ में कही उससे ऋचा को लगा कि बनवारी ने एक अरसे से किसी से भी साँत्वना या हमदर्दी पाने की उम्मीद छोड़ दी थी। ज़िन्दगी के न जाने कितने झंझावात झेल चुके बनवारी के लिए यह हादसा कोई आश्चर्य की बात नहीं थी।

इस घटना के बाद बनवारी संगठन की बैठकों में लगातार शामिल होने लगा पर उसकी चुप्पी बरक़रार रही। कई महीनों बाद रिश्तों के गहराने पर बनवारी ने सुरबाला, रीना और ऋचा को बतलाया–"पहले हमें लगता था कि कोई ग़लत बात मुँह से निकलेगी तो आप लोग डाँट देंगी।"

"क्या कभी हमसे डाँट खाई है?"

इस पर बनवारी ने जो बताया, उससे उसकी चुप्पियों के राज़ पर्त-दर-पर्त खुलते

चले गए। बनवारी का बचपन कुतुबनगर के ठाकुरों के खेतों और घरों में मज़दूरी करते बीता था। उसे हरेक से हमेशा यही घुड़की मिलती—"अबे, अपने काम से काम रख! ज़्यादा बोलने-चालने, समझने-बूझने की ज़रूरत नहीं है।" कभी-कभी जब मालिक के घर के बच्चे क्रिकेट खेलते तो बनवारी का भी मन करता कि उनके साथ खेले लेकिन क्रिकेट खेलना तो दूर, किसी दिन उन्हें खेलते देखते भी पकड़ा जाता तो उस दिन रोटी नसीब न होती, और डाँट पड़ती सो अलग। हर समय बनवारी के ज़ेहन में तरह-तरह से एक ही बात बैठाने की कोशिश होती—"एक नौकर की जितनी औक़ात है, उसके बाहर हाथ-पाँव निकालने की ज़रूरत नहीं।"

सुबह-शाम के कर्कश ताने बनवारी के दिलो-दिमाग़ में इस क़दर घर कर गए कि अगर कोई बोलने के लिए कहता तो भी बनवारी की ज़बान जैसे तालू से चिपक जाती। और तब से आज तक जो रोटी छिनने का सिलसिला चल रहा है, सो अलग। बचपन से आवाज़ और पेट को मारने का ऐसा खेल चला कि बनवारी इन्हें यन्त्रवत खेलता चला गया। न कोई आँसू। न कोई चीख़। न कोई आवाज़।

पद्‌मिनी

पद्‌मिनी आज 75 साल की हो चुकी है। किसी से साधारण सी बात कहनी हो तो भी उसके हाथ अक्सर जुड़ जाते हैं। पूछो, "ऐसा क्यों करती हो?" तो कहती है कि "अरी बिटिया, बचपन की आदत है। अब तो तिख्ती (मरण) के साथ ही जाएगी।"

बचपन की यादें बयान करने को कहो तो पद्‌मिनी बताती है कि उसका परिवार खेरवा गाँव के ब्राह्मणों की गढ़ी में पुश्तैनी मज़दूरी करता था। माँ उन्हीं के परिवार का गोबर पाथती और उनके ही खेतों में सीला बीनती थी। पद्‌मिनी को याद है बचपन का वह मेला, जब उसने सीला बेच कर अपने लिए एक नाक की कील ख़रीदी थी। जब कील को पहनने की ज़िद की तब माँ ने रोका—"बिटिया, हम ठहरे पासी! कील पहनकर कहाँ चलोगी? क्या बाम्भनों की बराबरी करोगी?"

पद्‌मिनी के कील पहनने की नौबत ही न आई।

अपनी शादी के समय पद्‌मिनी कुल आठ साल की थी और उसका पति अट्‌ठारह का। उसकी जाति में तब डोला होता था यानी, पद्‌मिनी अपने माँ-बाप के साथ ससुराल गई और वहीं शादी निबट गई। पति के साथ अपने रिश्ते पर विचार करती है तो पद्‌मिनी की यादें सिर पर मौजूद चोटों के निशानों में ही अटक जाती हैं। पति से कितनी मार खाई उसने! और उसी पति से नौ बच्चे भी हुए जिनमें से केवल तीन ही जीये। ब्याह के कोई बीस बरस बाद पति को फ़ालिज मार गया जिससे उनका हाथ बेकार हो गया और मारपीट कम हो गई।

दिन कठिन थे। ससुराल को पट्टे में मिला पाँच बीघा खेत था, वह भी चार

हिस्सों में बँटा था।

"कभी बामनों के घर में बैठकर खाना खाया?" एक दिन सुरबाला ने पद्‌मिनी से पूछा।

"मार खाए के रहैय का? हमार बाप-महतारी कबहु खाइन कि हमही खातेन? गोबर के अलावा अपन पिसना कबहु छुवै नाहीं देत रहें। अब तो बहुत जमाना बदलिगै।"

पद्‌मिनी की जाति के लोग बामनों-सवर्णों के सामने चप्पल तक नहीं पहन कर जाते थे। गढ़ी वालों के सामने जाने का मतलब था–हाथ जोड़कर जाना। होश सम्भालने के साथ ही हाथ जोड़कर बात कहने का जो सिलसिला चला तो आज तक टूटा नहीं। कोई कितना भी मना करे लेकिन पद्‌मिनी के हाथ जुड़ ही जाते हैं। इन जुड़े हाथों के इतिहास को समझे बिना पद्‌मिनी की मुट्‌ठी की ताक़त को पहचानना सम्भव नहीं।

सुनीता

जहाँ पद्‌मिनी के हालात ने उसे हाथ जोड़कर अपनी बात पर अड़ना सिखाया, वहीं सुनीता की परिस्थितियों ने उसकी घुट्‌टी में दबंग होकर विद्रोह करने के संस्कार डाले। सुनीता के बाबा के पास पिचहत्तर बीघा खेत था। बाबा ने दादी के सामने ही दूसरी शादी कर ली। छोटी दादी सुनीता की दादी को बहुत परेशान करती पर बाबा कुछ नहीं बोलते। आख़िर एक दिन सुनीता की दादी अपने दोनों बेटों को लेकर मायके आ गईं। कुछ बरस बाद एक दिन बाबा ने सुनीता के पिता को बुलाकर उनकी शादी की बात चलाई और लगे हाथ शादी भी कर दी।

सौतेली दादी के आतंक ने नई बहू का जीना दुश्वार कर दिया। एक दिन सौतेली दादी से मार खाकर बहू मायके गई तो वापस नहीं पलटी। इसी तरह सौतेली दादी ने एक बार सुनीता के चाचा को कलछुल गरम करके इतना मारा कि वह घर से भाग गए और ठेकर गाँव के एक रैदास के यहाँ रहने लगे। ऐसे भीषण घरेलू तनाव और हिंसा के वातावरण में सुनीता की माँ उसके पिता की दूसरी पत्नी बनकर परिवार में आई। पाँच बच्चे हुए–सुनीता से बड़ी एक बहन और उससे छोटे तीन भाई।

सुनीता की माँ को भी सौतेली दादी चैन नहीं लेने देती। लेकिन पहली शादी छूटने के बाद पिताजी को पत्नी की क़ीमत खूब समझ में आ चुकी थी। जब-जब लड़ाई होती, पिता माँ के साथ डटकर खड़े हो जाते। पिता को परिवार का पेट पालने के लिए खेती होने के बावजूद रिक्शा चलाना पड़ता था। माँ से यह अन्याय बर्दाश्त नहीं होता। पति का साथ होने से माँ निडर होकर अपना हिस्सा लेने पर अड़ गईं। दादी से कहतीं–"चाहे मार डालो लेकिन यहाँ से जाएँगे नहीं।"

उन्हीं दिनों गाँव के ग़रीबों को नसबन्दी की ओर आकर्षित करने के लिए पट्टे पर पाँच बीघा खेत का लालच दिया जा रहा था। सुनीता की माँ ने भी नसबन्दी करा ली। गाँव वालों ने कह-सुनकर बारह बीघा खेत बाबा से पिताजी को दिलवा दिया।

सौतेली दादी ने सुनीता की कुटम्मस करने में भी कोई क़सर न छोड़ी। माँ नन्ही-सी सुनीता और उसके भाई-बहनों को सौतेली दादी के ज़ुल्मों से बचने के तरीक़े सिखलाती–"तुम्हारी दादी जब-जब मुझे मारा करे तब-तब तुम सब लोग भी जुट जाया करो–एक दादी को काटने लगना, और दूसरा उसे मारने लगना।"

दादी जब पानी माँगती तो सुनीता बाहर भाग जाती, सोचती–'यह मेरी अम्मा को इतना मारती है। मेरा बस चले तो पानी की जगह ज़हर दे दूँ।' घर में बहुत बड़ा बाग़ था और चार सौतेले चाचा भी थे। जब सौतेले चाचा अमिया तोड़ने जाते तो सुनीता भी ज़बर्दस्ती आम बीनती। सुनीता को हर पल अपने और अपनी माँ के हिस्से की फ़िक्र रहती। हर लड़ाई में वह माँ का हाथ थाम कर खड़ी हो जाती।

सोलह बरस की उम्र में सुनीता का ब्याह हो गया और वह हुसैनपुर आ गई। ससुराल में बहुत बन्धन थे। पति सीधे स्वभाव का था। घर वाले कुछ भी कहें, पति को उनके सामने हमेशा चुप हो जाने की आदत थी लेकिन पति ने सुनीता के पैरों में कभी कोई बेड़ी नहीं डाली। हुसैनपुर में सुनीता का परिचय महिला समाख्या में कार्यरत सुरबाला से हुआ। सुरबाला ने सुनीता को साक्षरता केन्द्र चलाने का न्यौता दिया लेकिन सुनीता के घर वालों ने साफ़ मना कर दिया। उस दम भी सुनीता को बार-बार अपनी माँ की याद आई। सोचने लगी–'ख़ुद को मज़बूत करने का एक सुन्दर मौक़ा हाथ से निकल गया। कहीं मेरी स्थिति भी मेरी माँ की तरह हो गई तो ज़िन्दगी नरक हो जाएगी।'

बचपन से ही सुनीता ने जीवन की उलझनों और चुनौतियों को कुछ इस तरह जाना-परखा कि कोई भी ज़ोर-ज़बर्दस्ती या नाइन्साफ़ी उसके हलक़ के नीचे उतरती ही नहीं। माँ ने अपनी बेटी को ज़ुल्म करने वाली दादी के ख़िलाफ़ खड़े होने की हिम्मत दी तो सुनीता ने अकड़ कर बोलना सीखा। पिता ने हमेशा माँ का भरपूर साथ दिया, सो सुनीता ने भी अपने हक़ों के लिए संयुक्त होकर लड़ना जाना। संगठित होकर दम-ख़म के साथ आवाज़ उठाने का जो पाठ सुनीता ने अपने बचपन में सीखना शुरू किया, वही पाठ वह आज संगठन के साथियों के साथ जुड़कर आगे बढ़ा रही है।

माया

रूरा गाँव की माया जब ब्लॉक पर काम माँगने गई तो बी.डी.ओ. ने टरकाते हुए कहा–"तुम लोग जब तक ब्लॉक में ख़ाता नहीं खुलवाओगे, हम तुम्हारा आवेदन रिसीव नहीं करेंगे।"

माया तपाक से बोली–"पहले आप बैंक में अपना कर्मचारी भेजो तब हम ख़ाता खोलें। खाता-वाता आपका सिरदर्द है, आप जानो। हमें तो काम चाहिए।"

संगठन के साथियों ने यह क़िस्सा सुनकर माया की पीठ ठोंकी–"अरी माया, तू तो बड़ी हिम्मत वाली निकली!"

इस पर माया बोली–"मैं मायके में अपने बाप के पास रहती हूँ। मैं किसी से काहे डरूँ? जो हिम्मत वाली न होती तो क्या मेरे काका-चाचा मुझे मायके में धँसने देते?"

अड़ने और लड़ने की हिम्मत माया ने अपने माँ-बाप से विरासत में पाई। शादी करके ससुराल गई थी। बस, चार दिन रहकर लौट आई क्योंकि अपने पिता की दुलारी माया को ससुराल की ज़्यादतियाँ बर्दाश्त न हुईं। एक तो स्वाभिमानी माँ-बाप की ग़ैरतमन्द बेटी दूसरे, मायके के गाँव में एक ही जाति के लोग हैं जिससे माया को हमेशा पूरी बिरादरी में बेटी का सम्मान मिला और जातिवाद की सड़ांध बर्दाश्त करने की ज़रा-सी भी आदत न पड़ी।

माया के इस ग़ज़ब के आत्मविश्वास के साथ ही हमें याद आता है अपनी एक और संगतिन, राधा का दिल को चीरता हुआ मौन। ग़रीबी की ज़बर्दस्त चपेट में गाँव के एकमात्र दलित परिवार की लड़कियाँ जिस तरह के तिरस्कार तले पलतीं और जवान होती हैं वो सब राधा ने पल-पल सहा व जीया। सहती-सहमती राधा ने अपनी ज़बान को ज़ब्त करना खूब सीख लिया लेकिन इसका मतलब यह क़तई नहीं कि उसने अपनी ज़िन्दगी में जीए सारे भेदों व ज़िल्लतों को स्वीकार कर लिया हो। राधा ने देखा कि सुविधा व ताक़त में लिप्त लोगों के सामने कुछ भी कहना बेमानी है और ख़ामोशी को अपनी तलवार बना लिया।

जब-जब राधा ने अपनी चुप्पी तोड़ी, लोग हतप्रभ रह गए। राधा के ये लफ़्ज़ संगठन के लिए मन्त्र बन गए कि किसी गहरे दुख या अपमान की यातना को झेलने और महसूस करने में भारी फ़र्क होता है—महसूस करने वाली लाख चाहने पर भी झेलने वाली का दुख कभी पूरी तरह जान नहीं सकती। राधा के इन शब्दों ने संगठन के साथियों को वर्ग तथा जाति भेद की कड़वी सच्चाइयों को समझने के साथ-साथ इन खाईयों के आर-पार काम करने के लिए बेजोड़ वैचारिक औज़ार दे डाले जो संघर्ष को गहरा करने में निरन्तर हमारी मदद करते हैं।

बनवारी हो, सुनीता हो, पद्‌मिनी हो, माया हो या फिर राधा। इन सबके छोटे-छोटे बचपनों में जो कुछ भी घटा, उसका असर इनके पूरे जीवन पर पड़ा। इन्हीं जैसे कई हज़ार साथी संगठन से जुड़े हैं। कुछ बोल रहे हैं, कुछ चुप्पियों के सहारे अपनी आवाज़ें खोज रहे हैं और कुछ की ख़ामोशियों का दम अन्याय के ख़िलाफ़ उभरती विद्रोही आवाज़ों को लगातार तीखापन दे रहा है।

उभरते सुर

रामभजन

रामभजन कई सालों तक बेहद ख़ामोश रहा। सच पूछा जाए तो 2007 के पहले संगठन की अगुआई करने वाले गाँव खानपुर के अन्य नेतृत्वकारी साथियों के बीच रामभजन हमेशा एक चुप रहने वाले साथी के रूप में ही अपनी उपस्थिति दर्ज करवाता रहा।

24 अक्टूबर, 2007 को दस गाँवों से क़रीब पचास साथी मिश्रिख डाक बँगले पर जमा हुए। इस सभा के तुरन्त पहले हम लोगों ने रोज़गार गारण्टी के अन्तर्गत काम नहीं मिल पाने की वजह से मिश्रिख के बी.डी.ओ. से वार्ता करने की लिखित माँग की थी। जब हम ब्लॉक पर पहुँचे तो बी.डी.ओ. साहब वहाँ से नदारद थे। पता चला कि बी.डी.ओ. साहब को अचानक मंत्री जी से मिलने ज़िले पर जाना पड़ गया। साथियों को ग़ुस्सा आया कि मज़दूरों को रोज़गार गारण्टी के अन्तर्गत काम देने में छींकें आ रही हैं, लेकिन मंत्रीजी को आँकड़े बतलाने के लिए सारा सरकारी अमला सीतापुर की ओर दौड़ा पड़ रहा है! बी.डी.ओ. को फ़ोन किया तो उन्होंने बेहद रूखा सा जवाब देकर फ़ोन काट दिया–"आप लोगों को जो भी कहना-सुनना है, लिख कर दे दीजिए। मैं सी.डी.ओ. और डी.डी.ओ. तक पहुँचा दूँगा।"

लिख कर दिए हुए आवेदनों पर पहले से कौन सी कार्यवाही हो गई थी जो इस बार होती! सब इसी उधेड़बुन में थे कि आख़िर अब बी.डी.ओ. को लिखकर क्या दिया जाए। तभी अचानक एक साथी ने सुझाया कि बी.डी.ओ. के लिए कुछ ऐसा किया जाए जो वह सी.डी.ओ. तक पहुँचा ही न सके।

सामने बोर्ड पर रोज़गार गारण्टी के नियम-क़ायदे लिखे हुए थे। एक साथी ने कहा–"यह बोर्ड यहाँ इसीलिए तो रखा है कि सब रोज़गार गारण्टी के क़ायदे जानें, पर जब सरकारी लोग इसे लागू ही नहीं कर पा रहे हैं तो इन नियमों के लिखे रहने का क्या फ़ायदा?"

दूसरे साथी ने कहा–"क्यों न इस बोर्ड को पेंट से पोत दिया जाए?"

तीसरी ने कहा, "हम किसी चीज़ का नुकसान क्यों करें? हम तो केवल यह सन्देश देना चाहते हैं कि ऐसे लिख देने भर से नहीं चलेगा। सरकारी विभाग कहते हैं कि वह जनता को जागरूक करने के लिए यह क़ायदे लिख रहे हैं लेकिन क्या सचमुच वे हमारी जागरूकता के लिए तैयार हैं? क्यों न इसे पेंट से रँगकर नष्ट करने के बजाय चूने से पोत दिया जाए?"

सबको बात समझ में आ गई और साथियों ने मिलकर पूरा बोर्ड चूने से पोत दिया।

पूरे घटनाक्रम में रामभजन चुपचाप सबका साथ देता रहा। ब्लॉक से जब सब उप-ज़िलाधिकारी से मिलने के लिए तहसील की ओर चले, तो रामभजन भी अपनी ठेलिया लिए साथ हो लिया। कमलेश और एक अन्य साथी ठेलिया पर बैठ गए। उप-ज़िलाधिकारी के कमरे के सामने रामभजन ने अपनी ठेलिया रोक दी। उप-ज़िलाधिकारी का चपरासी ज़ोर से चिल्लाया–"हटाओ यहाँ से ठेलिया!"

एक साथी उस चपरासी की बेअदबी पर बरस पड़ी–"जब कोई पैसे वाला व्यक्ति अपना चौपहिया वाहन यहाँ लाकर खड़ा करता है, तब भी क्या ऐसे ही दुत्कार कर बोलते हो? सवारी उतरेगी तभी तो आदमी ठेलिया हटाएगा।"

अचानक रामभजन ग़ुस्से से लाल-पीला होकर बोला–"ठेलिया चलाने वाले तो जानवर होते हैं इसलिए सब चिल्लाते हैं हम पर! ग़रीबों की जब इस समाज में कहीं कोई इज़्ज़त होती ही नहीं तो यह बेचारे भी क्या करें?"

रामभजन और भी न जाने क्या-क्या बोलता गया उस दिन। यह वही रामभजन था जो हमेशा सबकी डाँट सुनकर चुप होता चला आया था। जिसके लिए कभी कोई शादी का रिश्ता तक लेकर नहीं आया था क्योंकि किसी ने उसे इस लायक़ ही नहीं समझा था कि वह मज़दूरी करके अपने परिवार की गुज़र-बसर भी कर सकता है। उसी रामभजन के भीतर यह कैसा तीखा दर्द और ग़ुबार छिपा था जो आज उसके मुँह से फूटा पड़ रहा था। रामभजन का न जाने कितने बरसों से भरा हुआ दिल सारे साथियों की उपस्थिति से हिम्मत पाकर चपरासी के आगे उफ़ना पड़ रहा था।

इस घटना के कुछ ही दिनों बाद संगठन के साथियों ने एक ख़ास सम्मेलन का आयोजन किया। इस सम्मेलन में रामभजन ने सफ़ाई की ज़िम्मेदारी ली और यकायक चर्चाओं में ख़ामोश रहने वाला रामभजन सक्रिय होकर बैठकों में हिस्सा लेने लगा। इसके बाद दिसम्बर 2007 के धरने में रामभजन ने ख़ूब हिस्सेदारी निभाई।

आज रामभजन की दमदार आवाज़ सुनकर यक़ीन नहीं होता कि यह वही सदा चुप रहने वाला रामभजन है लेकिन संगठन से जुड़ने से अपनी ख़ामोशी तोड़ने तक का सफ़र तय करने में रामभजन ने तीन साल का समय लिया। बचपन से ग़रीबी की मार झेल-झेलकर जवान हुए रामभजन को हर जगह इस क़दर दबाया गया कि वह ख़ामोश हो गया पर साथियों ने रामभजन की चुप्पी को उसकी कमज़ोरी के रूप में देखने की जगह संगठन के इम्तिहान के रूप में देखा। जब संगठन ने रामभजन का विश्वास जीता तो उसके मौन को अन्याय के ख़िलाफ़ उठने वाली पुकार में बदलते देर न लगी।

संगठन का एक और साथी है–कमलेश। पोलियो की मार ने कमलेश का एक पैर जन्म के साथ ही बेकार कर दिया। वह खानपुर में अपने बड़े भाई व भाभी के साथ रहता है और अपने नाम-मात्र के खेत में इतनी साग-सब्ज़ियाँ उगा ही लेता है जिससे मिश्रिख और कुतुबनगर के बाज़ारों में थोड़ी-बहुत सब्ज़ी बेचकर अपनी गुज़र-बसर कर ले। कमलेश से साथियों की पहली मुलाक़ात नहर में पानी लाने के संघर्ष के शुरूआती दौर में हुई। नहर के किनारे स्थित गाँवों के लोगों को पानी की लड़ाई से जोड़ने के मक़सद से साथियों ने जब 2 अक्टूबर, 2005 को एक दिन की पदयात्रा की तो कमलेश इस यात्रा में अपने गाँव से जुड़ा और लाठी के सहारे पूरे समय साथ चला। साथियों को कई बार ख़याल आया कि अगर वे ख़ुद थक रहे हैं तो कमलेश पर क्या बीत रही होगी! कुछ ने उसे वापस लौटने के लिए भी कहा लेकिन कमलेश ने हर बार लौटने से इन्कार कर दिया। कमलेश उस दिन से आज तक बिलानागा संगठन का साथी बनकर चल रहा है।

शुरू-शुरू में लोग अक्सर कमलेश को 'बेचारा लँगड़ा' कहकर पुकारते। कमलेश बैठकों में लगातार आता, पर हमेशा चुप रहता। बातचीत में भी लोग जब उसे 'लँगड़ा' कहकर संबोधित करते, तो कुछ लोग आपत्ति करते–"क्या तुम्हारे लँगड़ा कहने से कमलेश को कष्ट नहीं होता होगा?"

पहले तो लोग यह मानने को तैयार ही न होते कि कमलेश को ऐसा कहने से दुख भी होता होगा–"अरे सब ही तो इसे ऐसे पुकारते हैं। लँगड़े को लँगड़ा नहीं कहेंगे, तो भला क्या कहेंगे?" कितनी ही बार ऐसा होता कि साइकिल चलाते साथी लाठी टेकते कमलेश की बग़ल से निकल जाते और झूठे को भी उसे अपनी साइकिल पर बैठाने की बात न करते।

कमलेश किसी को ज़रा-सा भी शक नहीं होने देता था कि उसे यह बातें खटक रही हैं। धुर बचपन से जिसके कानों में बार-बार यही आवाज़ गई हो–"अरे, यह तो लँगड़ा है बेचारा!"–उस कमलेश ने हमेशा दुनिया को यही सोचने की इजाज़त दे दी थी कि ज़िन्दगी में हर तरह से लँगड़ा होने के अलावा उसकी दूसरी कोई गति नहीं।

शायद इसीलिए जब पहली बार 'लँगड़ा' संबोधन पर चर्चा छिड़ी तो कमलेश भी वैसे ही हँस दिया था जैसे बैठक में मौजूद और भी कई लोग हँसे थे लेकिन दोनों की हँसी के मायने कितने जुदा थे! फिर तो संबोधन की बात लगातार उठने लगी। सवाल हुआ कि कहने वाले तो कमलेश को हज़ार तरह से पुकारेंगे किन्तु यदि संगठन के साथियों का व्यवहार भी वैसा ही हो जैसा बाक़ी दुनिया का, तो फिर संगठित होने का क्या अर्थ हुआ?

अप्रैल 2006 में मज़दूर किसान शक्ति संगठन के साथी राजस्थान के डूँगरपुर ज़िले में पदयात्रा कर रहे थे। संगतिन के कुछ साथी इस पदयात्रा में राजस्थान जाने की तैयारी कर रहे थे। कमलेश ने कहा–''मैं भी चलूँगा।'' साथियों को चिन्ता हुई कि इतनी कठिन यात्रा कमलेश को परेशान कर डालेगी। राजस्थान के साथियों की राय ली गई तो उन्होंने सबको निश्चिन्त कर दिया–''कमलेश आना चाहता है तो उसे ज़रूर भेजो। अगर कोई परेशानी होगी तो हम लोग सँभाल लेंगे।''

और कमलेश ने डूँगरपुर की पूरी पदयात्रा की।

जैसे-जैसे कमलेश को संगठन में जगह मिलती गई, वैसे-वैसे चर्चाओं में उसकी ख़ामोशी टूटती गई। इसी बीच संगठन के सक्रिय साथियों ने गाँवों में बैठकें करने की योजना बनाई। कमलेश को नेतृत्व करने के पर्याप्त मौक़े मिलें, इसलिए संगठन ने कमलेश और चुप रहने वाले एक अन्य सक्रिय साथी को बैठकों का संचालन करने की ज़िम्मेदारी दे दी। कमलेश ने बैठकों में चर्चाएँ चलाईं और क्षेत्रीय बैठक में गाँवों में हुई चर्चाओं के विषय में सबको विस्तार से बताया। कमलेश के बढ़ते क़दम उसके विद्रोह की आवाज़ बनकर संगठन की उभरती आवाज़ में घुलने लगे।

जब रोज़गार गारण्टी क़ानून के तहत खानपुर के सभी मज़दूर सरजहिया तालाब पर काम करने गए तो कमलेश ने सोचा–'रोज़गार गारण्टी में तो विकलांगों को भी काम देने की बात कही गई है, तब मेरा भी तो काम माँगने का हक़ बनता है।'

किन्तु उत्साह से भरा कमलेश जब तालाब पर पहुँचा तो उसके कानों में मेट की कर्कश आवाज़ पड़ी–''यह लो। अब यह लँगड़ा भी काम करने आ गया।'' उसने कमलेश को दुत्कार कर कहा, ''भागो यहाँ से!''

कमलेश को उसी पल समझ में आ गया कि किसी क़ानून में चाहे उसके हक़ों के बारे में कितना कुछ भी क्यों न लिखा हो, लेकिन समाज की नज़र का बदलना आसान नहीं। कमलेश ने मेट को जवाब दिया, ''एक्ट में जब लिखा है, फिर मुझे काम क्यों नहीं दोगे?''

"लिखा होगा एक्ट में! लेकिन हम तो तुम्हें काम पर तभी लगाएँगे जब प्रधान कहेंगे।''

प्रधान जो सुनते होते तो फिर किस बात का रोना था? प्रधान के पास जाना तो बेकार है, ऐसा सोचकर कमलेश ने संगठन के एक साथी को पूरी बात बताई। उस साथी ने कमलेश को बी.डी.ओ. से मिलने की सलाह दी। खानपुर का ही एक थोड़ा पढ़ा-लिखा साथी कमलेश के साथ ब्लॉक पर जाकर बी.डी.ओ. से बातचीत करने के लिए तैयार हो गया। दूसरे दिन कमलेश मिश्रिख चौराहे पर उस साथी का इन्तज़ार करता रहा। साथी नहीं पहुँचा तो वह स्वयं बी.डी.ओ. के पास गया और

हिम्मत से अपनी बात सामने रखी। बी.डी.ओ. ने पहले तो टालने की कोशिश की लेकिन आख़िरकार उन्हें कमलेश की पूरी बात सुननी पड़ी।

बी.डी.ओ. से बात होने के बाद कमलेश को ऐसा लगा मानो उसे कोई ख़ज़ाना मिल गया हो। उसने एक बहुत बड़े भय पर विजय जो पाई थी–उसी दुर्भाग्यपूर्ण भय पर, जो हमारे समाज की ग्रामीण जनता को बी.डी.ओ. जैसे मोटी तनख़्वाहें पाने वाले अधिकारियों और अपने ही प्रतिनिधियों का सामना करने से बार-बार रोकता है।

क्या ही बात होती जो कहानी इसी सुखद क्षण पर ख़त्म हो जाती। तमाम जतन के बाद बड़ी मुश्किल से प्रधान ने कमलेश को काम पर लगाया। सात दिन के बाद काम बन्द हो गया। अब बारी आई मज़दूरी मिलने की। सब संगी-साथियों को काम की मज़दूरी मिल गई लेकिन कमलेश को वही टका-सा जवाब मिला–"जाओ, जैसे बी.डी.ओ. से काम माँगा था, वैसे ही मज़दूरी भी माँग लो।"

फिर शुरू हुए ब्लॉक ऑफिस के चक्कर-दर-चक्कर। कमलेश तीन बार गया लेकिन कोई सुनवाई नहीं हुई। कई साथियों ने हल्ला मचाया तथा अधिकारियों से बातचीत की। तब कहीं जाकर कमलेश की सात दिनों की मज़दूरी सेक्रेटरी द्वारा घर पर पहुँचाई गई।

कमलेश के इस संघर्ष में दो बातें महत्वपूर्ण हैं। पहली यह कि कमलेश को काम और मज़दूरी तब तक नहीं मिली जब तक ब्लॉक-स्तर पर बी.डी.ओ. के माध्यम से दबाव नहीं डाला गया। एक मज़दूर, जिसका हक़ बनता था कि उसे काम उपलब्ध कराया जाए और उसे बाइज़्ज़त उसकी मेहनत की मज़दूरी मिले, उसे इन दोनों अधिकारों के लिए कितनी ज़िल्लत झेलनी पड़ी।

दूसरी ग़ौरतलब बात है कि जब लोग हार कर अधिकारियों के पास सहायता की भीख माँगने पहुँचते हैं तो अधिकारियों को अपने रुतबे का पहले से भी ज़्यादा बढ़-चढ़ कर गुमान होता है जबकि संगठन की यही कोशिश रहती है कि गाँव के साथी स्वयं अपने स्तर से अपने मुद्दों को आगे बढ़ाएँ। साथी यह करते भी हैं लेकिन अधिकारियों की मज़दूर-विरोधी मानसिकता की वजह से उन्हें बार-बार हारने के लिए तैयार रहना पड़ता है। हारने की यह तैयारी ही लड़ाई को जारी रखने का दम भी देती है।

कमलेश की इस लड़ाई ने उसका आत्मविश्वास चौगुना कर दिया और उसने न जाने कितने साथियों को अपनी कहानी सुनाकर प्रेरित किया। कमलेश ज्यों-ज्यों संगठन में एक नेतृत्वकर्ता की भूमिका में उभरता गया, त्यों-त्यों साथियों ने शारीरिक विकलांगता के सामाजिक मायनों पर गम्भीरता से प्रश्न करना शुरू किया। सब यह समझने को बाध्य हुए कि हमारा समाज 'विकलांग' की संज्ञा देकर जिन लोगों को

बेचारगी क़ा जामा पहना देता है या बिल्कुल अनदेखा कर देता है, वही 'विकलांग' संगठन के संघर्षों में केन्द्रीय भूमिका निभाकर हमें कितनी प्रेरणा और ताक़त दे सकते हैं।

टामा

नहर के मुद्‌दे को लेकर निकली पहली पदयात्रा के दौरान ही हमें सबेलिया गाँव में टामा मिला। धूल-धूसरित टामा जिसे आँखों से कम दिखाई देता है, अपनी ही धुन में था। पदयात्रा में लगभग दस किलोमीटर चल चुकने और कई गाँवों में बातचीत करने के बाद ज़्यादातर लोग थकने लगे थे। ऐसी मीठी थकन के समाँ में सबेलिया के एक सहयात्री ने टामा को देखकर कहा, "अरे टामा, एक भजन तो सुना दे।"

बस, टामा शुरू हो गया।

किसी ने पूछा, "यह कौन है?" तो जवाब मिला–"इसी गाँव का है। सिर्री है।"

अवधी में बावरे को सिर्री (सिड़ी) कहते हैं।

इस पदयात्रा के बाद जहाँ भी संगठन की बैठक होती वहीं टामा पहुँच जाता और देखते ही देखते हमारी बैठकों की शुरुआत टामा के भजनों से होने लगी। धीरे-धीरे टामा संगठन के गीतों को गाने लगा और थोड़ा-सा उत्साह मिलने पर पूरे दम के साथ नारे भी लगाने लगा।

23 अगस्त, 2006 को साथियों ने बड़ी उम्मीदों के साथ रोज़गार गारण्टी योजना से जुड़े भ्रष्टाचार के ख़िलाफ़ एक रैली निकालने की योजना बनाई। यह रैली संगठन के जीवन का एक महत्त्वपूर्ण मोड़ थी। रोज़गार गारण्टी के अन्तर्गत मज़दूर साथियों के जॉब-कार्ड तुरन्त बनाए जाएँ, इस बिन्दु को लेकर सब पूरे ब्लॉक और तहसील पर दबाव बनाना चाहते थे लेकिन रैली के दिन हिन्दुओं का एक बड़ा त्योहार भी पड़ गया। नतीजतन, बारह बजे शुरू होने वाली रैली में शामिल होने के लिए साढ़े ग्यारह बजे तक मुश्किल से सौ साथी इकट्ठा हुए। रैली आयोजित करने वाले साथियों को कहीं-न-कहीं यह यक़ीन था कि लोग आएँगे ज़रूर। लेकिन अगर बाक़ी साथी नहीं आए तो? समझ में नहीं आ रहा था कि करें तो क्या करें? बारह बजे तक रैली शुरू करनी ही थी, वरना तहसील पहुँचने पर कोई निष्कर्ष नहीं निकलता।

उहापोह में सब साथी दरोगापुरवा के बाग़ में खड़े थे। सामने सड़क पर एक ठेलिया के ऊपर एक माइक-सेट रखा हुआ था। अचानक टामा चुपचाप उठकर माइक-सेट के पास पहुँच गया और ज़ोर-ज़ोर से नारे लगाता हुआ गीत गाने लगा। उसकी आवाज़ वातावरण में एक गरमी पैदा करने लगी। टामा के गूँजते स्वर से ताक़त पाकर पूरी भीड़ मानो अपने अपमान और शोषण के ख़िलाफ़ एक सत्याग्रह करने के लिए तैयार हो गई। जो टामा अब तक अगुवाई करने वालों के पीछे रहता

था, उसी के जोशीले सुरों ने ऐसा जादू बिखेरा कि लोगों की तादाद बढ़ती चली गई। उस दिन पूरी रैली, रैली के दौरान उप-ज़िलाधिकारी का घेराव, और जनता का प्रशासन से अपनी माँगें मनवाना–सब कुछ ऐसे दम के साथ हुआ कि सीतापुर के सामाजिक इतिहास में एक नया अध्याय शुरू हो गया।

इस ऐतिहासिक मोड़ पर टामा ने संगठन को विपरीत परिस्थितियों में भी जोश बनाने और बढ़ाने की हिम्मत दी। बिना किसी भाषण या चर्चा के टामा ने साथियों को यह भली-भाँति सिखा दिया कि कोई भी रैली या संघर्ष सिर्फ़ भीड़ जुटाने से नहीं बनता है। लोगों के भीतर जोश तथा आत्मविश्वास पैदा करने के लिए यह ज़रूरी है कि उन्हें अपने ही ढंग से संघर्ष यात्रा को आगे ले जाने की भरपूर जगह मिले। अगस्त 2006 की रैली में टामा ने जो भूमिका निभाई, उसने टामा को एक सिर्री से उठाकर संगठन के एक सक्रिय साथी की श्रेणी में बिठा दिया।

किन्तु टामा का एक सक्रिय साथी के रूप में उभरना इतना सीधा-सादा सफ़र भी नहीं था। टामा को जीवन में ऐसे अवसर नहीं मिले थे जिनके आधार पर वह संगठन के मुद्दों पर एक पैनी समझ के साथ बातचीत कर पाता। कभी-कभी तो वह अधिकारियों या दबंग लोगों से हो रही बहस में इतनी तेज़ी से उनकी हाँ में हाँ मिला देता कि बात बिल्कुल ही अलग दिशा में चली जाती और कई साथी नाराज़ हो जाते कि टामा की वजह से कितनी दिक़्क़तें पेश आईं। लेकिन टामा में निडर और बेझिझक होकर अपनी बात को कहने की और अपनी चूकों को स्वीकारने की ताक़त थी और टामा की इस ताक़त में छिपी थी साथियों को नेतृत्व देने की क्षमता। संगठन के साथियों ने टामा की इस क्षमता को आगे बढ़ाने की ठान ली।

जनवरी 2007 में संगठन के सक्रिय साथियों की दो दिवसीय बैठक हुई। बैठक में ढेरों मुद्दों पर चर्चा चली और बातों-बातों में मज़दूरी व रोज़गार की राजनीति पर एक नाटक करने की बात भी उठी। लगभग अस्सी साथी थे। सब चार समूहों में बँट गए और हर समूह ने अपने-अपने अनुभवों के आधार पर छोटी-छोटी नाटिकाएँ तैयार करके प्रस्तुत कीं। इन नाटिकाओं में साथियों को पहली बार एक दूसरे की छिपी हुई प्रतिभाएँ देखने का मौक़ा मिला। कुछ की अभिनय कला तो उभर कर ऐसे सामने आई कि सब दंग रह गए।

उन अस्सी साथियों में एक टामा ही ऐसा था जिसे एक बार नाटक कर के चैन न पड़ा। हर समूह की प्रस्तुति में वह कुछ-न-कुछ कहने के बहाने पहुँच जाता और आहिस्ता-आहिस्ता अपना रंग जमा जाता। सक्रिय साथियों को एक बात समझ में आ गई–क्यों न संघर्ष के मुद्दों पर ऐसे नाटक तैयार करें जिन्हें अवसर मिलने पर उन्हीं गाँवों में दिखाया जा सके जहाँ से साथी निकलकर संगठन के साथ जुड़ रहे हैं? लिहाज़ा, नाटक बनाने के सिलसिले को आगे बढ़ाने के लिए हम लोग कुछ

साथियों के साथ कुँवरापुर गाँव में बैठे। इस प्रक्रिया में हमारी मदद के लिए मुम्बई से आए थियेटर और फ़िल्म से जुड़े कलाकार–तरुण कुमार। तरुण ने साथियों की नाट्य क्षमता की बारीक़ियों को समझा और फिर ऋचा नागर के साथ मिलकर रोज़गार गारण्टी और विकास की राजनीति से सम्बन्धित दो नाटक लिखे। नाट्य-लेखन का यह काम चुनौतीपूर्ण था क्योंकि नाटक करने वाले साथी संवाद पढ़कर कण्ठस्थ कर पाने की स्थिति में नहीं थे बल्कि नाटकों की रचना कुछ ऐसे होनी थी कि हर प्रस्तुति उन अनुभवों को उभारने का काम करे जिनके ज़रिए गाँव के साथी रोज़गार गारण्टी एवं विकास की राजनीति को रोज़ाना जीकर जानते-समझते हैं। साथियों के जीते-जागते ज्ञान को नाट्य-रचना में इस तरह पिरोने की ज़रूरत थी कि अभिनय करने वाली हर टोली नई परिस्थितियों के हिसाब से हर नाटक को नए रंग और तेवर दे सके।

टामा गाँवों में नाटक करते हुए कभी नाटक को सूत्रधार बनकर दिशा देता है, तो कभी गाँव का एक मज़दूर बनकर तमाम मज़दूरों के दर्द और संघर्ष का प्रतिनिधित्व करता है। साथियों की टोलियाँ जब भी किसी मुद्दे पर गाँवों में बैठकें करने चलती हैं तो हर टोली यही चाहती है कि टामा उसके साथ जुड़ जाए। टामा बेजोड़ प्रतिभा का धनी है। वह बिना संकोच या डर के जिस तरह अपनी बात लोगों के सामने रखता है वह लोगों को बाँध लेती है। वह अपनी बात ऐसे समझाता है कि सुनने वाले उसके साथ ही बह चलते हैं। टामा ने कहाँ से पाए यह अद्भुत गुण, यह काव्यात्मकता, यह निडर होकर ज़िन्दगी को गले लगाने का कलेजा?

बेहद ग़रीब परिवार में जन्मा टामा अभी जीवन के रंगों को ठीक से पहचान भी न पाया था कि उसकी आँखों में माड़ा पड़ने लगा। माँ-बाप ने अपनी मेहनत- मज़दूरी की कमाई में से किसी तरह थोड़ा-सा पैसा बचाकर इलाज करवाया, लेकिन कोई असर न होता देखकर चुपचाप बैठ गए। टामा को तो शुमार भी नहीं कि वह कितना बड़ा था जब उसकी आँखों की रोशनी कम होने लगी। उसकी माँ को भी बस इतना ही याद है कि जब दस-बारह बरस के टामा का आँखों से दीखना मुश्किल हो गया तो ख़ुशमिज़ाज टामा ने अपने दिल में इतनी रोशनी कर ली कि बाहर के अँधेरे उसके जीवन को धुँधला न कर पाए। आज भी टामा रोज़ ग़रीबी से दो-दो हाथ करता है। जब-जब मज़दूरी नहीं मिलती, तो घर में फाके की नौबत आ जाती हैं। अन्य मज़दूर साथियों की तरह शहर जाकर कोई छोटा-मोटा काम ढूँढ़ पाना टामा के लिए लगभग नामुमकिन है।

बहुतेरे साथियों को हैरत होती है कि इतनी विपरीत परिस्थितियों के बावजूद टामा कैसे हर बात में हँसने का बहाना ढूँढ़ लेता है। कहाँ से मिल गई टामा को अपनी क्रूर ज़िन्दगी के प्रति ऐसी दरियादिली, ऐसी गुनगुनाहट। समाज ने उसे जो

तिरस्कार, जो अभाव दिए कहीं उसका प्रतिकार ही तो नहीं है टामा की हँसी? मानो वह अपने से समृद्ध और ताक़तवर लोगों की दुनिया से बार-बार खेल-खेल में कह रहा हो–"तुम्हें मुझे जितने भी ग़म देने हैं देते जाओ। मैं और मेरी ज़िन्दादिली अपनी जगह से टस से मस नहीं होंगे।"

टामा की ज़िन्दादिली और व्यंग्य में एक ऐसा तीखा आलोचनात्मक सुर छिपा है जो संगठन की आवाज़ को धार देता है। एक बार कुतुबनगर में एक बैठक आयोजित की गई। अधिकांशतः साथियों को दो दिन पहले सूचना मिल गई। टामा और कुछ अन्य साथियों को सूचना काफ़ी देर से मिली, सो वे बैठक में नहीं आए। जब ऋचा सिंह ने टामा से न आ पाने की वजह पूछी तो उसने दृढ़ता से कहा–"मैं आ तो सकता था लेकिन जानबूझ कर नहीं आया ताकि आप यह समझ सकें कि संगठन के सारे साथियों को समय से सूचना पहुँचाना कितना ज़रूरी है। क्या इतनी देर से सूचना मिलने पर आप आ पातीं? विपरीत परिस्थितियों में तो हम सब इससे भी ज़्यादा देरी से सूचना मिलने पर पहुँच ही जाते हैं, लेकिन यहाँ तो लापरवाही हुई है।"

सबके सामने ऋचा सिंह ने टामा से माफ़ी माँगी।

टामा 2007 में भजन गाता था। आज भी गाता है। लेकिन उसके भजनों में जहाँ पहले ईश्वर की महिमा का बखान होता था, वहीं आज वह अपने हक़-हुक़ूक़ को लूटने वाले 'इज़्ज़तदार' ज़मींदारों, अफसरों और नेताओं का चेहरा उघाड़कर दिखाता है। तभी तो टामा का यह भजन प्रेरणा बनकर संगठन के एक-एक साथी की ज़बान पर चढ़ चुका है–

जब दिल की कोठरिया साफ नहीं तब गंगा नहाए से का होई?
मन की गाड़ी, ज्ञान का इंजन, ड्राइवर कहाए से क्या होई?
एक्सीडेंट जब हुई गवा, तो हारन दबाए से का होई?
जब दिल की कोठरिया साफ नहीं तब गंगा नहाए से का होई?

ख्यात गयो खरिहान गयो, पीछे पछताए का होई?
जब ख्यात चिरैया चुनि गईं तब डण्डा हलाए से का होई?
जब दिल की कोठरिया साफ नहीं तब गंगा नहाए से का होई?

कारड बने, योजना बनी, फिरि तलिया खोदाए से का होई?
जब सबकी मजूरी मारि लेहेव, गारण्टी लगाए से का होई?
जब दिल की कोठरिया साफ नहीं तब गंगा नहाए से का होई?

पंच बने, परधान बने, सी.डी.ओ. कहाए से का होई?

जब सारा पैसा खाए गए, तब कलम चलाए से का होई?
जब दिल की कोठरिया साफ नहीं तब गंगा नहाए से का होई?

बी.डी.ओ. बने, डी.डी.ओ. बने, फिर डी.एम. कहाए से का होई?
जब जनता दुआरे आय गई, तब कलम चलाए से का होई?
जब दिल की कोठरिया साफ नहीं तब गंगा नहाए से का होई?

आवाज़ें, संगठन और नेतृत्व

किसी आन्दोलन को आगे बढ़ाने के लिए केवल भविष्य की तरफ़ रुख़ करके आगे डग भरना काफ़ी नहीं है। आन्दोलन में हर साथी एक महत्त्वपूर्ण भूमिका निभाता है और सबसे कठिन लड़ाई लड़ने वाले लोग हमेशा आगे चलते या अख़बारों की सुर्ख़ियों में नहीं दीखते। जो संगठन का निर्माण करने का बीड़ा उठाते हैं उनके लिए यह निहायत ज़रूरी है कि वे अपने से जुड़े हर व्यक्ति के परिवेश और हालात समझने की भरपूर कोशिश करें। संस्कार सिर्फ़ परिवार से ही नहीं मिलते हैं। हमारा कुल माहौल हमें तमाम ऐसे विचार, गुण व सबक़ देता है जिनकी वजह से मुख़्तलिफ़ परिस्थितियों में हम अलग-अलग तरह की ख़ामोशियों को जुदा-जुदा ढंग से स्वीकारना, तोड़ना और उन्हें औज़ार बनाकर उनका इस्तेमाल करना सीखते हैं। आन्दोलन सही मायनों में सफल तभी होगा जब संगठन अपने हर साथी को उसकी केन्द्रीय भूमिका का एहसास करा सकेगा, उसे अपनी ताक़त और क्षमताओं को पहचान कर अपनी ख़ामोशियों के इतिहास से वाक़िफ़ होने और उनसे जुड़ने के, उन्हें तोड़ने, और उनके सहारे लड़ने के मौक़े दे सकेगा।

हमारे समाज के पढ़े-लिखों का एक बड़ा तबक़ा यह कहने से कभी नहीं चूकता कि ग़रीब मज़दूर इसलिए ग़रीब हैं क्योंकि वे शराब पीते हैं, वे जुआ खेलते हैं, वे अनपढ़ हैं। लेकिन हमारे अब तक के संघर्ष से हमें यह क़तई नहीं लगता कि ग़रीब अपनी अज्ञानता के कारण या फिर जागरूक न होने की वजह से ठगे जा रहे हैं। दरअसल ग़रीब मज़दूर सचेत होकर अपने अधिकारों की बात जितना उठाते हैं, उन्हें बर्दाश्त न कर पाने वाली व्यवस्था का रुख़ उतना ही टेढ़ा हो जाता है। प्रशासन और जन-प्रतिनिधियों की बरसों पुरानी साँठ-गाँठ उन्हें पहले से भी ज़्यादा छलने और कुचलने पर आमादा हो जाती है।

जिस संगठन-निर्माण में सब कुछ एक सामूहिक प्रक्रिया से चला हो वहाँ यह तय कर पाना कठिन होता है कि किसने किसको क्या सिखलाया और किसने संगठन को क्या दिशा दी। बावजूद इसके, अगर हम ख़ामोशियों और छीने हुए बचपनों की

ओर हल्का-सा रुख़ करके देखने की कोशिश करें तो समझ में आता है कि सुनीता, टामा, रामभजन, कमलेश और माया जैसे साथियों ने संगठन को आगे बढ़ाने में कितनी बड़ी भूमिका निभाई है। इन साथियों की टूटती चुप्पियों और उभरी आवाज़ों की प्रेरणा से संगठन के प्रदर्शनों में जो समाँ बँधता है वो कुछ ऐसा होता हैः सैकड़ों लोग। उनके बीच माइक थामे ज़ोर-ज़ोर से नारे की पहली कड़ी बोलती कोई एक, फिर दूसरी, फिर तीसरी साथी और सामने बाहें तानकर पूरे दम के साथ नारे की अगली कड़ी बोलने को तैयार तमाम साथी। या फिर, माइक पर एक के बाद एक तमाम साथी दम के साथ अपना पक्ष रखते हुए और उनकी बातों को ध्यान से सुनकर उनके समर्थन में ज़ोर-ज़ोर से तालियाँ बजाते हुए सैकड़ों साथियों की भीड़।

लगातार उभरते हुए संगठन में साथियों ने बार-बार एक दूसरे को यह एहसास दिलाने की कोशिश की है कि चाहे वे कुछ बोलें या न बोलें, लेकिन हर साथी जितनी पूर्णता से मौजूद होगा, संगठन की मज़बूती उतनी ही साफ़ दीखेगी। माइक थाम कर सबके आगे अपने मुद्दों की बात रखने में जिस हिम्मत और सूझ की ज़रूरत होती है, सामने बैठकर वक्ता की बात को सुनने-समझने में उससे कम समझ या कलेजा नहीं लगता।

संगठन की बैठकों में इन चर्चाओं के लगातार होने का एक असर यह हुआ कि अक्सर चुप रहने वाले कई साथी दमैंदार ढंग से अपनी बात आगे रखने लगे। सबका यह सामूहिक विश्वास दूना हो गया कि संगठन का असली ख़ज़ाना तो ख़ामोशियों से ढँकी आवाज़ों में ही दुबका है। यही आवाज़ें सही मायनों में संगठन की दिशावाहक हैं।

चुप्पियाँ, हिंसा और रोटी

एक दिन सुबह-सुबह सुरबाला सीतापुर से मिश्रिख जा रही थी। टैम्पो मिलने में देर थी, इसलिए कोतवाली के पास खड़ी हो गई। कोतवाली के ठीक सामने एक चाय-समोसे की दूकान है। वहाँ सुबह चाय पीने वालों की भीड़ थी, और दो बच्चे नौकर की हैसियत से काम कर रहे थे। छोटा लड़का बमुश्किल दस साल का रहा होगा। वह दौड़-दौड़ कर सबको चाय दे रहा था। बीच-बीच में बड़े-बड़े भगौने भी धोता जा रहा था। बड़ा वाला चाय बना रहा था।

तब तक छोटे को मालिक ने ऑर्डर दिया–"सोनू, पानी भरो।" सोनू रस्सी और बाल्टी लेकर कुएँ की तरफ़ दौड़ा। कुएँ में बाल्टी तो डाल दी पर बाल्टी इतनी बड़ी थी कि वह पानी नहीं खींच पा रहा था। सुरबाला भी यह नज़ारा देख रही थी और मालिक भी। थोड़ी देर बाद मालिक अपनी जगह से उठा और सोनू के पास जाकर

उसके दोनों गालों पर कसकर चाँटे जड़ दिए– "अबे, इतनी देर लगाता है पानी लाने में? स्साला मक्कारी करता है।" सोनू ने डबडबाई आँखों से गालों पर पड़े उँगलियों के निशानों को सहलाया और फिर बरतन धोने लगा।

सुरबाला ने उस दिन अपनी डायरी में लिखा– "मुझे लगा हम किन बाल अधिकारों की बातें करते हैं? इस सोनू का बचपन कहाँ है? जब यह बड़ा होगा तो कहाँ से सोच पाएगा अपने अधिकारों के बारे में? कैसे निकलेगी इसकी आवाज़ औरों के सामने?"

कुछ बच्चों को अपनी आवाज़ इस्तेमाल करने के मौक़े बराबर दिए जाते हैं, और कुछ धीरे-धीरे अपने सुरों को पहचानना शुरू करते हैं। लेकिन तमाम बच्चे ऐसे भी होते हैं जो जितनी बार खुद को अभिव्यक्त करने की कोशिश करते हैं, समाज उतनी ही बार बेरहमी से उनकी आवाज़ें घोंट देता है। अभिव्यक्ति की ज़ुर्रत करने की सज़ा मिलती है कभी मास्टर के डण्डों से तो कभी मालिक के चाटों से, कभी माँ-बाप के हाथों की गई कुटम्मस से, तो कभी अपने ही परिवार को दूसरों द्वारा दी गई ज़िल्लत से। और जो नन्हे-नन्हे पाँव ज़िन्दगी की राह पर हौले-हौले क़दम बढ़ाना शुरू करते हैं वो सफ़र शुरू होने के साथ ही ठिठक कर रह जाते हैं।

जब मिश्रिख वासी संगठन के मुद्दे तलाशने चले तो हमने यह पाया कि जिन लोगों को ताक़तवर तबक़ा सबसे ज़्यादा कुचलता है वही लोग समाज की मुख्य धारा द्वारा बेवक़ूफ़ व नालायक़ ठहरा दिए जाते हैं। और फिर वही परिभाषाएँ भारी-भरकम लबादों की तरह ग़रीब ग्रामीणों पर इस तरह हावी हो जाती हैं कि उन्हें अपने बारे में नई परिभाषाएँ गढ़ने का मौक़ा ही नहीं मिलता।

जैसे-जैसे सफ़र आगे बढ़ा, वैसे-वैसे हमें इन सबक़ों के बीच के रिश्ते भी समझ में आने लगे। यानी बचपन की आवाज़ों का कुचला जाना और आगे अपने ही हालातों का विवेचन करने के लिए अपनी परिभाषाएँ न गढ़ पाना किस तरह एक समुदाय से बार-बार एक मुकम्मल ज़िन्दगी जीने के साधन छीन लेता है। यही नहीं, एक सम्पूर्ण जीवन हेतु अधिकारपूर्वक संघर्ष के पनपने के लिए जो ज़मीन चाहिए, वही ज़मीन उन लोगों के पाँवों के नीचे से खींच ली जाती है।

कैसे गहरे रिश्ते हैं बचपन, जवानी और बुढ़ापे के संघर्षों के बीच। और इस कसाव के साथ जकड़े हुए हैं हमारे भूत, वर्तमान और भविष्य कि नन्हा-सा बचपन उस इतिहास का पर्याय बन जाता है जो हमारे आज के संघर्ष में हमेशा मौजूद रहता है।

शायद बचपन की हमारे जीवन में रहने वाली यह निरन्तर मौजूदगी ही वह वजह है कि बचपन की यादें, ख़्वाहिशें, आँसू और भावनाएँ संगठन के लिए रिश्ते बनाने

का एक सशक्त माध्यम बन गई हैं। संघर्ष बचपन की ज़ुबान के सहारे ग़ुज़रकर पहुँचता है एक मन से दूसरे मन तक, एक व्यक्ति से दूसरे व्यक्ति तक, एक दुनिया से दूसरी दुनिया तक।

जब-जब संगठन के साथी अपने और एक दूसरे के बचपन की गहराइयों में उतरने के लिए बैठे, तब-तब हम सब सिहर उठे। कैसे परिभाषित करें बनवारी जैसे बच्चों का बालपन, जहाँ कभी अधिक बोलने की वजह से रोटी छीन ली गई तो कभी अपने मालिक के बच्चों के साथ खेलने की इच्छा ज़ाहिर करने पर। समाज ने ऐसी मार मारी कि बनवारी के बाल मन में पींगे मारती इच्छाएँ बरसों के लिए सहम गईं। बन्द कर लिए उसने अपने दिलो-दिमाग़ के दरवाज़े और क़सम खा ली कि ज़िन्दगी भर अपनी ज़ुबान नहीं खोलेगा।

बनवारी की जाति और वर्ग में जन्मे बच्चों का जीवन सदियों से ऐसे ही बीतता आया है। बनवारी जैसे तमाम साथी सवाल उठाते हैं–"देश आज़ाद हो गया, लोकतन्त्र के ढोल बजते रहे, लेकिन हम जैसों को जिन बेड़ियों ने जकड़ रखा है, वे कैसे टूटें?" बचपन से घुट्टी में यही डाला गया कि "तुम विद्रोह नहीं कर सकते। तुम पलट कर जवाब नहीं दे सकते। दबंगों, बाबुओं और साहबों की जी-हुज़ूरी में जितना मिल जाए उसी में सब्र करो!" इन बेड़ियों की गिरफ़्त से कोई बाहर आना भी चाहे तो ज़माना उसे चारों ओर से चीख़-चीख़ कर रोक देगा। अगर वही बच्चा किसी तरह पढ़ने-लिखने का मौक़ा पा जाए तो आगे चल कर उसके लिए किसी छोटी-मोटी नौकरी का जुगाड़ हो जाएगा और वह अक्सर उन्हीं लोगों की नक़ल करने लगेगा जो कभी उसे दुत्कारा करते थे।

किन्तु बनवारी को जब संगठन का साथ मिला तो उसकी घुटी आवाज़ ऊपर उठकर संगठन की आवाज़ को बुलन्द करने लगी। बनवारी कहता है–"आज जब हम संगठन की बैठक में होते हैं तो हमें लगता है कि हमारी भी इस दुनिया में कोई जगह है। हमारी भी वक़त है। जो डर हमको बोलने से रोकता था वह डर पीछे छूटता चला जा रहा है।"

बनवारी जैसी तमाम आवाज़ों के बल पर ही हम सबकी व्यक्तिगत घटनाएँ और आत्मीय अनुभव संगठन में अपनी धरा पाते हैं। कहीं-न-कहीं हम सबके निजी जीवनों में कुछ ऐसे अनुभव छिपे हुए हैं जहाँ हमने अन्याय को पहचाना तो सही, लेकिन उस पहचान को कोई अंजाम न दे सके। कैलाशा, पद्मिनी, रामभजन, टामा, बनवारी, कमलेश और सुनीता का संगठन की आवाज़ में अपनी चुप्पियाँ और आवाज़ें मिलाना हमें उस पहचान को किसी मक़ाम तक ले जाना सिखाता है। इस पहचान को आगे ले जाए बिना संगठन के साथी शायद कभी न समझ पाते कि धूमिल की इस कविता का बचपन में घोटी गई आवाज़ों और तमाम चुप्पियों

को तोड़ने का दम वाली रखने ख़ामोशियों से कितना गहरा रिश्ता है। रोटी की लड़ाई के लिए सिर्फ़ यह जानना भर काफ़ी नहीं है कि रोटी को बेलने, खाने या रोटी से खेलने वाला कौन है–रोटी की जंग तो ताक़तवरों की मौन हिंसा के ख़िलाफ़ ऐसा विद्रोह है जिसे कुचले हुए वर्ग की ख़ामोशियों के बिना किया ही नहीं जा सकता।

एक आदमी रोटी बेलता है।
एक आदमी रोटी खाता है।
एक तीसरा आदमी भी है।
जो न रोटी बेलता है।
न रोटी खाता है।
वह सिर्फ़ रोटी से खेलता है।
तीसरा आदमी कौन है?
मेरे देश की संसद मौन है।

संगतिन की अमरीका यात्रा
एक फ़ील्ड-वर्क लीक से हटकर

एक बार खुद को प्रकाण्ड विद्वान समझने वाले एक आचार्य नदी पार करने के लिए एक नाव में चढ़े। सीधे-सहज नाविक ने उन्हें आदर भाव से अपनी नैया में बैठाया। कुछ दूर पहुँचने पर आचार्य ने नाविक से पूछा, "क्यों रे! तू पूँजीवाद के बारे में कुछ जानता है?"

नाविक हाथ जोड़ कर बोला, "मैं निरा अज्ञानी, मैं क्या जानूँ पूँजीवाद?"

"ऐसे कुन्द मग़ज़ के साथ जीवन जीने से क्या फ़ायदा? तूने तो अपना एक चौथाई जीवन व्यर्थ कर दिया!" आचार्यजी शान से पान मसाले की फंकी लगाते हुए बोले।

नाव ज़रा और आगे बढ़ी तो आचार्य ने पुनः अपनी विद्वता जतलाते हुए पूछा– "अच्छा, मज़दूर आदमी हो, मार्क्सवाद के बारे में तो सुना होगा?"

"कहाँ साहब? हम तौ वोहू नाहिं जानिति हयिं।"

"धत् तेरे की! तब तो तेरा आधा जीवन बरबाद हो गया। अरे भाई, शादीशुदा हो! नारीवाद तो जानते होगे?" आचार्यजी ने चुटकी ली।

जब नाविक ने नारीवाद पर भी अपनी अज्ञानता ज़ाहिर की तो आचार्य ने बेदर्दी से नाविक के तीन चौथाई जीवन को व्यर्थ घोषित कर दिया। अपनी बरबादी की इस घोषणा पर नाविक कोई प्रतिक्रिया करता इससे पहले ही नैया मँझधार में डूबने लगी। इस बार नाविक ने आचार्य से पूछा, "पंडिज्जी, आप तो बड़े ज्ञानी हैं। तैरना भी जानते ही होंगे? अब तैरिये!"

लेकिन आचार्यजी तैरना कहाँ जानते थे?

"पंडिज्जी, मेरी तो तीन चौथाई ज़िन्दगी ही बेकार गई, लेकिन आपकी तो पूरी की पूरी बरबाद हो गई!" इतना कहते हुए नाविक तो झट तैर कर नदी पार कर गया लेकिन आचार्यजी डूब गए।

सीतापुर के गाँवों में संघर्षरत संगतिन किसान मज़दूर संगठन के सदस्यों से यह

कहानी आपको अक्सर सुनने को मिल जाएगी। साथ ही यह सवाल भी कि नाविक ने आचार्य को बचाने के लिए अपना हाथ आगे क्यों नहीं बढ़ाया? अगर आचार्य ने नाविक का मज़ाक़ बनाकर बार-बार उसके ज्ञान और अस्तिव को छोटा नहीं किया होता, तो नाविक आचार्य को बचाने के लिए अपना हाथ ज़रूर आगे बढ़ाता और शायद दोनों की जानें और ज्ञान बने रहते।

अगर हम मान लें कि हम में से हर शख़्स थोड़ा-थोड़ा आचार्य होता है और थोड़ा-थोड़ा नाविक, तो शायद बुद्धिजीवी चिन्तकों और आम जीवन के संघर्षों को जीने तथा रचने वालों के बीच खड़ी दीवार गिर पड़े। लेकिन दुर्भाग्य से पूरी दुनिया में ऐसी व्यवस्था व्याप्त है जिसमें ये दोनों रूप सभी के अंदर विकसित होने के मौक़े नहीं मिलते और आचार्य तथा नाविक के बीच का फ़र्क जाति, वर्ग, लिंग, नस्ल और जगह के भेदों को गहराने का ज़रिया बन जाता है।

कौन ज्ञान का विषय बनता है और कौन उस ज्ञान को बाँटने वाला पण्डित तथा इस ग़ैरबराबरी के क्या परिणाम होते हैं–इन प्रश्नों को ग्रामीण विकास और महिला सशक्तीकरण के परिप्रेक्ष्य में उठाते हुए नौ संगतिनों ने सन् 2002 में एक लेखन-यात्रा सीतापुर के मिश्रिख विकास खण्ड में शुरू की थी जो 2004 में *संगतिन यात्रा* नामक पुस्तक का रूप अख़्तियार करने के बाद आज 5000 स्त्रियों और पुरुषों के ऐसे संगठनात्मक सफ़र में तब्दील हो गई है जिसमें शामिल होने वाले 95 प्रतिशत साथी दलित समुदायों से हैं।

जाति, वर्ग, लिंग और साम्प्रदायिक भेदों की बारीक़ियों को विकास की राजनीति के संदर्भ में समझते हुए एक ओर तो यह यात्रा ग़रीब मज़दूरों व किसानों के लिए रोज़गार, सूचना के जनाधिकार और एक सूखी नहर में पानी जुटाने में संघर्षरत है। दूसरी ओर यह सफ़र ग्रामीण ग़रीबों के आर्थिक और सामाजिक अशक्तीकरण को बौद्धिक अशक्तीकरण के साथ जोड़ते हुए यह सवाल उठा रहा है कि सशक्तीकरण के लिए लक्ष्य-समूह, मुद्दे व गतिविधियाँ कहाँ और किसके लिए तय होते हैं? इन गतिविधियों का हिसाब-किताब कौन किसे देता है और इनके संचालक 'अशक्तों' के 'विशेषज्ञ' बनकर कब और कैसे सारी व्यवस्था को जस का तस बनाए रखने में मदद करते हैं? इन मुद्दों पर आत्मालोचन करते हुए संगतिन किसान मज़दूर संगठन लगातार ऐसे प्रयोग कर रहा है जिनसे बुद्धिजीवी चिन्तन और ज़मीनी आन्दोलन के जुड़ावों को गहराई व मज़बूती मिले। संगठन की कोशिश है कि हाशियों पर ढकेले हुए लोग ख़ुद को बौद्धिक रूप से सशक्त महसूस करते हुए अपने समाज में कौन ऊपर और कौन नीचे है, इनकी परिभाषाएँ और सच्चाइयाँ ही बदल दें।

इन्हीं प्रयोगों के तहत विचार बना कि संगठन की कुछ साथियों को चन्द हफ़्तों

के लिए सीतापुर से अमरीका बुलाया जाए। अमरीका में इस प्रस्ताव का ज़िक्र हमने सबसे पहले किया एक स्वयंसेवी संस्था की कार्यकर्ता रजनी (छद्मनाम) से जो संगठन की मित्र है। रजनी ने प्रस्ताव का स्वागत करते हुए हमें वीज़ा सम्बन्धी चुनौतियों के बारे में आगाह किया, साथ ही एक सवाल भी सामने रखा–"किन्हीं दो-तीन लोगों के यहाँ आने से संगतिन के बाक़ी सदस्यों पर क्या असर पड़ेगा? कैसे समझाओगे उन्हें कि कुछ लोग अमरीका यात्रा के लिए उपयुक्त हैं और बाक़ी लोग नहीं?"

रजनी की जिज्ञासा संगठन में बन रहे मौक़ों और मंचों को बराबरी से बाँटने की चुनौतियों से जुड़ी थी और संगठन में इन प्रश्नों को लेकर गम्भीर चर्चाएँ चल रही थीं लेकिन हमें कहीं-न-कहीं रजनी के सवाल उठाने के ढंग में आत्ममन्थन का अभाव महसूस हुआ। संगठन में सवाल उठा–विदेशी संस्थाओं से जुड़े समाज-सेवा करने के इच्छुक तमाम लोग जब अपनी छुट्टियों में अमरीका जैसे देशों से सीतापुर जैसे ज़िलों में बिन बुलाए पहुँच जाते हैं तब उनसे कौन पूछता है कि उनकी उपस्थिति का कहाँ, किसके ऊपर, कैसा असर पड़ेगा? संगठन के एक या दो प्रतिनिधियों के अमरीका भ्रमण का बाक़ी साथियों पर क्या प्रभाव पड़ेगा? क्या यह बात संगठन के लोग ख़ुद समझने में सक्षम नहीं हैं?

लेकिन विदेश से आते-जाते समाज-सेवियों और अध्येताओं से यह बात कितने लोग खुलकर कह पाते हैं? जब जेब में पैसा और हाथ में मोटी डिग्री होती है तो शायद पूरी तीसरी दुनिया अपना ही मैदान लगती है। ऐसे लोग अक्सर यह मान लेते हैं कि वे जहाँ जाएँगे अपना तम्बू गाड़ लेंगे और झुग्गी-झोंपड़ियों के लोग उनकी सोच-समझ तथा सामाजिक हैसियत से प्रभावित होकर उन्हें हाथों-हाथ ले लेंगे। किन्तु जब तीसरी दुनिया के गाँवों से कुछ कार्यकर्ताओं को अमरीका बुलाने की बात उठती है तो अक्सर यही समाज-सेवी और अध्येता ख़ुद ही तमाम कठिन सवालों को उठाने का हक़ ले लेते हैं। हम में से रजनी जैसे लोगों के लिए एक दुनिया से दूसरी दुनिया का सफ़र बिना किसी सवाल-जवाब के हमारे काम, एक्सपोज़र या सीखने की प्रक्रिया का हिस्सा मान लिया जाता है, किन्तु व्यापक दृष्टि बनाने का वही मौक़ा यदि सीतापुर से संगठन का कोई साथी लेने चले तो उस विचार को दुनियाओं के आर-पार भ्रमण करने वाले बुद्धिजीवी ही सवालों के कटघरे में ऐसे खड़ा करने लगते हैं जैसे मौक़ों और मंचों की बराबरी की बातें उनके उठाए बग़ैर लोग ख़ुद सोच ही नहीं पाएँगे।

संगतिन किसान मज़दूर संगठन ने इरादा बना लिया कि सीतापुर में अपना संगठन मज़बूत करने के साथ-साथ लगे हाथ दुनिया को यह भी दिखा दें कि केवल पहली दुनिया के लोग ही तीसरी दुनिया में फ़ील्डवर्क करने या वैचारिक गोष्ठियों

में हिस्सा लेने नहीं जाते। तीसरी दुनिया के संघर्षशील लोग भी अनुदान, ज्ञान, भाषा और विकास की राजनीति पर अपनी समझ पैनी करने के लिए पहली दुनिया को अपना मैदान बना सकते हैं और उन तमाम जटिल मुद्दों पर चर्चाएँ कर सकते हैं जिनको उठाने का हक़ अक्सर दुनिया के कुछ डिग्रीधारी व ज्ञानी समझे जाने वाले लोग तमाम डिग्रीविहीन गरीबों तथा ग्रामीणों के नाम पर लिया करते हैं।

इस इरादे को मूर्तरूप देने का बाक़ी काम किया *संगतिन-यात्रा* के अंग्रेज़ी संस्करण *प्लेइंग विथ फ़ायर* ने। *प्लेइंग विथ फ़ायर* के छपते ही हमारे पास पुस्तक व उसके बाद उभरे संगठन के बारे में बातचीत करने के इच्छुक पाठकों के निमन्त्रणों की कतार लग गई। सो अप्रैल-मई 2007 में सुरबाला और ऋचा सिंह पाँच हफ़्तों के लिए ऋचा नागर के पास अमरीका आईं, और इस तिगड्डे ने दिन-रात साथ बिताते सिराक्यूज़, स्टैनफॉर्ड, बर्कली, सैन फ्रांसिस्को और मिनियापोलिस में आयोजित दस व्याख्यानों और विचारोत्तेजक चर्चाओं में हिस्सा लिया।

फ़ील्ड-नोट्स

सिराक्यूज़/आँसू

मार्च-अप्रैल 2007 में जब सुरबाला, ऋचा सिंह और ऋचा नागर ने अमरीका में अपना सामूहिक भ्रमण किया तो सबसे पहली चर्चा सिराक्यूज़ यूनिवर्सिटी की प्रोफ़ेसर चन्द्रा तळपदे मोहन्ती द्वारा आयोजित एक सेमिनार में हुई जहाँ चौदह शोध-छात्राएँ और चार प्रोफ़ेसर *प्लेइंग विथ फायर* पर विमर्श करने पधारे थे। छात्राओं में से कई दक्षिण एशिया, दक्षिण अमरीका और अफ़्रीका से थीं। इनमें से एक चालीस-पैंतालीस वर्षीय नामीबिया की छात्रा एंडलीन हमारे पास चर्चा शुरू होने से पहले आई। आकर हम तीनों को बारी-बारी से गले लगाया, और आँखों में छलक आए आँसुओं को पोंछते हुए बोली, "तुम्हारी किताब ने मुझे वापस नामीबिया के उन बच्चों के पास भेज दिया जिनके साथ मैं अमरीका आने से पहले जी रही थी।"

पता चला कि जिन बच्चों के साथ एण्डलीन काम करती थी वे ग़रीब इलाक़ों के एच.आई.वी./एड्स से पीड़ित बच्चे थे। संगतिनों के बचपन में एंडलीन को उन बच्चों का बचपन बहता दीखा और जुड़ाव उसके लिए शब्दों या व्याख्याओं की जगह आँसुओं के रूप में आया। न जाने क्या था उसके आँसुओं में कि पुस्तक पर विमर्श जैसे-जैसे गहराया, वैसे-वैसे कई छात्राएँ किताब में मौजूद क्षणों से जुड़कर रो पड़ीं।

कक्षा में बैठे किसी भी व्यक्ति ने किसी अकादमिक सेमिनार में लोगों को ऐसे खुलकर रोते हुए पहले कभी नहीं देखा था। चर्चा में इससे सवाल उठा कि अकादमी

में आँसुओं को जगह न मिलने से किन लोगों और जगहों का ज्ञान विशेषज्ञों के ज्ञान का हिस्सा नहीं बन पाता? यह मानने के बजाय कि ज्ञान केवल एक पैने तर्क से दूसरे तर्क को काट-छीलकर या उस पर हावी होकर ही अपनी बात कह सकता है, हम अपने तर्कों को आँसुओं, ख़ामोशियों और रिश्तों की ज़ुबानों के साथ पिरो कर भी उनमें एक अलग ताक़त पा सकते हैं।

भूख/मिनियापोलिस

ऋचा नागर की बड़ी चाह थी कि ऋचा सिंह और सुरबाला को मिनियापोलिस और सेण्ट पॉल में मौजूद शिक्षा और एक्टिविज़्म से जुड़े उन मित्रों से मिलाए जिन्होंने हमारी यात्रा में रुचि लेकर संकट व उलझाव की घड़ियों में हमारा साथ दिया था। इनसे मिलाने के लिए ऋचा नागर ने एक पॉटलक लंच का आयोजन किया जिसमें आने वाले तीस-पैंतीस लोग अपनी-अपनी मर्ज़ी की कुछ खाद्य सामग्री लाए। समारोह बातचीतों, ठहाकों और स्वादिष्ट व्यंजनों के बीच गुज़रा। लेकिन कई घण्टों बाद जब हम रात दो बजे ऋचा के सत्रहवीं मंज़िल पर स्थित अपार्टमेंट से मिसिसिपी नदी के इर्द-गिर्द टिमटिमाती रोशनियों को देखते हुए बतिया रहे थे, तो ऋचा सिंह की आँखें नम थीं। दिन में इतना सारा भोजन और रात में यह टिमटिमाती रोशनियाँ उसे याद दिला गईं टामा की बूढ़ी माँ की, जो एक दिन का खाना पकाने के लिए नन्ही-सी एक शीशी में तेल जुटाने न जाने कब तक दूकान के आगे खड़ी रहती है और कभी-कभी ख़ाली हाथ ही वापस आ जाती है।

ऐसा नहीं है कि टिमटिमाती रोशनियाँ दिल्ली में नहीं दीखतीं, या फिर भूख और ग़रीबी पर आलोचनात्मक चर्चाएँ दावतों के बीच भारत में नहीं होतीं। लेकिन अमरीका में बैठकर इन विरोधाभासों को हम अपनी यात्रा और दुनियाओं के आर-पार बने संगठनात्मक गठबन्धन के संदर्भ में समझने का समय निकाल पाए। एक तरफ़ तो हमने यह पहचाना कि कितना फ़र्क़ है ज़िन्दादिल टामा और उन मंचों पर मौजूद लोगों में, जिनके बीच हम अक्सर टामा के दलित होने, उसके अन्धेपन, या उसके परिवार की भूख का विश्लेषण करते हैं। दूसरी ओर हम यह भी समझ पाए कि भौतिक दुनिया के फ़ासले तो अनेक स्तरों पर हमारे दरम्यान मौजूद हैं—कभी ऋचा नागर की अमरीका में स्थित प्रोफ़ेसरी के रूप में जो उसे संगठन के बाक़ी साथियों से जुदा करती है, कभी ऋचा सिंह की सीतापुर शहर में बसी दुनिया बनकर जो सुरबाला की दुनिया से बिल्कुल अलग है, कभी सुरबाला और टामा के बीच की आर्थिक व सामाजिक खाई की शक्ल में, और कभी टामा के उन ज़िद भरे संस्कारों में, जो उसे किसी रैदास के घर में अन्न ग्रहण करने से रोकते हैं। इन सच्चाइयों से लगातार टकराते हुए ही हम साथ चल सकेंगे।

पहले-पहल अमरीका-भ्रमण करने वाले अक्सर कहते हैं कि रंग-भेद उन्हें दिखाई नहीं देता लेकिन सुरबाला और ऋचा सिंह को अमरीका पहुँचते ही रंग की जंग का ख़ासा अच्छा स्वाद चखने को मिल गया। सिराक्यूज़ से मिनियापोलिस की उड़ान पकड़ने के लिए हम सुबह पाँच बजे अपने होटल से निकले। फ़्लाइट के गेट पर वक़्त से पहले पहुँच गए किन्तु बोर्डिंग की बारी आई तो हमें नौ अन्य यात्रियों के साथ रोक दिया गया। कहा गया कि हमारी सीटें ईस्टर के त्योहार पर अपने-अपने घरों तक पहुँचने को आतुर छात्रों को दे दी गई हैं।

यह तर्क हमारे गले नहीं उतरा। कहने को तो हम सिराक्यूज़ यूनिवर्सिटी के ख़ास मेहमान थे, लेकिन यदि हम तीनों किसी नामी विश्वविद्यालय में प्रोफ़ेसर होते तो क्या हमारे साथ यह बर्ताव होता? फिर हमारी बिटिया मेधा भी तो ईस्टर की छुट्टी हम तीनों के साथ बिताना चाहती थी। एअरलाइन ने यह कैसे मान लिया कि वक़्त से घर पहुँचने की हमारी ज़रूरत औरों की ज़रूरत से कम है? शिकायत करने पर कोई बाईस-तेईस बरस की युवती हमसे सपाट स्वर में बोलीः डॉक्टर नागर नार्थवेस्ट एअरलाइंज़ की इलीट सदस्य हैं, उन्हें मैं सीट दे दूँगी। ऋचा सिंह को भी अकोमोडेट कर दूँगी, पर सुरबाला को एक दिन सिराक्यूज़ में ही रुकना होगा।''

बेअदबी की भी हद होती है। जब हम तीनों एक साथ सफ़र कर रहे थे तो इस तरह की बात कहते शर्म न आई उस नवयुवती को? हमने भी साफ़ कह दिया कि उड़ेंगे तो तीनों साथ-साथ वरना चौबीस घण्टे सिराक्यूज़ में क़ैद रखे जाने के लिए नार्थवेस्ट एअरलाइंज़ से मुआवज़ा लेंगे। मुआवज़े की माँग पर टके-सा जवाब मिला कि नार्थवेस्ट हमें एक घटिया से होटल में टिकाकर खाने के लिए हमारे आगे पाँच-पाँच डॉलर के तीन वाउचर फेंक देगी।

आपे से बाहर होकर ऋचा नागर ने नार्थवेस्ट की उस भोंपू से पूछा, "वह कौन-सा आख़िरी दिन था जब तुमने अपने पूरे दिन की भूख पाँच डॉलर में मिटाई थी?'' कैसा भद्दा मज़ाक था! एक तरफ़ तो सिराक्यूज़ यूनिवर्सिटी में अपने सामूहिक काम के लिए मिला सम्मान और दूसरी ओर ऐसा अपमानजनक सुलूक़! और यह वही एअरलाइन थी जो ऋचा नागर को आए दिन ई-मेल भेजती थी कि इसका उपभोग करने से उन्हें कितने फ़ायदे मिलेंगे!

नार्थवेस्ट-प्रतिनिधि और ऋचा नागर के बीच हो रही तकरार के तेवर से सुरबाला और ऋचा सिंह साफ़ समझ रही थीं कि यहाँ वर्ग, नस्ल और स्थान की राजनीति आपस में अच्छी तरह गड्ड-मड्ड हो रही है। एअरलाइन के स्टाफ़ से आदरपूर्ण व्यवहार और उचित मुआवज़े के लिए हमारा झगड़ा सीतापुर के डी.एम. के दफ़्तर के सामने किए धरनों से कम न था। हमारा वाक़्युद्ध चार घण्टों तक चला

और हम अपनी शर्तें मनवा कर ही हटे। बीच बहस में एक जगह जब ऋचा नागर ने 'रेसिज़्म' (नस्लवाद) लफ़्ज़ का इस्तेमाल किया तब तो हमसे झगड़ा करती एअरलाइन-प्रतिनिधि ऐसी बिदकी कि हमसे आगे बात करने से ही इन्कार कर दिया। बाद में सब कुछ शान्त होने पर उसी तेज़-तर्रार युवती ने बताया कि एअरलाइन उसके जैसे लोगों को अस्थायी रूप से भाड़े पर ऐसे समय ही बुलाती है जब किसी उड़ान से यात्रियों का विस्थापन किया जाना होता है। ऐसे समय में स्थाई स्टाफ़ को दूसरे काम सौंप दिए जाते हैं ताकि हमारे जैसे यात्रियों के साथ खुलकर बदसुलूकी करने के कष्ट से उन्हें राहत मिल जाए। यह था बहुराष्ट्रीय कम्पनियों के ध्रुवीकरण द्वारा जनित नस्लवाद से तीन संगतिनों का सामूहिक साक्षात्कार!

इस साक्षात्कार के बाद ऋचा सिंह ने अपनी डायरी में लिखा :

> तीसरी दुनिया से आने वाली हम महिलाओं का अमरीका की पहली दुनिया में ग्यारहवाँ दिन। 6 अप्रैल को हमें सिराक्यूज़ से मिनियापोलिस पहुँचना था लेकिन हम नहीं पहुँच पाए क्योंकि नार्थवेस्ट ने ओवर-बुकिंग की वजह से बारह लोगों को रोक दिया। इनमें हम तीन भी थे। और फिर शुरू हुई ऋचा नागर की उनसे एक ऐसी जंग, जहाँ कोई चिल्लाकर ग़ुस्से का इज़हार नहीं कर रहा था लेकिन बेहद तनाव में जबड़े भींचकर एक दूसरे से होने वाली बातें चलती रहीं। मुझे कितने धरने याद आए। यह भी एक धरने जैसा ही था। तथाकथित सभ्य लोगों की दुनिया में सभ्य धरना। हम तीनों डटे खड़े रहे उनके सामने। लेकिन बार-बार सोचती रही कि यदि आज केवल मैं और सुरबाला होते तो? आज जो कुछ भी हुआ उसने अमरीका के अन्दर अकेले सफ़र करने की हिम्मत तोड़ दी। सीतापुर से यहाँ तक आना आसान लगने लगा।...आज जो कुछ भी घटा उससे अपनी नज़र थोड़ी और पैनी हुई।
>
> जातिभेद की दुनिया में भेद करने वालों की श्रेणी से आने वाली मैं, जिसने कभी उस अपमान की पीड़ा को नहीं झेला है बल्कि न चाहते हुए ऊँची जाति से होने का सम्मान पाया है—कभी लड़ने की ताक़त के नाम पर तो कभी समझदारी या चतुराई के नाम पर। रंगभेद की लड़ाई के बारे में सुना तो था, लेकिन यहाँ देख रही हूँ। उन आँखों के भावों को समझ पा रही हूँ जो कहीं तो रंगभेद से निकलने की कोशिश करते दिखते हैं और कहीं अपने ऊँचे, बड़े होने के भाव के साथ होते हैं। हमारा रंग हमें यहाँ कैसे कमज़ोर बनाता है, कैसे अपमान कराता है? उस पर से ऐसा रंग जिसकी भाषा, पहनावा, चलना, मुस्कुराना—सब कुछ काफ़ी अलग है। रंगभेद तो जातिभेद से भी कई गुना ख़तरनाक है। एक ऐसा भेद, जो आँखों से शुरू होता है। यह नहीं है कि जाति भेद की पीड़ा इस पीड़ा से कम है पर लग

रहा है कि यह कितना तेज़ और कितना ख़तरनाक है—यहाँ के ऑटोमैटिक दरवाज़ों की तरह। कब खुल जाता है कब बन्द हो जाता है, हम यह देखकर भौंचक्के हैं।

ज़िल्लत/अभिव्यक्ति

डॉक्टर अनन्या चटर्जी एक प्रतिष्ठित नृत्यांगना है जो ओडिसी शैली को पश्चिमी नृत्य शैलियों में घोलकर अपनी क्रान्ति रचती हैं। वह मिनिसोटा में नृत्य शास्त्र पढ़ाती हैं और अनन्या डाँस थियेटर नामक एक कम्पनी भी चलाती हैं जिसमें सिर्फ़ अश्वेत महिलाएँ हिस्सा लेती हैं। अनन्या ने हम तीनों को एक कार्यशाला के लिए बुलाया जिसमें चर्चा का ख़ास बिन्दु था—अश्वेत महिलाओं की अभिव्यक्ति का कुचला जाना और उससे उपजी हुई टीस व घुटन को जिस्मानी रूप से अभिव्यक्त कर पाने का संघर्ष।

कुछ अन्य चर्चाओं की तरह अनन्या डाँस थियेटर की सदस्यों की संवेदनाओं को भी *संगतिन यात्रा* पुस्तक के उस क्षण ने उकेरा जब राधा संध्या से यह कहती है कि किसी अन्य की पीड़ा को महसूस करने में और उसे स्वयं झेलने में भारी फ़र्क़ है। हमसे जीने और महसूस करने के बीच के फ़र्क को विस्तार से समझाने को कहा गया तो हमने यह मत सामने रखा कि राधा यह तो यक़ीनन कह रही है कि किसी भी शोषण या अपमान को झेलने का संघर्ष उसे महसूस करने के संघर्ष से कहीं बड़ा है लेकिन राधा यह क़तई नहीं कह रही कि शोषण व अपमान की पीड़ा को महसूस करने वाले लोग उन लोगों के कन्धे से कन्धा मिलाकर खड़े नहीं हो सकते जिन्होंने उस पीड़ा को जीया है।

न ही राधा की बात के सहारे *संगतिन यात्रा* की लेखिकाएँ यह दावा कर रही हैं कि ज़िल्लत को जीने वाला हर शख़्स हमेशा उसे दर्द के रूप में पहचान पाता है। यानी, अन्याय के घावों को सोखकर जीना और उन्हें महसूस कर पाना—दोनों ही आन्दोलनात्मक कार्य और नज़रिए के अहम हिस्से हैं। पीड़ाओं को झेलने वाले अपने ज़ख़्मों को पहचाने बग़ैर उनसे संघर्ष नहीं कर सकते। और साथ चलने के अभिलाषी तब तक ईमानदारी से संघर्षरत नहीं हो सकते जब तक उस चोट को पहचान कर उसे महसूस कर पाने की क्षमता विकसित नहीं कर लेते।

बात को अधिक स्पष्ट करने के लिए ऋचा सिंह ने अपने पिता के मुख से सुना एक क़िस्सा बयान किया। सवर्णों के एक गाँव में क़ादिर भाई अक्सर अपने पक्के मित्र जंगबहादुर से मिलने उनके घर आया करते थे, जहाँ क़ादिर के खाने-पीने के बर्तन अलग रखे जाते थे। एक दिन क़ादिर जंगबहादुर के यहाँ बैठे थे और उनकी आँखों के ठीक सामने एक कड़ाहे को गाँव का कुत्ता प्रेम से चाट रहा था। किसी

कुत्ते का कड़ाहा चाटना गाँवों में आम बात है, और उस कड़ाहे के बिना धुले ही उसमें गन्ने का रस डालकर गुड़ बनाना भी उतनी ही आम बात है। लेकिन क़ादिर भाई ख़ामोश होकर जो अपमान अब तक जीते आए थे, यकायक उसे पहली बार दर्द के रूप में महसूस कर खटोलिया से उठ खड़े हुए। बोले, "मुझे उस घर में क़दम रखना अब हरगिज़ गवारा नहीं है जहाँ कुत्ते के चाटे हुए बर्तन में बना गुड़ तो कुबूल किया जाता है, लेकिन दूसरे मज़हब को मानने वाले इन्सान के साथ दुराव होता है।"

उसके बाद क़ादिर भाई ने जंगबहादुर के गाँव की सरहद मरते दम तक नहीं लाँघी।

कुकून/नारीवाद

> हम लोग सिराक्यूज़ जा रहे थे यूनिवर्सिटी के लोगों से मिलने। एअरपोर्ट पर पहुँचे तो जाँच में मशीन बोल पड़ी। कारण थीं मेरे हाथों की चूड़ियाँ, जिनमें लोहा लगा था। उस समय तो मैं वहाँ से पार हो गई लेकिन मन में यह सवाल निरन्तर उठ रहा था कि बाक़ी का रास्ता कैसे कटेगा? यह चूड़ियाँ तो मुझे पल-पल सन्देह के घेरे में लाएँगी।...चूड़ियाँ मेरे रास्ते में बाधक थीं। मेरे मन में ढेरों सवाल थे। मुझे याद आया एक बार महिला समाख्या की मीटिंग में हम लोगों पर यह सवाल लगाया गया कि हम सिन्दूर क्यों लगाते हैं? सिन्दूर पुरुष-सत्ता का प्रतीक है। कुछ ज़िलों की कार्यकर्ताओं पर प्रतिबन्ध भी लगा। लेकिन हम लोगों ने सिन्दूर यह कहकर नहीं छोड़ा कि इसे त्यागना तो हमारा शोषण होगा। सिन्दूर और चूड़ी को हम जिस क्षेत्र से आते हैं वहाँ बहुत ही सम्मान से देखा जाता है।
>
> *—सुरबाला की अमरीका डायरी से*

सिरक्यूज़ में सुरबाला ने पूरे उन्नीस सालों बाद अपनी लोहा-जड़ी चूड़ियाँ एक पैनी क़ैंचीं से काटकर उनके टुकड़े होटल के कूड़ेदान में फेंक दिए थे। दूर से तमाशा देखने वाले यह भी कह सकते हैं कि सुरबाला के लिए अमरीका में चूड़ियाँ फेंक देना ज़्यादा मायने नहीं रखता क्योंकि वहाँ उसकी चूड़ियाँ अर्थहीन हैं। लेकिन दो दशकों तक जिस सुरबाला का स्त्रीत्व इन चूड़ियों के ज़रिए परिभाषित होता रहा था, उसे उन चूड़ियों को बेड़ियों के रूप में पहचानने और फिर अपना रास्ता सहल करने के लिए उन बेड़ियों को अपने रास्ते से हटाने के लिए घोर मानसिक संघर्ष करना पड़ा। इस संघर्ष के बल से ही सुरबाला खुद तय कर सकी कि उसे अपनी चूड़ियाँ काट देनी हैं।

अगर सुरबाला के ऊपर दबाव डाला जाता कि उसे अपनी चूड़ियाँ और पायल उतारकर चलना चाहिए ताकि रास्ते में दिक़्क़तें कम हों तो शायद सुरबाला इन्हें कभी

न उतारती। यदि उतार भी देती तो मन पर बोझ बना रहता कि उसका वैचारिक रूप से शोषण हो रहा है। सुरबाला के शब्दों में–"चूड़ियों को हटा कर अपनी राह आसान करना मेरे लिए एक सहज प्रक्रिया के अन्तर्गत ही संभव हो पाया, ठीक अपना कुकून तोड़ती तितली की तरह। यदि हम चाहते हैं कि तितली ऊँची उड़ान भरे तो हमें तितली के संघर्ष की सहज प्रक्रिया को जारी रखना होगा ताकि वह मज़बूत होकर ऊँची उड़ान भर सके।"

यदि कुकून तोड़ने में ज़बर्दस्ती तितली की मदद की जाए तो वह मदद तितली के लिए शाप सिद्ध हो सकती है।

'नारीवाद' का इस्तेमाल करने वाले और उसे गाली देने वाले दोनों ही क़िस्म के लोग अक्सर इस शब्द को लैंगिक ग़ैरबराबरियों पर एक पकी-पकाई सोच के साथ जोड़ते हैं। ये लोग मानते हैं कि नारीवादी सोच पढ़ी-लिखी, शहरी, नौकरी-पेशा महिलाओं में अधिक पाई जाती है और ये महिलाएँ उन औरतों का सशक्तीकरण करने में सक्षम हैं जिन्हें दलित, शोषित, अशिक्षित और परतंत्र माना जाता है। इन तथाकथित परतंत्र महिलाओं के क्या मुद्दे हैं? इनका सशक्तक्तीकरण कैसे होना है? अपने प्रेमियों, पतियों, सासों, बेटे-बेटियों के साथ कैसे रिश्ते बनने हैं? इन सब समस्याओं के हल कहाँ व कैसे ढूँढ़े जाएँ, इनके जवाब अनेक अवधारणाओं और नुस्ख़ों के रूप में पहले से ही अनेक तथाकथित नारीवादी दफ़्तरों में मौजूद हैं।

लेकिन असल नारीवाद हम उसी को मानते हैं जो हमारे आन्दोलनों की आवाज़ों को ध्यान से सुनकर और इन अवधारणाओं और नुस्ख़ों को ख़ारिज करके महिला मुद्दों की नई परिभाषाओं के लिए लगातार नई जगहें बनाता रहे। अपनी चर्चाओं में हमने कई बार याद किया खानपुर गाँव की कमला को, जिससे एन.जी.ओ. की भाषा बार-बार कहती है कि अगर तुम एक सशक्त महिला हो तो अपने पति से अपनी आधी रोटी के लिए लड़ो! लेकिन कमला पूछती है कि मैं कौन-सी आधी रोटी के लिए लड़ूँ, जब मेरे परिवार की पूरी रोटी का अस्तिव ही घोर खतरे में है। पूरी रोटी के लिए लड़े बिना आधी रोटी की लड़ाई बेमानी है।

हमारी सबसे प्रेरक चर्चाएँ रहीं उन प्रवासी मज़दूरों और एक्टिविस्ट्स के साथ जिन्होंने मध्य अमरीका तथा दक्षिणी एवं पूर्वी अफ़्रीका से आकर संयुक्त राज्य अमेरिका को स्थायी अथवा अस्थायी रूप से अपना घर बनाया है और जो वहाँ बेहतर मज़दूरी, स्वास्थ्य तथा शिक्षा के लिए संघर्षरत हैं। इनमें होटलों में सफ़ाई करने वाले सोमाली भी हैं और मेक्सिको से आए वे मज़दूर भी, जिनकी अमरीका में मौजूदगी को अवैध ठहराया जाता है। इनके बच्चे शिक्षा के लिए वही अवसर चाहते हैं जो सभी अमरीकी नागरिकों को कम-से-कम काग़ज़ पर उपलब्ध हैं। अपने संघर्ष के लिए प्रेरणा ये अक्सर मध्य अमरीका में छिड़ी तमाम जंगों से बटोरते हैं जिनमें से

एक जंग है मैक्सिको के ओव्हाका प्रान्त के शिक्षकों की, जिस पर हमने इन साथियों के साथ एक फ़िल्म देखी, *ग्रानीतो दे अरेना* यानी रेत का कण। शिक्षा के निजीकरण का विरोध करती इस फ़िल्म में युरुग्वे के एडुआर्डो गालियानो कहते हैं–"शिक्षक का काम शिष्य को मछली पकड़ा देना नहीं है। उसका काम है उन प्रक्रियाओं को समझाना, जिनसे छात्र अपनी मछली स्वयं पकड़ सके। लेकिन जब पूरी नदी ही बेच दी जाए या नदी में ज़हर घोल दिया जाए तो फिर शिक्षण छात्र के किस काम का?"

कोई संस्था हो या अमरीकी अकादमी, आजकल हर जगह एक नए प्रॉजेक्ट का इंतज़ार-सा दीखता है। किताब लिखो तो लोग पूछते हैं अगली पुस्तक कौन-सी होगी? रोज़गार पर काम करने का बीड़ा उठाओ तो छह महीनों में सवाल होता है कि अगला प्रॉजेक्ट क्या है? कहीं-कहीं संघर्ष को आगे बढ़ने के लिए प्रॉजेक्ट ज़रूरत भी बन जाता है, और इस सच्चाई का अलग-अलग परिस्थितियों में ज़िम्मेदारी से अवलोकन करने की आवश्यकता है। लेकिन जिस धरा पर संगतिन किसान मज़दूर संगठन खड़ा है वहाँ से हमें बार-बार लगता है कि रोज़ी-रोटी, अस्मिता और इज़्ज़त की लड़ाइयाँ ऐसी लड़ाइयाँ हैं जो नये-नए प्रॉजेक्ट बनकर नहीं दीखतीं। वह तो अक्सर लगभग एक-सी ही गति से चलने वाली, एक-सी ही शक़्ल की लड़ाइयाँ होती हैं जिनमें एडुआर्डो और कमला के विश्लेषण ख़ुद-ब-ख़ुद जुड़कर ओव्हाका से खानपुर तक हम सबकी यात्रा को गति देते रहते हैं।

चिड़िया/हाथी

संघर्ष का अनुवाद एक दुनिया से दूसरी दुनिया के लिए करना आसान नहीं होता। इसके लिए नई भाषाएँ ईजाद करनी पड़ती हैं–नए बिम्बों, मुहावरों और प्रतीकों के सहारे। सीधी-सादी कहानियों में भी संघर्ष की जटिलताओं को दुनियाओं के आर-पार समझाने की अजब क्षमता होती है। अमरीका में हुई हमारी बातचीतों में अक्सर उस चिड़िया का ज़िक्र आता जो अपने घोंसले में बैठे बच्चों को एक विकराल आग से बचाने के लिए अपनी चोंच में बूँद-बूँद पानी लाकर आग पर डालती है। यह जानते हुए भी कि आग उसके घोंसले को जलाकर राख कर देगी, वह चोंच में पानी लाना जारी रखती है ताकि जब दुनिया का इतिहास ईमानदारी से लिखा जाए तब उसकी गिनती आग लगाने वालों में नहीं बल्कि आग बुझानेवालों में हो।

यह छोटी-सी कहानी अपने संगठन से जोड़कर बहुत सटीक प्रतीत होती है। संगठन में भी सबने यही सिद्धान्त अपनाया है कि हम कम-से-कम आग लगाने वालों में अपना नाम नहीं लिखवाएँगे। माया या टामा की ताक़त, सुरबाला या रीना की ताक़त, ऋचा नागर या ऋचा सिंह की ताक़त–सबको बराबर की जगह, बराबर का सम्मान देना होगा। यह आसान नहीं है। ध्रुवीकरण की आग को एक हाथी अपनी

सूँड़ में पानी भर कर बुझा रहा है और एक नन्ही चिड़िया अपनी चोंच में पानी भर कर। हाथी के आगे वह नन्ही चिड़िया कई बार दीखती ही नहीं। जबकि सच्चाई यह है कि हाथी को आग बुझाने की प्रेरणा और ताक़त उस नन्ही चिड़िया से ही मिली है। हाथी तो वहाँ से भाग सकता था लेकिन हाथी यह भी समझ रहा है कि वह भाग कर भला कहाँ जाएगा? ज़्यादा से ज़्यादा एक जंगल से दूसरे जंगल को। ठीक है, चिड़िया का घोंसला जल जाएगा और हाथी बच जाएगा, लेकिन कब तक? यह विकराल आग तो धीरे-धीरे सारे जंगलों को खा जाएगी। आज चिड़िया का अस्तित्व खतरे में है, कल हाथी का भी होगा। दोनों के तार आपस में कसकर बिंधे हुए हैं, यह चिड़िया भी समझ रही है और हाथी भी। हाँ, यह बात आग को समझाना बेहद मुश्किल है।

हमारे संगठन में कोई कभी कहीं हाथी हो जाता है तो वही इन्सान कभी कहीं चिड़िया बन जाता है। जैसे कुँवरापुर गाँव के 'पिता' जहाँ नहर के मुद्दे को लेकर बहुत तेज़ी से उठते हैं, वहीं कोटे के मुद्दे पर शान्त हो जाते हैं। यानी पिता एक कोने से जंगल की आग को बुझाते हैं तो दूसरे कोने में हाथ-पर-हाथ धरे शान्त खड़े हो जाते हैं। कभी तो पिता बहुत पक्के साथी नज़र आते हैं और कभी किसी समुदाय या जाति-विशेष को लेकर कोई ऐसी बात कह जाते हैं कि लगता है कि इनके साथ कैसे खड़ा हुआ जाए? परन्तु पिता से सिद्धान्तः कई बातों पर गहरा विरोध होने के बाद भी साथी उनके साथ हैं क्योंकि वह कई मुद्दों पर संगठन के साथ डट कर खड़े हैं। संगठन की कोशिश है कि हर नई जंग के साथ पिता जैसे साथी अपने-अपने पेटों और घरों से जुड़ी आग को बाक़ी साथियों के सीनों में धधकती हुई आग से जोड़ पाएँ। इन लपटों को जोड़े बिना किसी भी आग का ज़्यादा देर तक शान्त रहना मुमकिन नहीं।

गठबन्धन/शोषण

अकादमिक बैठकों में हमारे सामने कई बार यह तर्क पेश किया गया कि साधन-सम्पन्न वर्ग जब-जब साधन-विहीन जनता का प्रतिनिधित्व करने चलता है तो जाने-अनजाने उस जनता का शोषण भी करता है। इस तर्क की बारीकियों को साथियों ने संगठन की सच्चाइयों से जोड़कर बार-बार गम्भीर विचार किया है तथा सवालों और जवाबों के चक्करों में नाचते हुए हम सब हमेशा इस प्रश्न पर लौट आते हैं कि वर्ग, जाति, लिंग और जगहों के आर-पार जिस तरह के गठबन्धन बनाकर हम कुछ बुनियादी उसूलों व मुद्दों पर एक साथ लड़ रहे हैं उस जंग में शामिल लोगों को क्या इतनी आसानी से शोषित-अशोषित की परिभाषाओं में क़ैद करके देखा जा सकता है?

जैसे, इस्लामनगर रजबहा में सिल्ट-सफ़ाई के काम को लें। ठेकेदारों के ज़रिए मज़दूरों को काम ज़रूर मिल रहा था लेकिन ठेकेदार मज़दूर साथियों की ही रोटी में से अपने लिए टुकड़े तोड़कर अपनी ज़रूरत से कहीं अधिक रोटियाँ इकट्ठी कर रहे थे। दूसरी ओर, संगतिन किसान मज़दूर संगठन के ढेरों साथी मिलकर रोटियाँ बनाने की कोशिश में लगे हैं और एक दूसरे की रोटियों को छिनने से बचा रहे हैं। कभी-कभी संगठन के भीतर भी रोटी छीनने की कोशिश होती है लेकिन ऐसी हर हरकत पर सबकी सामूहिक निगाह रहती है।

कहानी यहीं ख़त्म नहीं होती क्योंकि संगठन का एक तीसरा सिरा भी है जहाँ कुछ साथी और सहयोगी अपनी रोटियों का जुगाड़ अलग से कर रहे हैं। ये लोग मज़दूर साथियों के साथ खड़े होकर उनके संघर्ष में जुड़ रहे हैं और अपनी रोटी के लिए भी संघर्ष कर रहे हैं। हम इस सच्चाई से एक पल को भी मुँह नहीं चुरा सकते कि अपनी रोटियों का जुगाड़ अलग से करने की सम्भावना मात्र में ही अनगिनत ग़ैरबराबरियाँ व्याप्त हैं। लेकिन इसके बावजूद संगठन के यह संगी-साथी जुदा-जुदा जगहों से एक ही सफ़र को गति और दिशा देने में जुटे हैं—कुछ वैसे ही जैसे हाथ की उँगलियाँ अलग-अलग होने के बावजूद हथेली से जुड़कर एक हो जाती हैं। पिछले सालों में इस संगठन ने सीतापुर जनपद में जो भी काम किया है उसमें तमाम साथियों और सहयोगियों ने जी-जान से भागीदारी निभाई है। ठीक हाथ की उँगलियों की तरह, जिनके क़द व जगहें अलग हैं लेकिन जो साथ बँधती हैं तो एक मज़बूत मुट्ठी बनकर जिसमें एक उँगली के ज़ोर को दूसरी के मक़सद और ताक़त से जुदा नहीं किया जा सकता।

संगठन के सफ़र में हम सब अपनी हिम्मत और सपने, अपने अनुभव और ज्ञान, अपनी ताक़त और संसाधन लेकर लम्बे दौर तक चलने का मन बना चुके हैं। इस यात्रा में जितनी ज़रूरत रामबेटी की है, उतनी ही शम्मू की भी। जितनी ज़रूरत रणनीतियों की है, उतनी ही विचारों की भी। जितनी ज़रूरत प्रभावशाली ज़मीनी नेतृत्व की है, उतनी ही पैनी लेखनी की भी। यक़ीनन हम सब सफ़र में जुदा-जुदा पृष्ठभूमियों से अलग-अलग क्षमताएँ, सुविधाएँ और सीमाएँ लेकर शामिल हुए हैं, लेकिन इसमें कोई दो राय नहीं कि इस सामूहिक यात्रा ने हममें से हर एक की क्षमताओं को बढ़ाया तथा निखारा है। चाहे वह सुरबाला हों या टामा, रामबेटी हों या रीना, सर्वेश हों या शम्मू—सबने अलग-अलग परिस्थितियों में रहते हुए अपनी भरपूर ताक़त इस संगठन निर्माण की प्रक्रिया में लगाई है। और सफ़र के दौरान टामा या रामबेटी की क्षमताएँ वैसे ही बढ़ी हैं जैसे हम दोनों ऋचाओं की। आज संगठन के पास सफलताओं, असफलताओं, उपलब्धियों या कमज़ोरियों के रूप में जो कुछ भी है वह सारे यात्रियों के सामूहिक प्रयासों का नतीजा है।

मान लें कि एक बहुत गहरी खाई है। खाई के एक ओर भौतिक साधनों से सम्पन्न पहली दुनिया है, और दूसरी ओर उन साधनों से लगभग ख़ाली तीसरी दुनिया। खाई में ढेरों ग़ैरबराबरियों के प्रतीक तैर रहे हैं—ऐसी ग़ैरबराबरियाँ, जो इन दो दुनियाओं को आपस में मिलने नहीं देती। अब दुनियाओं के आर-पार आवाजाही के ऐसे मज़बूत रिश्ते कैसे बनें जिनसे खाई में तैरती ग़ैरबराबरियों पर एक संवाद शुरू हो पाए?

यहाँ कई सवाल उठते हैं। खाई में तैरता मगरमच्छ कौन है? कीचड़ कौन है? यानी, हमें उन सब ग़ैरबराबरियों के स्वरूप को भली-भाँति पहचानना होगा जो दोनों दुनियाओं को एक होने से रोकते हैं। प्रश्न उठता है कि क्या दोनों संसारों को पाटने के लिए एक पुल नहीं बना सकते? परन्तु पुल का बन पाना क्या इतना आसान है? विपरीत धाराएँ उस पुल के खम्भों को टिकने कहाँ देंगी? पुलों की ग़ैरमौजूदगी में अगर कड़ियों का सहारा लें तो भी कड़ियाँ बनाने के लिए लोहा कहाँ से आएगा? कड़ियाँ बनाने की मेहनत-मशक़्क़त करेगा कौन?

पहली दुनिया से चले शुभचिन्तकों के बक्से भले ही चमकते हुए लोहे की भारी-भरकम मज़बूत कड़ियों से लदे हों, लेकिन ये कड़ियाँ तब तक बेकार साबित होंगी जब तक उन्हें तीसरी दुनिया से सहारा—यानी उन कड़ियों को जोड़ने के लिए कोई ज़रिया और ठौर—नहीं मिलता। चाहे तीसरी दुनिया के लोग अपने ही हाथों से रस्सी बटकर पहली दुनिया की कड़ियों से जुड़ें, पर उस तरफ़ से जुड़ाव बनना निहायत ज़रूरी है। रस्सी बटने में ढेरों लोगों को लगना होगा, जनशक्ति बनानी पड़ेगी। इस जोड़ में कहीं-न-कहीं एक बड़ी गाँठ भी होगी, और इस गाँठ को इतनी मज़बूती से कसना होगा कि वह खुलने न पाए।

यदि हम ग़ैरबराबरियों के पटने की सम्भावना में ही यक़ीन नहीं करते तो जुदा बात है लेकिन यदि ग़ैरबराबरियों व शोषण पर बात करने वाले सचमुच कहीं-न-कहीं इन्हें पाटना चाहते हैं तो उसके लिए मशक़्क़त किए बिना गुज़ारा नहीं है। कड़ी में चाहे लोहे से बना हिस्सा हो चाहे रस्सी से बना, दोनों हिस्सों को लगातार मज़बूत करते रहना होगा। गाँठ जितनी मज़बूत बनती चलेगी, उसका अलग से दीखना उतना ही कम होता चला जाएगा। गाँठों को कसने की ज़िम्मेदारी अधिकतर पहली दुनिया के लोगों की ही बनती है! ठीक बन्द मुट्ठी में छिपी सबसे बड़ी उँगली की तरह। छोटी उँगली को साथ लेने के लिए सबसे बड़ी उँगली को ही सबसे अधिक झुकना होगा।

कहीं-न-कहीं यह बात टामा जैसे साथियों के साथ जाकर जुड़ जाती है। टामा को धुर बचपन में यही सुनने और सीखने को मिला कि वह ग़रीब है, दलित है, अन्धा

है। सरकार तो उसके लिए बहुत कुछ करती है, लेकिन वही नालायक़ है। टामा के लिए यह सीखें सुरबाला की उन लोहा-जड़ी चूड़ियों जैसी ही हैं जिन्हें सुरबाला ने पति की लम्बी उम्र की कामना के साथ पहना था। अब टामा उन चूड़ियों को उतारने के लिए ख़ुद को तैयार कर सके इसके लिए साथियों को संगठित होकर एक अलग किस्म की वैचारिक जगह तो बनानी ही होगी।

एक छोटी-सी बात और। संघर्ष चाहे कितना ही विषम क्यों न हो, उसके कठिन से कठिन पलों को भी मज़े के साथ जीने की कोशिश करना बेहद ज़रूरी है। अगर संगठन के काम में एक सहजता और मज़ा न होता तो क्या टामा, रामभजन, रामबेटी या सुनीता संगठन की लड़ाइयों को बढ़ाने के लिए आगे आते? शायद नहीं। सहजता के सहारे ही संगठन वह जगह बना पाया है जहाँ यह सारे साथी निडर होकर किसी से भी ग़लती होने पर उससे जवाब-तलब कर सकते हैं। कहीं-न-कहीं हर सुविधा-सम्पन्न साथी ने ख़ुद को झुकाना सीखा है जिसने साथियों के बीच मौजूद ग़ैरबराबरी को अगर कम नहीं किया है तो उसे बढ़ने से तो रोका ही है। संगठन के काम को—जो भले ही कैलाशा या रामबेटी के हित में हो—बिना कैलाशा और रामबेटी की मर्ज़ी के उन पर थोपा नहीं जा सकता। हर थोपे हुए मुद्दे और नारे का अंजाम केवल घुटन का एहसास होगा। लेकिन मज़बूत रिश्तों का साथ हो तो कैलाशा और रामबेटी ख़ुश रह सकती हैं, भले ही उन्हें कितने ही अभावों का सामना क्यों न करना पड़े। अगर रिश्ते ही कच्चे होंगे तो संगठन कैलाशा और रामबेटी के लिए चाहे कितने ही संसाधन क्यों न खड़े कर दे, उन्हें ख़ुशी कभी नहीं दे सकेगा।

मिनियापोलिस में हम तीन संगतिनों ने मिनिसोटा इमिग्रेण्ट फ्रीडम नेटवर्क के एक एक्टिविस्ट, मारियानो से उसके मेक्सिको-अमरीका बॉर्डर पार कर के अमरीका में दाख़िल होने की कहानी सुनी। मारियानो की कहानी से हम समझ सके कि अमरीका की नाक के ठीक नीचे रहने वाले तमाम लोग अमरीकी साम्राज्यवाद के ख़िलाफ़ किस तरह अपनी हर साँस के साथ संघर्षरत हैं। मारियानो और उसके साथियों की नज़रों से हम देख सके मेक्सिको में शिक्षा के निजीकरण के खिलाफ़ अध्यापकों के लगातार चल रहे लम्बे आन्दोलन की प्रेरक तस्वीरों को। हमें एहसास हुआ कि अभावों में रहकर लम्बी लड़ाई लड़ने के लिए कभी-कभी पानी में उतरे बिना ही पानी के साथ जुड़ना अनिवार्य हो जाता है। और जब तैयारी हो जाए तब पानी में उतर कर उसकी दिशा बदली जा सकती है।

संगठन जो खड़ा हो रहा है, जो मज़बूत होकर फैल रहा है उसके अन्दर कितने ही विरोधाभास और टकराव हैं—कहीं वर्ग के, कहीं जाति के तो कहीं ऐसी ग़ैरबराबरियों के, जो शब्दों में समा ही नहीं सकतीं। लेकिन संगठन में एक विचार

है जिसे सब मान रहे हैं, सब उसके साथ चल रहे हैं इसीलिए संगठन निरन्तर बन रहा है। तमाम सवालों, चुनौतियों व कठिनाइयों के बावजूद सब लगे हुए हैं कुछ बुनियादी ख़्वाबों को साकार करने की कोशिश में, जो हमने साथ मिलकर बुने हैं। हमारी कोशिश है कि रामबेटी जिस दम के साथ हर रैली में माइक थामती है उसी आत्मविश्वास के साथ कैलाशा अम्मा, रामभजन और पद्मिनी भी माइक को थाम लें और कह दें वह सब कुछ जो उनके मन को दिन-रात मथता है। उठाते चलें उन सारी नाइन्साफ़ियों के ख़िलाफ़ सवाल, जिन्हें उन्होंने अपनी नियति मानकर स्वीकार कर लिया है, भले ही उन सवालों की धार से कुछ साथियों को कष्ट हो।

और यह सब हो कुछ इस तरह कि कैलाशा अम्मा, रामभजन और पद्मिनी की तपिश उनके अन्तर्मन को झुलसाने के बजाय और पकाने का काम करे। ताकि वे ख़ुद अपने द्वारा उठाए सवालों से जूझने का साहस कर सकें। जूझने का यह जुनून ही उन्हें—और संगठन के सारे साथियों को सामूहिक रूप से—सवालों और मुद्दों से लड़ते रहने की ताक़त देगा, ठीक कुकून से निकलने वाली तितली की तरह, जो चारों ओर की कठोर परतों को तोड़कर अपने पंख मज़बूत करती है। अगर तितली के कवच को ज़बर्दस्ती एक झटके से तोड़ा गया तो उसका सफ़र वहीं ख़त्म हो जाएगा। उड़ने वाली हर एक तितली को अपनी इस सच्चाई के प्रति हमेशा सजग रहना पड़ेगा।

परिभाषा महिला मुद्दों की

जैसे-जैसे नौ लेखिकाओं द्वारा *संगतिन यात्रा* पुस्तक के ज़रिए संजोया सपना संगतिन किसान मज़दूर संगठन में तब्दील होकर आगे बढ़ता गया है, वैसे-वैसे संगठन के सामने यह सवाल भी बार-बार उठा है कि क्या हम अभी भी नारीवादी मुद्दों पर काम कर रहे हैं? साथियों को इस प्रश्न का सबसे मुनासिब जवाब यही लगता है कि आख़िर क्या है नारीवादी मुद्दा?

क्या नारीवादी मुद्दा वही है जो सिर्फ़ महिलाओं को प्रभावित करता हो? ऐसा क्यों है कि यदि किसी औरत के साथ शारीरिक, यौनिक या मानसिक उत्पीड़न हो रहा है तो उसे नारीवादी मुद्दा कहने में किसी को कोई दिक़्क़त नहीं होती, लेकिन यदि उसी औरत को कम मज़दूरी मिल रही है, या उसे और उसके बच्चों को अपना पेट भरने में तमाम दिक़्क़तें पेश आ रही हैं तो तमाम संस्थाएँ उसे नारीवादी मुद्दा कहने से हिचकती हैं? एक औरत के साथ सड़क पर छेड़खानी होती है तो वह नारीवादियों का मुद्दा कहलाता है, लेकिन रोज़-रोज़ जब तमाम रिक्शे वाले सड़कों पर दोपहिए या चार पहिए वाहनों के मालिकों से पिटते हैं तो वह किसी नारीवादी संस्था का मुद्दा नहीं बनता।

यह बात नहीं है कि महिलाओं के साथ होने वाली ढेरों हिंसात्मक घटनाओं पर काम करने की ज़रूरत नहीं है लेकिन जब तक एक रिक्शे वाले के अपमान को हम उसके घर में होने वाली महिलाओं के अपमान से जोड़कर दोनों को अपना मुद्दा नहीं बनाएँगे तब तक क्या सच में सामाजिक बदलाव हो पाएगा? कमला द्वारा कही आधी और पूरी रोटी का मुहावरा याद आता है—जहाँ रोटी मिलने के ही लाले पड़े हों वहाँ आधी रोटी के लिए हल्ला मचाने का क्या मतलब? पूरी रोटी की लड़ाई लड़े बिना किसी भी ग़रीब औरत के लिए केवल अपने हिस्से की रोटी की माँग करना बेमानी होगा।

यदि हम सीतापुर में तमाम महिला कार्यकर्ताओं द्वारा पिछले 15 बरसों में किए काम को देखें तो बदलावों की एक दिलचस्प तस्वीर नज़र आती है। जब-जब साथियों ने किसी नए मसले को उठाया, चाहे वह महिलाओं के ख़िलाफ़ हो रही हिंसा हो,

चाहे वह नहर की सफ़ाई हो या फिर नहर में पानी लाने का मसला हो—हर बार घरों से लेकर प्रशासन तक अलग-अलग क़िस्मों के मतभेद, मुठभेड़ें और तनाव हुए, और फिर सारे शोर और खलबलियाँ शान्त हो गईं और कार्यकर्ताओं के जतन और जनता के सहयोग से हुए बदलाव सामान्य जीवन का हिस्सा बन गए।

किन्तु इसी क्रम पर हम ज़रा दूसरी निगाह डालें तो एक भिन्न पहलू दीखता है। किसी भी बदलाव का सामाजिक व राजनैतिक तन्त्र में समाहित हो जाना इतना कठिन नहीं होता अगर उस समाज में उभरी हुई ताक़तों और आम जनता के बीच जमे आर्थिक समीकरण पर कोई आँच न आए। किन्तु यदि किसी बदलाव से इस समीकरण में दरारें पड़ने लगती हैं तो बदलाव की वह प्रक्रिया सामाजिक तन्त्र में घुलने की बजाय एक निरन्तर जारी रहने वाली लड़ाई में तब्दील हो जाती है।

जिन चिन्तन-प्रक्रियाओं, विवादों और चुनौतियों के बीच से गुज़रते हुए संगतिन किसान मज़दूर संगठन का सफ़र 2004 से अब तक बढ़ा है उसने हमें एक सच्चाई भली-भाँति सिखला दी है कि महिला मुद्दों की परिभाषा केवल महिलाओं के जिस्मों और जज़्बातों पर होने वाली हिंसा तक सीमित नहीं रह सकती। न ही वो बाक़ी समाज से महिलाओं को काटकर उनको दिए जाने वाले संसाधनों और अवसरों में समेटी जा सकती है। अगर हमें अपने गाँवों में हाशिए पर ढकेले हुए लोगों के लिए सही मायनों में एक लम्बे दौर तक टिकने वाला सामाजिक, आर्थिक और राजनैतिक बदलाव लाना है तो परिवर्तन की धाराओं में समस्त ग्रामीण समुदायों का जुड़ना अत्यन्त आवश्यक है। इसके लिए हमें अपनी सोच और काम में औरतों से जुड़ी ग़ैरबराबरियों और हिंसाओं को बराबर उन ढाँचों से जोड़ते रहना होगा जो समाज में पैठी तमाम अन्य हिंसाओं और असमानताओं का पोषण करते हैं।

महिला मुद्दों पर काम करने वाली अन्तर्राष्ट्रीय संस्थाओं पर अगर हम ग़ौर करें तो अक्सर पाएँगे कि एक तरफ़ तो लैंगिक और यौनिक मुद्दों से जुड़ी ऐसी अस्मिताओं और संघर्षों को सम्मानजनक जगह दिए जाने की कोशिशें हो रही हैं जो मर्द या औरत नाम के जुदा-जुदा लिंग में बँधने को क़तई तैयार नहीं हैं। दूसरी ओर वही संस्थाएँ अक्सर महिला मुद्दों को या तो लिंग, यौनिकता व आत्मीय रिश्तों के दायरों में संकुचित करके देखने लगती हैं, या फिर उन्हें पँचायतों व ग्रामीण बैंकों जैसी संस्थाओं के ज़रिए होने वाले परम्परागत सशक्तीकरण की सीमाओं में बाँध देती हैं। महिला मुद्दों के ध्रुवीकरण की राजनीति से ज़रा अलग हटकर अपने ही सीतापुर ज़िले का नज़ारा लें तो पाते हैं कि सरकारी प्रशासन और जन-प्रतिनिधियों से लेकर परिवार-जन तक संगतिनों के आन्दोलनकारी काम को कसे हुए दायरों में समेटकर ज़नानख़ाने में ठेल देना चाहते हैं—ताकि महिला कार्यकर्ताओं का शोर केवल गुड़िया के पीटे जाने व औरतों के कटने, मरने या जलाए जाने पर ही सुनाई दे।

महिला मुद्दों की परिभाषा जब औरत नाम के एक ख़ास लिंग से, एक ख़ास तरह के जिस्म से और पहले से ही निर्धारित मुद्दों की सूची में समेट दी जाती है तो वह ऊपर से थोपी हुई व्यवस्था या व्यवसाय का रूप लेने लगती है। आज जब जगह-जगह छोटे-छोटे समुदायों के सशक्तीकरण का नारा लगाया जा रहा है तब तो हर नन्हे-से-नन्हे समूह को भी अपना नारीवाद और अपने मुद्दे स्वयं निर्धारित करने के अवसर दिए जाने चाहिए। लेकिन महिला मुद्दों का अगर ऐसा विकेन्द्रीकरण हो जाए तो फिर वैश्विक बाज़ार के रक्षकों और उनके बूते पर पलने वाले मुनाफ़ाख़ोरों का भला क्या होगा? ऐसे माहौल में संगठन पूरे दम से अपना आन्दोलन आगे बढ़ाने के लिए यही मानकर चल रहा है कि हमारा आगे का सफ़र निश्चित ही चुनौतियों से भरा रहेगा। यात्रा जारी है।

परिभाषाओं के परे–संगतिन और नारीवाद

मिनियापोलिस, नवम्बर 24, 2007। अभी-अभी ऋचा सिंह से बात करके फ़ोन रखा है। माया की हत्या हो गई। अपनी ज़ोरदार आवाज़ से सबको ख़ामोश कर देने वाली माया हमेशा के लिए चुप हो गई। जिस माया की दमदार मौजूदगी को मैं हमेशा *संगतिन यात्रा* की शुरुआत से जोड़ती हूँ उस माया की लाश उसके हत्यारों ने घूरे पर सड़ने के लिए फेंक दी–उन सारे संघर्षों का मज़ाक़ उड़ाने के लिए जो माया अपनी हर साँस, हर क़हक़हे, और हर गुहार के साथ जी-जी कर पूरे समाज को खुली चुनौती देती थी। दहशत और ग़ुस्से में काँपती माया की वो भारी-भारी सुबकियाँ मेरे कानों में अभी भी गूँजती हैं–"जैसे जिन्नती मारी गई, वैसे मुझे भी मार डालेंगे सब लोग।"

और मार्च 2002 में माया के इर्द-गिर्द बैठी औरतों ने लगभग एक ही सुर में यह कहकर उसकी आँखों से बहे आँसू पोंछ डाले थे–"अरे कैसे मारेंगे तुझे, माया? जान से मरना-मारना इतना आसान होता है क्या? हम हैं न तेरे साथ!"

और आज साढ़े पाँच सालों बाद वही माया बेदर्दी से मौत के घाट उतार दी गई। क्यों? क्या इसीलिए कि अपने निकटतम सम्बन्धों को जिस बहादुरी से जीने की हिम्मत माया कर सकी थी उतनी हममें से कोई नहीं कर सका? क्या इसलिए कि उसने अपनी सोच या जीवन शैली पर किसी परिवार, किसी पति, किसी नौकरी, किसी संगठन या किसी विचारधारा का नाम हावी न होने दिया? 'एनजीओकरण' और 'नारीवाद' जैसे लफ़्ज़ों को अपने मुँह से निकाले बग़ैर ही माया कितने बड़े सबक़ सिखलाती रही हमें–अपने

आचरण, अपने रिश्तों, अपनी ज़िद और अपने फ़ैसलों से। और इस दिलेर माया की हत्या को कोई संस्था, कोई साथी रोक न पाया? क्या यह बहुत बड़ी हार नहीं है हम सबकी?

—ऋचा नागर की डायरी से

सन् 2000 की बात है। मिश्रिख ब्लॉक में स्थित कुतुबनगर क्षेत्र के अर्थापुर गाँव में जिन्नती नाम की महिला को उसके पति ने चाकुओं से गोद-गोद कर मार डाला। दबे शब्दों में कारण बताया गया कि जिन्नती का अपने गाँव के एक लड़के से विवाहेतर सम्बन्ध था। थोड़ी और गहराई में जाने पर पता चला कि जिन्नती अपने पति की दूसरी पत्नी थी। पति उम्र में जिन्नती से काफ़ी बड़ा था। उस समय जिन्नती महिला समाख्या कार्यक्रम-सीतापुर के अन्तर्गत अर्थापुर गाँव में चलने वाले बचतकोष की अध्यक्ष थी। कुतुबनगर चौराहे की एक दूकान के आगे जिन्नती की एक साथी ने कहा, "कितना बुरा हुआ कि जिन्नती के पति ने उसे ऐसी बेरहमी से मार डाला।"

इस पर अर्थापुर के एक आदमी ने तुरन्त अपनी कमीज़ की आस्तीनें ऊपर चढ़ा कर ऐलान किया—"जिन्नती जैसी औरतों के साथ यही करना चाहिए। मेरे घर की होती तो मैं कब का उसे मार चुका होता।"

अधिकांशतः लोगों ने जिन्नती को चरित्रहीन कह उसकी हत्या को जायज़ ठहराया।

कहीं भी, किसी की भी हत्या हो, शर्मनाक और तकलीफ़देह होती है। फिर जिन्नती तो हमारे साथ कितनी ही चर्चाओं में शामिल थी। इसमें कोई दो राय नहीं कि वह अपने गाँव में एक नेतृत्वकारी के रूप में उभर रही थी। महिला समाख्या कार्यक्रम में जिन्नती के साथ-साथ जिन औरतों ने अपने आप को महिला विकास के काम में झोंक दिया था, उन्हीं साथियों के लिए उसकी निर्मम हत्या एक चुनौती बन गई। जिन्नती के गाँव की तमाम औरतें जिन्नती की मौत पर दुखी होने या आरोपियों को सज़ा दिलवाने की माँग करने के बजाय उसकी मौत को सही साबित करने में लगी थीं जबकि कुतुबनगर क्षेत्र में ऐसे कई मर्द थे जिनके अपनी बीवियों के अलावा दूसरी औरतों के साथ खुले सम्बन्ध थे। जब अर्थापुर गाँव में जिन्नती को श्रद्धांजलि दी गई, उस वक़्त पुरुषों की तो बात ही दूर, गाँव की जो महिलाएँ जिन्नती के साथ संघ में जुड़ी थीं वे तक अपने घरों से बाहर नहीं निकलीं।

औरतों की इस सामूहिक ग़ैरहाज़िरी ने हत्या का विरोध करती कार्यकर्ताओं के सामने खड़ी मुश्किल को स्पष्ट कर दिया—जिन्नती की मौत पर कुछ भी कहने का मतलब था—जिन्नती की तरह महिला मुद्दों से जुड़ती ढेरों महिला साथियों के ख़िलाफ़ तीखी प्रतिक्रियाओं को न्यौता देना। एक तरफ़ महिला समाख्या के

ज़िला-स्तरीय प्रशासन के सामने यह ख़तरा था कि कहीं जिन्नती की हत्या का विरोध करती औरतों के सर यह इल्ज़ाम न मढ़ा जाए कि ये लोग ख़ुद जिन्नती जैसी हैं और क्षेत्र की बाक़ी बहू-बेटियों को भी जिन्नती की तरह बनाना चाहती हैं—गुस्से से काँपते दिलों में भी यही दहशत समाई रही कि किसी के मुँह से ऐसी कोई बात न निकले जिससे महिलाओं को फिर से उनके घरों के बन्द दरवाज़ों के पीछे ढकेल दिया जाए। दूसरी तरफ़ नेतृत्व देने वाली कार्यकर्ताएँ अपनी ज़िम्मेदारी को भली-भाँति समझ रही थीं—"समाज द्वारा परिभाषित अच्छी औरत पर यदि अभी सवाल न उठाया तो फिर कब उठाएँगे? क्या एक महिला संगठन में इस सवाल का न उठना जिन्नती के साथ उसके क़त्ल जितना ही बड़ा अन्याय नहीं है?"

अन्ततः इस प्रश्न को सीतापुर में खुलकर उठाने के लिए महिला समाख्या ने एक मौन जुलूस निकाला। बेहद तनावपूर्ण माहौल में कुतुबनगर से लगभग 300 महिलाएँ मौन जुलूस में चलीं। कुतुबनगर चौराहे पर क्षेत्र के पुरुषों से जिन्नती की हत्या के विरोध में साथ चलने का आह्वान किया। क़रीब सौ पुरुष कहने से साथ चले तो सही, लेकिन बमुश्किल आधे किलोमीटर की दूरी तय करके ही वापस लौट गए। यह अन्दाज़ा तो नहीं लग पाया कि साथ चलने वाले लोगों के दिल कार्यकर्ताओं के विचार से कितना जुड़े, लेकिन जुलूस के बाद जिन्नती को चरित्रहीन कहने वाली सार्वजनिक चर्चाओं पर विराम ज़रूर लग गया। बाद में जिन्नती के पति को उम्रक़ैद की सज़ा मिली।

कैसी विडम्बना है कि जिन्नती को 2002 में याद करके अपनी हत्या का डरावना सपना देखकर रोने वाली हँसमुख और मुँहफट माया कुछ ही सालों बाद मौत के घाट उतार दी गई। महिला समाख्या और संगतिन किसान मज़दूर संगठन, दोनों के साथ सक्रियता से जुड़ी माया अपने मस्त और दबंग स्वभाव की वजह से लोकप्रिय थी। माया नरायनपुर गाँव से 22 नवम्बर, 2007 की शाम से लापता हुई और दो दिन बाद उसकी लाश गाँव के घूरे पर पड़ी मिली।

जिन्नती और माया, दोनों की हत्याओं के पीछे कहीं-न-कहीं यह वजह थी कि उनके पुरुषों से विवाहेतर रिश्ते थे। हालाँकि जिन्नती की मौत के बाद जिस तेज़ी से उस पर चरित्रहीनता का आरोप लगा, वैसा माया के साथ नहीं हुआ। जिन्नती काण्ड में यह बात भी तुरन्त सार्वजनिक हो गई थी कि हत्या उसके पति ने की थी, जबकि माया की हत्या एक राज़ ही बनी रही। पुलीसिया तन्त्र में माया के सम्बन्धों की बात तो ज़रूर उठी लेकिन खुल कर कुछ भी सामने नहीं आया।

महिला समाख्या और संगतिन किसान मज़दूर संगठन ने मिलकर 26 नवम्बर, 2007 को नरायनपुर में एक शोक-सभा आयोजित की जिसमें आसपास के गाँवों के सौ से भी अधिक साथी माया को श्रद्धांजलि देने पहुँचे। यही नहीं, सभा के बाद

नरायनपुर से कुतुबनगर तक की छह किलोमीटर की पदयात्रा सबने साथ की। इस सभा से साफ़ हो गया कि चाहे माया की हेकड़ी पर कितने ही लोग तानाज़नी करते रहे हों, संगठन के कार्यक्षेत्र के ढेरों पुरुष साथी माया के हर अन्दाज़ को प्यार व इज़्ज़त के साथ याद करते हैं। जैसे, संगठन से जुड़े शिवराम को याद आता रहा माया का अक्सर उनके कंधे पर हाथ रखकर कहना–"के शिवराम, तनिक बताउ तो का करै के चही?"

माया के उस सहज स्पर्श को याद करके शिवराम का गला भर्रा आता है।

दिलेर माया ग़रीबी के थपेड़ों से कितनी ही त्रस्त हो, उसकी रूह को, उसके जीने के तौर-तरीक़ों को समाज की बेड़ियाँ छू भी नहीं सकीं। तभी तो दुबली-पतली माया के ज़ोरदार ठहाकों और ईमानदारी से जीए रिश्तों को हमारा समाज जीवित रूप में स्वीकार ही न कर पाया।

लेकिन समाज की इस भारी भूल के बावजूद एक बहुत बड़ी सच्चाई हमारे सामने थी जिसने माया की मौत के बाद बहे आँसुओं को जिन्नती की हत्या के बाद की घुटी हुई चीख़ों से बहुत अलग कर दिया था। जब जिन्नती मारी गई तो महिला समाख्या के ज़िला-स्तरीय प्रशासन को यह सोचना पड़ा था कि इस भयानक क़त्ल का विरोध करने के लिए ऐसा क्या करें जिससे लोग मानें कि इस हत्या को जायज़ ठहराने की कोशिश करना भी जुर्म है, किन्तु साथ में जिन्नती की हत्या का विरोध करती महिला कार्यकर्ताओं को भी बचा ले जाएँ ताकि उनके चरित्र पर कोई भी सवाल न लग सके।

27 नवम्बर को नरायनपुर गाँव में जो नज़ारा देखा वह अर्थापुर में आठ साल पहले देखे दृश्य के बेहद क़रीब होते हुए भी बिल्कुल जुदा था। जहाँ जिन्नती को याद करने के लिए एक भी पुरुष आगे नहीं आया था वहीं माया को पूरी संवेदनशीलता के साथ याद करने के लिए महिला साथियों के साथ-साथ आस-पास के गाँवों के ढेरों पुरुष साथी मौजूद थे। माया को याद करके लोगों ने उसकी मौत के भयानक मायनों पर जैसी चर्चा की, वैसी बातचीत जिन्नती के मारे जाने पर कभी न हो सकी। इस पलटे हुए दृश्य ने साथियों को यह पूछने को मजबूर किया कि बहुत कुछ न बदल पाकर भी हम ऐसा क्या बदल सके हैं कि हमारे पुरुष साथी माया को याद करके रो सके, कि वे खुल कर कह सके कि आरोपियों को सज़ा ज़रूर मिलनी चाहिए, कि कुतुबनगर चौराहे पर रामऔतार और भैनू ने यह कहते हुए अपनी आवाज़ धीमी नहीं की–"औरतों के साथ ऐसा अन्याय नहीं चलेगा। अरे, मारने वालो! पहले अपने आप को तो देखो।"

यदि रामऔतार और भैनू आज संगतिन किसान मज़दूर संगठन के साथी न होते तो क्या माया की मौत पर इस तरह पूरे समाज को धिक्कारने का साहस जुटा पाते?

शायद नहीं। लेकिन इस उपलब्धि पर ख़ुद अपनी पीठ थपथपाने के लिए हाथ उठाएँ, इसके पहले ही इससे कहीं बड़े सवाल चीख़कर हमारे हाथ को सुन्न-सा कर देते हैं। सामाजिक बदलाव की जो मुहिम हमने छेड़ी है उसकी क़ीमत क्या है? क्या माया को मर कर इस काम से जुड़ने की क़ीमत चुकानी पड़ी है? यदि ऐसा है तो क्यों है? हमारे अपने दिलों को मथते इन सवालों के साथ वो प्रश्न भी हैं जो हमारे आलोचक हमारे सामने रखते रहते हैं।

जैसे, यह चिन्ता कई मंचों पर व्यक्त की गई है कि नौ महिलाओं का जो सफ़र *संगतिन यात्रा* पुस्तक के लिखे जाने के साथ शुरू हुआ था वह कहीं संगतिन किसान मजदूर संगठन के बन जाने के बाद अपने मक़सद से भटक तो नहीं गया? नारीवादी सोच के जिन पहलुओं को संगतिनों ने अपनी सामूहिक लेखनी से एक पैनापन दिया था, वह सोच कहीं मजदूरों और किसानों के एक परम्परागत आन्दोलन में तब्दील होकर अपनी धार तो नहीं खो बैठी? माया की मौत के सन्दर्भ में देखें तो यह आलोचनात्मक प्रश्न और भी ज़्यादा संजीदगी अख़्तियार कर लेता है—क्या सीतापुर ज़िले के गाँवों में सिर्फ़ महिलाओं के साथ काम करने के बजाय महिला और पुरुष मज़दूरों और किसानों के साथ संगठन बनाने में कोई ऐसी भूल हुई है जिसकी क़ीमत हमें माया जैसी दिलेर साथी की हत्या के रूप में अदा करनी पड़ी?

जो भी संगतिन यात्रा में एक हमसफ़र के बतौर जुड़ा, उसने सामाजिक बदलाव को लेकर कहीं-न-कहीं एक सीधा-सादा सपना देखा। एक ऐसे समाज का सपना जहाँ ग़रीब को सिर्फ़ इसलिए बार-बार अपमानित न होना पड़े क्योंकि वह ग़रीब है, दलित है, क्योंकि वह भूमिहीन है, क्योंकि वह रिक्शा या ठेलिया चलाता है। एक ऐसे समाज का सपना, जहाँ बचपन की यादें किसी भी औरत या मर्द के लिए बरबस आँसू लेकर ही न आएँ। जहाँ किसी भी साथी की आवाज़ बचपन की ज़िल्लत या ज़िन्दगी की दुश्वारियों को नियति मानकर ख़ामोश हो जाने की बजाय कुछ बदल डालने की तमन्ना में गूँज उठे।

इज़्ज़त के साथ जीने के इस सीधे-सादे और बुनियादी सपने में साथियों को ऐसा कुछ नज़र नहीं आया जिसे सिर्फ़ ग़रीब औरतों तक ही सीमित रखा जाए। न ही इस सपने को अपने गाँवों के मज़दूरों और किसानों से जोड़ते वक़्त किसी ने एक पल के लिए भी यह महसूस किया कि हम महिलाओं को पीछे छोड़ रहे हैं। क्या महिलाएँ किसान व मज़दूर नहीं? अगर आज भी मज़दूर और किसान के नाम पर हमारी दिमाग़ी छवि में केवल मर्द का ही चेहरा घूमता है, तो क्या कहेंगे ऐसी नारीवादी सोच को?

लेकिन इसके साथ ही हमने हमेशा इस कड़वे सच को भी अपने संघर्ष में सर्वोपरि रखा कि रोज़-रोज़ के जो अपमान औरतें सहती हैं वे जिस आसानी से माया या जिन्नती की हत्या में तब्दील हो जाते हैं उस तरह किसी मर्द की हत्या में नहीं।

हमारे समाज में 'सम्मान' तथा 'सुरक्षा' के नाम पर महिला के अस्तित्व के साथ जिस क़िस्म का खिलवाड़ होता है, उसके सपनों को कुचलने की जो लगातार कोशिश होती है ये भी तो रोज़-ब-रोज़ होने वाली हत्याएँ हैं जो कहीं-न-कहीं जिन्नती और माया जैसी दिलेर औरतों की हत्याओं के लिए हथियार बनती हैं।

भला माया या जिन्नती की हत्याओं को हम कैसे अलग कर सकते हैं रोज़ पिलाए गए उन ज़हरीले घूँटों से जिनका अहम मक़सद औरत को मानसिक चोट पहुँचाना होता है—ताकि वह अपने उन ख़यालों, ख़्वाबों और लड़ाइयों को शिद्दत के साथ आगे बढ़ा ही न सके जो उसके परिवार या समाज की सोच-समझ से मेल नहीं खाते। एक साथी जो रोज़गार गारण्टी के मुद्दे पर किसी रैली या धरने से विजयी होकर घर लौटती है, वही अपने पति या परिवार के हाथों किसी सार्वजनिक मंच पर गाली खाती मिलती है ताकि गाली देने वाला समाज में यह स्थापित कर सके—"देख लो, यह बाहर कितनी ही मज़बूती से क्यों न खड़ी हो लेकिन भीतर-ही-भीतर हम जैसे चाहें इसे ख़त्म कर सकते हैं।" दमन के अनेक चक्रों से डट कर मुक़ाबला करने वाली मायाएँ सामाजिक व्यवस्था के लिए बहुत बड़ा रोड़ा बन जाती हैं क्योंकि उनके विचारों और इरादों की मज़बूती उन सारे लोगों को संदेह के घेरे में खड़ा कर देती है जो उनके रक्षक बने घूमते हैं—चाहे वे रक्षक ज़िला प्रशासन, एन.जी.ओ., प्रधान और पुलिस की शक्लों में हों या फिर उनके पतियों, प्रेमियों और रिश्तेदारों की सूरत में।

हमेशा ख़ामोश कर दिए जाने की बीभत्स सम्भावना के बीचों-बीच अपने सुरों को पहचानने और उन तक पहुँचने की जंग कितनी पेचीदा होती है, यह संगतिन किसान मज़दूर संगठन में हमने कठिन और कड़वे सचों को आगे बढ़ाते हुए ही जाना है। और साथियों ने इन्हीं सच्चाइयों के लिए लड़ते हुए यह जाना है कि भूख का रूप धरने वाली हिंसा और हत्या का रूप धरने वाली हिंसा का आपस में कितना गहरा रिश्ता है। अगर इन दोनों हिंसाओं से जनित अन्यायों को आपस में गूँथे बिना उनसे लड़ा ही नहीं जा सकता तो फिर संघर्ष की इस कठिन राह को चुनने की क़ीमत और उस राह पर मौजूद ख़तरों से भी संगठन मुँह नहीं चुरा सकता—जहाँ कैलाशा अम्मा यह क़ीमत एक दिन की रोटी संगठन के नाम करके चुकाती है वहीं माया को वह क़ीमत अपनी जान देकर अदा करनी पड़ती है। दोनों बलिदानों के बीच का फ़ासला इस एहसास के साथ क़रीब सिमट आता है कि दोनों संगठन द्वारा जिलाई उम्मीद की एक नन्ही-सी चिंगारी से उपजे हैं—एक इज़्ज़तदार और पूरी ज़िन्दगी की उम्मीद। जिस दुनिया में जीवन का बेवक़्त कुचला जाना एक आम बात है, वहाँ कैलाशा और माया को इस छोटी-सी उम्मीद की क़ीमत अपने शरीर की भूख और ज़िन्दा रखने वाली साँसों से अदा करनी पड़ती है।

दमन और संघर्ष : चक्करदार घेरे

संगठन की तमाम दिलेर साथियों में से एक सुनीता भी है। दलित परिवार में जन्मी तीस बरस की सुनीता अपने पाँच बच्चों को पाल रही है। सुनीता के पिता चार भाई थे। बाबा के पास खेती थी जिसे चारों भाई मिलकर करते थे। सुनीता दो बहनों व दो भाईयों में सबसे बड़ी थी। वह आठ बरस की थी जब उसके पिता चल बसे। घर में दुखों का पहाड़ टूट पड़ा। गाँव में महिलाओं को कोई मज़दूरी पर नहीं लगाता था। सुनीता अपनी माँ को रोते देखती तो परेशान हो उठती। अपने ताऊ की पाँच लड़कियों को खेत पर पानी ले जाते देखती तो बरबस पिता को याद करती कि आज मेरे पिता होते तो मैं भी अपने बप्पा के लिए पानी लेकर खेत पर जाती। ग़रीबी की मार ऐसी थी कि कपड़ों की तो बात तो दूर, अक्सर भूखे सो जाना पड़ता था।

गाँव में एक महतिन रहते थे। सुनीता को भूखा देखकर वह उसे बचा हुआ खाना दे देते। बदले में सुनीता उनका पानी, गोबर, बरतन कर देती। एक दिन महतिया बाबा ने माँ को सुझाव दिया–"बथुआ-साग खोट कर और बेर तोड़ कर नीमसार में बेच आया करो। इतना पैसा मिल जाएगा कि तुम इन सबके भर का आटा-दाल ख़रीद सको।"

सुनीता की माँ दूसरे दिन अपने बच्चों को लेकर खेत पर गई। सबने मिलकर खूब सारा बथुआ खोटा और देसी बेर तोड़े। अब नीमसार कौन ले जाता? माँ सुनीता के साथ बथुआ और बेर लेकर स्टेशन पर गई और वहाँ दोनों चीज़ें बेचीं। ख़ासी अच्छी बिक्री हुई। जो पैसा हाथ में आया, उससे शाम को अम्मा ने आटा-दाल ख़रीदा और खाना बनाया। उस दिन रोटी खाकर सुनीता के परिवार को ऐसा लगा मानो स्वर्ग मिल गया हो। परिवार को अब रोज़ी-रोटी चलाने का एक ज़रिया मिल गया–एक दिन साग और बेर खोट-तोड़ कर लाना और दूसरे दिन बेचना।

रोटी के जुगाड़ की चिन्ता के साथ सुनीता को हमेशा एक और फ़िक्र लगी रहती--जैसे उसके बड़े बप्पा के मरने पर उसकी बड़ी अम्मा घर छोड़कर चली गई थीं, कहीं उसी तरह उसके बप्पा के न रहने पर उसकी अम्मा सब छोड़कर न चली जाएँ। सुनीता हर वक़्त अम्मा पर नज़र रखती, उसे कहीं अकेले न जाने देती। लेकिन अपना पूरा बचपन इस डर के साये में गुज़ार देने वाली सुनीता किसी के मुँह पर सही बात कहने से कभी न डरी। वह सोचती–जब दिन भर बेर-बथुआ से जूझने के बाद ही रात में ज़रा-सा खाना मिलना है तो मैं किसी से क्यों दबूँ?

चाची सहित पूरी दुनिया अक्सर ताना देती कि महतारी-बिटिया दिन-भर जाने कहाँ गुलछर्रे उड़ाने जाती हैं। चाची चाहती कि सुनीता उनकी हाज़िरी साधे। चाची

की दादागिरी जब सुनीता बर्दाश्त नहीं करती तो चाची माँ से शिकायत करती–"इस लड़ाका की शादी कहाँ करोगी? इसे सर पर मत चढ़ाओ। इसका कहीं बसर नहीं होगा।"

दिन में माँ सुनीता को मारती-कूटती और रात में शान्त होकर समझाती, "बिटिया, तुम्हारे बप्पा नहीं है इसलिए तुम सबका कहना माना करो।"

सुनीता का पारा इससे और भी ज़्यादा चढ़ जाता। माँ से कहती–"तुम इनका कहना मानो। मुझे तो कोई न एक रोटी देता है, न कपड़ा। फिर मैं इनका काम क्यों करूँ?" कई बार कलह के बाद सुनीता खूब रोती। खाना भी न खाती। माँ भी रो-धोकर सो जाती। सुनीता को आग लगती कि दिन भर की हाड़-तोड़ मेहनत के बाद बड़ी मुश्किल से तो रोटी मिलती है और लोग उसे भी पेट तक नहीं पहुँचने देते।

एक दिन माँ-बेटी शहर में साग-बथुआ बेचने जा रही थीं तो राह में एक और महिला बथुआ बेचते हुए मिल गई। उसका नाम फ़रहाना था। सुनीता की माँ और फ़रहाना ने एक ही नल पर पानी पिया। आपस में परिचय हुआ तो ऐसा लगा कि बिल्कुल एक जैसी कहानियाँ हैं। फ़र्क़ है तो बस इतना ही कि एक मुस्लिम है और दूसरी रैदास। लेकिन ग़रीबी का भला कोई जाति-धर्म होता है? जोड़ी बन गई। फ़रहाना ने सलाह दी–"अगर तीनों मिलकर साग और बेर सीतापुर में बेचें तो अच्छी आमदनी होगी। पर इसके लिए अधिक साग और बेर चाहिए इसलिए हमें नदी पार बथुआ लेने जाना होगा।"

अब तो बस जैसे हर वक़्त बथुआ-साग की तलाश थी। सुनीता की माँ चारों बच्चों के साथ रोटी बाँध कर तड़के ही फ़रहाना के साथ बेर, साग और बथुआ ढूँढने निकल जाती। हर तीसरे दिन फ़रहाना, सुनीता और सुनीता की माँ ठेला लेकर यह सब सीतापुर बेचने जातीं। सीतापुर में आमदनी तो अच्छी होने लगी पर लौटने में काफ़ी रात हो जाती क्योंकि पहले तीनों सात बजे की ट्रेन लेतीं और फिर अपने गाँवों को जातीं।

एक जवान विधवा औरत बराबर की बेटी के साथ देर रात घर वापस आए, यह बात किसी को कहाँ सुहाती? लोग सुनीता के भइया को ताने देते–"अबे, तेरी माँ और बहन कहाँ रहती हैं इतनी रात तक?" भइया सुनीता को मारता, माँ को गन्दी गालियाँ देता पर माँ-बेटी ने हार नहीं मानी। धीरे-धीरे दोनों ने एक बीघा खेत में अमरूद के पेड़ लगा दिए और दो सालों में उनके रोज़ग़ार में अमरूद भी शामिल हो गए।

लेकिन गालियों से बचना आसान था, धर्म और जाति की बेड़ियों से बचना बेहद मुश्किल। मुस्लिमों के रहन-सहन और खान-पान को लेकर हिन्दू समाज में जो

अवधारणाएँ हैं उनसे सुनीता और उसकी माँ कहाँ तक बचतीं?

एक बार सुनीता के पास कोई कपड़ा न था। फ़रहाना ने बड़े प्यार से अपनी बिटिया का सलवार-कुर्ता सुनीता को दिया और साथ में अपने हाथ की बनी रोटी भी खिलाई। इस पर भइया और माँ ने सुनीता को खूब डाँटा–"मुसलमान के घर में नहीं खाना चाहिए। आइन्दा न उसके घर का खाना और न ही किसी से बताना कि तुमने उसके यहाँ खाया है, नहीं तो जाति-बिरादरी में अपनी लोटिया-थरिया बन्द हो जाएगी।" सुनीता इस डाँट से दंग रह गई। जिस औरत ने उसके परिवार को पेट पालने का रास्ता दिखाया, हर क़दम पर साथ दिया, जो दिन के चौबीस में से सोलह घण्टे रोज़ाना साथ निभाती है, उसी से इतना घिनौना दुराव? हिन्दू अगर लोटिया बन्द भी कर देंगे, तो क्या? वैसे भी, सुनीता के घर में किसी को खिलाने के लिए था ही क्या?

तेरह साल की उम्र में सुनीता की शादी हो गई। ससुराल में पति के अलावा जेठ, जेठानी और सास थे। पति की मज़दूरी की कमाई से परिवार की गुज़र-बसर होती। मायके की अपेक्षा यहाँ ससुराल में पण्डितों का बाहुल्य था। उनकी मज़दूरी न करने पर पति को गालियाँ खानी पड़तीं। मज़दूरी न मिलने पर इन्हीं लोगों से पैसा भी सूद पर लेना पड़ता। ब्याज देने में देर होती तो भी गालियाँ मिलतीं। केवल दो बीघे ज़मीन थी, लेकिन पेट भरने का कोई ज़रिया न होने पर उसे भी गिरवी रखना पड़ता। खाना पूरा न पड़ता तो सब भूखे ही लेट रहते। मायके में सुनीता साग-बथुआ बेचकर सबका पेट पालती थी, यहाँ मज़दूरी करके। दोनों जगह हर वक़्त यही चिन्ता कि सुबह और शाम की रोटी कहाँ से आएगी। न चाहते हुए भी अपनी कहानी कहते हुए सुनीता की आँखों में आँसू डबडबा ही आते हैं। कहती है–"चमारों में जन्म लेना ही पाप हो गया। न जाने कब तक यह सब झेलना पड़ेगा?"

लेकिन बचपन से ही रोटी जुगाड़ने का संघर्ष करती सुनीता को ज़िन्दगी के झटकों ने यह पूछना ज़रूर सिखा दिया कि जब अपने ही हाथों जतन करके खाना है तो हम किसी और की बदसुलूकी क्यों सहें? सहने से कोई और आकर पेट तो नहीं भरेगा? इसी शक्ति और आत्मविश्वास के साथ सुनीता संगठन के साथियों के साथ जुड़ती है और अपने सुख-दुख को भी इन्हीं साथियों के बीच बाँटकर अपने मन को हल्का करती है। संगठन के ढेरों लोग उसके साथ हैं, इस एहसास से सुनीता को अथाह बल मिलता है। एक तरफ़ यह बल सुनीता की ताक़त बनता है, और दूसरी तरफ़ सुनीता का साहसी व्यक्तित्व संगठन को मज़बूती देता है।

हिम्मत के आदान-प्रदान से ही जुड़ी एक घटना याद आती है। नहर में पानी लाने के मुद्‌दे पर 25 नवम्बर, 2006 को संगतिन के साथियों ने नहर विभाग में धरना शुरू किया। साथी नहर विभाग के मुख्य द्वार को घेर कर बैठे थे। शाम हो आई

थी और ठण्डी हवाएँ चलने लगी थीं लेकिन नहर विभाग के लोग संगठन की बात मानने के लिए तैयार नहीं थे। साथियों ने भी तय कर लिया कि अपनी बात मनवाए बिना उठेंगे नहीं जबकि रात में रुकने की तैयारी से कोई भी नहीं आया था। नहर विभाग ने पुलिस बुलवा ली। पुलिस से बहस के बाद लोग बरामदे से नीचे उतरकर बैठ गए और कुछ साथी गीत गाने लगे।

इस पूरे घटनाक्रम में सुनीता अपनी एक साल की बेटी को साड़ी के पल्लू से ढँककर ठण्ड से बचाने का असफल प्रयास कर रही थी। उसे ऐसा करते देख एक पुलिस वाला डपटकर बोला, "कैसी माँ हो? यहाँ से जाओ, नहीं तो बिटिया मर जाएगी ठण्ड के मारे।"

इस पर सुनीता तपाक से बोली, "तुम भी तो बिटिया के ताऊ-चचा जैसे हो। इसे अपना कोट उतार कर दे दो, तब जानें।"

सुनीता के तेवर देखकर पुलिस वाला समझ गया कि साथी अपनी माँगें मनवाए बग़ैर टस से मस न होंगे।

आज संगठन ने जो ताक़त पाई है वहाँ तक पहुँचने में सुनीता जैसी तमाम महिलाओं ने केन्द्रीय भूमिका निभाई है। धुर बचपन से दमन के अनेक कुचक्रों से भिड़ते हुए इन महिला साथियों ने अपने आपको आज के आन्दोलनात्मक सफ़र के लिए तैयार किया है, यह भली प्रकार जानते हुए कि एक मैदान में जंग जीतने के बाद दूसरे मैदान में लड़ाई जारी रखना ही ज़िन्दगी है। जैसे, काम के बदले अनाज योजना के अन्तर्गत पहली बार 2005 में नहर की सिल्ट-सफ़ाई हुई और लोगों को एक लम्बी जंग के बाद उनकी मेहनत की मज़दूरी मिली। हाथ में मज़दूरी आते ही एक महिला साथी ने संगठन के साथियों के सामने सवाल उठाया कि इतनी कठिन लड़ाई के बाद मिले पैसे का इस्तेमाल मज़दूर साथी अपने परिवारों की बेहतरी के लिए करने वाले हैं, या फिर इस पैसे से मर्द साथी शराब पीकर या जुआ खेलकर घरों में अपनी पत्नियों से मारपीट करेंगे? सामने बैठे सभी पुरुष साथी इस बात को मज़ाक़ समझकर हँस पड़े। एक ने कहा, "फ़ालतू बातों में समय बरबाद करने से क्या मिलेगा? कुछ काम की बात कीजिए।"

लेकिन महिला साथी के सवाल को फ़िज़ूल बताकर किनारे करने की कोशिश के बावजूद उस पर गम्भीर चर्चा चली जिसमें यह स्थापित हो गया कि संगठन का संघर्ष सिर्फ़ पूरी मज़दूरी दिलाने तक क़तई सीमित नहीं रह सकता। अगर हाथ में मज़दूरी आने के बाद भी साथियों के परिवारों की बेहतरी नहीं होती, और हमारे घरों की औरतें और बच्चे शारीरिक तथा मानसिक उत्पीड़न का शिकार होते हैं तो संगठित होने का क्या मतलब हुआ? चर्चा में पुरुष साथियों ने वायदा किया कि वह इस पैसे से ऐसा कोई काम नहीं करेंगे जिससे संगठन के बुनियादी मक़सद को किसी भी तरह

की ठेस पहुँचे। इस चर्चा में पहली बार मर्दों और औरतों ने सामूहिक रूप से यह माना कि केवल न्याय-संगत मज़दूरी के लिए लड़ने से ही संगठन आगे नहीं बढ़ेगा– संगठन को हर अन्याय के ख़िलाफ़ मोर्चा साधना होगा।

इस घटना के कुछ दिनों बाद नहर के किनारे स्थित सभी गाँवों के वासियों को संगठित करने के उद्देश्य से संगतिन ने पाँच दिनों की एक पदयात्रा की। मई की तेज़ दुपहरिया में रीना, सुरबाला और ऋचा सिंह एक गाँव से गुज़र रहे थे कि अचानक सामने एक साइकिल आकर रुकी। शमा नाम की एक लड़की अपने आठ महीने के बच्चे को छाती से चिपकाए साइकिल से उतरी और दोनों को देखकर रोने लगी। पता चला कि शमा का मायका मोहम्मदनगर गाँव में है और वह आँट में ब्याही है। पति और ससुराल के लोग बहुत परेशान करते हैं। यहाँ तक कि ससुराल ले जाने का नाम ही नहीं ले रहे हैं। आख़िर मायके में ग़रीब माँ-बाप कब तक बिठाकर खिलाएँगे?

तीनों ने शमा को आश्वासन दिया कि वे पदयात्रा के बाद ही उसके ससुराल जाकर बात करेंगी। दो दिन बाद ऋचा व रीना की मुलाक़ात आँट के सक्रिय साथी, शम्मू से हुई और उन्होंने उसे पूरा क़िस्सा सुनाया। बात ख़त्म होने से पहले ही शम्मू तेज़ आवाज़ में बोल पड़ा–"अरे! आप लोग भी कहाँ इन औरतों-फौरतों के चक्कर में पड़ रही हैं? शमा का शौहर तो गऊ जैसा है।"

इस पर रीना तिलमिला कर बोली–"के शम्मू ! तुम हम लोगों के चक्कर में कैसे पड़ गए?"

शम्मू ने कहा–"आप लोगों की बात और है। अपनी तुलना गाँव की औरतों से मत कीजिए।"

"क्यों? हम भी तो गाँव की औरतें-फौरतें हैं," रीना ने जवाब दिया।

रीना और ऋचा ने शम्मू की उपस्थिति में ही शमा के मायके और ससुराल जाकर बातचीत करना तय किया। शमा के पति ने अपनी ग़लती मानी और उसे ससुराल वापस ले गया। पूरे मामले की तह में जाते ही शम्मू शमा की स्थिति को समझकर उसके पक्ष में हो लिया। ऐसा नहीं है कि औरतों को लेकर शम्मू के मन की तमाम नकारात्मक धारणाएँ इस एक घटना के बाद सकारात्मक धारणाओं में तब्दील हो गईं हों लेकिन शम्मू ने एक सबक़ सीखा और इस सबक़ पर संगठन में खुली चर्चा हुई।

इसी तरह सितम्बर 2007 में पिसावाँ के बी.डी.ओ. के दफ़्तर के बाहर संगठन की दो महिलाओं के बीच किसी बात पर बहस हो रही थी। ब्लॉक के कई लोग इस बहस को सुनने में लगे थे इसलिए संगठन के अधिकांश साथियों को लग रहा था कि इस तरह की बहसें यहाँ नहीं होनी चाहिए क्योंकि बाद में ब्लॉक के ही अधिकारी

व कर्मचारी यह ताना मारने में पीछे नहीं रहेंगे कि "आप लोग क्या ख़ाक करेंगे? आपको तो आपस में लड़ने से ही फ़ुरसत नहीं!" यह कोई नहीं सोचेगा कि किसी भी संगठन में जब विचारों का आदान-प्रदान होगा तो मतभेद भी होंगे ही। बहस के दौरान अचानक सेरवाडीह के रामकिशुन वहाँ पहुँचे और साथियों से बोले, "अरे इन मेहरुवन से तो बोलने लायक नहीं है। मैं अपने गाँव में मेहरुवन के बिना पहले से अधिक मज़बूत संगठन खड़ा करके दिखाऊँगा।"

इस घटना के साल भर बाद पिसावाँ में निरीक्षण भवन पर संगठन के साथियों की बैठक चल रही थी और सेरवाडीह के रामकिशुन बता रहे थे कि नरेगा के अन्तर्गत लोगों के खाते खुलवाने के लिए उन्होंने किस तरह की मेहनत की है। इसी बीच अल्लीपुर की रामबेटी और रूरा की माया सेरवाडीह की अन्य दो-तीन महिलाओं के साथ खड़ी होकर ऊँची आवाज़ में बोलने लगीं–"बस बहुत हो गई यह मीटिंग! यहाँ तो रामकिशुन बड़ी-बड़ी बातें कर रहे हैं लेकिन पहले यह बताएँ कि उनकी मेहरुवा किस बात पर मायके चली गई हैं? और उन्हें मायके से वापस क्यों नहीं बुलाया जा रहा है?" रामकिशुन को पन्द्रह गाँवों के लगभग सौ साथियों के सामने यह बताना पड़ा कि उन्होंने अपनी पत्नी के साथ किस बात पर मारपीट की।

एक पुरुष साथी ने कहा कि ढेरों सरकारी अधिकारी हमें नीचा या बेवक़ूफ़ ठहराने के लिए हमारी ग़लतियाँ निकालते रहते हैं और इस पर हम कहते हैं कि यह लोग जान-बूझकर हमारी ग़लतियाँ निकालने पर उतारू हैं ताकि इन्हें हमें हमारी 'उचित' जगह दिखलाने का बहाना मिल जाए। ठीक वैसी ही बात यहाँ मर्दों पर लागू होती है। इस पर दूसरे साथी ने तुरन्त यह कहावत कही–"बीवी को छोड़ना हो तो कह दो साग में हल्दी नहीं डाली।"

पुरुष साथियों ने बात आगे बढ़ाते हुए कहा कि किसी की चाहे कितनी बड़ी ग़लती ही क्यों न हो, हमें मौखिक बहस करने का पूरा हक़ है लेकिन हाथ उठाने का हरगिज़ नहीं। अगर हम किसी अधिकारी की बात न मानें तो क्या वह हमें पीट सकता है? नहीं। संगठन इसलिए ही तो संघर्ष कर रहा है कि हमें ग़रीब मज़दूर या किसान होने की वजह से किसी की ज़िल्लत न झेलनी पड़े। इसी तरह हम किसी महिला को केवल इसलिए प्रताड़ित नहीं कर सकते क्योंकि हम उसके पति हैं। न ही क़ानून हमें ऐसा करने की इजाज़त देता है। ऊपर से रामकिशुन तो संगठन में हमेशा नियम और क़ानून की बात करते हैं–तो फिर पत्नी के साथ ऐसा बर्ताव क्यों? साथियों ने रामकिशुन की हरकत का विरोध किया और यह तय हुआ कि वह अगले दिन ही अपनी पत्नी से माफ़ी माँगकर उसको मायके से बाइज़्ज़त वापस लाएँगे। रामकिशुन स्वयं तो पत्नी के मायके नहीं गए लेकिन अपने बेटे को वहाँ भेजा और कुबूल किया कि उनसे ग़लती हुई है।

यदि संगठन केवल महिलाओं के साथ काम कर रहा होता तो यही बातचीत बहुत कठिन साबित होती। बातचीत होती भी तो रामकिशुन दूसरी पार्टी के रूप में सामने खड़े होकर जिरह करते और उनकी कोशिश रहती कि उनकी कोई भी ग़लती सामने न आए। जबकि मर्दों व औरतों की खुली बैठक में उन्हें जल्द अपनी ग़लती मानने में हिचकिचाहट न हुई। इसी तरह एक दिन संगठन से जुड़े सर्वेश की पत्नी के एक हाथ में भरी चूड़ियाँ और दूसरा हाथ ख़ाली देखकर सुरबाला ने यह अन्दाज़ा लगाया कि ज़रूर मारपीट हुई है नहीं तो एक हाथ में चूड़ियाँ क्यों नहीं? तुरन्त जॉब-कार्ड पर हो रही चर्चा रोककर घरेलू हिंसा पर बातचीत हुई और यह स्थापित हो गया कि सरकारी नीतियों को लेकर हम चाहे जितने मोर्चे जीत लें, संगठन सही मायनों में आगे तभी बढ़ पाएगा जब साथियों के परिवारों के भीतर हिंसा ख़त्म होगी। सर्वेश ने साथियों के सामने अपनी भूल के लिए माफ़ी माँगी।

इसी तरह की एक और घटना हुई। पिसावाँ में संगठन को सक्रियता से नेतृत्व देने वाली रामबेटी का 2008 की दीपावली के दो दिन बाद फ़ोन आया। उसका पति, जगन्नाथ संगठन के कुछ अन्य साथियों के साथ बैठकर जुआ खेल रहा था और जब रामबेटी ने इसका विरोध किया तो पति ने उसे थप्पड़ रसीद कर दिया और बाक़ी साथी सामने बैठे देखते रहे। अगली बैठक में महिला साथियों ने चर्चा छेड़ी कि यदि संगठन की कोई साथी पिटती है तो क्या बाक़ी साथी हाथ पर हाथ धरे चुपचाप देखेंगे, या उसका विरोध करेंगे? महिला साथियों ने सबको याद दिलाया कि संगठन जब भी किसी मुद्दे को लेकर धरना, घेराव या प्रदर्शन करता है तो रणनीति के तहत महिलाएँ ही आगे की पंक्ति में होती हैं इसलिए कि अगर पुलिस से मुठभेड़ हो तो पुलिस शायद महिलाओं पर उतनी तेज़ी से लाठीचार्ज नहीं करेगी जितनी तेज़ी से मर्दों पर। जो महिलाएँ संगठन के पुरुष साथियों को बचाने के लिए पुलिस की लाठी के सामने खड़ी रहती हैं उन्हीं के साथ हो रहे इस शर्मनाक व्यवहार को क्या कहेंगे?

मज़दूरों और किसानों के साथ काम करते हुए संगठन का एक-एक साथी अपने हर अपमान और हर बुनियादी अधिकार के हनन का विरोध करना और उसके ख़िलाफ़ आवाज़ उठाना सीख रहा है। महिलाएँ और पुरुष अपने घरों में हों या घरों से बाहर, इस जंग को बराबर आगे बढ़ा रहे हैं। निश्चित ही संगठन का काम मज़दूरी और नहर में पानी लाने जैसे मुद्दों पर केन्द्रित रहा है, लेकिन साथी कभी इस मुगालते में नहीं रहे कि हम महिला मुद्दों के 'बाहर निकलकर' कोई भी संघर्ष आगे बढ़ा पाएँगे। चूँकि संगठन में ज़िला-स्तर से लेकर गाँव-स्तर तक महिलाओं का नेतृत्व है इसलिए यह मुद्दे कभी छूट भी नहीं सकते। सीतापुर में महिला मुद्दे पहले भी संगठन के लिए बड़ी चुनौती थे, आज भी अहम चुनौती हैं।

यदि संगठन केवल महिलाओं के साथ काम कर रहा होता तो यही बातचीत बहुत कठिन साबित होती। बातचीत होती भी तो रामकिशुन दूसरी पार्टी के रूप में सामने खड़े होकर जिरह करते और उनकी कोशिश रहती कि उनकी कोई भी ग़लती सामने न आए। जबकि मर्दों व औरतों की खुली बैठक में उन्हें जल्द अपनी ग़लती मानने में हिचकिचाहट न हुई। इसी तरह एक दिन संगठन से जुड़े सर्वेश की पत्नी के एक हाथ में भरी चूड़ियाँ और दूसरा हाथ ख़ाली देखकर सुरबाला ने यह अन्दाज़ा लगाया कि ज़रूर मारपीट हुई है नहीं तो एक हाथ में चूड़ियाँ क्यों नहीं? तुरन्त जॉब-कार्ड पर हो रही चर्चा रोककर घरेलू हिंसा पर बातचीत हुई और यह स्थापित हो गया कि सरकारी नीतियों को लेकर हम चाहे जितने मोर्चे जीत लें, संगठन सही मायनों में आगे तभी बढ़ पाएगा जब साथियों के परिवारों के भीतर हिंसा ख़त्म होगी। सर्वेश ने साथियों के सामने अपनी भूल के लिए माफ़ी माँगी।

इसी तरह की एक और घटना हुई। पिसावाँ में संगठन को सक्रियता से नेतृत्व देने वाली रामबेटी का 2008 की दीपावली के दो दिन बाद फ़ोन आया। उसका पति, जगन्नाथ संगठन के कुछ अन्य साथियों के साथ बैठकर जुआ खेल रहा था और जब रामबेटी ने इसका विरोध किया तो पति ने उसे थप्पड़ रसीद कर दिया और बाक़ी साथी सामने बैठे देखते रहे। अगली बैठक में महिला साथियों ने चर्चा छेड़ी कि यदि संगठन की कोई साथी पिटती है तो क्या बाक़ी साथी हाथ पर हाथ धरे चुपचाप देखेंगे, या उसका विरोध करेंगे? महिला साथियों ने सबको याद दिलाया कि संगठन जब भी किसी मुद्दे को लेकर धरना, घेराव या प्रदर्शन करता है तो रणनीति के तहत महिलाएँ ही आगे की पंक्ति में होती हैं इसलिए कि अगर पुलिस से मुठभेड़ हो तो पुलिस शायद महिलाओं पर उतनी तेज़ी से लाठीचार्ज नहीं करेगी जितनी तेज़ी से मर्दों पर। जो महिलाएँ संगठन के पुरुष साथियों को बचाने के लिए पुलिस की लाठी के सामने खड़ी रहती हैं उन्हीं के साथ हो रहे इस शर्मनाक व्यवहार को क्या कहेंगे?

मज़दूरों और किसानों के साथ काम करते हुए संगठन का एक-एक साथी अपने हर अपमान और हर बुनियादी अधिकार के हनन का विरोध करना और उसके ख़िलाफ़ आवाज़ उठाना सीख रहा है। महिलाएँ और पुरुष अपने घरों में हों या घरों से बाहर, इस जंग को बराबर आगे बढ़ा रहे हैं। निश्चित ही संगठन का काम मज़दूरी और नहर में पानी लाने जैसे मुद्दों पर केन्द्रित रहा है, लेकिन साथी कभी इस मुगालते में नहीं रहे कि हम महिला मुद्दों के 'बाहर निकलकर' कोई भी संघर्ष आगे बढ़ा पाएँगे। चूँकि संगठन में ज़िला-स्तर से लेकर गाँव-स्तर तक महिलाओं का नेतृत्व है इसलिए यह मुद्दे कभी छूट भी नहीं सकते। सीतापुर में महिला मुद्दे पहले भी संगठन के लिए बड़ी चुनौती थे, आज भी अहम चुनौती हैं।

व कर्मचारी यह ताना मारने में पीछे नहीं रहेंगे कि "आप लोग क्या ख़ाक करेंगे? आपको तो आपस में लड़ने से ही फ़ुरसत नहीं!" यह कोई नहीं सोचेगा कि किसी भी संगठन में जब विचारों का आदान-प्रदान होगा तो मतभेद भी होंगे ही। बहस के दौरान अचानक सेरवाडीह के रामकिशुन वहाँ पहुँचे और साथियों से बोले, "अरे इन मेहरुवन से तो बोलने लायक नहीं है। मैं अपने गाँव में मेहरुवन के बिना पहले से अधिक मज़बूत संगठन खड़ा करके दिखाऊँगा।"

इस घटना के साल भर बाद पिसावाँ में निरीक्षण भवन पर संगठन के साथियों की बैठक चल रही थी और सेरवाडीह के रामकिशुन बता रहे थे कि नरेगा के अन्तर्गत लोगों के खाते खुलवाने के लिए उन्होंने किस तरह की मेहनत की है। इसी बीच अल्लीपुर की रामबेटी और रूरा की माया सेरवाडीह की अन्य दो-तीन महिलाओं के साथ खड़ी होकर ऊँची आवाज़ में बोलने लगीं–"बस बहुत हो गई यह मीटिंग! यहाँ तो रामकिशुन बड़ी-बड़ी बातें कर रहे हैं लेकिन पहले यह बताएँ कि उनकी मेहरुवा किस बात पर मायके चली गई हैं? और उन्हें मायके से वापस क्यों नहीं बुलाया जा रहा है?" रामकिशुन को पन्द्रह गाँवों के लगभग सौ साथियों के सामने यह बताना पड़ा कि उन्होंने अपनी पत्नी के साथ किस बात पर मारपीट की।

एक पुरुष साथी ने कहा कि ढेरों सरकारी अधिकारी हमें नीचा या बेवक़ूफ़ ठहराने के लिए हमारी ग़लतियाँ निकालते रहते हैं और इस पर हम कहते हैं कि यह लोग जान-बूझकर हमारी ग़लतियाँ निकालने पर उतारू हैं ताकि इन्हें हमें हमारी 'उचित' जगह दिखलाने का बहाना मिल जाए। ठीक वैसी ही बात यहाँ मर्दों पर लागू होती है। इस पर दूसरे साथी ने तुरन्त यह कहावत कही–"बीवी को छोड़ना हो तो कह दो साग में हल्दी नहीं डाली।"

पुरुष साथियों ने बात आगे बढ़ाते हुए कहा कि किसी की चाहे कितनी बड़ी ग़लती ही क्यों न हो, हमें मौखिक बहस करने का पूरा हक़ है लेकिन हाथ उठाने का हरगिज़ नहीं। अगर हम किसी अधिकारी की बात न मानें तो क्या वह हमें पीट सकता है? नहीं। संगठन इसलिए ही तो संघर्ष कर रहा है कि हमें ग़रीब मज़दूर या किसान होने की वजह से किसी की ज़िल्लत न झेलनी पड़े। इसी तरह हम किसी महिला को केवल इसलिए प्रताड़ित नहीं कर सकते क्योंकि हम उसके पति हैं। न ही क़ानून हमें ऐसा करने की इजाज़त देता है। ऊपर से रामकिशुन तो संगठन में हमेशा नियम और क़ानून की बात करते हैं–तो फिर पत्नी के साथ ऐसा बर्ताव क्यों? साथियों ने रामकिशुन की हरकत का विरोध किया और यह तय हुआ कि वह अगले दिन ही अपनी पत्नी से माफ़ी माँगकर उसको मायके से बाइज़्ज़त वापस लाएँगे। रामकिशुन स्वयं तो पत्नी के मायके नहीं गए लेकिन अपने बेटे को वहाँ भेजा और क़ुबूल किया कि उनसे ग़लती हुई है।

बहुरियाएँ और संगठन

> संगतिन को आगे ले जाने के सामूहिक सपने से मैं भी 2004 में जुड़ गई। आए दिन कुँवरापुर में बैठकें होतीं। इन प्रयासों का असर हुआ। लोग संगठित हुए और फिर शुरू हुई नहर में पानी लाने की जंग। एक लम्बे संघर्ष के बाद इस्लामनगर रजबहा में अगस्त 2008 में टेल तक पानी पहुँचा। क्षेत्र के उन सभी लोगों ने चुप्पी साध ली जो यह कहते थे कि कुछ भी कर लो, पानी आने से रहा। इन कामों से कुँवरापुर के लोगों का हमारे प्रति विश्वास बना। मैं सिर से पल्ला उतारे बिना उनके बीच उठती-बैठती और हर लड़ाई में अगुवाई करती। संगठन के कामों की वजह से जो भी हुआ, उससे आज कुँवरापुर के घरों में मारपीट बहुत कम हो गई है। ज़मीन को लेकर झगड़े कम हो गए हैं। पुलिस का गाँव में आना कम हुआ है। आज कोई भी ऐसी लड़की नहीं है जो स्कूल न जाती हो। मैं सुबह-शाम तमाम कामों की वजह से लोगों से घिरी रहती हूँ। लोग आते हैं और मुझे 'बहू' न बुला कर 'बिटिया' या 'रीना' कहते हैं। उस वक़्त लगता है कि कोई सपना तो नहीं देख रही हूँ। उम्मीद नहीं थी कि इस जीवन में इतने प्यार से कोई मुझे 'बिटिया' बुलायेगा। जिस गाँव में बिटिया बन कर जन्मी थी वहाँ तो बचपन में ही माँ के गुज़र जाने से मुझे हमेशा नई बहू जैसे परायेपन का अनुभव हुआ और जहाँ की बहुरिया हूँ, वहाँ की बिटिया बन गई।
>
> *—रीना की डायरी से*

हमारे पारिवारिक और सामाजिक ढाँचों में एक औरत के लिए एक बेटी के रूप में और एक बहू के रूप में अलग-अलग सीमाएँ, अलग-अलग कटघरे तय हैं। बिटिया के रूप में हमारे अन्दर उन गुणों को तराशने की भरपूर कोशिश होती है जिन्हें हमारा समाज एक सम्पूर्ण नारी में देखने की कल्पना करता है। उस पूरी औरत को आहिस्ता-आहिस्ता जिलाने की तैयारी में बिटिया को कई मामलों में थोड़ी-सी छूट या ग़लतियों की माफ़ी भी मिल जाती है। जहाँ बिटिया के गले में गुणों को एक के बाद एक ज़ेवरों की तरह लादा जाता है, वहीं बहुरिया के रूप में उसका पल-पल इम्तिहान लिया जाता है कि वह उन ज़ेवरों को अपने जिस्मो-जान पर लादकर समाज के क़ायदों के मुताबिक़ चल सकती है या नहीं। क़दम डगमगाते ही कभी उस पर नालायक़ होने का ठप्पा लगता है, तो कभी बेशऊर होने का।

बहू से उम्मीद की जाती है कि वह हर नई-पुरानी लक्ष्मण रेखा को मरते दम तक अपने परिवार की इज़्ज़त, मान-मर्यादा और परम्परा के अनुसार संजोकर उन्हें

लगातार मज़बूत करने का काम करती रहेगी। मान-मर्यादा का बोझ सम्भालती इन्हीं बहुओं के साथ संगठनात्मक संघर्ष आगे बढ़ रहा है। बेशक, बिटियाएँ संगठन में अपने जीवन की लड़ाइयों को चुनने का सिलसिला शुरू कर रही हैं पर संगतिन का लम्बा सफ़र बहुओं के साथ ही आगे बढ़ रहा है। अगुवाई कर रही बहुरियाओं के सिर से कहीं पल्लू सरक रहे हैं तो कहीं पल्लुओं को माथे पर सजाकर ये औरतें रोज़ अन्याय और भ्रष्टाचार के ख़िलाफ़ अपनी आवाज़ें बुलन्द कर रही हैं—कहीं सामूहिक रूप से तो कहीं व्यक्तिगत रूप से। उनके विरोध से समाज और परिवार के पारम्परिक ढाँचे लगातार दरक रहे हैं। विवाह की संस्था में जीते हुए भी ये महिलाएँ ससुराल की बेड़ियों को झकझोर रही हैं।

रीना का अपने ससुराल में बहुरिया से 'बिटिया' बनना भी इन्हीं दीवारों की दरकन और इन्हीं बेड़ियों के शोर में मुमकिन हो पाया है। लेकिन उसका संगठन के काम के ज़रिए बिटिया बनना भी जाति-भेद और वर्ग-भेद की दलदल में किस क़दर धँसा है इसको पहचानने के लिए हमें रीना जैसी तमाम साथियों के संघर्ष को थोड़ा नज़दीक से देखना होगा। शुरुआत रीना से ही करते हैं।

रीना के गाँव में ब्राह्मण व रैदास जातियों के लोग रहते हैं। ब्राह्मणों में अक्सर दो-तीन गुट बने रहते हैं। यही नहीं, ब्राह्मण दलितों में भी पार्टी-बन्दी कराने के मौक़े ढूँढ़ते रहते हैं। गाहे-बगाहे किसी न किसी बात पर आग लगाकर फूट डालते रहते हैं। ऐसे ही लोगों के बीच रीना का परिवार रहता है, जिसमें बहुओं की जगह पाँवों की धोवन से भी बदतर कही जाए तो ग़लत न होगा। ऐसे परिवार और गाँव में संगठन के काम में डूबी रीना कब बहुरिया से बिटिया हो गई, इसका उसे पता ही न चला। पहले-पहल जब लोग आकर 'बिटिया' के संबोधन से पुकारते तो रीना को लगता कि लोग मुँह पर 'रामनरेश की दुलहिन' कहना ख़राब मानते होंगे इसलिए नहीं कहते होंगे। पूछने पर कहते कि बिटिया तो हो ही, कहने में क्या हर्ज है?

फिर एक बार 2008 में होली के दिन तमाम दलित स्त्री-पुरुष एक साथ रीना के ससुराल होली मिलने आए। सीतापुर में होली के अवसर पर बेटियों के पैर छूने का रिवाज है। सो, मेहमानों ने रीना के पति से मिलने के बाद घर के भीतर रीना के पैर छूने का आग्रह किया। रीना उन्हें खटिया पर बैठाकर नाश्ता लेने चली गई, और जब आँगन में उनके सामने नाश्ता रखा तो उन लोगों ने उतनी देर में लपक कर रीना के पैर छू लिए और बोले—"बिटिया, तुम हमारी ही नहीं, पूरे गाँव की बिटिया हो। बिटियाओं के पैर छुए जाते हैं। आज हमें इस घर में चारपाई पर बैठने का सम्मान मिला है। पहले ऐसा नहीं होता था। तो हमने पैर छूकर, या बिटिया कहकर क्या ग़लत किया है?"

दलित साथियों से इस तरह की आत्मीयता, मान तथा विश्वास मिलना रीना के

बहुरियाएँ और संगठन

संगतिन को आगे ले जाने के सामूहिक सपने से मैं भी 2004 में जुड़ गई। आए दिन कुँवरापुर में बैठकें होतीं। इन प्रयासों का असर हुआ। लोग संगठित हुए और फिर शुरू हुई नहर में पानी लाने की जंग। एक लम्बे संघर्ष के बाद इस्लामनगर रजबहा में अगस्त 2008 में टेल तक पानी पहुँचा। क्षेत्र के उन सभी लोगों ने चुप्पी साध ली जो यह कहते थे कि कुछ भी कर लो, पानी आने से रहा। इन कामों से कुँवरापुर के लोगों का हमारे प्रति विश्वास बना। मैं सिर से पल्ला उतारे बिना उनके बीच उठती-बैठती और हर लड़ाई में अगुवाई करती। संगठन के कामों की वजह से जो भी हुआ, उससे आज कुँवरापुर के घरों में मारपीट बहुत कम हो गई है। ज़मीन को लेकर झगड़े कम हो गए हैं। पुलिस का गाँव में आना कम हुआ है। आज कोई भी ऐसी लड़की नहीं है जो स्कूल न जाती हो। मैं सुबह-शाम तमाम कामों की वजह से लोगों से घिरी रहती हूँ। लोग आते हैं और मुझे 'बहू' न बुला कर 'बिटिया' या 'रीना' कहते हैं। उस वक़्त लगता है कि कोई सपना तो नहीं देख रही हूँ। उम्मीद नहीं थी कि इस जीवन में इतने प्यार से कोई मुझे 'बिटिया' बुलायेगा। जिस गाँव में बिटिया बन कर जन्मी थी वहाँ तो बचपन में ही माँ के गुज़र जाने से मुझे हमेशा नई बहू जैसे परायेपन का अनुभव हुआ और जहाँ की बहुरिया हूँ, वहाँ की बिटिया बन गई।

—रीना की डायरी से

हमारे पारिवारिक और सामाजिक ढाँचों में एक औरत के लिए एक बेटी के रूप में और एक बहू के रूप में अलग-अलग सीमाएँ, अलग-अलग कटघरे तय हैं। बिटिया के रूप में हमारे अन्दर उन गुणों को तराशने की भरपूर कोशिश होती है जिन्हें हमारा समाज एक सम्पूर्ण नारी में देखने की कल्पना करता है। उस पूरी औरत को आहिस्ता-आहिस्ता जिलाने की तैयारी में बिटिया को कई मामलों में थोड़ी-सी छूट या ग़लतियों की माफ़ी भी मिल जाती है। जहाँ बिटिया के गले में गुणों को एक के बाद एक ज़ेवरों की तरह लादा जाता है, वहीं बहुरिया के रूप में उसका पल-पल इम्तिहान लिया जाता है कि वह उन ज़ेवरों को अपने जिस्मो-जान पर लादकर समाज के क़ायदों के मुताबिक़ चल सकती है या नहीं। क़दम डगमगाते ही कभी उस पर नालायक़ होने का ठप्पा लगता है, तो कभी बेशऊर होने का।

बहू से उम्मीद की जाती है कि वह हर नई-पुरानी लक्ष्मण रेखा को मरते दम तक अपने परिवार की इज़्ज़त, मान-मर्यादा और परम्परा के अनुसार संजोकर उन्हें

लगातार मज़बूत करने का काम करती रहेगी। मान-मर्यादा का बोझ सम्भालती इन्हीं बहुओं के साथ संगठनात्मक संघर्ष आगे बढ़ रहा है। बेशक, बिटियाएँ संगठन में अपने जीवन की लड़ाइयों को चुनने का सिलसिला शुरू कर रही हैं पर संगतिन का लम्बा सफ़र बहुओं के साथ ही आगे बढ़ रहा है। अगुवाई कर रही बहुरियाओं के सिर से कहीं पल्लू सरक रहे हैं तो कहीं पल्लुओं को माथे पर सजाकर ये औरतें रोज़ अन्याय और भ्रष्टाचार के ख़िलाफ़ अपनी आवाज़ें बुलन्द कर रही हैं—कहीं सामूहिक रूप से तो कहीं व्यक्तिगत रूप से। उनके विरोध से समाज और परिवार के पारम्परिक ढाँचे लगातार दरक रहे हैं। विवाह की संस्था में जीते हुए भी ये महिलाएँ ससुराल की बेड़ियों को झकझोर रही हैं।

रीना का अपने ससुराल में बहुरिया से 'बिटिया' बनना भी इन्हीं दीवारों की दरकन और इन्हीं बेड़ियों के शोर में मुमकिन हो पाया है। लेकिन उसका संगठन के काम के ज़रिए बिटिया बनना भी जाति-भेद और वर्ग-भेद की दलदल में किस क़दर धँसा है इसको पहचानने के लिए हमें रीना जैसी तमाम साथियों के संघर्ष को थोड़ा नज़दीक से देखना होगा। शुरुआत रीना से ही करते हैं।

रीना के गाँव में ब्राह्मण व रैदास जातियों के लोग रहते हैं। ब्राह्मणों में अक्सर दो-तीन गुट बने रहते हैं। यही नहीं, ब्राह्मण दलितों में भी पार्टी-बन्दी कराने के मौक़े ढूँढ़ते रहते हैं। गाहे-बगाहे किसी न किसी बात पर आग लगाकर फूट डालते रहते हैं। ऐसे ही लोगों के बीच रीना का परिवार रहता है, जिसमें बहुओं की जगह पाँवों की धोवन से भी बदतर कही जाए तो ग़लत न होगा। ऐसे परिवार और गाँव में संगठन के काम में डूबी रीना कब बहुरिया से बिटिया हो गई, इसका उसे पता ही न चला। पहले-पहल जब लोग आकर 'बिटिया' के संबोधन से पुकारते तो रीना को लगता कि लोग मुँह पर 'रामनरेश की दुलहिन' कहना ख़राब मानते होंगे इसलिए नहीं कहते होंगे। पूछने पर कहते कि बिटिया तो हो ही, कहने में क्या हर्ज है?

फिर एक बार 2008 में होली के दिन तमाम दलित स्त्री-पुरुष एक साथ रीना के ससुराल होली मिलने आए। सीतापुर में होली के अवसर पर बेटियों के पैर छूने का रिवाज है। सो, मेहमानों ने रीना के पति से मिलने के बाद घर के भीतर रीना के पैर छूने का आग्रह किया। रीना उन्हें खटिया पर बैठाकर नाश्ता लेने चली गई, और जब आँगन में उनके सामने नाश्ता रखा तो उन लोगों ने उतनी देर में लपक कर रीना के पैर छू लिए और बोले—"बिटिया, तुम हमारी ही नहीं, पूरे गाँव की बिटिया हो। बिटियाओं के पैर छुए जाते हैं। आज हमें इस घर में चारपाई पर बैठने का सम्मान मिला है। पहले ऐसा नहीं होता था। तो हमने पैर छूकर, या बिटिया कहकर क्या ग़लत किया है?"

दलित साथियों से इस तरह की आत्मीयता, मान तथा विश्वास मिलना रीना के

लिए अपनी मेहनत का अनमोल इनाम था पर दूसरी ओर उसके ही ब्राह्मण परिवार के कुछ लोग पैर छूना तो दूर, होली की मिठाई तक नहीं छू रहे थे। यहाँ तक कि उसके घर की खटिया पर बैठने से भी साफ़ इन्कार कर रहे थे। रीना का चचेरा देवर होली मिलने आया। उसने रीना के पैर छुए तो रीना ने आशीर्वाद देकर कहा, "बैठ जाओ।" देवर ने देखा कि एक ही पलंग है और उस पर सोबरन दादा बैठे हैं। उस पल देवर के चेहरे पर जो भाव आया वह देखकर रीना को लगा जैसे देवर उससे कह रहा हो कि तुम्हारे पैर छू कर एक गुनाह तो कर दिया, अब क्या पलंग पर बैठकर दूसरा पाप करूँ?

जब देवर उल्टे पैर वापस लौट गया तो सोबरन दादा ने रीना से कहा, "बिटिया, देखा? पढ़े-लिखे होकर भी लोग जाति-भेद नहीं छोड़ते हैं। मेरे खटिया पर बैठने की वजह से वह नहीं बैठे। पर इस खटिया की बिनाई किसने की है? बिनते बखत तो हम दलित लोग ही खटिया पर बैठकर बिनाई करते हैं, न?"

रीना के पति, रामनरेश रीना से बिगड़कर बोले–"अभी क्या! यही हाल रहे तो तुम्हारे घर तो कोई भी ब्राह्मण नहीं आएगा।"

रीना ने कहा–"मुझे कोई ज़रूरत नहीं कि ब्राह्मण हमारे घर आएँ या हमारे पैर छूकर हमें पवित्र करें।"

"फिर तो शादी ही नहीं होगी बच्चों की।"

पति-पत्नी की ऐसी बहस हो ही रही थी कि दो चार और ब्राह्मण पुरुष आ गए। पति को शह मिल गई और बहस पहले से ज़्यादा गम्भीर बन पड़ी। सोबरन दादा बोले–"कहो तो शादी आज ही करा दें।"

इस पर एक पण्डित चाचा ने माहौल को हल्का करने के सुर में कहा–"शादी की बात छोड़ो। अभी तो हमें चाय पिलाओ।"

अब क्या था? रामनरेश बिफर पड़े–"हमारा घर चाय पीने लायक़ नहीं। हमारे घर तो सब आते-जाते हैं।"

लेकिन तब तक रीना चाय बनाने के लिए पानी रख चुकी थी। पण्डित चाचा और सोबरन दादा के साथ हो जाने से रीना की जान छूट गई थी। दोनों ने रामनरेश को समझाया–"यह वही घर है जहाँ पर एक दिन दलित लोग दहलीज़ के पार नहीं होते थे। महिलाएँ सुबह चार बजे के बाद शौच के लिए नहीं जाती थीं। तब में और आज में कितना कुछ बदल गया है! इस रीना ने क्या ग़लत किया है, देखा नहीं? इतना बाहर जाती-आती है, लेकिन इसके सिर से पल्लू नहीं उतरता।"

सोबरन दादा कहने लगे–"चाहे नहर में पानी लाने का काम हो, चाहे मज़दूरी के लिए लड़ने या डेरी को आगे ले जाने का काम हो। ये काम कोई आदमी नहीं कर पाए–चाहे हमारी बस्ती के हों चाहे आपकी। अपना-अपना काम तो सब करते हैं लेकिन कुछ ही लोग वे काम करते हैं जिनसे सबका भला होता है। और जो ऐसे

काम करता है उसे सबका सम्मान मिलता है। इसीलिए तो हम सब इसे 'नरेश की दुलहिन' कहने के बजाय 'बिटिया' कहने लगे हैं। इसमें कोई बुराई है क्या?"

दादा के इर्द-गिर्द बैठे दस-पन्द्रह लोगों ने एक सुर में कहा कि अब तो हम सब इस बिटिया को प्रधानी में खड़ा करेंगे।

कुछ महीनों बाद की बात है। हड्डियों को कँपा देने वाली दिसम्बर की ठण्डी रात में नहर में पानी रोकने के लिए बन्धा बँधना था। सब काम छोड़कर सोबरन दादा बन्धा बाँधने पहुँचे। रीना ने कहा, "आ गए दादा?" तो तुरन्त बोले–"हमारी बिटिया हम लोगों के हक़ों के लिए लड़ने जाए और हम घर में बैठकर सोयें?" उस समय दादा के चेहरे पर रीना के लिए जो विश्वास झलक रहा था उसे देखकर रीना की आँखों में आँसू आ गए।

रीना को लगा कि जो ग़रीब हैं, दलित हैं उन्होंने उदारता से मान लिया कि यह बिटिया जो करती है, सब हमारे ही लिए करती है और जान छिड़क कर ऐलान कर दिया–"अब तुम हमारे गाँव की बहुरिया नहीं हो, हम सबकी बिटिया हो।" वहीं रीना की अपनी कही जाने वाली बामन जाति में रीना को बेटी जैसी आत्मीयता और स्नेह मिलना तो दूर, संगठन के काम को गले लगाने के लिए बार-बार बेइज़्ज़त किया गया।

रीना की कहानी में ग़ौरतलब है कि जाति, वर्ग और इज़्ज़त के नाम पर आत्मसात किए हुए संस्कार किस हद तक आपस में गुँथकर हमारे दिलो-दिमाग़ पर कब्ज़ा कर लेते हैं। एक ब्राह्मण कुल की बहू का दलितों के साथ दिन-रात उठना-बैठना भला ऊँची जातियों को कैसे सुहाए? रीना अपने किए की क़ीमत चुकाने के लिए कितनी ही बार मार खाती है तथा गालियाँ सुनती है, और रोज़-रोज़ के ढेरों ताने तो हमेशा ही उसका इन्तज़ार करते हैं। लेकिन दलित समुदाय के साथ नज़दीकी रिश्ते बनाकर रीना जहाँ एक तरफ़ आचार संहिता तोड़ती है वहीं अपने और अपने काम के लिए आदर पाने के लिए वह कहीं-न-कहीं आचार संहिता को एक नए ढंग से बनाती और निभाती भी है–*"मैं सिर से पल्ला उतारे बिना उनके बीच उठती-बैठती और हर लड़ाई में अगुवाई करती।"* रीना को मालूम है कि उसके ऐसा करने से ही पण्डित चाचा और सोबरन दादा यह कहकर उसके पति के विरोध को कुछ देर के लिए शान्त कर पाते हैं–"इस रीना ने क्या ग़लत किया है, देखा नहीं? इतना बाहर जाती-आती है, लेकिन इसके सिर से पल्लू नहीं उतरता।"

आगे का सफ़र

दिसम्बर 2007 की बात है। बेरोज़गारी भत्ते के लिए संगतिनों का आन्दोलन अपने चरम पर था। आन्दोलन के दौरान एक शाम को नाराज़ साथी सी.डी.ओ. की

ग़ैरहाज़िरी में उनके कार्यालय के भीतर घुस गए। रामबेटी आगे बढ़कर सी.डी.ओ. की कुर्सी पर बैठ गई और मज़दूरों के हक़ में तमाम आदेश पारित करने लगी। मज़ाक़ में ही सही, रामबेटी कुर्सी की ताक़त पर जिस सहजता से सवाल खड़े कर रही थी वह साथियों के विद्रोह को एक नया अन्दाज़ दे रहा था।

लेकिन जो रामबेटी हँसी-खेल में संगठन को नया जोश दे जाती है, वही रामबेटी अपनी ज़िन्दगी की अन्य सच्चाइयों के आगे बार-बार झुकने को मजबूर होती है। जो रामबेटी अपनी पैनी सोच की वजह से ज़िला-स्तरीय जाँच कमेटी में शामिल होती है और किसी अफ़सर, नेता या प्रधान की ज़रा-सी ग़लती को रत्ती-भर बर्दाश्त नहीं कर पाती, वही रामबेटी दीवाली पर जब अपने पति, जगन्नाथ को जुआ खेलने से रोकती है तो जगन्नाथ के हाथों गाँव के सार्वजनिक स्थल पर थप्पड़ खा जाती है। गाँव-गाँव में साथियों को संघर्ष के लिए प्रेरित करने वाली रामबेटी अपने ही घर में हर मार-पीट की घटना से टूटती है, आहत होती है लेकिन रहती है उसी घर में, और ऐसे पति के साथ जो संगठन का सक्रिय साथी बनकर रामबेटी के साथ सामाजिक कार्यों में डटकर खड़ा भी होता है। हर बार सामने यह प्रश्न होता है कि रामबेटी और जगन्नाथ दोनों को साथ लेकर चलने में संगठन कहाँ और किन मायनों में जीत रहा है तथा कहाँ और कैसे हार रहा है?

जिस तरह माया या जिन्नती की मौतें साथियों को दहलाती हैं, उसी तरह संगठन की रामबेटियों और रीनाओं के साथ मार-पीट या गाली-गलौज हमें भीतर तक कँपाकर बार-बार याद दिलाती है उन सपनों और स्वाभिमानों की जिन्हें रोज़-दर-रोज़ कुचलने की कोशिशें होती हैं, और साथ ही यह भी कि संघर्ष की जिस डगर को हम सबने चुना है वह कितनी मुश्किल है। कितनी ही महिला साथी परिवार और समाज में रोज़ की ज़िल्लत से कभी थककर तो कभी डरकर कहती हैं कि अब नहीं झेला जाता, इससे तो मर जाना भला। कभी-कभी तो उन्हें ऐसा लगता है कि उनकी हिम्मत को कुचलने के लिए बाक़ी दुनिया उनकी जान लेने को उतारू है–जैसे माया ने 2002 में काँपकर कहा था कि जिन्नती की तरह मैं भी मार डाली जाउँगी, वैसे ही संगठन के जुड़ी अनेक महिलाएँ अक्सर हारती हैं–"भले ही घर-गाँव के बाहर हम कितना ही बड़ा मोर्चा क्यों न साध लें, घर के भीतर किस वक़्त हमारी जान पर बन आएगी, क्या मालूम?"

और माया की मौत के बाद चाहकर भी कोई साथी डर से काँपती उस आवाज़ का बोझ यह कहकर हल्का नहीं कर पाया है कि "ऐसे कोई कैसे मार डालेगा तुम्हें?" आख़िर माया को भी तो सबने ऐसे ही आश्वासन दिया था और उस आश्वासन के बावजूद माया मार डाली गई। तभी तो किसी दिलेर साथी की आवाज़ यों डर में डूबती है तो साथियों के रोएँ सिहर उठते हैं।

तमाम महिला साथी एक तरफ़ तो संगठन को नेतृत्व देती हैं लेकिन दूसरी तरफ़

किसी बैठक से जब वे वापस अपने घरों को जाती हैं तो उनके मन में भय समाया रहता है कि घर पर उनके पति किसी बात को लेकर हंगामा खड़ा न करें। ऐसा नहीं है कि उन्हें अपने पतियों का साथ नहीं मिल रहा। जैसे, रोज़गार गारण्टी की लड़ाई के दौरान जब कुँवरापुर के प्रधान ने रीना को धमकी दी कि यदि नेतागिरी दिखाओगी तो ठीक न होगा, तब साथियों को यही अन्देशा था कि रीना के पति, रामनरेश ज़रूर कोई तमाशा करेंगे। लेकिन सबके आश्चर्य का ठिकाना न रहा जब रामनरेश पूरे दम के साथ यह कहते हुए रीना के साथ खड़े हो गए–"प्रधान क्या समझता है? वह कुछ करेगा तो हम क्या बैठे रहेंगे?"

फिर भी, वे क्या वजूहात हैं कि रीना अपने गाँव में बहुतों के लिए बहुरिया से बिटिया तो बन जाती है लेकिन पारिवारिक हिंसा से बार-बार टूटती है और परेशान होकर कहती है–"मेरे शरीर में माँस तो बचा नहीं, बस हड्डियाँ बाक़ी हैं। लगता है, मेरे घर के लोगों को तब ही चैन मिलेगा जब वे भी न बचेंगी।"

जिन सामाजिक बदलाव की प्रक्रियाओं के तहत रीना बहुरिया से बिटिया बनती है, वही प्रक्रियाएँ रीना के पारिवारिक ढाँचे में दरारें पैदा करती है। कुँवरापुर में जो भी सम्मान रीना को मिलता है, उसका सही हक़दार रीना के पति कदाचित अपने आपको मानना चाहते हैं–ब्राह्मण तथा पुरुष होने के नाते, पति व पिता होने के नाते। जब-जब रीना को यह सम्मान जातिवाद, सम्प्रदायवाद और वर्गवाद का विरोध करके मिलता है, तब-तब रामनरेश के अभिमान के साथ-साथ कुँवरापुर गाँव की सामाजिक व्यवस्था भी कहीं-न-कहीं चरमरा उठती है।

इसी तरह रामबेटी जब संगठन में होने वाली लड़ाई को घर की चहारदीवारी के बाहर रखने से इन्कार करके अपने पति, जगन्नाथ को ही नहीं बल्कि रामकिशुन को भी चुनौती देती है, तो उसके ललकारने से कहीं-न-कहीं संगठन में सक्रिय हर व्यक्ति पति-पत्नी के संबंधों और विवाह के ढाँचे के बारे में पुनर्विचार करने को मजबूर होता है। जिस समाज में आज भी अधिकारियों के आगे ग़रीब व दलित बिना हाथ जोड़े कुछ कहने के हक़दार नहीं समझे जाते वहाँ सुनीता की दबंगई पुलिस वालों को करारे तमाचे की तरह लगती है।

यानी संगठन के भीतर और बाहर जो भी चल रहा है वह तमाम पुराने ढाँचों को प्रभावित कर रहा है। माया, जिन्नती, सुनीता, रामबेटी और रीना ढाँचों को दरकाने वाले दिलेर जिगर हैं। जिन ढाँचों का आज दरकना शुरू हुआ है, वे कल टूटेंगे भी। और धीरे-धीरे दरकन को झेलते-समझते हमारे पति, प्रेमी और परिवार एक दिन उनका टूटना क़ुबूल भी करेंगे–उसे कभी न रुक सकने वाले बदलते वक़्त की धारा मानकर।

तीसरा खण्ड

लम्बे सफ़र के चन्द सबक़

शिक्षक कौन?

"हो कोई नृप हमें का हानी । चेरि छोड़ि होइहें ना रानी।"

चुनावों के दौरान यदि ग्रामीण उत्तर-प्रदेश की मज़दूर महिलाओं से बतियाएँ तो यही कहावत अलग-अलग बोलियों में बार-बार सुनने को मिलेगी। चुनावों पर खुला सवाल है कि इन चुनावों से हाशिए पर जीने वालों के लिए क्या बदलेगा? कोई भी जीत कर आए हमारे जीवन पर तो रत्ती-भर असर नहीं पड़ने वाला। हम तो नौकरानी के नौकरानी ही बने रहेंगे।

इस कहावत को कहने वाली अधिकांश औरतें किसी स्कूल में नहीं पढ़ी होंगी लेकिन हमारे समाज में कितने पढ़े लिखे लोग हैं जो उनके चन्द शब्दों में निहित गहरे आलोचनात्मक विश्लेषण से कुछ सीखने की कोशिश करते होंगे? गिने-चुने लफ़्ज़ों की ओट में छिपी बातों की क़ीमत आँकने और उन्हें परखने के लिए वह विश्वास चाहिए जो चुप्पियों में दुबकी आवाज़ों और अवलोकन को सुन, समझ और सह सके।

तमाम चुनौतियों से गुज़र कर संगतिन किसान मज़दूर संगठन ने आज तक जो कुछ भी पाया है उसने साथियों को यह आत्मविश्वास दिया है कि संगठन समाज में शिक्षण प्रदान करने की स्थिति में है। यानी, सामाजिक सशक्तीकरण के साथ बौद्धिक सशक्तीकरण का जो उद्देश्य लेकर संगठनात्मक सफ़र शुरू हुआ था, वह आज गाँवों के सम्मेलनों व बैठकों में, सीतापुर के प्रशासन के साथ हो रही बहसों में और संगठन के अख़बार में सच हो रहा है। भले ही शिक्षा संस्थान हमारे गाँवों में अपनी ज़िम्मेदारी वहन न कर पा रहे हों—वे जिन्हें किसी स्कूल में जाने का मौक़ा नहीं मिला है और वे जिनकी शिक्षा अधिकतर डिग्रियों या नौकरियों में सिमट कर रह गई है—सब संगठन की भूमि पर अपने आपको एक अदभुत पाठशाला में पाते हैं। इस शाला में कहीं कमल बाजपेयी और रामभजन एक दूसरे से सीखते हैं, तो कहीं तरुण कुमार और टामा एक दूसरे से। कहीं अरुन्धति धुरू और सुरबाला एक दूसरे को बहुत कुछ सिखा जाती हैं तो कहीं बनवारी, रीना, बिटोली, ऋचा नागर और ऋचा सिंह एक दूसरे को।

हालाँकि इस संदर्भ में कुछ सवाल ईमानदारी से उठाने ही होंगे—क्या शहरी शिक्षित वर्ग सचमुच टामा या रामभजन से सीखने में सक्षम है? शायद सक्षम है और

सीखता भी है। लेकिन क्या इस वर्ग के अधिकतर लोग इस बात को दिल से स्वीकार कर पाते हैं कि वे माया या सुनीता से सीख सकते हैं? सीतापुर शहर के कितने ही महिला और पुरुष कहा करते हैं–"इधर हमारे पास कोई काम नहीं है। सोच रहे हैं आप लोगों के साथ जुड़ जाएँ।" संगठन के लिए इससे अच्छी और कोई बात ही नहीं कि लोग साथ जुड़ें, लेकिन कितने ही लोग सिर्फ़ अपने वर्ग या जाति या पढ़ने-लिखने की क्षमता की वजह से यह मान लेते हैं कि वह ग़रीब मज़दूरों या औरतों को सिखा-पढ़ा सकते हैं या उनका ज्ञान गाँव के साथियों से श्रेष्ठ है। यह कहने वाला कोई विरला ही होता है कि हम भी आप लोगों के साथ जुड़कर कुछ सीखेंगे, कुछ सिखाएँगे। कई लोग ऐसे भी हैं जो मुँह-ज़बानी तो सीखने की बात कहते हैं लेकिन उनके बर्ताव से जुड़ी बाक़ी ज़बानें उल्टी कहानी सुनाती हैं। अगर हम सब अपने मनों को सही मायनों में खोल कर संगठन की शाला में चल रही प्रक्रियाओं को आत्मसात करें तो सीखने-सिखाने की इस प्रक्रिया से निश्चित ही बहुत कुछ हासिल कर सकते हैं।

एक प्रोटोकॉल यह भी

बेरोज़गारी भत्ते की पात्रता के सिलसिले में होने वाली जाँच के अन्तर्गत कोंचपुर गाँव के मज़दूरों की पात्रता निकलकर आई। यानी यह साबित हो गया कि मज़दूरों के काम माँगने के बावजूद उन्हें रोज़गार नहीं दिया गया। 6 मई, 2008 को जब कोंचपुर के प्रधान ने झूठ की आड़ में नौ मज़दूरों से एक स्टाम्प-पेपर पर दस्तख़त करा लिए, तो कुछ साथी इसकी धाँधली की ख़बर सुनते ही वहाँ पहुँचे। मालूम हुआ कि प्रधान महोदय से कोई यह भी न पूछ पाया कि वह किस चीज़ पर मज़दूरों से दस्तख़त करवा रहे हैं। साथियों को लगा कि प्रधान ने बेरोज़गारी भत्ते के ही किसी काग़ज़ पर दस्तख़त कराए होंगे क्योंकि संगठन ने हरेक को इस सम्भावना के बारे में पहले से ही आगाह कर रखा था। साथियों के समझाने पर कोंचपुर के कई मज़दूर एक अधिकारी के सामने जाकर दस्तख़त करने वाले प्रसंग पर बयान देने को तैयार हो गए।

दस्तख़त करने वालों में से एक मज़दूर अपना बयान देने पहुँचा तो संगठन के दो अन्य प्रतिनिधि भी उस अधिकारी के कार्यालय में मौजूद थे। मज़दूर साथी ने पूरा किस्सा बयान किया कि कैसे प्रधान ने उससे हस्ताक्षर करवा लिए। अधिकारी महोदय पहले तो गर्दन हिलाकर पूरी बात सुनते रहे और फिर फ़रियादी के ही माथे पर ठीकरा फोड़ते हुए डपटने वाले सुर में बोले–"आप लोगों की यही तो प्रॉब्लम है। क्यों कर देते हैं आप लोग सादे काग़ज़ पर दस्तख़त?"

यह बात संगठन की एक प्रतिनिधि को बर्दाश्त नहीं हुई। वह बोल पड़ी–"दबाव को टाल पाना इतना आसान नहीं होता है। जब किसी गाँव का दबंग प्रधान किसी ग़रीब मज़दूर के दरवाज़े पर जाकर खड़ा हो जाता है, तब यदि प्रधान कोई दबंगई न भी करे तो भी उसका वहाँ खड़े होना ही बहुत बड़ा दबाव हो जाता है।"

अधिकारी को अपनी बात का खंडन भला कैसे सुहाता? बात काटकर बोले–"मैं भी तो देखता हूँ। न जाने कितने ग़रीब मज़दूर रोज़ आकर कितने ही सच्चे-झूठे आवेदन लगाते रहते हैं।"

अधिकारी महोदय से लेकर हमारे अनेक मध्य-वर्गीय शुभचिन्तक तक मज़दूरों को अनपढ़, नासमझ या धूर्त के रूप में देखते-सुनते यह अक्सर भूल जाते हैं कि जैसे बड़ी-बड़ी कुर्सियों पर बैठे अफ़सर 'प्रोटोकॉल' के नाम तले अपने क़ायदे-क़ानून निभाते हैं और उस प्रोटोकॉल से हटने में घबराते हैं, ठीक उसी तरह पीढ़ी-दर-पीढ़ी चला आ रहा एक सामाजिक प्रोटोकॉल भी बचपन से ही हमारी घुट्टी में डाला जाता है। पढ़े-लिखे नौजवान अधिकारी बनने के लिए किसी एकेडमी में जाकर दो-तीन साल का प्रशिक्षण क्या ले लेते हैं, उनके बोलने-चालने, सोचने-समझने का अन्दाज़ ही बदल जाता है। उन्हें मालूम हो जाता है कि उनको सामने वाले की कितनी बात सुननी है और कितनी नहीं! लेकिन औपचारिक प्रशिक्षण का फ़ायदा उठाते यही लोग अक्सर यह क्यों नहीं सोच पाते कि जन्म के साथ लिए और जिए गए प्रशिक्षण से बाहर निकलना भी कितना मुश्किल है? अगर हम समाजीकरण के इस सच को परखें तो फिर हमें यह समझने में दिक़्क़त नहीं होगी कि एक ग़रीब मज़दूर परिवार के बच्चे के लिए–जो बचपन से ही अपने घरवालों को कभी किसी प्रधान तो कभी किसी सवर्ण के सामने बिना ज़ुबान खोले उनकी बात मानते देखता है–इस सामाजिकता के नियमों को तोड़ पाना कितना कठिन होगा?

यह बात नहीं है कि हर ग़रीब मज़दूर अन्धा बनकर हमेशा अपने से ताक़तवर वर्ग की हर बात मानता है। न ही हम उन अफ़सरों को अनदेखा करना चाहते हैं जो किन्हीं मूल्यों के लिए बार-बार प्रोटोकॉल्ज़ पर प्रश्नचिन्ह लगाते हैं और स्थानान्तरण के लिए अपना सूटकेस हमेशा तैयार रखते हैं। लेकिन सामाजिक प्रशिक्षण से जनित एक बड़े पैमाने पर व्याप्त शोषण को पहचाने बिना हम अपनी लड़ाई का रणक्षेत्र ठीक से कभी नहीं आँक पाएँगे।

जिसकी लड़ाई, उसी की अगुवाई

जिसका मुद्दा उसकी लड़ाई, जिसकी लड़ाई उसकी अगुवाई। इस सिद्धान्त को मानते हुए संगठन का नियम बन गया है कि धरनों, प्रदर्शनों या किसी भी सार्वजनिक लड़ाई

में वार्ता हेतु पहुँचने वाले प्रतिनिधि-मंडल में अधिकाधिक संख्या मज़दूर साथियों की हो ताकि गाँवों का सबसे ग़रीब और दलित तबक़ा ही आगे बढ़कर पहले बड़े से बड़े अधिकारी से बहस-मुबाहिसा करे। चूँकि अधिकारीगण शहरी दीखने वाले चेहरों पर ही केन्द्रित होकर बातचीत करना पसन्द करते हैं, संगठन की कोशिश रहती है कि मज़दूर साथी ही सबसे आगे की कुर्सियों पर बैठें ताकि अधिकारी उनकी बात को तवज्जोह देने के लिए मजबूर हों। कितने ही मौक़े आए हैं जब जन-प्रतिनिधियों या अधिकारियों ने यह कहकर मज़दूरों को झिड़का है–"आप लोग चुप रहिये। आपकी नेता बोल रही हैं, न?" इस तरह ऋचा सिंह की मौजूदगी में सुरबाला को चुप कराने की कोशिश होती है, सुरबाला के आगे टामा को, और टामा सामने हो तो गाँव के अन्य साथियों को।

गाँव का कोई साथी अपनी समस्या लेकर अगर किसी पढ़े-लिखे सहयोगी के साथ किसी अधिकारी के यहाँ जाए तो अधिकारी यही उम्मीद करते हैं कि सहयोगी ही उसकी समस्या बताए। गाँव के साथी भी कई बार यह मान लेते हैं कि वह अपनी बात ख़ुद ठीक से नहीं बता पाएँगे। कई बार सहयोगी भी नहीं समझ पाते कि उनकी क्या भूमिका होनी चाहिए और वह प्रतिनिधि बनकर उस साथी की समस्या का पूरी सहानुभूति से बखान करने लगते हैं। संगठन का सवाल है–क्या इस तरह तारनहार बनकर समस्या का निराकरण होगा या फिर यह फ़र्स्ट एड बॉक्स के ज़रिए किया गया त्वरित उपचार बनकर रह जाएगा?

साथियों के पास अधिकारियों की भाषा नहीं है। अधिकारियों को साथियों की भाषा समझने की कोशिश करना मंज़ूर नहीं है, और कई बार तो जानबूझ कर समझने से इन्कार है। और हमारे सहयोगी अक्सर मान लेते हैं कि उनकी मुख्य भूमिका साथियों के ओर से बोलने की है। नतीजा यह होता है कि मेज़ के उस पार बैठे सत्ताधारी ग़रीब मज़दूरों के साथ बराबरी से बात करना अपनी शान के ख़िलाफ़ समझते हैं, और पढ़े-लिखे सहयोगी मज़दूर तथा किसान साथियों की मौजूदगी में उन्हीं साथियों का प्रतिनिधित्व करके अपनी शान बढ़ाने की कोशिश करते हैं।

परन्तु संगठन में निरन्तर होने वाली कठिन बहसों ने साथियों को अपने गाँवों के ही नहीं बल्कि पूरे समाज के सीढ़ीदार ढाँचों के ख़िलाफ़ जंग को आगे बढ़ाने की हिम्मत दी है। संगठन की लड़ाई उतनी ही मज़दूरों के हक़ों के लिए है जितनी इस ग़ैर-बराबर संवाद के क़ायदों को बदलने के लिए।

भ्रष्टाचार के घेरों में जीता संघर्ष

सेरवाडीह गाँव में कुछ मज़दूरों के जॉब कार्डों पर उनके द्वारा किए हुए काम से

अधिक दिन की मज़दूरी चढ़ा दी गई। मई 2007 में उन मज़दूरों ने इस धाँधली के ख़िलाफ़ कार्यवाही करने के लिए आवेदन दिया कि जिन विकास अधिकारियों की देख-रेख में मज़दूरों का नाम चढ़ाकर पैसे का ग़बन किया गया है वह पैसा उन्हीं अधिकारियों या कर्मचारियों से वसूल करके सरकारी कोष में जमा कर दिया जाए। संगठन के माध्यम से मामला ब्लॉक-स्तर से ज़िला-स्तर तथा राज्य-स्तर तक भी पहुँचा किन्तु आवेदन पर कहीं कोई कार्यवाही नहीं हुई। हाँ, धाँधली के आरोप की गिरफ़्त में आने वाले कर्मचारी यह कोशिश ज़रूर करते रहे कि मज़दूरों को अलग से कुछ पैसा देकर यह मनवा लें कि उन्हें पूरी मज़दूरी मिली है। यह सारी कोशिशें बेकार साबित हुईं।

ऐसे न जाने कितने किस्से हैं। बार-बार यही प्रयास होने लगते हैं कि मज़दूरों को कुछ ले-देकर मामला चटपट सुलझा लिया जाए। सेरवाडीह में किसी ने कोई समझौता नहीं किया, लेकिन एक-एक वक़्त की रोटी के लिए लड़ रहे लोगों के लिए धन के लोभ से बचना इतना आसान भी नहीं होता। वह भी ऐसी सूरत में जब प्रशासन आर्थिक रूप से कमज़ोर वर्ग को यह समझाने पर तुला हो कि धाँधलियों के ख़िलाफ़ जिस कार्यवाही की वे उम्मीद कर रहे हैं वह लाख कोशिशों के बावजूद नहीं होगी।

सेरवाडीह के मामले में हताशा महसूस हुई कि ऐसी लड़ाई का भला क्या मतलब जहाँ प्रशासन जनता के संघर्ष को इस तरह कुचलने पर आमादा हो? एक साथी ने थककर कहा कि "इससे अच्छा तो हमने प्रशासन द्वारा फेंके जाने वाले दो पैसे ही ले लिए होते। कम से कम दो-चार दिनों की रोटी ही चल जाती।" इस पर दूसरे साथी ने संगठन को याद दिलाया–"यह नौबत कभी नहीं आनी चाहिए कि हम गुड़ खाएँ पर गुलगुले से परहेज़ करें।"

अपने सम्मान और अधिकारों के लिए लड़ते हुए साथी यह गहराई से समझ पाए हैं कि ग़रीबों के अधिकारों को हड़पने की साज़िश में कब और कैसे नए मोहरे ईजाद किए जाते हैं। हमारी संसद ग़रीबों और पिछड़े क्षेत्रों के विकास के नाम पर तमाम योजनाएँ पास करती है तथा अनुदान या क़र्ज़ के बदले में ऐसे ढेरों फ़ैसले लेती है जो विदेशी सरकारों और कम्पनियों के हित में होते हैं। वहीं से शुरू होता है शिकार को फाँसने के लिए नित नया चारा ढूँढ़ने का खेल, जिसमें गाँव के लोग चकरघिन्नी बन कर रह जाते हैं, और शिकारी बार-बार एक सधे हुए खिलाड़ी की तरह सारा दोष जनता के मत्थे मढ़ देता है–इस ऐलान के साथ कि जब जनता ही जागरूक नहीं तब घोटालों को भला कौन रोक सकता है? और ऐसे ऐलान सचमुच आम लोगों की ज़ेहनियत पर हावी हो जाते हैं। गाँवों में चलती आम बातचीत में अक्सर यह सुनाई देगा कि जनता जागरूक हो तो भ्रष्टाचार और रिश्वतखोरी अपने

आप ही रुक जाएगी। ऊपर से ताक़तवर वर्ग, जो मज़दूरों को काम देता है, फ़ब्तियाँ कसने से बाज़ नहीं आता–"अब क्या भई? अब तो इनकी (दलितों की) ही सरकार है। और तो और, सूचना के अधिकार और रोज़गार गारण्टी क़ानून भी देशभर में लागू हो गए। अब तो सोने में सुहागा है। फिर भी ये मज़दूर क़ौम काम का रोना रोती है। अरे, यह लोग काम करना ही कहाँ चाहते हैं? बस मुफ़्त का दाम चाहिए।"

साथी इन इल्ज़ामों से तड़पकर जवाब देते हैं–"अब आप लोग यह कहना छोड़िए कि जनता जागरूक नहीं। हम लोग तो जागे ही नहीं हैं बल्कि सब कुछ दाँव पर लगाकर अपने अधिकारों के लिए लगातार लड़ रहे हैं और चारों तरफ़ से हमें ख़ामोश करने की कोशिशें जारी हैं। हमें व्यवस्था क्या सिखा रही है? यही न कि बिना छीने सत्ताधारियों से कुछ नहीं मिलने वाला?"

नींव से घर तक

हक़-हुक़ूक़ की लड़ाई लड़ने वाली एक संस्था में गाँव की कार्यकर्ताओं की बैठक चल रही थी। संस्था से जुड़ी गाँव की एक महिला खाना बनाने का काम कर रही थी। पता चला कि वह महिला गाँव की कार्यकर्ताओं के लिए कम दूध की चाय और कार्यालय के लोगों के लिए ज़्यादा दूध डालकर चाय बनाती है। कुछ लोग इस बात से बहुत नाराज़ थे क्योंकि चाय बनाने वाली कार्यकर्ता महिला मुद्दों पर नेतृत्वकारी भूमिका में काम करती थी। यह कह देना आसान है कि वह महिला ग़लत कर रही थी। यह सोचने की शायद ज़्यादा ज़रूरत है कि वह ऐसा क्यों कर रही होगी?

संगतिन की साथी, गरिमा ने एक बार कहा था–"कुछ भी कर लें, जब ढाँचा ही सीढ़ीगत बना हुआ है तो बदलाव कहाँ से आएगा?" यदि चाय बनाने वाली कार्यकर्ता देख रही है कि कुर्सियों पर बैठे कुछ लोग ख़ास हैं और बाक़ी नहीं, तो वह उन ख़ास लोगों के लिए कुछ ख़ास करने की कोशिश क्यों नहीं करेगी? वह जो भी कर रही है अपनी परिस्थितियों से प्रभावित होकर ही कर रही है, तो दोष अकेले उसके सिर ही क्यों मढ़ा जाए?

कोई भले ही किसी संगठन या आन्दोलन से जुड़ा हो, जब पूरे समाज का ही ढाँचा सीढ़ीगत है तो अन्ततः ग़ैरबराबरियों की चिर-परिचित सीढ़ियाँ राह में आएँगी ही। सही मायनों में बदलाव लाने के लिए यह काफ़ी नहीं है कि हम इन सीढ़ियों का इस्तेमाल करना बन्द कर दें। सचमुच बदलाव लाने के लिए सीढ़ियों को ही तोड़ना होगा।

महिलाओं के सशक्तीकरण की परम्परागत प्रक्रिया में गाँव की औरत को उस पल सशक्त माना जाता है जब वह एक स्त्री के रूप में अपने हक़-हुक़ूक़ के लिए

खूब बोलना और संघर्ष करना सीख जाए। उसके सशक्तीकरण के लिए यह ज़रूरी नहीं माना जाता कि वह अन्य सामाजिक लड़ाइयों को अपनी ज़िन्दगी, अपने वजूद से जोड़कर देखे या परखे। परन्तु अगर घर का नक्शा ही टेढ़ा हो तो हम उसके अन्दर चाहे जैसे भी कुछ रख लें, वह टेढ़ी स्थिति में ही रहेगा। ज़रूरत है नींव खोद कर नया कमरा बनाने की, लेकिन उम्मीद बिछाए बैठे हैं कि घर की साज-सज्जा बदल देने भर से सब कुछ नया लगने लगेगा–ऐसी उम्मीद से किसी संस्था का प्रोजेक्ट भले ही चल जाए, पर एक आन्दोलनात्मक सफ़र में संजोए सपने पूरे नहीं हो सकते। संगठन के तमाम साथी एक हक़ के लिए लड़ी जाने वाली जंग को दूसरे हक़ की लड़ाई से जोड़कर सिर्फ़ नींव खोदने का ही काम नहीं कर रहे–साथी जानते हैं कि हम सबको मिलकर नींव खोदने और ईंटें पकाने से लेकर मकान बनाने का पूरा काम करना है और फिर उस मकान को एक जीते-जागते घर में भी तब्दील करना है।

मनरेगा के आगे

एक दिन ब्लॉक पर एक आदमी रामबेटी को देखकर बोला–''तुम्हें देखकर तो नहीं लगता कि तुम तालाब पर मिट्टी ढोने का काम करती हो।'' रामबेटी हँस दी–''क्या हम ज़िन्दगी भर चीथड़े पहनकर ही मज़दूरी करेंगे? तुम्हें मालूम नहीं कि एक दिन की मज़दूरी से एक साड़ी ख़रीदी जा सकती है।''

2005 से अब तक संगतिन किसान मज़दूर संगठन के साथियों ने गाँव की ज़रूरतों के आधार पर लगातार संघर्ष करते हुए अपने लिए बेहतर मौक़े बनाए हैं। नहर में टेल तक पानी आया और देखते ही देखते कुछ दर्ज़न लोगों का समूह पाँच हज़ार साथियों का संगठन बन गया। गाँव-गाँव में साथियों ने अपने विभिन्न मुद्दों पर सामूहिक रूप से संघर्ष करना सीखा और मिश्रिख और पिसावाँ ब्लॉकों के लगभग तीन हज़ार साथी मनरेगा के अन्तर्गत सौ दिनों का रोज़गार पाने में सफल रहे। इनके साथ महोली ब्लॉक के लगभग दो-सौ साथियों ने भी सौ दिन का रोज़गार लिया। इन उपलब्धियों के बीच अक्सर यह सवाल उठता रहा है कि मनरेगा के आधार पर हम भले ही कुछ हफ़्तों का रोज़गार पा जाएँ, पर इस एक सरकारी नीति पर अपनी लड़ाई केन्द्रित करने से हमारी स्थितियाँ आख़िर कितनी बदलेंगी? कहीं यह बेहद लम्बी जंग लड़ते-लड़ते हम सामाजिक बदलाव के लिए संघर्षरत संगठन की बजाय सरकारी योजनाओं को बेहतर ढंग से लागू करवाने वाली मशीन तो नहीं बन गए हैं?

लेकिन संगतिन किसान मज़दूर संगठन द्वारा किए काम को ग़ौर से देखें तो एक जुदा तस्वीर उभरती है। इस्लामनगर रजबहा में पानी लाने के लम्बे संघर्ष के दौरान

काम के बदले अनाज योजना के अन्तर्गत साथियों ने सिल्ट-सफ़ाई का काम किया और 2007 में टेल तक पानी आया। 2008 में नरेगा के अन्तर्गत सिल्ट-सफ़ाई हुई किन्तु उसके अगले बरस 2009 में सफ़ाई न होने से टेल तक पानी पहुँचा ही नहीं और संगठन ने 2010 में फिर से टेल तक पानी पहुँचाने का बीड़ा उठाते हुए सिंचाई विभाग से सामना किया। अन्ततः मनरेगा के अन्तर्गत नियमानुसार सिल्ट-सफ़ाई का काम हुआ और टेल तक पानी पहुँचा। इस पूरे काम से चालीस हज़ार लोगों को रोज़ी-रोटी के लिए कुछ संसाधन जुटाने का मौक़ा मिला। यह आबादी सिर्फ़ मजदूरों की नहीं हैं। इनमें से तमाम मज़दूर छोटे-छोटे किसान भी हैं जो मनरेगा से मिले पैसे को खेती में लगाकर अपनी उपज बढ़ाने की कोशिश कर रहे हैं।

जो साथी कल मनरेगा में काम के लिए लड़े, वही अब आगे बढ़कर अन्य मुद्दों पर जंग छेड़ रहे हैं यह भली-भाँति जानते हुए कि मनरेगा जैसी सरकारी नीति हमारी मुक्ति का साधन नहीं बल्कि संगठित होने के लिए एक ज़रिया भर है। मिसाल के तौर पर, मिश्रिख ब्लॉक के पीपरी गाँव के साथियों ने 2007 में नरेगा के अन्तर्गत पहली बार काम किया। मज़दूर साथी कठिन दिनों में अर्थापुर के बड़े किसानों के घरों से राशन उधार लाते थे और फिर उनकी मज़दूरी करने पर बाध्य होते थे। योजनाबद्ध ढंग से काम करते हुए नरेगा में मिले पैसों से उन्होंने कठिन दिनों के लिए अनाज ख़रीदकर ज़बर्दस्ती की मज़दूरी से आज़ादी पाई और मज़दूरी में मिले पैसों को खेती में लगा दिया। फ़सल अच्छी होने से इन साथियों को शहर में काम करने नहीं जाना पड़ा जिससे घर-परिवार और गाँव में भी अधिक स्थिरता का माहौल बना। गाँव के लोगों ने संगठित होकर पंचायत चुनाव में हिस्सेदारी निभाई और अपने मनचीते प्रधान को जितलाने में सफल रहे। पीपरी वासियों ने आज की विषम परिस्थितियों में भी बाक़ी गाँवों में यह उम्मीद जगाई कि जीने के थोड़े-से संसाधन जुटाकर सामाजिक बदलाव के संघर्ष को आगे बढ़ाया जा सकता है।

इसी तरह महोली ब्लॉक में मनरेगा के मुद्दे को लेकर संगठित हुए बरगदिया गाँव के साथी अपनी ज़मीन की लड़ाई सामूहिक रूप से लड़ रहे हैं। इनकी लगभग पचास साल पुरानी पैतृक ज़मीन पैमाइश के बाद दूसरे व्यक्ति के कब्ज़े में जा रही है। इसी मामले में जब तहसील से गाँव के पाँच व्यक्तियों को नोटिस गया तो नोटिस ले जाने वाले मुलाज़िम ने हर व्यक्ति से सौ-सौ रुपयों की माँग की। आपस में बातचीत कर साथियों ने पैसा देने से इन्कार कर दिया।

और भी उदाहरण हैं। गोपलापुर के साथी अपने गाँव में हैण्डपम्प, आवास, राशनकार्ड और वज़ीफ़े के मुद्दों को लेकर धरने पर बैठे और अपनी कई माँगों को पूरा करवाने में सफल रहे। रूरा के साथी अपने ही गाँव के तीन साथियों का ग़लत ढंग से इन्दिरा आवास कटने के ख़िलाफ़ लड़े और तीनों को आवास दिलाने में

कामयाब हुए। जगदेवा की कैलाशा अपनी पैतृक ज़मीन पर लेखपाल द्वारा दूसरे को कब्ज़ा दिलाने की कोशिश से बचा ले गई। बरगदिया, महोली के द्वारिका, जो 1986 में मिले पट्टे की ज़मीन पर अभी तक कब्ज़ा नहीं कर पाए थे, साथियों की मदद से अपनी ज़मीन लेने के लिए आगे बढ़ पड़े। इन सबके साथ ही पूरे इलाक़े में संगठन के उभरने से दबंगों का ज़ोर बहुत कम हो गया है।

संगतिन किसान मज़दूर संगठन के संघर्ष क्षेत्र में होने वाले तमाम सामूहिक काम साथियों के लगातार मज़बूत बना रहे हैं। एक-एक साथी नारों से लेकर भाषण तक हर माध्यम के ज़रिए अपनी बात दम से लोगों के सम्मुख रखना सीखता है। वार्ताओं के दौरान सामने वाले की बात को ध्यान से सुन-समझकर जवाब देना सीखता है। इस पूरी प्रक्रिया में साथियों के मन में दुबके विचार, यादें, एहसास और बरसों से कुचले सपनों के तमाम ग़ुबार बाहर आते हैं। ओढ़े हुए संस्कारों से सवाल और टकराव भी इन्हीं बैठकों में शुरू होते हैं।

हमारे बुद्धिजीवी तबक़े में ऐसे तमाम लोग हैं जो रोज़मर्राह की ज़िन्दगी चलाने के लिए कहीं से तनख़्वाहें या अनुदान पाते हैं लेकिन साथ ही आन्दोलनात्मक सोच के साथ भी किसी-न-किसी रूप में जुड़े रहते हैं। लेकिन मध्यम वर्ग अक्सर यह कल्पना ही नहीं कर पाता कि मज़दूर साथी भी ऐसा बख़ूबी कर सकते हैं और कर रहे हैं। संगठन के साथी वैचारिक रूप से स्पष्ट हैं कि सरकारी नीतियों से लड़ना उनका अन्तिम लक्ष्य नहीं है, लेकिन इस स्पष्टता के साथ-साथ वे दूसरे कठिन सवाल भी उठाते हैं। मसलन, एक बैठक में सवाल उठा कि मनरेगा के सही चलने से क्या होगा जब तक ज़मीन पर सबकी बराबर की हक़दारी नहीं होती। पीपरी के प्रकाश ने बातचीत को एक नई गहराई देते हुए कहा–"बात सही है, फिर भी सिर्फ़ जमीन का हक़ होने से मज़दूर की ज़िन्दगी नहीं चल सकती। रोज़ी-रोटी कमाने के ज़रियों को लेकर सत्ता की नीतियों तक संघर्ष जारी रखना होगा।"

रिश्तों की शहतीरें

ढाँचों को बदलने के लिए नींव खोदना कोई आसान काम नहीं। एक तरफ़ से खुदाई करो तो माटी दूसरी ओर भरती जाती है। इसी तरह जहाँ संगठन को मिली सफलताएँ एक नए ढाँचे की दीवारें बनाने का काम करती हैं, वहीं गीली मिट्टी की दीवारें एक तरफ़ से सहारा मिलने पर दूसरी ओर झुकती हैं। गाँव में उठे किसी मुद्दे पर जो साथी अपना सब कुछ भूलकर बड़ी से बड़ी ताक़त से टकराने को तैयार हो जाते हैं, वही साथी कभी-कभी किसी छोटी-सी बात पर आपस में ऐसे भिड़ जाते हैं जैसे एक दूसरे के जानी दुश्मन हों। इसी तरह संगठन की ढेरों महिलाएँ कहीं तो हज़ारों

साथियों को ग़ज़ब का नेतृत्व देती हैं और कहीं अपने ही घरों में अपने अस्तित्व को बरक़रार रखने के लिए अनवरत संघर्ष करती हैं। कभी संगठन पुरुष साथियों को अपने साथ जोड़कर दीवार को एक तरफ से मज़बूत करता है, तो कभी उन्हीं साथियों के परिवारों में महिलाओं के साथ हो रही बदसुलूक़ी को बहस का मुद्दा बनाकर उसी दीवार को पीछे ढहने से रोकता है।

कच्ची दीवार खड़ी करने की नाज़ुक प्रक्रिया में हम सबके बीच बने मज़बूत रिश्ते सहारा देने वाले शहतीरों का काम करते हैं। ऐसी तंग, मैली, चक्करदार सीढ़ियों तले जहाँ अकेला इन्सान शायद नाउम्मीदी के अँधेरों से घबराकर भाग खड़ा हो, वहाँ मज़बूत रिश्ते ही संगठन को लगातार उम्मीदों से रोशन रखते है। इन रिश्तों के दम पर ही हम वह आत्मालोचन कर पाते हैं जो टामा, सुनीता, कमला, मधु और प्रकाश जैसे तमाम साथियों को इन सीढ़ियों पर बार-बार वार करने की हिम्मत देता है। जो बनवारी की ख़ामोशी को संगठन की गूँज में बदलता है। रिश्तों में पिरोया यही आत्मालोचन हज़ार दूरियों के आर-पार हमारे मनों, सपनों और शब्दों को आपस में गूँथकर हमें इस सफ़र को जारी रखने के लिए विश्वास और ऊर्जा देता है।

सन् 2004 में नहर का मुद्दा उठने पर पहली बार सैकड़ों पुरुष साथी संगतिन के साथ सक्रिय हुए। उसी साल हुसैनपुर गाँव में एक बड़ी बैठक हुई। बैठक के बाद सुनीता अपने घर से होली पर बनी गुझिया और कतरिया ले आई। ठाकुर बस्ती के कई लोग कतरिया उठा कर खाने लगे। इस पर जब किसी ने अचरज किया तो ठाकुर समुदाय के एक पुरुष ने कहा–"जाति का भेद अर्थहीन है। काटो तो सबके खून का रंग लाल होता है।" संगठन में जैसे-जैसे मर्द और औरतें साथ-साथ जुड़े, वैसे-वैसे लिंग, जाति और मज़हब के नाम पर बनी सीढ़ियों पर बहसें छिड़ने लगीं।

इस घटना के कोई ढाई बरस बाद जनवरी 2007 में संगतिन किसान मज़दूर संगठन के आठ साथी आदिवासियों के एक संगठन के संघर्ष को अपना समर्थन और सहयोग देने के लिए भोपाल गए। टामा ने पहली बार रेल यात्रा की। इस यात्रा के दौरान टामा एक बार पाख़ाने गया और पता नहीं कैसे उसका पैर पाख़ाने पर पड़ गया। टामा के पैर से पाख़ाना पास बैठे सज्जन की पैण्ट पर लग गया। डिब्बे के सारे लोग टामा पर चिल्लाने लगे। लगा कि कहीं मारपीट न हो जाए। उसी समय संतराम और सोबरन दादा ने–जो टामा को कम दिखाई देने की वजह से उसे साथ ले जाने से मना कर रहे थे–लोगों से बात करके सबका पारा ठण्डा किया और उन सज्जन की पैण्ट धुलवाई। मामला रफ़ा-दफ़ा हो गया। उस दिन संतराम और सोबरन दादा ने जिस सामूहिकता का परिचय दिया उसे देखकर सुरबाला रो दी।

सुरबाला की आँखों में आँसू देखकर सोबरन दादा ने कहा–"बिटिया, परेशान क्यों होती हो? हम सबका आकार-प्रकार भले ही अलग-अलग हो, पर आख़िर हैं

तो एक ही तसले के बर्तन!"

सुरबाला को यह विश्वास हो गया कि चाहे कितनी भी दरारें पाटना बाक़ी क्यों न हो, पर सामूहिकता और घने रिश्तों का जो बीज संगठन में अंकुरित हो चुका है, उसे पनपने से कोई रोक नहीं सकता। वह पूरी यात्राभर मनाती रही कि जितने बरतन हमारी गृहस्थी में बढ़ते चलें, हमारा तसला उतना ही बड़ा होता चले।

उसी यात्रा के दौरान केसला पहुँचकर संगतिन के साथी कुछ आदिवासी साथियों से मिले। दोनों समूहों में से कोई भी एक दूसरे की ज़ुबान नहीं जानता था। तभी आदिवासी साथियों में से ही एक लड़का आगे आया। वह कक्षा आठ पास था। ब्रह्मप्रसाद ने उससे पूछा–"तुम यहाँ जिस धरना प्रदर्शन में शामिल होने आए हो अगर वहाँ लाठी-चार्ज हो जाए तो?"

लड़का बोला–"तो क्या? सब मार खाएँगे तो मैं भी खा लूँगा। ताक़तवर लोगों ने पहले हमारे खेत छीने और नदी में मछली मारने का पट्टा दिया। अब उसके बाद यहाँ पर आकर शेरों को बचाने का प्रोजेक्ट चलाना चाहते हैं। क्या शेर की क़ीमत हम लोगों से ज़्यादा है?"

बात संगतिन से पहुँचे साथियों के दिलों में बैठ गई–"देखो, हम लोग अपने अस्तित्व और रोज़ी-रोटी के लिए लड़ते हैं और यह आदिवासी साथी भी अपने वजूद की लड़ाई लड़ते हैं। दोनों संघर्ष एक हैं इसलिए हमें इनका साथ पूरे मन से देना चाहिए।"

लगातार साथ रहकर ऐसे अनुभवों से गुज़रते हुए सबके बीच एक ख़ास रिश्ता तो बना लेकिन जब खाने का वक़्त होता तो सवर्ण जाति के संतराम व ब्रह्मप्रसाद कहते कि हम इन आदिवासियों के यहाँ नहीं खाएँगे। एक तरफ़ जो साथी सामूहिकता का इतना मज़बूत परिचय देते, दूसरी तरफ़ वही साथी जाति के मसले को लेकर इस क़दर कमज़ोर दीखने लगते कि लगता कि संगठन भला कैसे चलेगा?

इन सवालों से उलझती सुरबाला ने संतराम से पूछा–"ऐसा काहे करते हो?"

संतराम का जवाब था–"हम हैं तो संगठन के ही लोग। जानते हैं कि इस तरह से करना ग़लत है। फिर भी, कोरे काग़ज़ पर लिखना आसान होता है परन्तु पहले से ही गोदे-घोंचे काग़ज़ पर मिटा कर लिखना बहुत कठिन होता है। हो सकता है लिखा हुआ काग़ज़ ही फट जाए। फिर भी कोशिश तो चल ही रही है। कोई चीज़ बहुत जल्दी मिट जाती है कोई बहुत देर से। तुम चिन्ता मत करो।"

सुरबाला को लगा कि संतराम ने ठीक ही कहा। किसी के ऊपर ज़बर्दस्ती दबाव बनाने से ऐसे भेदभाव नहीं मिटेंगे। जिस दिन संतराम, ब्रह्मप्रसाद और 'पिता' जैसे साथी ख़ुद अपनी ज़िन्दगी की स्लेट पर लिखे 'जातिवाद' को धुँधला कर पाएँगे, या मिटा पाएँगे, उस दिन साफ़ की हुई जगह में अपनी ही यात्रा और संघर्ष से उभरा

कोई नया शब्द लिखेंगे। जब तक वो दिन नहीं आता है तब तक उनका सफ़र संगठन के सफ़र का अहम हिस्सा बना रहेगा और संगठन को उस कच्ची दीवार को सम्भालने की ज़िम्मेदारी लेनी ही होगी।

प्रवेश वर्जित

23 अगस्त, 2006 की रैली के बाद सक्रिय साथियों के ऊपर राजनीतिक ताक़तों की नजर और पैनी हो चली थी। जिन लोगों की नज़र में संगतिनें पहले केवल महिला मुद्दों पर काम करने वाली औरतें थीं, उन्हें अब संगठन की तरफ़ से ख़तरा महसूस होने लगा था। विकास की आड़ में बने उनके आर्थिक समीकरण पर अब संगतिनें भारी पड़ने लगी थीं। साथी कौन सी गतिविधियाँ किन गाँवों में कब कर रहे हैं, इनकी जानकारियाँ अब संगठन के बाहर संजोई जा रही थीं। ऐसी स्थिति में सीतापुर में जुटी तीन मुख्य कार्यकर्ताओं–ऋचा सिंह, रीना व सुरबाला–को आपसी तथा संगठन के बाक़ी साथियों से सम्पर्क बनाए रखने के लिए फ़ोन की ज़रूरत बराबर महसूस होती थी। पी.सी.ओ. पर लोगों की लम्बी कतारों के सामने तमाम नाज़ुक मसलों पर साथियों से बात करना ख़तरे पैदा कर रहा था। आख़िरकार रीना ने लैण्ड-लाइन फ़ोन का कनेक्शन ले लिया और सुरबाला ने मोबाइल का। दोनों के पास फ़ोन होने से संगठन की योजनाएँ बनाने में ख़ासी आसानी हो गई। इसी बीच सबेलिया गाँव के सर्वेश ने एक दिन सुरबाला से कहा, "दीदी, हमें भी फ़ोन ख़रीदवा दो।"

"घर में खाने के लिए गेहूँ ख़रीद लो। ठण्ड का मौसम है। तुम्हारे पास रज़ाई नहीं है। मज़दूरी का जो पैसा मिला है, उससे रज़ाई बनवा लो। फ़ोन की अभी क्या ज़रूरत है?" सुरबाला ने सर्वेश को समझाया।

फिर सर्वेश ने ऋचा सिंह से फ़ोन की बाबत कहा। वहाँ से भी यही जवाब मिला–"सर्वेश, तुम क्यों फोन ख़रीदना चाहते हो? मैं तुम्हें फ़ोन ख़रीदने की राय नहीं दूगीं।"

अन्ततः सर्वेश ने ख़ुद ही फ़ोन ख़रीद लिया।

सुरबाला ने सर्वेश से शिकायत की–"तुमने हमारे इतना समझाने के बाद भी फ़ोन ख़रीद लिया?"

सर्वेश ने कहा–"आपने जब फ़ोन ख़रीदा तब हमने तो नहीं कहा था कि फ़ोन मत ख़रीदो। कि इससे आपका ख़र्च बढ़ जाएगा। फिर आपने मुझे क्यों मना किया? सब लोग यही तो कहते हैं कि तुम ग़रीब लोग ज़रा-सा पैसा मिले तो अपनी ज़रूरतें

कहाँ है यह तक नहीं देख पाते। बस, आलतू-फ़ालतू रेडियो और फ़ोन पर ख़र्च करते रहते हो। आपने भी यही कह दिया तो मुझे बहुत ग़ुस्सा आया। मैंने जाकर फ़ोन ख़रीद लिया।''

सर्वेश का जवाब सुनकर पहले-पहल सुरबाला को बुरा लगा, फिर अन्दर से भीषण छटपटाहट हुई। सर्वेश ने उसकी सलाह को इस तरह क्यों लिया? कई दिनों बाद सुरबाला ने दूसरे साथियों के साथ इस बात पर चर्चा की तो सब यह सोचने पर मजबूर हुए कि क्या कोई और तय कर सकता है कि सर्वेश अपनी मेहनत से कमाए पैसे से क्या ख़रीदे? कि उसकी ज़रूरत क्या है और क्या नहीं? हमारे बीच मौजूद खाईयाँ कभी-कभी हमारे सोचने-समझने और कहने के ढंग को ऐसे दायरों में बाँध देती हैं जहाँ संवाद की संभावनाएँ घुट जाती हैं।

सुरबाला को लगा—सच ही तो है कि संगठनों को नेतृत्व देने वाले तमाम लोगों की उँगलियाँ अक्सर सर्वेश के ही तबक़े पर ही उठ जाती हैं और वे अपनी-अपनी सोच से उस तबक़े की ज़रूरतों के बारे में परिभाषाएँ तथा अवधारणाएँ गढ़ने लगते हैं। क्या सिर्फ़ इसलिए कि उन्होंने उनके साथ खड़े होने की कोशिश की है या उनकी रोटी की लड़ाई में थोड़ा सहयोग दिया है? सर्वेश का तबक़ा तो वह तबक़ा है जो आन्दोलनों को सहयोग देकर और अपने अस्तित्व को एक अँगूठे की तरह मुट्ठी में समाहित करके उसे एक ज़बर्दस्त ताक़त का एहसास कराता है। और इतना करने के बाद भी वह किसी को कोई सीख देने की कोशिश नहीं करता। यह सच है कि सुरबाला सर्वेश के ही गाँव की सदस्य है और सर्वेश और उसके बीच एक अच्छी समझ और विश्वास का रिश्ता रहा है। फिर भी सुरबाला ने महसूस किया कि वह या संगठन के कोई अन्य साथी अथवा सहयोगी ऐसा कैसे मान सकते हैं कि वे सर्वेश की ज़रूरत को सर्वेश से बेहतर जानने की स्थिति में हैं?

आज सुरबाला को सर्वेश का फ़ोन खरीदना या उसका सुरबाला को दो टूक जवाब देना अखरता नहीं है। बल्कि कहीं-न-कहीं सुरबाला इन्हें उन तख़्तियों की तरह देखती है जिन पर लिखा रहता है कि प्रवेश वर्जित है। यह तख़्तियाँ या *नो-एण्ट्री सिग्नल* सुरबाला को एहसास कराते हैं कि सर्वेश की ज़िन्दगी कैसे चलेगी, उसे किस चीज़ की ज़रूरत है? उसे किस चीज़ के होने से ख़ुशी मिलेगी? इन सवालों के ज़वाब न वह कभी जान सकेगी, न ही उसे इन मसलों पर फ़ैसला सुनाने का कोई हक़ है।

इस प्रसंग को याद करके सुरबाला ने अपनी डायरी में लिखा—''इस चर्चा के बाद सर्वेश के साथ मेरी दोस्ती कम होने के बजाय और बढ़ी है। अब जो लोग लखनऊ से रिक्शा चलाकर हाथ में रेडियो लेकर लौटते हैं उनको देखकर मुझे नाराज़गी नहीं होती। पर अभी भी मन में यह सवाल आते हैं कि इन्होंने यह रेडियो क्यों ख़रीदा? इनकी ज़रूरत तो कुछ और थी। पर इसका मेरे पास कोई जवाब नहीं है।''

जिस तरह टामा ने अपने सवालों से और बनवारी और राधा ने अपनी दमदार ख़ामोशियों से संगठन के सदस्यों को कठिन सच्चाइयों से जूझने के लिए बाध्य किया है, वैसे ही सर्वेश के सवालों से उपजी सुरबाला के मन की उथल-पुथल संगठन के हर साथी को एक कठोर सच का सामना करने को मजबूर करती है। अगर संगतिन किसान मज़दूर संगठन हर अन्याय को क़रीब से पहचान कर उसके ख़िलाफ़ आवाज़ उठाना चाहता है तो सही मायनों में ऐसी लड़ाई लड़ने के लिए संगठन की हर साथी को ईमानदारी से पहचानना होगा अपनी ही सुविधाओं और नज़रियों से जनित सीमाओं को, और यह भी, कि अपने किसी भी साथी की भावनाएँ, इच्छाएँ या तर्क हम पूरी तरह से समझ पाने में असक्षम हैं। अपने नज़रियों, अपनी समझ, अपने ज्ञान की सीमाओं को पहचान कर ही हम सब माया, कैलाशा, सुनीता, सरस्वती अम्मा और रामबेटी जैसे साथियों द्वारा किए संघर्ष की क़ीमत आँककर इनसे साहस और प्रेरणा बटोर पाएँगे।

चौथा खण्ड

आग लगी है जंगल माँ

(नाटक)

दिनांक 17 अगस्त से 21 अगस्त, 2010 तक संगतिन किसान मजदूर संगठन के साथियों ने सीतापुर में एक पाँच दिवसीय नाट्य रचना कार्यशाला में हिस्सा लिया। इस नाट्य रचना कार्यशाला में भाग लेने वाले साथी अधिकतर पिसावाँ ब्लॉक से थे। इन साथियों ने तरुण कुमार के साथ दिन-रात मेहनत करके एक नाटक तैयार किया जिसका आलेख हम नीचे प्रस्तुत कर रहे हैं।

प्रतिभागी : बिटोली, कुसुमा, जमुना, राधा प्यारी, मीना, रोशनलाल, मनोहर, रामकिशोर, श्री किशन, अनिल, सुरेन्द्र, टामा

सहयोगी : शिवम शुक्ल, कमल बाजपेई

व्यवस्था : राजेन्द्र

संवाद और आलेख : तरुण कुमार, ऋचा नागर, ऋचा सिंह

गीत : दिल की कोठरिया–टामा
आग लगी है जंगल माँ–ऋचा सिंह, ऋचा नागर, मनोहर

संगीत संयोजन : रोशनलाल, मनोहर

कार्यशाला संरचना, परिकल्पना और निर्देशन : तरुण कुमार

टामा और साथियों के गीत से नाटक की शुरुआत।

जब दिल की कोठरिया साफ नहीं तब गंगा नहाए से का होई?
मन की गाड़ी, ज्ञान का इंजन, ड्राइवर कहाए से क्या होई?
एक्सीडेंट जब हुई गवा, तो हारन दबाए से का होई?
जब दिल की कोठरिया साफ नहीं तब गंगा नहाए से का होई?

ख्यात गयो खरिहान गयो, पीछे पछताए का होई?
जब ख्यात चिरैया चुनि गईं तब डण्डा हलाए से का होई?
जब दिल की कोठरिया साफ नहीं तब गंगा नहाए से का होई?

पंच बने, परधान बने, सी.डी.ओ. कहाए से का होई?
जब सारा पैसा खाए गए, तब कलम चलाए से का होई?
जब दिल की कोठरिया साफ नहीं तब गंगा नहाए से का होई?

बी.डी.ओ. बने, डी.डी.ओ. बने, फिर डी.एम. कहाए से का होई?
जब जनता आफिस आय गई, तब कलम चलाए से का होई?
जब दिल की कोठरिया साफ नहीं तब गंगा नहाए से का होई?

गीत के बाद टामा साथियों के साथ बैठ जाते हैं और बातचीत शुरू करते हैं।

पहला दृश्य

टामा : काम किए चार महीने हो गए हैं अभी तक हम लोगों का कोई पेमेन्ट नहीं हुआ है। सरकार की स्कीम है कि चौदह दिन में मजदूरी का पैसा मिल जाना चाहिए। हमारे घरों में तीज-त्योहार

आकर चले गए। इतनी मेहनत के बाद भी हमारे बच्चे भूखे-नंगे ही रहे।

बिटोली : हम मजदूर कोई लखपति-करोड़पति तो नहीं जो हम चार-चार महीने मजदूरी का इन्तजार करें।

रामकिशोर : अगर इन अधिकारियों को चार महीने तनख्वाह न मिले तो? बहुत हो गया! टामा भइया, अब तुम बी.डी.ओ. को तुरन्त फोन लगाओ तो।

टामा : रुको, अभी फोन लगाते हैं।

(टामा फ़ोन लगाता है।)

टामा : हलो

बी.डी.ओ. : हलो

तीन बार दोनों के बीच 'हलो—हलो' होती है जिससे लगता है कि बी.डी.ओ. टामा की आवाज़ नहीं सुन पा रहा।

बी.डी.ओ. : आवाज नहीं आ रही है।

टामा : हमको तो आवाज आ रही है।

बी.डी.ओ. : *(अन्दाज़ बदलकर)* हाँ, हाँ, बोलो।

टामा : सर, हम संगतिन से टामा बोल रहे हैं।

बी.डी.ओ. : कौन टामा? मुझे क्यों फोन कर रहे हो? अपने प्रधान से बात करो।

टामा : साहब, आपसे ही बात करनी है। सर, चार महीने हो गए हैं। हमारी मजदूरी का भुगतान नहीं हुआ है।

बी.डी.ओ. : कहा न, आप अपने सेक्रेटरी और प्रधान से बात कीजिए।

टामा : सर, सेक्रेटरी और प्रधान से बात करते तो चार महीने गुजर गए। घरों में खाने को नहीं। बाकी की तो बात छोड़िये।

बी.डी.ओ. : हूँ-हूँ।

टामा : सुनिए सर, अब बर्दाश्त नहीं हो रहा है।

बी.डी.ओ. : मैं अभी सेक्रेटरी और प्रधान से बात करता हूँ।

टामा : साहब, आप तुरन्त बात कीजिए हम लोग यहीं बैठे हैं। मैं आपको पाँच मिनट में फिर फोन करता हूँ।

बी.डी.ओ. : ठीक है, ठीक है। *(फ़ोन काट देता है।)*

टामा घेरे में वापस आता है

टामा : *(साथियों से)* बी.डी.ओ. से बात हो गई है। उन्होंने कहा है कि

टामा और साथियों के गीत से नाटक की शुरुआत।

जब दिल की कोठरिया साफ नहीं तब गंगा नहाए से का होई?
मन की गाड़ी, ज्ञान का इंजन, ड्राइवर कहाए से क्या होई?
एक्सीडेंट जब हुई गवा, तो हारन दबाए से का होई?
जब दिल की कोठरिया साफ नहीं तब गंगा नहाए से का होई?

ख्यात गयो खरिहान गयो, पीछे पछताए का होई?
जब ख्यात चिरैया चुनि गईं तब डण्डा हलाए से का होई?
जब दिल की कोठरिया साफ नहीं तब गंगा नहाए से का होई?

पंच बने, परधान बने, सी.डी.ओ. कहाए से का होई?
जब सारा पैसा खाए गए, तब कलम चलाए से का होई?
जब दिल की कोठरिया साफ़ नहीं तब गंगा नहाए से का होई?

बी.डी.ओ. बने, डी.डी.ओ. बने, फिर डी.एम. कहाए से का होई?
जब जनता आफिस आय गई, तब कलम चलाए से का होई?
जब दिल की कोठरिया साफ नहीं तब गंगा नहाए से का होई?

गीत के बाद टामा साथियों के साथ बैठ जाते हैं और बातचीत शुरू करते हैं।

पहला दृश्य

टामा : काम किए चार महीने हो गए हैं अभी तक हम लोगों का कोई पेमेन्ट नहीं हुआ है। सरकार की स्कीम है कि चौदह दिन में मजदूरी का पैसा मिल जाना चाहिए। हमारे घरों में तीज-त्योहार

आकर चले गए। इतनी मेहनत के बाद भी हमारे बच्चे भूखे-नंगे ही रहे।

बिटोली : हम मजदूर कोई लखपति-करोड़पति तो नहीं जो हम चार-चार महीने मजदूरी का इन्तजार करें।

रामकिशोर : अगर इन अधिकारियों को चार महीने तनख्वाह न मिले तो? बहुत हो गया! टामा भइया, अब तुम बी.डी.ओ. को तुरन्त फोन लगाओ तो।

टामा : रुको, अभी फोन लगाते हैं।

(टामा फ़ोन लगाता है।)

टामा : हलो

बी.डी.ओ. : हलो

तीन बार दोनों के बीच 'हलो–हलो' होती है जिससे लगता है कि बी.डी.ओ. टामा की आवाज़ नहीं सुन पा रहा।

बी.डी.ओ. : आवाज नहीं आ रही है।

टामा : हमको तो आवाज आ रही है।

बी.डी.ओ. : *(अन्दाज़ बदलकर)* हाँ, हाँ, बोलो।

टामा : सर, हम संगतिन से टामा बोल रहे हैं।

बी.डी.ओ. : कौन टामा? मुझे क्यों फोन कर रहे हो? अपने प्रधान से बात करो।

टामा : साहब, आपसे ही बात करनी है। सर, चार महीने हो गए हैं। हमारी मजदूरी का भुगतान नहीं हुआ है।

बी.डी.ओ. : कहा न, आप अपने सेक्रेटरी और प्रधान से बात कीजिए।

टामा : सर, सेक्रेटरी और प्रधान से बात करते तो चार महीने गुजर गए। घरों में खाने को नहीं। बाकी की तो बात छोड़िये।

बी.डी.ओ. : हूँ-हूँ।

टामा : सुनिए सर, अब बर्दाश्त नहीं हो रहा है।

बी.डी.ओ. : मैं अभी सेक्रेटरी और प्रधान से बात करता हूँ।

टामा : साहब, आप तुरन्त बात कीजिए हम लोग यहीं बैठे हैं। मैं आपको पाँच मिनट में फिर फोन करता हूँ।

बी.डी.ओ. : ठीक है, ठीक है। *(फ़ोन काट देता है।)*

टामा घेरे में वापस आता है

टामा : *(साथियों से)* बी.डी.ओ. से बात हो गई है। उन्होंने कहा है कि

अभी पाँच मिनट में आपको बताते हैं।

मीना : यू बी.डी.ओ. बहिरा है का?

टामा : बी.डी.ओ. तो फोन करने से रहा। हमको ही फोन करना पड़ेगा।

बिटोली : हाँ, हाँ, भैया! लगाओ, लगाओ। अब तो दस मिनट हुइगै।

कमला : *(सुर और ऊँचा करते हुए)* दस मिनट से ऊपर हो गए हैं।

टामा फ़ोन लगाता है। मनोहर की आवाज़–"जिस नम्बर से आप सम्पर्क करना चाहते हैं वह अभी व्यस्त है। कृपया थोड़ी देर बाद सम्पर्क करें।"

टामा : फोन अभी व्यस्त है। लगता है किसी से बात हो रही है।

कुसुमा : फिर से लगाओ भइया।

बिटोली : झोंके रहो भइया।

टामा फ़ोन लगाता है। मनोहर की आवाज़–"जिस नम्बर से आप सम्पर्क करना चाहते हैं वह अभी स्विच्ड ऑफ है। कृपया थोड़ी देर बाद सम्पर्क करें।"

टामा : अभी बता रहा था व्यस्त है। अब स्विच आफ बता रहा है।

कमला : लगता है, तुम्हारा नम्बर देखकर स्विच आफ कर लिया।

टामा : साथियो, अब फोन से काम नहीं चलने वाला। अब हम लोगों को ब्लॉक पर चलना चाहिए।

सब : चलो भइया।

साथी नारे लगाते हैं–

संगतिन किसान मज़दूर संगठन

ज़िन्दाबाद, ज़िन्दाबाद

हम अपना अधिकार माँगते, नहीं किसी से भीख माँगते।

माँग हमारी पूरी हो, चाहे जो मजबूरी हो।

बी.डी.ओ. के कमरे के बाहर चपरासी सबको रोकता है। टामा, कमला और बिटोली चपरासी से बात करते हैं।

चपरासी : आप लोग यहाँ शोर क्यों मचा रहे हैं? किससे बात करनी है?

टामा : हमको बी.डी.ओ. साहब से बात करनी है।

चपरासी : साहब साइट पर गए हैं।

कमला : हमारा चार महीने का पेमेन्ट बकाया है। बी.डी.ओ. साहब से मिलना है।

चपरासी : साहब हैं ही नहीं। चलो, भागो यहाँ से। *(चपरासी अन्दर चला*

जाता है।)

बिटोली : हम नहीं जाएँगे। हम तो यहीं बैठेंगे। बुलवाओ बी.डी.ओ. साहब को! आज तो मजदूरी लेकर ही जाएँगे।

रोशन ढोलक पर थाप देता है। थाप के बाद–

चपरासी : साहब, बाहर जनता बहुत शोर मचा रही है। कहिए तो भगा दें।

बी.डी.ओ. : अरे ये संगतिन के लोग हैं। ऐसे नहीं मानेंगे। बात ज़िले तक पहुँच जाएगी।

चपरासी : *(बाहर आकर)* आप लोगों में से कोई एक अन्दर जाकर साहब से बात कर ले।

मीना : बी.डी.ओ. साहब से बोलो कोई एक अन्दर नहीं आएगा। बाहर आकर वह सबसे बात करें।

ढोलक की थाप। बी.डी.ओ. बाहर आते हैं।

बी.डी.ओ. : बोलिए, क्या बात है?

बिटोली : साहब नमस्कार। हम लोगों का चार महीना पुराना भुगतान बाकी है।

कमला : चौदह दिन के अन्दर भुगतान होना चाहिए। चार-चार महीने हो रहे हैं, हम लोगों का भुगतान नहीं हो रहा है।

बी.डी.ओ. : आप अपने प्रधान और सेक्रेटरी से बात कीजिए न। यहाँ क्यों चले आए हैं?

बिटोली : सर, प्रधान और सेक्रेटरी के पास जात-जात चार महीना हो गए हैं। तभी तो आपके पास आए हैं।

बी.डी.ओ. : ठीक है। मैं अभी प्रधान से बात करता हूँ।

बी.डी.ओ. : हलो प्रधान, आप कहाँ हैं?

प्रधान : प्रणाम सर। घर पर हैं, सर।

बी.डी.ओ. : आपकी ग्रामसभा कपसा के लोग यहाँ आए हैं।

प्रधान : सर, कपसा के लोग आपके पास आ ही नहीं सकते। वे तो अपने ही लोग हैं। उनका पेमेन्ट हमने कर दिया है। किसी दूसरे गाँव के लोग होंगे।

बी.डी.ओ. : *(फ़ोन हटाकर जनता से)* आप लोग कहाँ से आए हैं?

बिटोली एवं कई : मकड़ेरा से।

बी.डी.ओ. : हलो प्रधान, ये मकड़ेरा के लोग हैं। यहाँ आइए और इनकी समस्या सुलझाइए।

प्रधान : साहब, मकड़ेरा के लोगों का जो पेमेन्ट होना था वह तो आप

अभी पाँच मिनट में आपको बताते हैं।

मीना : यू बी.डी.ओ. बहिरा है का?

टामा : बी.डी.ओ. तो फोन करने से रहा। हमको ही फोन करना पड़ेगा।

बिटोली : हाँ, हाँ, भैया! लगाओ, लगाओ। अब तो दस मिनट हुइगै।

कमला : *(सुर और ऊँचा करते हुए)* दस मिनट से ऊपर हो गए हैं।

टामा फ़ोन लगाता है। मनोहर की आवाज़–"जिस नम्बर से आप सम्पर्क करना चाहते हैं वह अभी व्यस्त है। कृपया थोड़ी देर बाद सम्पर्क करें।"

टामा : फोन अभी व्यस्त है। लगता है किसी से बात हो रही है।

कुसुमा : फिर से लगाओ भइया।

बिटोली : झोंके रहो भइया।

टामा फ़ोन लगाता है। मनोहर की आवाज़–"जिस नम्बर से आप सम्पर्क करना चाहते हैं वह अभी स्विच्ड ऑफ है। कृपया थोड़ी देर बाद सम्पर्क करें।"

टामा : अभी बता रहा था व्यस्त है। अब स्विच आफ बता रहा है।

कमला : लगता है, तुम्हारा नम्बर देखकर स्विच आफ कर लिया।

टामा : साथियो, अब फोन से काम नहीं चलने वाला। अब हम लोगों को ब्लॉक पर चलना चाहिए।

सब : चलो भइया।

साथी नारे लगाते हैं–

संगतिन किसान मज़दूर संगठन
ज़िन्दाबाद, ज़िन्दाबाद
हम अपना अधिकार माँगते, नहीं किसी से भीख माँगते।
माँग हमारी पूरी हो, चाहे जो मजबूरी हो।

बी.डी.ओ. के कमरे के बाहर चपरासी सबको रोकता है। टामा, कमला और बिटोली चपरासी से बात करते हैं।

चपरासी : आप लोग यहाँ शोर क्यों मचा रहे हैं? किससे बात करनी है?

टामा : हमको बी.डी.ओ. साहब से बात करनी है।

चपरासी : साहब साइट पर गए हैं।

कमला : हमारा चार महीने का पेमेन्ट बकाया है। बी.डी.ओ. साहब से मिलना है।

चपरासी : साहब हैं ही नहीं। चलो, भागो यहाँ से। *(चपरासी अन्दर चला*

जाता है।)

बिटोली : हम नहीं जाएँगे। हम तो यहीं बैठेंगे। बुलवाओ बी.डी.ओ. साहब को! आज तो मजदूरी लेकर ही जाएँगे।

रोशन ढोलक पर थाप देता है। थाप के बाद–

चपरासी : साहब, बाहर जनता बहुत शोर मचा रही है। कहिए तो भगा दें।

बी.डी.ओ. : अरे ये संगतिन के लोग हैं। ऐसे नहीं मानेंगे। बात ज़िले तक पहुँच जाएगी।

चपरासी : *(बाहर आकर)* आप लोगों में से कोई एक अन्दर जाकर साहब से बात कर ले।

मीना : बी.डी.ओ. साहब से बोलो कोई एक अन्दर नहीं आएगा। बाहर आकर वह सबसे बात करें।

ढोलक की थाप। बी.डी.ओ. बाहर आते हैं।

बी.डी.ओ. : बोलिए, क्या बात है?

बिटोली : साहब नमस्कार। हम लोगों का चार महीना पुराना भुगतान बाकी है।

कमला : चौदह दिन के अन्दर भुगतान होना चाहिए। चार-चार महीने हो रहे हैं, हम लोगों का भुगतान नहीं हो रहा है।

बी.डी.ओ. : आप अपने प्रधान और सेक्रेटरी से बात कीजिए न। यहाँ क्यों चले आए हैं?

बिटोली : सर, प्रधान और सेक्रेटरी के पास जात-जात चार महीना हो गए हैं। तभी तो आपके पास आए हैं।

बी.डी.ओ. : ठीक है। मैं अभी प्रधान से बात करता हूँ।

बी.डी.ओ. : हलो प्रधान, आप कहाँ हैं?

प्रधान : प्रणाम सर। घर पर हैं, सर।

बी.डी.ओ. : आपकी ग्रामसभा कपसा के लोग यहाँ आए हैं।

प्रधान : सर, कपसा के लोग आपके पास आ ही नहीं सकते। वे तो अपने ही लोग हैं। उनका पेमेन्ट हमने कर दिया है। किसी दूसरे गाँव के लोग होंगे।

बी.डी.ओ. : *(फ़ोन हटाकर जनता से)* आप लोग कहाँ से आए हैं?

बिटोली एवं कई : मकड़ेरा से।

बी.डी.ओ. : हलो प्रधान, ये मकड़ेरा के लोग हैं। यहाँ आइए और इनकी समस्या सुलझाइए।

प्रधान : साहब, मकड़ेरा के लोगों का जो पेमेन्ट होना था वह तो आप

जानते ही हैं—वह कैसे हो सकता है?

बी.डी.ओ. : क्या?

प्रधान : सर, वह लिफाफा जो आप तक पहुँच चुका है। अब आप ही सम्भाल लीजिए।

बी.डी.ओ. : *(तमककर)* क्या बोले तुम? क्या बोले ? फ़ौरन यहाँ आइये।

प्रधान : साहब गलती हो गई।

बी.डी.ओ. : ग़लती-वलती नहीं। फ़ौरन यहाँ आइये।

प्रधान : ठीक है साहब। मैं आधे घण्टे में आता हूँ। मैं फोन रख रहा हूँ साहब।

फ़ोन कटने के बाद भी बी.डी.ओ. जनता को प्रभावित करने के लिए बोलता जाता है।

बी.डी.ओ. : नहीं-नहीं तीन घण्टे में नहीं। फ़ौरन आइए यहाँ। यह लोग क्या बेवकूफ़ हैं? इतनी मेहनत के बाद इन लोगों का पेमेन्ट नहीं हुआ है। क्या इनके घरों में तीज-त्योहार नही मनाए जाएँगे? आप यहाँ फ़ौरन आइए और मेरे सामने इनकी समस्या का समाधान कीजिए।

बी.डी.ओ. : *(फ़ोन काटकर जनता से)* आपके प्रधान अभी आ रहे हैं।

प्रधान जी झोला लटकाए और हाथ में फ़ाइल लेकर बदहवासी की हालत में तेज़ कदमों से प्रवेश करते हैं।

प्रधान : जी साहब, बोलिए।

बी.डी.ओ. : यह आपकी जनता है। तुरन्त इनके भुगतान की कार्यवाही कीजिए।

प्रधान : साहब आप परेशान न हों। मैं इनको देख लूँगा।

ढोलक की थाप ख़त्म होते ही प्रधान जनता की तरफ़ रुख़ करके अपने तेवर बदल देता है।

प्रधान : तुम लोग यहाँ क्यों आए हो?

बिटोली : रामेन्द्र के खेत में जो हमने काम किया था उसका भुगतान तुम अभी तक नहीं कराए और अपने पक्ष के लोगों का भुगतान करा दिया।

कुसुमा : रामेन्द्र के खेत का भुगतान नहीं हुआ और धनसिंह के खेत का हो गया।

प्रधान : ऐसा है कि रामेन्द्र के खेत के मस्टर रोल बी.डी.ओ. ने दे दिए थे, उतना पैसा भी खाते में था। इसलिए उनका भुगतान हो

गया। आपके रुके हुए भुगतान की व्यवस्था कर रहे हैं। कचूरी, कचूरा से--

प्रधान की बात काट कर ढोलक की थाप पर गीत शुरू होता है।

देखो भइया इनकरी चाल, बिलइया पहिने ब्याल, भगतिनिया बनी घूमि रही हय।

कइसा बनाए हय बवाल, बिलइया पहिने ब्याल, भगतिनिया बनी घूमि रही हय।

नौ सौ चूहा खाए बिलइया कान जनेऊ चढ़ाए हय।

पोथी पतरा बगल माँ दाबे, लम्बा तिलक लगाए हय।

देखो भइया इनकरी चाल, बिलइया पहिने ब्याल, भगतिनिया बनी घूमि रही हय।

कइसा बनाए हय बवाल, बिलइया पहिने ब्याल, भगतिनिया बनी घूमि रही हय।

'कइसा बनाए हय बवाल' वाली लाइन पर प्रधान सबको भुगतान करने का अभिनय करता है।

दूसरा दृश्य

ढोलक की थाप के साथ सब अपनी-अपनी जगह पर बैठते हैं। स्टेज के बीचों-बीच कमला आकर बैठती है। रामऔतार का प्रवेश।

रामऔतार : खाना-वाना कुछ बना है कि नहीं?

कमला : बनायेन नहिका। लो खाओ।

रामऔतार : सुना है कि पिसावाँ गई रहउ।

कमला : गएन नहीं रहे का। संगठन की मीटिंग रहे।

रामऔतार : मीटिंग माँ गई रहउ। सब जानिति हन तुमरी मीटिंगन अउर धरना माँ का होत है।

कमला : देखो, तुम संगठन माँ नहीं जात हउ इसलिए बिना जाने बूझे उलटा-सुलटा न बोलो।

रामऔतार : *(रुख़ बदलकर)* अच्छा पिसावाँ गईं थी तो किसकी मोटरसाइकिल पर सवार होकर गईं थीं?

कमला : क्या कहा? यह बात कैसे पूछे तुम?

रामऔतार : सवाल हम किए कि तुम?

कमला : खबरदार, हमरे काम पर फिर सवाल किए तो ठीक नहीं होगा। अब तुम जान लो कि तुम आज कितनी बड़ी बात कहे हो।

गुस्से से कमला की आँखों में आँसू आ जाते हैं। पल्ला मुँह पर रखकर पलट जाती है।

रामऔतार : *(खिसियाते और झल्लाते हुए)* एक बार नहीं, हजार बार कहूँगा। बाहर तो बड़ी नेता बनी फिरती हैं। अपने लिए एक आवास तक तो ले न पाईं।

ढोलक की थाप के साथ बिटोली, कुसुमा, जमुना और मीना का प्रवेश।

बिटोली : कुसुमा, चलो कमला के यहाँ चलें। बारह तारीख को संगठन की मीटिंग में कमला मिली थी तो उसकी बेटी बीमार थी। चलो, आज चलकर देख आएँ।

कुसुमा : हाँ, चलो चलते हैं। *(स्टेज का गोल चक्कर लगाकर सारी महिलाएँ कमला के पास पहुँच जाती हैं। 'नमस्ते' कहते हुए हाथ मिलाकर बैठ जाती हैं।)*

बिटोली : *(कमला से)* अरे कमला, बिटिया की तबीयत कैसी है?

कमला : ठीक है।

बिटोली : कमला तुम्हारे घर की हालत तो बहुत खराब है। तुम्हारे आवास का क्या हुआ? स्थाई सूची में तुम्हारा नाम तो हमसे ऊपर था। फिर क्या हुआ?

कमला : हमारे नाम की दूसरी कमला है। सूची में आवास तो हमारे नाम था लेकिन उस कमला ने पैसा दे दिया तो हमारे पति का नाम काटकर उनके पति का नाम चढ़ा दिया गया।

मीना : अरे, आज जो इनके साथ हुआ, भोर *(कल)* हमरे साथ हो सकता है।

बिटोली : कुछ सोचा जाय, बहिनी। पैसा इकट्ठा क़रके एक ट्राली कर ली जाए और सीतापुर चला जाए।

इस बात पर रामऔतार चौकन्ने होकर तेज़ी से बोलते हैं।

रामऔतार : हो भइया, सौ-पचास रुपया हमसे भी ले लो। ट्रैक्टर कर लो

और चलो सब लोग।

जमुना : हाँ ठीक है, चलो चला जाय।

सब उठते हैं और नारे लगाते हुए परियोजना निदेशक (पी.डी.) के दफ़्तर चल पड़ते हैं। रामऔतार भी साथ हो लेता है।

सारे साथी : नहीं चले अन्याय जनता हल्ला बोल
एक ही बचा उपाय जनता हल्ला बोल ॥

पी.डी. : शान्त हो जाइये। क्या बात है?

बिटोली : सर, नमस्कार। सर, हम लोग गुरसण्डा, ग्रामसभा-पिसावाँ से आए हैं। सर, हमारी साथी हैं, कमला। उनको एक आवास मिला था। पता चला है कि उनका आवास कट कर नसीराबाद की कमला के नाम चला गया है।

पी.डी. : ऐसा कैसे हो सकता है?

रामऔतार : सर, ऐसा हो नहीं सकता है, ऐसा हुआ है। कमला पत्नी रामऔतार का आवास उनकी जगह पर कमला पत्नी मुनेसर, ग्राम-नसीराबाद को दे दिया गया है। फेमिली आई.डी. कमला पत्नी रामऔतार का ही है।

पी.डी. : ठीक है। मैं बी.डी.ओ. से पूछता हूँ। आप लोग जाइए।

बिटोली : नहीं सर। जब तक कमला को आवास नहीं मिलता तब तक हम लोग नहीं हिलेंगे।

पी.डी. साहब बी.डी.ओ. को फोन लगाते हैं।

बी.डी.ओ. : प्रणाम सर।

पी.डी. : ऐसा है पिसावाँ ब्लॉक के कुछ मजदूर यहाँ पर धरना दिए हैं। कमला पत्नी रामऔतार का आवास दूसरी कमला को चला गया है। यह कैसे हुआ?

बी.डी.ओ. : सर, आप तो सब जानते हैं।

पी.डी. : आप इसको ठीक कीजिए।

बी.डी.ओ. : कैसे ठीक होगा, सर?

पी.डी. : इन लोगों ने जीना हराम कर दिया है। बी.के. फ़ाइल बन्द करने के अलावा अब कोई चारा नहीं है।

बी.डी.ओ. : बी.के. फाइल बन्द? यानि भ्रष्टाचार-कथा खत्म? समझ गया, सर।

बी.डी.ओ. हवा निकलने की आवाज़ करता हुआ स्टेज के बीच में आकर बैठ जाता है।

तीसरा दृश्य

मीना : एक अधिकारी की हवा निकलने से क्या भ्रष्टाचार सच में खतम हो जाएगा?

श्री किशन : अरे कहाँ से खतम होगा यह भ्रष्टाचार? कितनी गहरी हैं इसकी जड़ें और कहाँ-कहाँ तक फैली हैं!

ढोलक की थाप पर गीत की लाइन का इस्तेमाल हो सकता है--"कहब त लाग जाई धक्क से!"

रोशन : हमारे स्कूलों के हाल देख लो। क्या मिड-डे मील और क्या पढ़ाई?

कुसुमा : आँगनबाड़ी का दलिया बेच दिया जाता है। गरीबों के बच्चन का दलिया बड़े लोगन के जानवर खाते हैं।

जमुना : और सरकारी अस्पतालों के तो क्या कहने! कभी डाक्टर गायब तो कभी दवा!

कहब त लाग जाई धक्क से!

सुरेन्द्र : कहाँ तो शहरों के स्वीमिंग पूलों में से हजारों लीटर पानी रोज बहाया जाता है। लखनऊ के गोमतीनगर और दिल्ली के वसन्त कुंज में चौबीसों घण्टे बत्ती रहती है। हमें जो मिल जाए चौबीसों घण्टे बिजली तो गेहूँ-धान के रेले पे रेले लगा दें।

अनिल : हममें से कितनों के पास खेत ही नहीं। सरकारी बही-खातों में पट्टा हमारे नाम लेकिन कब्जा किसी और का।

मनोहर : अरे, जिनका अपने खेतों पर कब्जा है उन्हीं के खेत कौन से बड़े लहलहा रहे हैं। खाद के लिए मजदूर-किसान लाठियाँ खाते हैं।

रामकिशोर : खाद मिले भी कैसे? हमारे पास तो किसान बही भी नहीं है।

कहब त लाग जाई धक्क से!

टामा : केन्द्र सरकार वालन की तो तनखा बढ़िगै। विधायकन अउर सांसदन क तो रोजै बढत हई। लेकिन उनकी तुलना में हमारी मजदूरी कितनी बढ़ी?

रोशन : *(ढोलक की थाप के साथ गाकर)* मँहगाई हमका मारै डारे, सुनो गरीबन भइया!

रोशन : *(ढोलक की एक थाप के बाद)* क्या कहें, दुई साल से अरहर की दाल नसीब नहीं हुई है। टमाटर चालीस रुपया किलो हुइगै

हय। सौ रुपये की दिहाड़ी माँ का-का होई। बीमारी भूख से हम तुम ना मरब त का उई मरिहैं।

श्री किशन : पिसावाँ या सीतापुर में कोई ऐसा होटल देखे हो जहाँ हमारे बच्चे बर्तन धोते न दिखते हों?

कहब त लाग जाई धक्क से!

टामा : गरीब की मजदूरी बढ़े न बढ़े, उसके लिए हर नुक्कड़ पर पुड़िया, बीड़ी, शराब की दूकानें खड़ी करने में सरकार को कोई ऐतराज नहीं है।

रामकिशोर : भूखा मजदूर जो सरकारी शराब पिए तो सरकार खुश और उनकी शराब हो गई कानूनी। हम अगर अपने घर में बना के पिएँ तो पुलिस का छापा।

कहब त लाग जाई धक्क से!

मनोहर : यह सब झगड़ा तो तब न जब यह धरती बची। जरा सा पानी बरसा नहीं कि कस्बे-कस्बे, शहर-शहर में बाढ़। बाढ़ तो अइबै करी। बड़ी बड़ी सड़कें और कोठियाँ हमारे पेड़ों को निगले जा रही हैं।

मीना : जहाँ देखो, वहाँ प्लास्टिक रास्ता रोके खड़ी है। कुम्हार तो खतमैं हुईगै।

कहब त लाग जाई धक्क से!

बिटोली : अरे ये रोना तो बरसों बरस का है। सरकार चाहे कउनो आवे जावे गाँवन-गरीबन के साथ वही खिलवार। हमरे नाम की योजना चलाय-चलाय के उनकी कोठियाँ अउर ऊँची होय रही हैं। ये बड़ी-बड़ी कोठियन वाले केवल मिश्रिख-पिसावाँ में नहीं धँसे हैं। ये तो दुनिया भर में पसरे हैं। क्या लखनऊ-दिल्ली और क्या इजराइल-अमरीका!

अनिल : अच्छा एक बात और बताओ। वो जो कमला और रामऔतार के घर का तमाशा था वो कौन सी योजना का हिस्सा है? यह न समझना कि ऐसे तमाशे सिर्फ हमारी झोंपड़ियों में ही होते हैं। बड़ी-बड़ी कोठियों में मेहरुवन के संग अउर बड़े-बड़े तमाशे होते हैं।

राधाप्यारी : अरे बाप रे बाप! यह तमाशा नहीं है, यह तो आग है आग। यह आग हम सबको खाय जइहै।

मनोहर और रोशन के साथ पूरा समूह गाता है।

आग लगी है जंगल माँ
चिड़िया आग बुझाय रही

हाथी खड़ा तमाशा देखे
हाथी खड़ा तमाशा देखे

अत्ती बात समझ ना पावे
चिड़िया आग बुझाय रही

जंगल जरी तो ओहू ना बचिहे
अपना गर्व देखाय रहे

लेकर चिड़िया चोंच में पानी
जंगल आग बुझाय रही।

हाथी अगर न आग बुझाई
*चिड़िया के संग जरि-मरि जाई।**

परिशिष्ट

प्रशासनिक ढाँचा

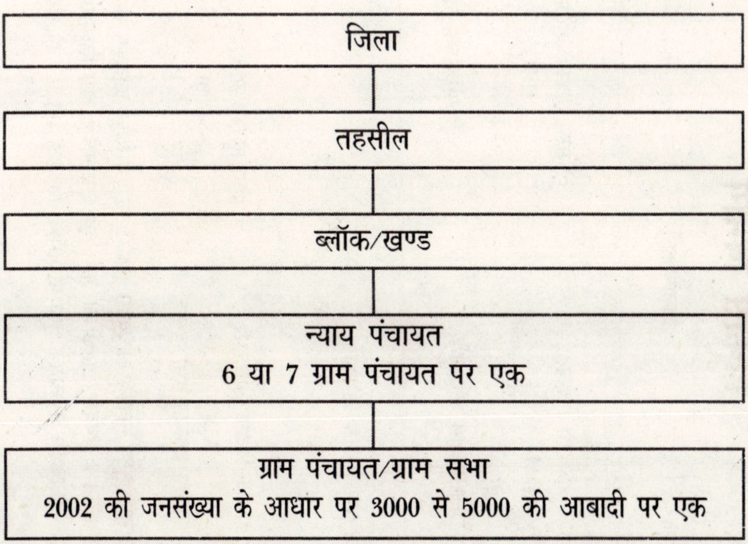

चार्ट एक : प्रशासनिक ढाँचा

विकास विभाग

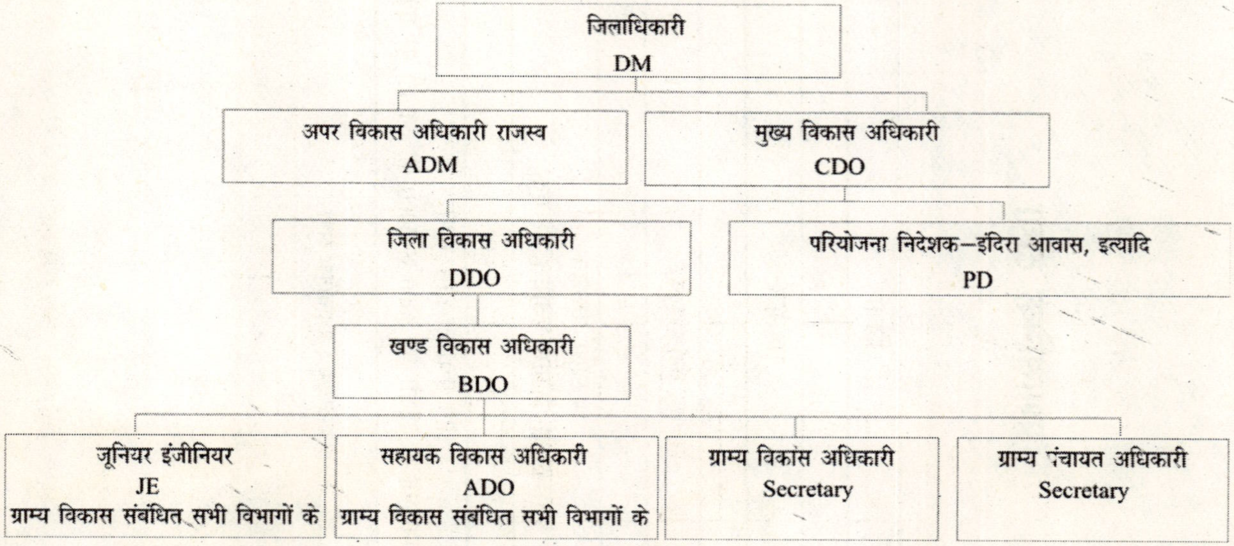

नोट : 2 फरवरी, 2006 को नरेगा लागू होने के साथ मुख्य विकास अधिकारी (सी.डी.ओ.) ने ज़िला कार्यक्रम समन्वयक और खण्ड विकास अधिकारी (बी.डी.ओ.) ने कार्यक्रम अधिकारी की ज़िम्मेदारी संभाली। 7 जनवरी, 2009 को जारी एक शासनादेश द्वारा ज़िलाधिकारी को ज़िला कार्यक्रम समन्वयक, मुख्य विकास अधिकारी (सी.डी.ओ.) को अतिरिक्त ज़िला कार्यक्रम समन्वयक तथा परियोजना निदेशक (पी.डी.) को संयुक्त ज़िला कार्यक्रम समन्वयक का दायित्व दे दिया गया।

प्रशासनिक ढाँचा

जिला

तहसील

ब्लॉक/खण्ड

न्याय पंचायत
6 या 7 ग्राम पंचायत पर एक

ग्राम पंचायत/ग्राम सभा
2002 की जनसंख्या के आधार पर 3000 से 5000 की आबादी पर एक

चार्ट एक : प्रशासनिक ढाँचा

विकास विभाग

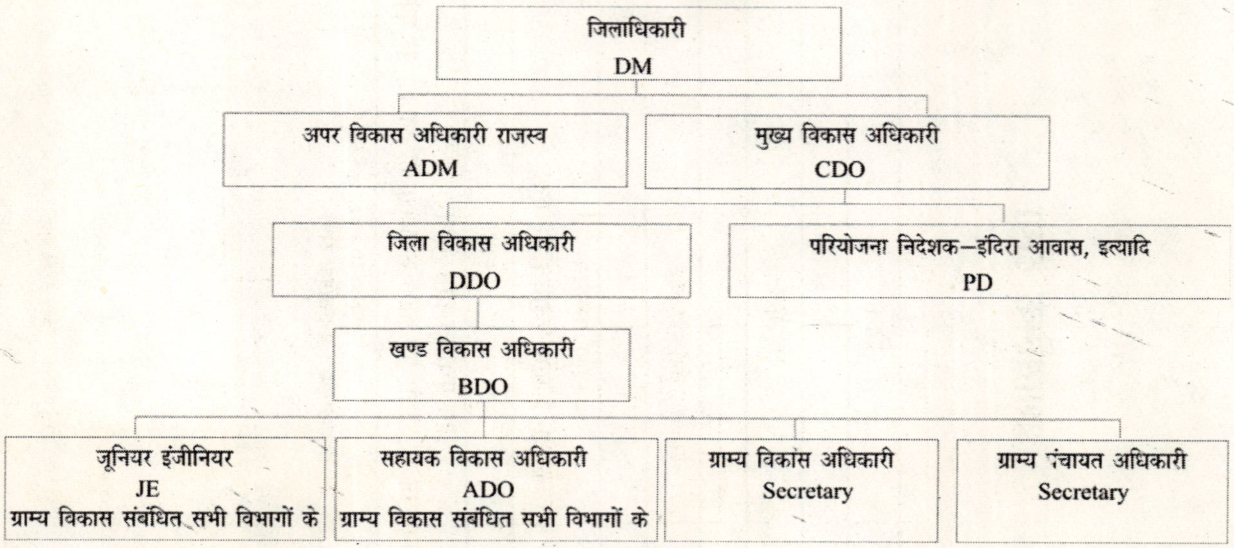

नोट : 2 फरवरी, 2006 को नरेगा लागू होने के साथ मुख्य विकास अधिकारी (सी.डी.ओ.) ने ज़िला कार्यक्रम समन्वयक और खण्ड विकास अधिकारी (बी.डी.ओ.) ने कार्यक्रम अधिकारी की ज़िम्मेदारी संभाली। 7 जनवरी, 2009 को जारी एक शासनादेश द्वारा ज़िलाधिकारी को ज़िला कार्यक्रम समन्वयक, मुख्य विकास अधिकारी (सी.डी.ओ.) को अतिरिक्त ज़िला कार्यक्रम समन्वयक तथा परियोजना निदेशक (पी.डी.) को संयुक्त ज़िला कार्यक्रम समन्वयक का दायित्व दे दिया गया।

सिंचाई विभाग

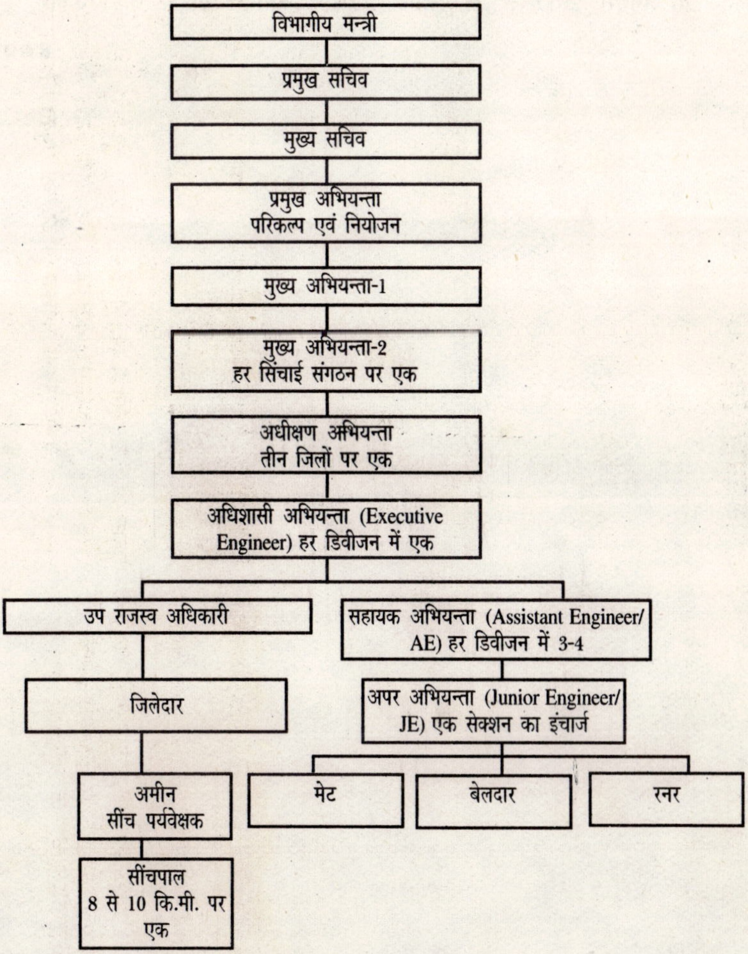

चार्ट तीन : सिंचाई विभाग

चार्ट चार : महात्मा गांधी राष्ट्रीय ग्रामीण रोज़गार गारण्टी योजना (मनरेगा) में दैनिक मज़दूरी की समय-समय पर बढ़ी हुई दर

संगतिन के संघर्ष के आरम्भ से मई 2007 तक – रु. 58.00

23 मई, 2007 से 1 अगस्त, 2008 तक – रु. 80.00

1 अगस्त, 2008 से 26 जनवरी, 2011 तक – रु. 100.00

26 जनवरी, 2011 से इस पुस्तक लेखन के समापन तक – रु. 120.00

●●●

भारतीय प्रबन्धन पद्धति

भारतीय प्रबन्धन पद्धति

लेखक

डॉ. प्रमोद कुमार अग्रवाल

उर्वशी अग्रवाल

वाणी प्रकाशन का 'लोगो'
विख्यात चित्रकार मक़बूल फ़िदा हुसेन की
कूची से

ISBN : 978-81-8143-868-3

वाणी प्रकाशन
21-ए, दरियागंज, नयी दिल्ली-110002
द्वारा प्रकाशित

फोन : 0091#11#23273167, 23275710
फैक्स : 0091#11#23275710
ई-मेल : vaniprakashan@gmail.com
vani_prakashan@yahoo.com
वेबसाइट : www.vaniprakashan.com

प्रथम संस्करण : 2008

मूल्य : 150.00

आवरण सज्जा : वाणी प्रकाशन
शिव शक्ति प्रेस, शाहदरा, दिल्ली-110032
द्वारा मुद्रित

BHARTIYA PRABANDHAN PADDHATI
by Dr. Pramod Kumar Agrarwal &
Urvashi Agrarwal

प्रस्तावना

सूर्य पूर्व से ही उदित होगा

आधुनिक प्रबन्धन के गुरु प्रोफेसर पीटर ड्रकर ने विश्वास प्रकट किया है कि सूर्य पूर्व से उदय होगा—शायद चीन या भारत से।

हमें विश्वास है कि सूर्य का भारत में उदय होगा। इतिहास दुहराता है कि प्राचीन काल में भारत सभी क्षेत्रों में आगे था। वर्तमान काल में भी प्रबन्ध के क्षेत्र में भी भारत अग्रणी ही रहेगा। आवश्यकता है कि भारतीय प्रबन्धक उठें, सभी की आशाओं पर खरे उतरें तथा विश्वस्तरीय भारतीय प्रबन्धक बनें।

भारत के पीछे एक समृद्ध सांस्कृतिक विरासत है जो हमें सदैव अन्धकार में भी प्रकाश प्रदान करती है। वह हमें सदियों के उतार-चढ़ाव में भी जीवित रखे हुए है। इसलिए हमें सर्वोत्तम भारतीय विचारों का सार निकालने तथा उन्हें अपने संगठनों या इकाईयों में कार्यान्वित करने से नहीं कतराना चाहिए। भीष्म ने महाभारत में युधिष्ठिर को कर्म का महत्व बताते हुए कहा—"कर्म तथा भाग्य दोनों समान हैं।"

खेद है कि सप्ताह में पाँच दिन कार्यालय खुलने के बाद, सरकारी कर्मचारियों के काम के औसत घंटे वर्ष में केवल 1375 हैं जबकि यूरोप तथा अमेरिका में सरकारी कर्मचारी 1700 से 1800 घण्टे काम करते हैं।

नेशनल कौन्सिल फॉर एप्लाइड इकोनोमिक रिसर्च[1] की एक रपट के अनुसार भारत का श्रमिक औसतन 1456 घण्टे काम करता है जो विकसित अर्थतन्त्रों के 1913 घण्टे औसत श्रम की अपेक्षा काफी कम हैं। कृष्ण ने विश्व को गीता के माध्यम से कर्म का सिद्धान्त पढ़ाया। क्या हम इन काम के घण्टों को किसी भी तर्क के आधार पर न्यायसँगत सिद्ध कर सकते हैं?

यह ठीक नहीं है कि आधुनिक भारत के सामाजिक-साँस्कृतिक परिवेश में पुरातन भारतीय प्रथाओं, रीतियों तथा परम्पराओं का कठोरता से पालन नहीं कर सकते हैं। भारत की आत्मा अभी भी रामायण और महाभारत में विराजमान है।

भारतीय सोच विभिन्न विचारधाराओं तथा आदर्शों का विशाल समुद्र है। हमें इसके ज्ञानकोश के कुछ मोतियों को चुनना है। ये विचार, रीतियों तथा अभ्यास समय के प्रवाह द्वारा परीक्षित हो चुके हैं तथा ये सार्वभौमिक रूप से मान्य हैं। भारतीय प्रबन्धन विश्व स्तरीय प्रतियोगितात्मक वातावरण में वांछित सफलता प्राप्त नहीं कर सकता यदि भारतीय प्रबन्धन केवल उन प्रबन्ध पद्धतियों या अभ्यासों को ग्रहण करेगा जो विशुद्ध रूप से विदेशी हैं। हम अभी तक असफल हुए थे। अभी पिछले दशक से आशा की किरणें स्पष्ट दिख रही हैं तथा भारतीय प्रबन्धन में आत्मविश्वास जाग्रत हुआ है। हमें भारतीय संस्कृति के महान विचारों को ग्रहण करना चाहिए तथा भारतीय इतिहास से सबक सीखकर उन्हें अपने प्रबन्ध का अंग बनाना चाहिए जिनका आधुनिक प्रबन्ध विचारों तथा पद्धतियों के साथ भी सामंजस्य हो क्योंकि आज भारतीय प्रबन्धन को अन्तर्राष्ट्रीय स्तर पर अपना स्थान बनाना है। इस समन्वय के माध्यम से सर्वोत्तम प्रबन्ध सिद्धान्त निकलेंगे जो हमारे लिए प्रबन्ध-क्षेत्र के शिखर पर आरूढ़ होने में सहायक होंगे। हमने सूचना प्रौद्योगिकी के क्षेत्र में सर्वश्रेष्ठता प्रदर्शित करके अपनी क्षमता का विश्वस्तर पर सफलतापूर्वक प्रदर्शन किया है। चीन ने भी दिखा दिया है कि वह पश्चिम से कम नहीं है, हमें अपनी पहचान स्थापित करके भारतीय विश्व-प्रबन्धक होना है।

यह पुस्तिका संक्षेप में प्रमुख-प्रमुख भारतीय प्रबन्धन की विचारधाराओं को रूचिकर शैली में रेखांकित करती है जो भारतीय परम्परा में स्थापित हो चुकी हैं। पुस्तिका के अन्त में भारतीय संविधान में सन्निहित 'प्रबन्धन में भागीदारी' शीर्षक से एक लेख है तथा 'भारतीय बनाम पाश्चात्य प्रबन्धन पद्धति' का तुलनात्मक विश्लेषण किया गया है।

इस पुस्तिका में कई लेख शिप्रा पब्लिकेशन्स, दिल्ली द्वारा प्रकाशित 'इण्डियन सिस्टम ऑफ मैनेजमेंट' के लेखों का अनुवाद हैं जो मेरी परिवार पुस्तिका है। इसके लिए मैं शिप्रा पब्लिकेशन्स, दिल्ली का आभार व्यक्त करता है।

आशा ही नहीं पूर्ण विश्वास है कि भारतीय प्रबन्धक अवकाश के दौरान इस पुस्तिका को पूर्वाग्रहों से स्वतन्त्र होकर पढ़ेंगे तथा इसमें से कुछ ज्ञान के मोती ग्रहण करेंगे एवम् उन्हें अपने कर्मसंस्थान में कार्यान्वित करेंगे।

प्रत्येक लेखक का यही अभीष्ट है।

डॉ. प्रमोद कुमार अग्रवाल
उर्वशी अग्रवाल

प्राक्कथन

भारत एक परम्परागत समाज है जिसकी संस्कृति समृद्ध और जीवन्त है। इसकी सस्कृति 5 हजार वर्ष से भी पुरानी है। भारत की देशी सभ्यता पर पिछले तीन हजार वर्षों से लगातार विभिन्न विदेशी संस्कृतियों और व्यवहारों का प्रभाव पड़ता रहा है। इसके परिणामस्वरूप प्रशासनिक और प्रबन्धन प्रक्रियाओं का निरन्तर रूपान्तरण, संश्लेषण और पुर्नोद्धार हुआ है। परन्तु भारत ने अपनी आवश्यक भारतीयता को बनाए रखा है। प्रबन्धन के तरीकों के विभिन्न वर्गीकरणों से हम भारतीय प्रबन्धन प्रणाली का पर्यवेक्षण कर सकते हैं। प्रबन्धन के विभिन्न तरीके यह दर्शाते हैं कि भारत विभिन्नताओं का देश है। भारत में समय-समय पर प्रचलित रहे प्रबन्धन के विभिन्न तरीकों में हम सदा विचारों या मूल्यों का बेजोड़ प्रवाह पाते हैं। हमें वैदिक काल से पूर्व जाने की आवश्यकता नहीं है। इस प्रकार हम ऐतिहासिक परिदृश्य में विभिन्न प्रबन्धन प्रणालियों का निरीक्षण करेंगे।

अनुक्रम

VEDA
PURANA
UPANISHAD

अनुक्रम

VEDA
PURANA
UPANISHAD

1. प्रबन्धन की वैदिक प्रणाली

वेदों का अर्थ है ज्ञान। वेद, विश्व साहित्य का प्राचीनतम उपलब्ध खजाना है। चारों वेद अर्थात, ऋग्वेद, यजुर्वेद, सामवेद, एवम् अथर्ववेद में मानवता के ज्ञान का सागर भरा हुआ है। परन्तु वे एक पीढ़ी से दूसरी पीढ़ी तक मौखिक रूप से पहुँचाये जाते रहे हैं। ऋग्वेद गें बड़ी संख्या में स्त्रोत्र (मन्त्र) देवताओं को, विशेष रूप से इन्द्र को समर्पित हैं। कोई भी जाति उसके प्रति स्वाभाविक रूप से कृतज्ञता प्रकट करेगी, जिसने उस जाति को विजय की ओर अग्रसर किया है। इस प्रकार वेद "कृतज्ञता के आत्मसात" को सफलता के लिए आवश्यक गुणों में से एक मानते हैं। एक सूक्त (ix, 112) उसे एक सामान्य प्राणी की तरह अपने स्वार्थ के पीछे भागने वाले और एक मिथ्यावादी दंभी के रूप में चित्रित करता है। दूसरा सूक्त (x, 119) उसे पेश किए गए "सोमरस" की उसके द्वारा अत्यधिक प्रंशसा करने के कारण उसे नशे की चरम सीमा तक पहुंचे हुए के रूप में और अपनी महानता की अभद्र ढंग से शेखी बघारने वाले के रूप में दर्शाता है। परन्तु उसी समय उसके सहयोगी या अनुचर केवल इन्द्र जैसा बनने की इच्छा प्रकट करते हैं (2,11,12)। वेदों में यह सुझाव दिया गया है कि व्यक्ति को अपने अहंकार का दमन करना चाहिए और प्रशासन या प्रबन्धन सहित जीवन को सभी मार्गों में सफल व्यक्ति बनने के लिए गायत्री मंत्र (सूत्र) द्वारा ध्यान लगाना चाहिए। वेद यज्ञ के द्वारा पर्यावरण प्रदूषण का हल सुझाते हैं, क्योंकि आग (अग्नि) पृथ्वी की सभी हानिकारक वस्तुओं को जला देती है। ऋग्वेद 'सोम' नामक पेय पीने का सुझाव देता है जो कि पूर्णता की प्राप्ति में सहायता कर सकता है। युगों से, बहुत से उच्च प्रबन्धक 'सोम' का पान करके अपने लक्ष्यों को प्राप्त कर रहे हैं। वेदों और अन्य प्राचीन लेखों में किसी से प्रश्न के बिना शब्दों का स्वीकार करने की आशा नहीं की गयी है। बुद्ध ने किसी भी ऐसी वस्तु, जो अनुभव जन्य न हो, में विश्वास को हतोत्साहित किया है।[2]

इस प्रकार वेदों ने कूटबद्ध किया है कि राज्य के कार्यों और लोगों के संगठन को किस प्रकार से संचालित किया जाए। राज्य के पूर्ण दायरे के अन्तर्गत प्रबन्धन का दायरा सदा छोटा होता है।

वेद, प्रबन्धन की विद्यमान प्रणाली के लिए सूचक उपलब्ध कराते हैं। समयावाधि का प्रबन्धन 'वर्ण' की सामाजिक प्रथाओं और विद्यमान जाति प्रथा से कसकर बन्धा हुआ है। सामाजिक प्रक्रिया में राजा से लेकर सामान्य व्याक्ति तक प्रत्येक के कर्त्तव्य या सम्भावित भूमिका या व्यवहार वेदों में उल्लिखित हैं। केन्द्र का प्रधान राजा होता था और प्रशासन उसके इर्द-गिर्द घूमता था। समय के शासन कानून के नियमों द्वारा प्रशासित होते थे। अतः आजकल कोई भी संगठन अनुशासन या आचरण के कूट के बिना स्वयं को स्थापित नहीं कर सकता। राजा के पास प्रशासन पैतृक था, जो कि पिता या पैतृक सत्ता को, पूरा करने वाले और बचाव करने वाले के रूप में दर्शाता है। राजा सर्वशक्तिमान था और वह कानून और प्रशासन को निरंकुशता से चलाता था। यद्यपि उसकी शक्तियाँ निरपेक्ष दिखाई पड़ती थीं फिर भी वेदों में उसकी शक्तियों के प्रयोग को क्रमबद्ध किया गया प्रतीत होता है।

2. कृष्ण की प्रबन्धन प्रणाली

डॉ. एन. आर. चटर्जी कहते हैं,

"भगवान कृष्ण में दो महान् गुण थे जो सामान्य रूप से नेताओं में नहीं होते हैं - वे स्वयं नृत्य करना और अन्यों को भी नचाना जानते थे।" हर समय, जो भी स्थिति हो, यह व्यक्ति हमेशा विजेता होता था।

उनके वचन श्रीमद्‌भगवद् गीता में संक्षिप्त रूप में दिए गए हैं, जो जीवन की सभी स्थितियों में चरित्र के लिए अमोघ मार्गदर्शक हैं। उन्होंने अपने मालिक या प्रबन्धक के प्रति पूर्ण निष्ठा रखने की सलाह दी है।

भगवान कृष्ण ने अपने गीता के प्रवचन में इस ब्रह्माण्ड के लोगों को तीन वर्गों में रखा है, सात्त्विक (शुद्ध), राजस (राजसी), तामस (निचले वर्ग के)। यदि हम यह जानते हैं कि हम किस प्रकार के व्यक्ति/व्यक्तियों से व्यवहार कर रहे हैं, तो हम उनके लिए प्रबन्धन कर सकते हैं। 'सात्त्विक' या 'सत्त्व' या 'सत्य' व्यक्ति वे महान आत्माएं हैं जिन्होंने स्वयं को पहचान लिया है। इस प्रकार के लोग कर्त्तव्य या धर्म मान कर अपना कार्य करते हैं और अपने कार्यों के फल के बारे में चिन्ता नहीं करते हैं। वे संगठन या भगवान को अपना 'कर्म' (कार्य) अर्पण कर देते हैं। ये लोग स्व-प्रेरित हैं और उन्हें किसी बाह्य परिवर्तन-कर्ता की आवश्यकता नहीं होती है। ये हमेशा खुशमिज़ाज लोग होते हैं, जो कभी हार नहीं मानते या असफल नहीं होते हैं।

राजस व्यक्ति वे व्यक्ति हैं, जिनमें अहम् है और वे स्व-प्रशंसक हैं। वे अपनी शक्ति और प्राधिकरण का दुरूपयोग करके निर्धारित नियमों को तोड़ते हैं। वे ढोंग, अहम् से सम्बद्ध हैं और उनमें इच्छा, आवेश और क्रोध होता है।

तामस लोग हमेशा नियमों के विरुद्ध कार्य करते हैं, अपने कर्त्तव्यों की उपेक्षा करते हैं और निष्ठुर तथा धूर्त होते हैं।

खाने की आदतों से भी व्यक्ति के प्रकार का पता चलता है। शीर्ष वर्ग के व्यक्ति ऐसा भोजन करते हैं, जो मन और हृदय, दोनों को स्थिर करता है। उनका भोजन उनमें जीवन शक्ति, बल, खुशी और संतुष्टि को बढ़ाता है और उन्हें बीमारियों

से आजाद कराता है। उनका भोजन मीठा, नर्म, पुष्टिकर और हृदय को खुश करने वाला होता है। मध्य वर्ग के लोग कड़वा, सूखा, कठोर, खट्टा, नमकीन, बहुत गर्म और वसा रहित भोजन करते हैं, जो मनोविकार बढ़ाते हैं। इस कारण से, तामस व्यक्तियों से कार्य करवाने के लिए सकारात्मक प्रबलीकरण या कई बार सजा देना बहुत आवश्यक हो जाता है।

राजस के मामले में, विस्तार या प्राधिकरण या बल का विकेन्द्रीकरण महत्वपूर्ण औज़ार हो सकते हैं। अरिन्दम चौधरी के अनुसार[3] :

'तामस वे लोग हैं जो सबसे कम योग्य और संख्या में भी कम हैं। सात्त्विक वे लोग हैं, जो सबसे अधिक परिपक्व और योग्य हैं और संख्या में भी कम हैं। जबकि राजस बाहुल्य में हैं। वे हम जैसे हैं, बुद्धिमान, योग्य और कार्य करने के लिए तत्पर, परन्तु वे सही फल चाहते हैं। साम, दाम, दण्ड और भेद (साम का अर्थ है बराबरी, दाम का अर्थ है कीमत, दण्ड का अर्थ है सजा, और भेद का अर्थ है विभाजन) के सिद्धान्तों को गीता के विभिन्न प्रकार के व्यक्तियों से मिलाकर, हम नेतृत्व की रणनीति बना सकते हैं, जो प्रत्येक वर्ग के व्यक्तियों के अनुकूल हो।'?

दुबारा, सब कुछ बेहतर ढंग से समझाने के लिए मेरे मॉडल ने राजस को दो वर्गों में बांटा है। वर्ग 1 में वे राजस शामिल हैं, जिनके पास कम योग्यताएं हैं और वर्ग 2 में वो राजस हैं, जो अधिक योग्य हैं। दण्ड उनके लिए है जिनके पास कार्य करने की योग्यताएं और उत्तरदायित्व नहीं हैं। उनको सही नजरिये का अहसास दिलाने के लिए 'दिशा द्वारा नेतृत्व' की आवश्यकता है। जो अधिक परिपक्व बन जाते हैं, (समय के साथ या प्राकृतिक रूप से) उनको प्रलोभन द्वारा नेतृत्व की आवश्यकता होती है। प्रोत्साहन/दाम उनके लिए है। वे सबसे अधिक उत्तरदायी व्यक्ति नहीं है; इसलिए, उनके लिए भी नौकरी की असुरक्षा की आवश्यकता है, परन्तु यदि वे अच्छा कार्य करना चाहते हैं, तो उनको मानवता दिखानी चाहिए।''[4]
कम योग्यता और उत्तरदायित्व वाले व्यक्तियों को भक्तियोग अर्थात् अपने नेता या शीर्ष प्रबन्धन में अन्धा विश्वास या प्रश्न रहित निष्ठा अपनानी चाहिए। राजस प्रकार के अधिकतर व्यक्तियों को कर्मयोग से जुड़े रहना चाहिए अर्थात् लगातार कार्य करना चाहिए और जब भी आवश्यकता हो निर्देशन लेना चाहिए। उन्हें मध्य स्तर पर नेतृत्व दिखाना चाहिए, जो कि भारतीय वातावरण में सफलता की कुंजी है। चूँकि भारतीय समाज में मध्यवर्गीय व्यक्तियों का प्रभुत्व है। वे भविष्य के नेता हैं। सात्त्विक लोग अव्यावहारिक नेता हैं और परिवर्तनकर्ता हैं। उनका शीर्ष प्रबन्धन द्वारा सम्मान किया जाना चाहिए या प्रगति में उन्हें साझेदार बनाया जाना चाहिए।

प्रो. एस. के. चक्रवर्ती [5] उक्त वर्गीकरण का गुण गति-विज्ञान के रूप में वर्णन करते हैं। उनके अनुसार एक अच्छे प्रबन्धक का प्रयास सात्त्विक गुण को बढ़ाना, राजस गुण को कम करना और तामस गुण को पूर्ण रूप से मिटाना चाहिए क्योंकि

प्रबन्धन का प्रभावी होना बुनियादी तौर पर कार्य के पीछे छिपा व्यक्ति का कार्य निष्पादन है। स्पष्टीकरण, समझ की स्पष्टता, संचार का अभाव और सम्पर्क विकार से रहित होना, सन्तुलन, सन्तोष, क्षमा, परोपकारिता, पारदर्शिता और आसक्ति रहित होना सात्त्विक के मुख्य लक्षण हैं, जबकि राजस के उतार-चढ़ाव, मनोदशा, क्रोध, लोभ, धूर्तता, डर, ईर्ष्या लक्षण हैं तथा तामस के लक्षण रुकावट, अस्पष्टता, अनिर्णय, टाल-मटोल करना इत्यादि हैं।

इन गुणों को शुद्धिकरण (चित्त शुद्धि) द्वारा बेहतर बनाया जा सकता है। चित्त शुद्धि को प्राप्त करने के लिए योग और प्राणायाम अच्छे साधन हो सकते हैं।

3. कर्म का सिद्धान्त

'कर्म (कार्य) का सिद्धान्त' भगवद्गीता के केन्द्र स्थान में है। यह सिद्धान्त भारतीय लोकाचार का एक अनिवार्य अंग है। आज भी बच्चों को पढ़ाया जाता है कि वे जो कुछ भी हैं और जो कुछ भी हो सकते हैं, वह उनके अपने प्रयास का फल है भी और होगा भी।

धर्मग्रंथ के अनुसार, कोई भी व्यक्ति कार्य करके किसी पर कोई अहसान नहीं करता है। वास्तव में, वह स्वय की सबसे बड़ी सेवा करता है (धर्नथा नित्यालु)। कोई भी व्यक्ति किसी अवधि में कोई कार्य किए बिना नहीं रह सकता। अन्यथा वह सड़कर नष्ट हो जाएगा। वह प्रकृति की बाध्यता के अधीन कार्य करने के लिए मजबूर है। (अध्याय 3, श्लोक 5, भगवद्गीता)

कोई भी व्यक्ति एक क्षण के लिए कभी भी क्रियाहीन नहीं रह सकता है। प्रकृति से जन्मी रूपात्मकताओं के कारण सभी को असहाय रूप से कार्य में लगना पड़ता है।

उद्योग या सक्रिय कार्य मानवता का चिन्ह है। व्यक्ति को फल की इच्छा किए बगैर लगातार कार्य करना चाहिए (मा फलेषु कदाचन ......) भगवान कृष्ण कहते हैं कि क्रिया या कार्य के फल से दूर रहना सबसे अच्छा चिन्तन है (गीता का अध्याय 12, श्लोक 12) यदि कोई यह प्राप्त कर लेता है, वह स्वयं का भगवान से मिलन कर लेता है क्योंकि योग अपने कार्य या कर्त्तव्य में दक्ष होने के अलावा कुछ भी नहीं है।

इसका यह अर्थ नहीं है कि व्यक्ति को अपने कर्त्तव्य का पालन नहीं करना चाहिए। वास्तव में, परिणाम या फल, आसक्ति, इच्छाओं की चिन्ता न करके व्यक्ति अपने लक्ष्य के प्रति अधिक सच्चे रूप में और पूर्ण रूप से हृदय से लग जाता है, इस तरह से वह क्रिया या कार्य में अधिक शक्ति लगाता है। परिणाम के बारे में सोचने से कार्य करने की प्रेरणा, भावना या उत्साह में केवल कमी ही आती है, जोकि अपना कर्त्तव्य दक्षता और प्रभावी ढंग से करने के लिए बहुत आवश्यक है।

भगवान कृष्ण महान राज्य के भारतीय महाकाव्य महाभारत के एक बेताज हीरो हैं। वे अधिकांश समय तक एक राजा नहीं थे। यदि वह राजा थे तो उन्होंने राज्य के संसाधनों को अपनी मध्यस्थता के लिए प्रयोग नहीं किया था। उन्होंने अपने बचपन से ही, चरवाहे या ग्वालों और ग्वालनों को संगठित किया और अपने गरीबों और संगठित श्रम-बल की सेना के साथ अपने राजा कंस के अन्याय के विरुद्ध लड़ाई की। अन्त में उन्होंने मथुरा के राजा को हरा दिया और मार दिया जो उन दिनों आर्यव्रत का सबसे बेईमान, परन्तु शक्तिशाली राजा था। महाभारत के युद्ध के दौरान वे केवल अर्जुन के रथ को ही चला रहे थे। फिर भी, धर्म के प्रति अपनी सुध-बुध, बुद्धिमत्ता और निष्ठा के परिणामस्वरूप वे कौरवों की बहुत बड़ी सेना के विरुद्ध पांडवों के लिए विजय प्राप्त कर सके और उन्होंने अपने सभी पाण्डव मित्रों, उनकी प्यारी रानी द्रौपदी सहित, के सपनों को पूरा किया। इस प्रकार एक प्रबन्धक वह होता है, जो अपने पास किसी भी प्रकार के संसाधन न होते हुए भी सर्वोत्तम परिणाम दे सकता है। यदि एक प्रबन्धक बहुत से संसाधन होने पर सफलता प्राप्त करता है, तो भी वह उस प्रबन्धक से, जिसके पास संसाधन नहीं हैं, कम सक्षम होता है। महाभारत में मृत्यु शय्या पर पड़े भीष्म युधिष्ठिर को एक साम्राज्य के अच्छे प्रशासन या प्रबन्धन के सिद्धान्त की शिक्षा देते हैं। उनके अनुसार एक प्रबन्धक या राजा को अपनी प्रजा को प्रसन्न रखना चाहिए और कार्य को भगवान से भी अधिक महत्व देना चाहिए। यदि आरम्भ में वह किसी कार्य में विफल हो जाता है तो अपनी नैतिकता नहीं खोनी चाहिए और बिना रुके उस कार्य को जारी रखना चाहिए। एक प्रबन्धक या राजा एक गर्भवती स्त्री की तरह होना चाहिए। गर्भवती स्त्री अपने पेट में पल रहे बच्चे की भलाई के लिए अच्छे (राजसी) भोजन का त्याग कर देती है। इसी प्रकार प्रबन्धक को अपने हितों को ध्यान रखने की बजाए अपनी प्रजा या लोगों के बहुमत के कल्याण का ध्यान रखना चाहिए। परन्तु प्रबन्धक को गर्भवती महिला की तरह निठल्ला नहीं बैठ जाना चाहिए। उसे सदैव कार्य करते रहना चाहिए। उसे अपने अधीनस्थों से उचित दूरी बनाए रखनी चाहिए। उसे यमराज (मृत्यु के देवता) की तरह न्याय करना चाहिए और कुबेर की तरह धन का संचय करना चाहिए। उसे सदैव मुस्कराते रहना चाहिए और बूढ़े तथा अक्षम लोगों की सेवा करनी चाहिए। उसे वेतन और भत्तों के सही समय पर भुगतान का प्रबन्ध करना चाहिए। उसे कार्यकुशल व्यवहार करना चाहिए। उसे उपभोक्ताओं का शोषण नहीं करना चाहिए। वह भद्रपुरुषों में घुल-मिल जाने वाला होना चाहिए। उसे अपने निकट उच्च परिवारों की पृष्ठभूमि रखने वाले लोगों को रखना चाहिए। उसे बुद्धिमान लोगों को अपने अधीनस्थों के रूप में स्थान देना चाहिए। उसे अपने विषयों या कार्यबल का स्वयं ध्यान रखना चाहिए। उसे अपने कार्य का आनन्द उठाना चाहिए और अपने कोष को सुदृढ़ बनाना चाहिए। उसे अपने संगठन की नीति का पर्यवेक्षण करना चाहिए

तथा धूर्त व्यक्तियों को अपने संगठन या अपने साम्राज्य से निकाल देना चाहिए। इस प्रकार भगवान कृष्ण का जीवन और शिक्षाएं प्रबन्धकों और संगठनों के लिए एक भरा-पूरा खजाना है। उदाहरणार्थ, कृष्ण ने बचपन और किशोरावस्था की प्रेमिका राधा से शादी नहीं की थी, क्योंकि एक नेता के रूप में उन्हें अपने समाज के प्रति बहुत से कर्त्तव्यों का निर्वाह करना था।

4. राम का प्रबन्धन

जहाँ भगवान राम अपने कार्यकुशल नेतृत्व के लिए जाने जाते हैं, वहीं भगवान कृष्ण अपने प्रभावशाली नेतृत्व के लिए जाने जाते हैं।

कृष्ण की भाँति राम ने भी अपने जीवन में बहुत दुःख झेले हैं। कृष्ण अपने पहले दिन से ही अपनी माता के प्यार से वंचित रहे, जबकि राम जिस दिन अयोध्या के राजा बनने वाले थे उसी दिन से उन्हें चौदह वर्षों के लिए वन में जाना पड़ा और यहाँ भी वे अपने साथ कोई संसाधन नहीं ले गए। आगे वनवास के दौरान राम की पत्नी सीता का अपहरण हो गया, परन्तु उन्होंने अपना लक्ष्य प्राप्त करने के लिए अपना सन्तुलन (धैर्य) बनाए रखा। चूँकि महान नेता कठिनाईयों में और अधिक मजबूत बनें, राम ने वानरों और अन्यों की सेना गठित की और अयोध्या के राजा भरत, जो कि राम को हर प्रकार की सहायता देने के लिए अति इच्छुक थे, सहित बाहर से किसी भी प्रकार की सहायता के बिना, उन्होंने उस समय की विश्व की अत्यधिक शक्तिशाली सेना को हराया। कृष्ण के विपरीत राम ने सभी क्षेत्रों में अपनी मर्यादाएँ स्थापित कीं। वह एक आदर्श पुत्र, एक आदर्श पति, आदर्श मित्र, आदर्श भाई, आदर्श राजा इत्यादि थे। उन्हें संयम, शान्ति और खुशहाली के अभिशंसक के रूप में माना जाता है।

युद्धभूमि में जब विभीषण द्वारा राम से यह पूछा गया कि बिना सुरक्षा कवच और बिना रथ के वह शक्तिशाली रावण के विरुद्ध विजय कैसे प्राप्त करेंगे तो उन्होंने नम्रता से उत्तर दिया, सुनो मित्र वह रथ दूसरे प्रकार का होता है जो किसी को विजय की ओर ले जाता है। पराक्रम और धैर्य उस रथ के पहिए होते हैं जबकि सच्चाई और नेक आचरण इसकी लहराती हुई ध्वजें और पताकाएं होती हैं, शक्ति, विवेक, स्वनियन्त्रण और उपकार इसके चार घोड़े होते हैं जो कि क्षमा, दयालुता और मन की एकाग्रता रूपी रस्सियों से जोते जाते हैं। भगवान की पूजा इसका बुद्धिमान सारथी होता है, अनासक्ति उसका कवच है और सन्तोष उसकी शमशीर हैं, दयालुता उसकी कुल्हाड़ी है और कारण उसका प्रचण्ड बल्लम है और नरम पड़कर झुक जाना उसकी

अत्यधिक बुद्धिमत्ता है। एक शुद्ध और शान्त मन उसका तरकश है, जो कि शान्ति, आत्मसंयम और धार्मिक प्रथाओं के तीरों से भरा हुआ है। अपने गुरु के प्रति सम्मान उसकी मजबूत ढाल है, अतः विजय को सुनिश्चित करने का मार्ग इसके अतिरिक्त कोई और नहीं हो सकता। अतः मित्र, जो इस प्रकार के धर्मपरायण रथ पर सवार हो जाता है उसका कहीं भी कोई ऐसा शत्रु नहीं होता है जिस पर उसे विजय प्राप्त करनी होती है।"[6]

ये कुछ ऐसे सिद्धान्त हैं, जो राम द्वारा स्वयं एक विभिन्न हितों वाले समूहों से बनाई गई असंगठित सेना को बिना मजदूरी के सँचालित करने के लिए अपनाए गए थे क्योंकि सभी के दिमाग में एक ही लक्ष्य अर्थात् धर्म अर्थात धर्मपरायणता की विजय ही था। किसी संगठन या समाज में धर्मपरायणता के साम्राज्य की प्राप्ति के लिए किसी बलिदान का कोई मूल्य नहीं है। इस प्रकार राम ने संगठन के हितों को अपने व्यक्तिगत लाभों, इच्छाओं या प्यार से सदैव ऊपर रखा। उदाहरणार्थ, उन्होंने एक धोबी द्वारा आक्षेप लगाए जाने पर अपनी प्रिय पत्नी सीता को घर से निकाल दिया क्योंकि वे यह मानते थे कि राजा या प्रबन्धक का निजी जीवन सन्देह या सार्वजनिक आलोचना के दायरे से परे होना चाहिए। उनके अनुयायी या अधीनस्थ उनका अनुकरण करते हैं (महाजनों येन् गतः सः पन्था)। वाल्मीकि ने भी कहा है कि अधीनस्थों या अनुयायियों का व्यवहार और आचरण उच्च पदस्थ व्यक्ति के समरूप हो जाता है। तुलसीदास के अनुसार राजा या प्रबन्धक जिस नीति, नियमों, सिद्धान्तों या मूल्यों का अनुकरण करता है, उनके अनुमोदन की अपेक्षा की जाती है। वह एक अकेला ही होता है, जो संगठन के लक्ष्य की प्राप्ति में मदद कर सकता है।

हिन्दी में रामचरितमानस में स्वामी ओर सेवक या नियोक्ता और कर्मचारी के बीच सम्बन्धों की स्पष्ट व्याख्या की गई है। राम कहते हैं "वह जो मेरी आज्ञा मानता है, मेरा प्रिय सेवक है। यदि मैं नियमों या मानदण्डों के विरुद्ध कुछ कहता हूँ तो उसे बिना किसी भय के मुझे ऐसा करने से रोकना चाहिए। जब तक किसी संगठन में या संसार में स्वामी और सेवक के बीच सही ढंग से सम्बन्ध स्थापित नहीं होते, तब तक कोई प्रगति सम्भव नहीं है।"[7] राम कहते है नियमानुसार प्रत्येक स्वामी अपने सेवक को प्यार करता है, परन्तु मैं उन्हें अधिक प्यार करता हूँ, जो मेरी सेवा करते हैं। कभी-कभी उन्होंने अपने प्यारे छोटे भाई लक्ष्मण से भी अधिक प्यार हनुमान को किया है। राम के सचिव के रूप में हनुमान और अँगद ने अपने संक्षिप्त कार्यभार का कभी भी उल्लंघन नहीं किया, हालाँकि वे लंका को नष्ट करना चाहते थे। यह सम्बन्धों की सीमा है। आजकल कर्मचारी अपने संगठन के हितों की परवाह न करते हुए भ्रष्टाचार में लिप्त होते हैं। उन दिनों भ्रष्टाचार को नहीं जाना जाता था।

तुलसीदास कहते हैं कि प्रत्येक व्यक्ति राम के चरित्र को नहीं समझ सकता, क्योंकि वह उन्हें अपने दृष्टिकोण के अनुसार देखता है। उन्होंने लोगों को सलाह

दी है कि उसे संगठन या समाज में दुष्टों की परवाह किए बिना अपने लक्ष्य की प्राप्ति के लिए आगे बढ़ते रहना चाहिए। चूँकि वे केवल इसी प्रकार के अनावश्यक दिखावे का इन्तजार करते रहते हैं, अतः किसी को अपनी ऊर्जा उन्हें समझाने में व्यर्थ करने की बजाय प्रार्थना करना बेहतर होगा।

इस प्रकार महान् महाकाव्य रामचरितमानस जीवन के प्रत्येक पहलू के लिए प्रबन्धन के सिद्धान्तो की व्याख्या करता है, बशर्ते कि व्यक्ति में जीवन के इन हीरों को चुनने की सहनशीलता और ऊर्जा होनी चाहिए। राम का जीवन स्वयं में एक सन्देश है। विभिन्न प्रकार के सैद्धान्तिक और साथ ही प्रायोगिक प्रबन्धकों के द्वारा सभी प्रकार के व्यष्टि और समष्टि संगठनों के लिए राम के जीवन से बहुत से सूत्र प्रतिपादित किए जा सकते हैं।

5. रावण की आत्मकेन्द्रित प्रबन्धन प्रणाली

रावण के प्रबन्धन का ढंग 'किसी भी प्रकार के साधनों का प्रयोग करके लक्ष्य की प्राप्ति करने' पर केन्द्रित है। चाहे जो भी हो, अपना घर सोने का बनाओ। अपने घर को सुरक्षित और खुशहाल रखने के लिए शक्तिशाली बनो। इस प्रणाली में अन्ध-अभिमान और पददलितों के लिए धृणा की प्रधानता है।

धन या खुशहाली की अधिकता व्यक्ति को आत्म-केन्द्रित और अभिमानी बना देती है। धीरे-धीरे ऐसा प्रबन्धक निरंकुश और अनियन्त्रित हो जाता है। वह किसी विरोधी सलाह या आवाज को सुनना पसन्द नहीं करता। उसका कथन आदेश है, जिसका बिना किसी शर्त के पालन होना ही चाहिए। रावण स्वयं एक ब्राह्मण और अत्यधिक विद्वान व्यक्ति था, परन्तु वह सभी सुझावों के प्रति बहरा हो जाता था अर्थात् वह किसी की कोई सलाह नहीं मानता था। ऐसी प्रणाली अन्ततोगत्वा असफल हो जाती है, क्योंकि एक व्यक्तिगत प्रणाली अधिक समय तक नहीं चल पाती। इस प्रणाली में कोई नवीनता नहीं होती और निर्णय उच्च पदस्थ व्यक्ति की पारम्परिक और रुढ़िवादी विचारधारा के अनुरूप लिए जाते हैं। ''रावण दुष्ट प्रकृति का था, परन्तु उसके सलाहकार अच्छे थे''- (रामचरित मानस, लंकाकाण्ड दोहा 77, 78)[8]

महान् कवि तुलसीदास कहतें है कि दूसरों को सलाह देने में चतुर व्यक्तियों के झुंड हैं, परन्तु ऐसे कुछ ही व्यक्ति हैं, जो नेक सलाह देते हैं। वे अधिकांशतः व्यक्तिगत संगठनों या एकाधिकार वाले संगठनों, जिनके दिमाग में अपवित्र विचार होते हैं, से सम्बन्ध रखते हैं। रावण को अपने सन्त-स्वरूप भाई विभीषण और उसकी समर्पित पत्नी सहित बहुत से लोगों ने, युद्ध से बचने और साम्राज्य को बचाने के लिए राम की अपहृत पत्नी को छोड़ देने की सलाह दी थी, परन्तु उसने किसी सलाह या किसी व्यक्ति की ओर कोई ध्यान नहीं दिया। दूसरी ओर उसने अपने साम्राज्य अर्थात् लंका से विभीषण को निकाल दिया। जिसकी परिणति उसके स्वयं के, जाति के और साम्राज्य के पूर्ण विनाश के रूप में हुई। इस प्रकार के संगठन, कालाबाज़ारियों,

माफिया, डाकुओं, मुनाफाखोरों और धूर्त लोगों के समूहों या व्यापार के बीच पाए जाते हैं। इन समूहों में कुछ सिद्धान्त हैं और आपस में व्यवहार करते समय वे ईमानदारी बरतते हैं। परन्तु ऐसे संगठन अपने उस अवतार या 'संचालक' जिसके प्रति उनके अनुयायी दृढ़ निष्ठावान होते हैं, के मरने के बाद टुकड़े-टुकड़े हो जाते हैं। वे स्वयं को किसी उत्पादक कार्य में लगाए बिना ही धन कमाते हैं। वे ऐसी गतिविधियों को अन्जाम देने के लिए भ्रष्टाचार, धोखेबाजी या अपराध की संगठित श्रृंखला का समर्थन प्राप्त करते हैं। ऐसे लोगों को जो तस्करी या भाड़े के अपराधी जैसी गतिविधियों में लगे हुए हैं, को भी इसी श्रेणी में रखा जा सकता है। इस प्रकार के प्रबन्धकों के अनुयायी नेता में अन्धविश्वास रखते हैं और वे अच्छे या बुरे की पहचान करने की अपनी शक्ति खो बैठते हैं। जो कुछ भी उनका नेता (बॉस) कहता है या आदेश देता है वे उसका अन्धाधुन्ध अनुपालन करते हैं। गैर कानूनी और जघन्य व्यापार गतिविधियों में संलिप्त होने के कारण वे सभी अंततः पकड़े जाते हैं और कारागार में डाल दिए जाते हैं। इसके बाद कोई भी व्यक्ति ऐसे संगठनों को पुनः एकत्रित नहीं करता, क्योंकि वे सभ्य समाज के प्रतिकूल होते हैं। उदाहरणार्थ, जब रावण या कौरव मारे गए थे, तो उनकी मृत्यु पर शोक प्रकट करने के लिए शायद ही कोई वहाँ था।

इस प्रकार के संगठन अंततः समाज को कोई योगदान नहीं देते और अत्यधिक स्वयं समर्थित होते हैं। फिर भी इनमें सुधार की बहुत गुंजाइश है। यह आशा है कि यदि उनकी शक्ति को सही दिशा में या भलाई के लिए मोड़ा जाए तो ऐसे संगठन समाज की भलाई के लिए पर्याप्त योगदान दे सकते हैं।

6. कुबेर की प्रबन्धन प्रणाली

इस प्रणाली में प्रबन्धक एक 'योगी' की तरह कठोर परिश्रम करता है। वह दूसरों को नहीं कहना चाहता, परन्तु संगठन के मुख्य उद्देश्य अर्थात् लाभ को प्राप्त करने के लिए स्वयं कार्य करना पसन्द करता है। अतः इस प्रकार के प्रबन्धन में 'लाभ' और 'विपणन' दो देवता हैं। इस प्रणाली में वस्तुओं और सेवाओं से लेकर नैतिकता और सिद्धान्त तक प्रत्येक वस्तु बिकाऊ होती है।

पुराणों में कुबेर को रावण का सौतेला भाई बताया गया है। वह क्राईस्ट की इस चेतावनी की परवाह नहीं करता कि ऊँट सुई के छेद में से निकल सकता है, परन्तु अमीर व्यक्ति स्वर्ग में प्रवेश नहीं कर सकता। बिना किसी विराम या अर्द्धविराम के, अधिक से अधिक धन कमाना ही उसका मुख्य उद्देश्य होता है। वह अपने जीवन का आनन्द भी उठाता है और एक सुखी और आरामदायक जीवन जीता है। लक्ष्मी उसकी सहयोगी है, जो कि एक सुन्दर औरत की तरह है। जिसकी पत्नी सुन्दरी हो, उस व्यक्ति को समाज में व्यवहार के प्रति सतर्क रहना चाहिए। इस प्रणाली में न तो बाहरी शत्रु अधिक होते हैं और न ही आन्तरिक शत्रु, क्योंकि प्रत्येक को धन लूटने की इजाज़त होती है। चारों ओर शान्ति होती है। समाज विरोधी तत्व और माफिया भी धन द्वारा खरीदे जा सकते हैं।

यह प्रणाली गहन वित्तीय लेखों को रखने पर जोर देती है। इस प्रणाली में उत्पादन, गुणवत्ता और विपणन की लगातार मॉनीटरिंग की जाती है। इस प्रकार का प्रबन्धन आधुनिक प्रबन्धन प्रणाली के सदृश ही है।

कभी-कभी यह बहुत स्पष्ट हो जाता है कि इन संगठनों में कार्य कर रहे कर्मचारी इन्हें नापसन्द करना शुरू कर देते हैं और परिणामतः कार्य करने की प्रेरणा या उत्साह छोड़ देते हैं। यदि हिंसा घटित हो जाती है तो वे वित्तीय संसाधनों या पूँजी का प्रवाह रोक कर इकाई (फैक्ट्री) को बन्द करने में भी नहीं हिचकिचाते और यह भी सुनिश्चित करते हैं कि मजदूर उनके आगे झुकें। इस प्रणाली की पूर्ण व्याख्या

GOLD

भविष्य की पीढ़ियों के लिए मुद्रा या धन बचाने के रूप में की जाती थी, परन्तु आजकल नई पीढ़ी के प्रबन्धकों द्वारा, धन की बचत, जमा, उपभोग, यहाँ तक कि आडम्बरपूर्ण उपभोग पर ध्यान केन्द्रित किया जा रहा है। वास्तव में इस प्रणाली में इतना अधिक धन बनाया जाता है कि प्रत्येक व्यक्ति खुश होता है। परन्तु धीरे-धीरे भ्रष्टाचार जैसी बुरी प्रवृत्तियाँ और अस्वस्थ परम्पराएं इसमें प्रवेश कर जाती हैं। धन जहाँ से भी निकलता है वहीं अपना चिकना अहसास छोड़ देता है। अतः वे भी भ्रष्ट और गैर-सिद्धान्तवादी हो जाते हैं। परिणाम स्वरूप कुबेर की प्रबन्धन अपने धन के भार के नीचे दब कर टुकड़े-टुकड़े होना आरम्भ हो जाती है। धर्म (कर्त्तव्य) या नैतिक सिद्धान्तो का दृढ़ता से अनुपालन और व्यापार या उद्योग के सामाजिक दायित्वों का निर्वाह ही इससे बाहर निकलने का रास्ता है। यह एक विस्तृत और व्यापक अभियान के लिए सबको एक टीम की तरह इकट्ठा और संगठित करता है। परन्तु इस प्रणाली में प्रबन्धक सामान्यतः सफलता के इस मार्ग को अपनाने से डरते हैं। कभी-कभी कुबेर की तरह की प्रबन्धक अपने धन, डील-डौल या शक्ति के अनुपालन को हृदय में संजोए रखते हैं जिसके परिणामस्वरूप वे शक्तिशाली लोगों के मुकाबले में आ जाते हैं। इस प्रकार, वे भगवान शिव के क्रोध से नष्ट हुए कुबेर की भाँति अपनी कान्ति खो देते हैं। इन्हीं संकीर्ण विचारों के कारण भारत में बहुत से बड़े औद्योगिक, और वाणिज्यिक घराने बन्द हो गए हैं। अब बहुत से बड़े औद्योगिक सेवा या वाणिज्यिक घरानों ने अपने संगठनों को बड़े पैमाने के भ्रष्टाचार या बुरे प्रभावों की छुआ-छूत से बचाने के लिए दूसरों को रिश्वत देना बन्द कर दिया है। आजकल यही प्रबन्धन का अत्याधिक स्वीकार्य सिद्धान्त और प्रक्रिया है।

इस प्रकार के प्रबन्धन में नैतिक शिक्षा अन्ततः निर्मित होनी चाहिए। कभी-कभी धन राजनीतिक शक्ति को खरीद लेता है और अति विश्वसनीय अधीनस्थों के विश्वास को भी खराब कर देता है।

7. भगवान शंकर की प्रबन्धन पद्धति

भगवान शंकर बहुत दयालु देवता हैं। वे संसार को बचाने और नष्ट करने के लिए जाने जाते हैं, जबकि ब्रह्मा ने संसार को उत्पन्न किया है और विष्णु इसका पालन-पोषण करते हैं।

शंकर भोले-भाले देवता हैं, परन्तु अत्यधिक शक्तिशाली भी हैं। वे अपने अनुचरों (गणों) से घिरे रहते हैं जो कि भूतों, कैलाश पर्वत की स्थानीय जन-जातियों, बैल (नन्दी), सांपों इत्यादि सहित केवल साधारण मनुष्य ही हैं। वे सिद्धान्तवादिता में समानता और न्याय के लिए जाने जाते हैं। वे सबको समान दृष्टि से देखते हैं। वे देवताओं, मनुष्यों ओर दानवों सहित उन सभी उपासकों, जो कठोर और निष्कपट तपस्या करते हैं, समान रूप से वरदान देते हैं, उन्होंने रावण और भष्मासुर जैसे दानवों को और अन्य, जिन्होंने बाद के ब्रह्माण्ड के लिए समस्याएँ पैदा कर दीं, को भी अमरता का वरदान दिया था। उन्होंने अपने सर्वोत्तम अस्त्र रावण, मेघनाद इत्यादि को दे दिए थे, जिससे वे चहुंमुखी रूप से अत्यधिक शक्तिशाली बन गए थे। यहाँ तक कि एक बार उनका एक आश्रित भष्मासुर अपने वरदाता स्वयं शंकर को मारने के लिए उनके पीछे भागा था। संभवतः अपने इस समान व्यवहार के कारण ही उन्होंने संसार को खूनी क्रान्ति से बचा लिया था, क्योंकि इससे अराजकता उत्पन्न नहीं हो सकी। उन्होंने उन सभी, चाहे जो भी हो, को निष्ठा और त्याग से की गई भक्ति या कर्म का पुरस्कार दिया है।

कभी-कभी वे बड़ी आसानी से प्रसन्न हो जाते हैं। उनकी आदतें बहुत ही साधारण और आम आदमी के निकट हैं। यदि कोई उन्हें केवल धतूरा और सुपारी के पत्ते इत्यादि भी अर्पण करता है, तो वे प्रसन्न हो जाते हैं। सामान्य बोल-चाल में इसे मक्खनबाजी या चापलूसी के रूप में जाना जाता है। भगवान शंकर एक ऐसे देवता हैं, जो कम से कम चढ़ावे में खुश हो जाते हैं। मालिक या प्रबन्धक सहित प्रत्येक व्यक्ति किसी एक या अन्य रूप में चापलूसी पसन्द करता है, परन्तु पुराने या परम्परागत मालिक दूसरों से कुछ ज्यादा की अपेक्षा करते हैं।

प्रबन्धक का शंकर प्रकार एक ऐसी प्रणाली को दर्शाता है, जिसमें मालिक केवल चापलूसी द्वारा ही खुश होता है। कार्य निष्पादन गौण तत्व हो जाता है। चापलूसी व्यक्तिगत या मालिक के किसी प्रिय विषय के रूप में हो सकती है। परन्तु इस चापलूसी को सफल बनाने के लिए मालिक के प्रति पूर्ण निष्ठा और ईमानदारी तथा चापलूसी करने वाले का नैतिक चरित्र उच्च होना अपेक्षित है। भारतीय मालिक चापलूसी पसन्द करते हैं और वे उन अधीनस्थों, जो उनके प्रति निष्ठावान हैं, के प्रति सापेक्ष बन जाते हैं। यह अन्य सहकर्मियों के बीच निराशा की सम्वेदना उत्पन्न करता है और वे कार्य के प्रति निरुत्साहित हो जाते हैं। भारत में विशेष रूप से राजनीतिक पार्टियाँ ऐसे संगठन हैं जो इस प्रणाली पर चलते हैं। आजकल उन्होंने भी स्वयं को कार्य-निष्पादन के आधार पर पुनर्गठित किया है। पारिवारिक व्यापार के मालिक या पूँजीपति व्यापारी चापलूसी को किसी भी वस्तु से अधिक सराहते हैं। सरकारी संगठन भी इसी बीमारी से संक्रमित हैं। यहाँ तक कि यू.एन. संगठनों और यू.एस. संगठनों में भी परिष्कृत चापलूसी की अन्तःनिर्मित प्रणाली मौजूद है चूँकि वे नियुक्तियाँ, सिफारिशों के अनुसार करते हैं न कि वस्तुनिष्ठ जाँच या परीक्षा के माध्यम से। यू. एस.ए. में प्रचलित 'इनामी पद्धति' इसी प्रकार का एक प्रतिनिधि नमूना है।

यह चरम सीमा है, जब चापलूसी निष्ठा को उत्पन्न करती है। इस जोखिमपूर्ण मार्ग का परित्याग कर दिया जाना चाहिए। चापलूस उससे कभी खुश नहीं हो सकता, जो वह अपने परामर्शदाता से प्राप्त करता है। दूसरी ओर जब कभी भी उसका मालिक या प्रबन्धक उसकी आशाओं पर खरा नहीं उतरता तो वह अपने सहकर्मियों के बीच अपने मालिक की, उसकी व्यक्तिगत सनकों और उन्मादों के लिए आलोचना या बदनामी करता है। इस प्रकार 'आशाओं का संकट' उत्पन्न हो जाता है। भगवान शंकर के समय में लोग निष्ठावान और कृतज्ञ हुआ करते थे। उनकी आवश्यकताएँ वास्तविक होती थीं और गगनचुम्बी महत्वाकांक्षाएँ नहीं होती थीं। चापलूसी के परिणामस्वरूप उन्हें जो कुछ भी प्राप्त होता था वे उसी से खुश हो जाते थे। आजकल लोगों की सदा बढ़ती हुई उपभोग आवश्यकताओं और महत्वाकांक्षाओं को सीमित या अवरुद्ध किया जा सकता है।

तथापि, कुछ विवेकाधिकार सदैव प्रबन्धन या प्रबन्धक के पास रह जाते हैं जिन्हें प्रबन्धक के विशेषाधिकार के रूप में जाना जाता है। कभी-कभी शीध्र निर्णय लेने और तत्पर उत्पादन के लिए यह आवश्यक होता है, परन्तु प्रबन्धक के इर्द-गिर्द की मण्डली को, संगठन को हानि या घाटे का कारण नहीं बनना चाहिए। यह निष्ठावान सेना आपातकालीन कार्यवाही में मदद करती है क्योंकि अपना जीवन न्यौछावर करने के लिए शंकर या उनके परामर्शदाता का एक शब्द ही उनके लिए पर्याप्त होता है। जब तक प्रबन्धन का विशेषाधिकार जारी रहेगा, तब तक शंकर द्वारा प्रस्तुत की गई प्रबन्धन प्रणाली भी जारी रहेगी।

8. भगीरथ के प्रबन्धन का यज्ञीय

पौराणिक कथा है कि दिलीप और सागर भगीरथ के आदरणीय पूर्वज गंगा को धरती पर लाने में असफल रहे थे। भगीरथ ने एक टांग पर हाथ जोड़कर खड़े रह कर कई वर्षों तक लम्बी और कठिन तपस्या की थी। तब पवित्र गंगा ने उनके पूर्वजों की राख को गीला करने के लिए स्वर्ग से उतरने के लिए अपनी सहमति प्रदान की थी, ताकि वे शाश्वत स्वर्ग में जा सकें। परन्तु धरती ने पाया कि वह गंगा की तेज़ लहरों के प्रभाव से बह जाएगी और उसने ब्रह्मा जी की शरण ली।

ब्रह्मा जी ने धरती को शंकरजी के पास भेजा, क्योंकि केवल वे ही तेज रफ्तार की नदी को सह सकते थे। परन्तु गंगा अभिमानी बन गयी और उसने भगवान शिव को भी धरती पर धसीटने की धमकी दे दी। इस पर, शिव क्रोधित हो उठे और उन्होंने गंगा को अपने बालों में उलझा लिया। भागीरथ ने पाया कि गंगा खो गई है। उन्होंने दुबारा भगवान शिव की कठिन तपस्या की। शिवजी गंगा को अपने बालों से निकालने के लिए सहमत हो गए। एक वैज्ञानिक विवृत्ति है कि गंगा हिमालय पर्वत में रुक गई थी। राजा भागीरथ ने अपने इंजीनियरों और कर्मियों की सहायता से पत्थरों से भरे हिमालय को खुदवाया और गंगा के लिए मार्ग बनाया था। इसलिए गंगोत्री में गंगा का मार्ग बहुत तंग है और यह दर्शाता है कि गंगा के उद्गम स्थल से लगभग 40 कि. मी. 18 कि. मी. क्षेत्र के बर्फ से ढके ग्लेशियर वाले सुमेरू पर्वत के शीर्ष वाले बर्फ से ढके हिमालय पर्वत के ठीक नीचे सख्त और कठिन पत्थरों को काट कर गंगा के लिए रास्ता बनाया गया था।

भागीरथ को प्रार्थना का फल मिल गया था। तब वे अपने रथ में सवार होकर गंगा को मैदानों में ले गए। भारत के हृदय के मार्ग से भारतीय गंगा को मैदान में अपनी 2525 कि.मी. लंबी यात्रा में गंगा देश में सिंचे जाने वाले कुल क्षेत्र के 47 प्रतिशत की सिंचाई करती है। गंगा बेसिन में देश की जनसंख्या के 37 प्रतिशत का भरण-पोषण भी करती है। सागर में मिलने से गंगा ने राजा सागर के 60,000 पुत्रों के नश्वर अवशेषों को सदा के लिए स्वतन्त्र किया था।

अतः भागीरथ और गंगा की कथा समाज के लिए त्याग की कथा है। पं. जवाहर लाल नेहरू के शब्दों में "गंगा की कथा, उसके स्त्रोत से सागर तक, पुरातन समय से नवीन समय तक, भारत की सभ्यता और संस्कृति की कहानी है।"

दधीचि की कथा भी समाज या संगठन से बिना कोई फल के लिए, पीछे मुड़ कर देखे बिना समाज के लिए अपना शरीर और हड्डियों की पूरी बलि चढ़ा देना दर्शाती है। शंकराचार्य ने भी कहा है, "मेरे पास शरीर है, परन्तु मैं शरीर नहीं हूँ।" स्व-वास्तविकता की स्थिति है जहाँ तक तभी पहुँचा जा सकता है, जब कोई लगातार स्व-विकास द्वारा स्व-प्रभुत्व या स्व-नियन्त्रण प्राप्त कर ले। प्रबन्धन अंतिम रूप में, स्व-विकास है, जिसमें पुनः शिक्षा और सीखने की लगातार प्रक्रिया अपेक्षित है। रवीन्द्र नाथ टैगोर के शब्दों में, आप अपनी बाँसुरी खाली करते हैं ताकि बाँसुरी वादक आप में से संगीत उत्पन्न कर सकें।

इससे पता चलता है कि व्यक्ति को ज्ञान के नए परिदृश्य में प्रवेश करने के लिए अपनी मनोग्रन्थि या कठोर मानसिक स्थिति से बाहर निकलना चाहिए। इसी तर्ज़ पर कम्युनिष्ट नेता स्वर्गीय माओत्से तुंग कहते हैं "हजारों कलियों को खिलने दो। अतः प्रबन्धन लेने से अधिक देने में विश्वास करता है। आजकल, प्रबन्धक संगठन के हितो की कीमत पर भी अत्यधिक वेतन और उपलब्धियाँ चाहते हैं। कई देशों और संगठनों में भागीदारी या कर्मचारियों के लिए स्टाक विकल्प स्वीकृत करने का तन्त्र भी प्रचलन में है। परन्तु व्यक्ति के लालच की कोई सीमा नहीं है। प्रकृति लेने से देने की ओर अधिक झुकी हुई है। लम्बे समय में प्राकृतिक मार्ग बदलना अनर्थकारी हो सकता है।

राजा बाली और हर्ष के शासन काल भी इस वर्ग के तहत आते हैं। राजा हर्ष कुम्भ या अर्ध-कुम्भ के दौरान इलाहाबाद में गंगा, यमुना और अदृश्य सरस्वती के संगम पर सब कुछ दान किया करते थे। कई गैर-सरकारी स्वैच्छिक संगठनों का प्रबन्धन इस वर्ग के तहत आता है।

संगठन में प्रत्येक व्यक्ति लोक हित में लगा हुआ है और कोई भी इस बात की ओर ध्यान नहीं देता कि वह फल में क्या पा रहा है। कई धार्मिक संगठन या स्वैच्छिक संगठन बिना फल की इच्छा के लोक कल्याण गतिविधियों में लगे हुए हैं। कोई भी संगठन धन की प्रतिपूर्ति और मिशन या सम्बधित संगठन के उद्देश्य के प्रति वचनबद्धता या त्याग की भावना को इकट्ठा मिला नहीं सकता है।

यह आवश्यक है कि शीर्ष प्रबन्धन को अतिसक्रिय, ईमानदार और निष्पक्ष होना चाहिए। उन्हें दूसरों को प्रेरित करने से पहले स्वयं प्रेरित होना चाहिए और सादा रहन-सहन और उच्च विचार में विश्वास रखना चाहिए। कार्यस्थल नियन्त्रण के बिना किसी धार्मिक तन्त्र के उसे उदाहरण महान का कारक हैं। आजकल, स्वैच्छिक संगठनों सहित कई संगठन अपने प्रबन्धक के रहन-सहन और कार्य करने

के तरीके से प्रेरणा कम होने के कारण तथा उच्च प्रशासनिक लागत के दबाव के कारण टूट रहे हैं। इसलिए ऐसे संगठन दिन-प्रति-दिन कम व्यवहार्य बनते जा रहे हैं।

महाभारत के अनुसार, प्रबन्धन या राजधर्म तलवार की धार पर चलने की तरह है। प्रबन्धक को उपभोक्ताओं या अपने अधीनस्थ कर्मचारियों के लिए एक व्यापक रूप से त्याग करने के लिए तैयार रहना चाहिए। राजा सागर, भागीरथ के पूर्वज ने अपने सबसे बड़े पुत्र, असमंजस को देश निकाला दे दिया था, क्योंकि वह लोगों के बच्चों को सरयू नदी में डुबो दिया करता था।

तुलसीदास ठीक ही कहते हैं, 'धन्य देस सो जहँ सुरासरी' (रामचरितमानस, उत्तरकाण्ड, दोहा-126-127) अर्थात् वह धरती धन्य है, जहाँ गंगा बहती है।

9. मनु-चाणक्य का नियामक प्रबन्धन

प्रबन्धन की नियामक प्रणाली में नियमों और अधिनियमों के अनुपालन को प्राथमिकता दी जाती है। मनु-स्मृति प्राचीनतम और अत्यधिक प्रसिद्ध आचरण संहिता है, जो वेदों पर आधारित है। कभी कभी इसे न्यायालयों में कानून के प्राधिकृत पाठ के रूप में उद्धृत किया जाता है। परन्तु यह इतना कठोर है कि कभी कभी आज के संदर्भ में, विशेष रूप से इसमें वर्ण (जाति) के आधार पर दिए गए विभाजन के कारण, इसके सिद्धान्त या नियम अप्रासंगिक बन जाते हैं। मनु ने यह प्रस्तुत किया है कि धन कमाना व्यापार जैसा प्राकृतिक धर्म होना चाहिए। सार्वजनिक क्षेत्र के उद्यमों को इसे ध्यान में रखना चाहिए।

चाणक्य ने एक प्रबन्धक के गुणों को वर्णन किया है। उसके पास सूचना को मॉनीटर करने के लिए दृढ़ और निष्ठावान लोगों का एक तन्त्र होना चाहिए। उसे नम्र होना चाहिए। उसे कार्य के वास्तविक कार्यान्वयन को देखने के लिए चारों ओर ध्यान रखना चाहिए। उसे कभी सन्तुष्ट नहीं होना चाहिए और हमेशा डटे रहना चाहिए। उसे अपने साथ अच्छी पृष्ठभूमि के लोगों को रखना चाहिए जो समय का ज्ञान रखते हों। प्रबन्धन या साम्राज्य एक सचिव के बिना नष्ट हो सकता है।

कर्मचारी या अधीनस्थ, शक्तिहीन प्रबन्धक को छोड़ देते हैं। चाणक्य कहते हैं कि सीमा-रहित, बुद्धिमत्ता है, समृद्धि, ज्ञान है कमी, समय है, बाधाएँ अनगिनत हैं–सबसे उत्तम वही है, जो किसी को करना चाहिए जैसे हँस दूध और पानी के मिश्रण से दूध को निकाल लेता है।

कौटिल्य के अर्थशास्त्र के अनुसार 'यथा राजा तथा प्रजा'। आज के प्रजातन्त्रीय शासनों में यह बिल्कुल सत्य है। बाद में, राजा प्रबन्धन का मूल-स्त्रोत बन जाता है।

मनु और कौटिल्य के अनुसार लोगों के शोषण से बचने के लिए निर्धारित नियमों या सिद्धान्तों के अनुसार ही प्रशासन या प्रबन्धन होना चाहिए। इसमें

राजाओं, प्रबन्धकों के व्यवहार, कर्मचारियों के कर्त्तव्यों, मजदूरी नीति और सजा प्रणाली के लिए भली प्रकार से जाँचे-परखे गए नियम होने चाहिए। ये नियम ही हैं, जो कि ब्रह्माण्ड को शासित करते हैं न कि प्रबन्धक। वह स्वयं सभी चीजें या कार्य नहीं देख सकता। उसे ऐसे नियम बनाने चाहिए और ऐसे कर्मचारियों का तन्त्र रखना चाहिए, जो इन नियमों के उचित कार्यान्वयन पर नजर रख सकें। ये नियम मूलतः वेदों में से लिए गए हैं। आज की सरकार में नियम या अधिनियम, सम्बन्धित संविधान, जो कि देश का सर्वोच्च कानून है, के अनुरूप होने आवश्यक हैं।

नौकरशाही एक ऐसा तन्त्र है, जो मनु और चाणक्य द्वारा प्रतिपादित की गई प्रणाली के अत्यन्त निकट है। मैक्स वैबर के अनुसार नौकरशाही विवेकपूर्ण कानूनी तन्त्र है। नौकरशाही तन्त्र संसार भर में अत्यधिक सूत्रबद्ध और कठोर तन्त्र है। धीरे-धीरे, कल्याणकारी राज्य के उद्देश्य को प्राप्त करने की अपेक्षा, नीति और नियमों का पालन करना ही उनका मुख्य उद्देश्य बन जाता है। भारत की भूतपूर्व प्रधानमन्त्री श्रीमती इन्दिरा गाँधी ने नौकरशाही के लिए यह उचित चेतावनी दी थी कि नियम जनता के लिए हैं न कि जनता नियमों के लिए। प्रत्येक कागज या फाईल को इस प्रकार देखा जाना चाहिए जैसे कि लोगों के हृदय की नब्ज को देखा जाता है। फिर भी नौकरशाही तन्त्र को अपने तटस्थ और निष्पक्ष व्यवहार के लिए जाना जाता है। परन्तु इस प्रकार के तन्त्रो में भ्रष्टाचार, भाई-भतीजावाद और पक्षपात घर कर चुका है। नूरेमबर्ग मामले के निर्णय में यह अन्तिम रूप से तय हुआ था कि अधीनस्थों द्वारा किए गए गैर-कानूनी और कपटपूर्ण व्यवहार, विशेष रूप से जिसके परिणामस्वरूप जातिसंहार या मानवधिकारों का हनन इत्यादि होता हो, के लिए 'प्रतिवादी से अधिक' कोई बचाव पक्ष नहीं होगा। भारत में शाह आयोग ने भी, सत्तर के दशक के दौरान नौकरशाही तन्त्र द्वारा की गई ज्यादतियों की जाँच करते समय, यही विचार व्यक्त किए थे।

इस प्रकार के तन्त्रों में निर्णय बहुत धीमी गति से लिए जाते हैं। इस प्रकार के तन्त्रों में साधन, साध्य बन जाते हैं। अतः इन तन्त्रों में प्रबन्धन का विकेन्द्रीकरण ही केवल मात्र हल है। उदाहरणार्थ, भारत में पंचायती राज की स्थापना, ग्रामीण भारत में विकास की गतिविधियों को कार्यान्वित करने और अपने कार्य प्रबन्धों में लोगों की भागीदारी को सुनिश्चित करने के लिए की गई थी।

मनु[9] तर्क देते हैं कि यदि एक मजदूर, स्वस्थ रूप से होते हुए भी उसे दिए गए कार्य को पूरा नहीं करता, तो उसे मजदूरी माँगने का कोई अधिकार नहीं है। इसके विपरीत उसे मजदूरी से दुगुनी राशि जितना जुर्माना नियोक्ता को देना चाहिए।

याज्ञवल्क्य के विचार में यदि मजदूर की अतिरिक्त क्षमता के कारण अतिरिक्त लाभ कमाया जाता है तो उसे एक आनुपातिक राशि निर्धारित वेतन से अधिक दी जानी चाहिए।

इस प्रकार, प्राचीन काल में मजदूरी अनुबन्ध द्वारा निर्धारित की जाती थी। कुछ निश्चित मामलों में न्यूनतम मजदूरी का निर्धारण भी होता था और कुछ मामलों में कार्यनिष्पादन से सम्बन्धित प्रोत्साहन देने की प्रणाली भी थी। अनुबन्ध को तोड़े जाने के किसी मामले में, दोनों पक्षों नियोक्ताओं और कर्मचारियों के लिए विभिन्न दण्डों की व्यवस्था भी थी।

मौर्य साम्राज्य के दौरान, चाणक्य के मार्गदर्शन में, प्रशासनिक तन्त्र अर्द्ध-प्रजातन्त्रीय था। आरम्भिक निर्णय लेने के पश्चात्, वास्तविक प्रबन्धन का भार सलाहकारों की परिषद या स्वायत्तशासी समितियों के कन्धों पर होता था। स्वायत्तशासी समितियों ने राजधानी पाटलीपुत्र को व्यवस्थित किया।

मौर्यकाल की नौकरशाही के मुख्य तत्व निम्नलिखित थे–

1. पुरस्कार और दण्ड देने की प्रणाली के साथ निष्पादन के नियन्त्रण के सहित कठोर धर्म-तन्त्र का विकास।
2. सुस्पष्ट अधिकार क्षेत्र और उचित कार्य विवरण इत्यादि की धारणा।
3. विशिष्टिकरण की धारणा।
4. उचित भर्ती प्रक्रिया का विकास।

उस समय भर्ती की प्रणाली बुद्धि, धन, उपलब्धियों और राजनीतिक निष्ठा के मापदण्डों पर आधरित थी। चाणक्य के अनुसार एक गरीब आदमी जिन्दा रह सकता है, परन्तु कम बुद्धि का एक व्यक्ति जिन्दा नहीं रह सकता। इस प्रकार ज्ञान/बुद्धि अत्यावश्यक है।

10. मुगल और ब्रिटिश प्रबन्ध-प्रणाली

एक बार गुलामों, सुल्तानों और मुगलों ने भारत में अपने पैर जमा लिए, वे भारत की धरती के साथ एकरस हो गए तथा वे भारतीयों का भारतीय की भाँति प्रशासन करने लगे। उन्होंने भारत में देशीय उत्पादन पद्धति तथा भारत में उद्योगों के विकास को बढ़ावा दिया। यद्यपि बाबर की भाँति शुरुआती आक्रमणकारी अपने मुल्क को याद करते रहे पर अकबर की भांति उनके उत्तराधिकारी अपने पूर्वजनों को भूल गए तथा वे भारतीय संस्कृति में पूरी तरह से मिल गये। चूँकि वे विजेता थे, अतः उनकी प्रबन्धन प्रणाली संरक्षण की पद्धति पर निर्भर थी। जिन्होंने उन्हें लड़ाइयाँ जीतने में मदद की, उन्हें उन्होंने बड़े-बड़े पद, जागीरें तथा सम्पत्ति दी एवम् शासन के प्रबन्ध में उनका दखल सुनिश्चित किया। कोषागारों की देख-रेख के लिए कानून बनाए गये। प्रशासन की सुविधा के लिए प्रान्त तथा अधीनस्थ छोटे-छोटे राज्य बनाए गये जो उनके अधीन थे। सामान्य रूप से उन्होंने वाणिज्य, उद्योग तथा वित्त प्रबन्धन अर्थात् दीवानी मामलों में हस्तक्षेप नहीं किया। केवल शाहजहाँ ही एक बादशाह था जिसने मकबरों, इमारतों तथा किलों के निर्माण पर खर्च किया। अकबर ने सदैव सैन्य रणनीति को दृष्टि में रखकर खर्च किया। परिणामतः शाहजहाँ के काल में सरकारी खजाना खाली हो गया तथा जनता में यह गलत सन्देशा पहुँचा कि बादशाह को जनता से ज्यादा अपनी प्रेयसी मुमताज की चिन्ता है। अन्ततः शाहजहाँ को अपने जीवन के अन्तिम दिनों में कैद खाने की हवा खानी पड़ी जहाँ से वे ताजमहल के नीचे दफन की गई अपनी मुमताज बेगम को देखते रहे। जहाँगीर के समय अंग्रेज व्यापारियों तथा बस्ती-निर्माणकर्ताओं की भाँति भारत में आए तथा उन्हें जहाँगीर की अनावश्यक उदारता के कारण बस्तियाँ बनाने की आज्ञा प्राप्त हो गई।

अंग्रेजों को चट्टान की भाँति स्थित भारतीय प्रबन्धन प्रणाली या प्रशासन तथा भारतीय संस्कृति पसन्द नहीं आई। उन्हें अपने शासन के विस्तार में दो-दो बड़ी बाधाएँ दृष्टिगोचर हुईं। उन्होंने शनैः-शनैः भारतीय पद्धति को समाप्त किया तथा अपनी अंग्रेज प्रणाली को भारत में आरोपित किया। ईस्ट इण्डिया कम्पनी के

प्रारम्भिक शासनकाल में मीरजाफर तथा मीरकासिम दोनों ने कलकत्ता में गवर्नर कौन्सिल के प्रत्येक सदस्य को रिश्वतें दी और बंगाल, बिहार तथा उड़ीसा की जागीर लेकर वे नवाब बन गए। भारतीय प्रबन्ध-प्रणाली में यह भ्रष्टाचार की प्रथम प्रमाणिक घटना थी।

अंग्रेजों ने भारत में दलालों के माध्यम से राज्य किया। उन्होंने जमींदारों और जागीरदारों की नौकरशाही बनाई। इस प्रकार भारत प्रबन्धन के क्षेत्र में पेशावर प्रबन्धन से वंचित रह गया[10] जो यूरोप तथा अमेरिका में औद्योगिक क्रान्ति के फलस्वरूप जन्म ले रहा था। अंग्रेजों ने भारत को विभाजित करने के लिए जाति, क्षेत्र, जन्म स्थान, धर्म एवम् अन्य सामाजिक, सांस्कृतिक बिन्दुओं का सहारा लिया। इस प्रकार उन्होंने केवल अंग्रेजों के प्रति स्वामिभक्त एक भारतीय सेना पैदा की तथा भारत पर 'बाँटो और राज्य करो' नीति द्वारा शासन किया। उन्होंने गहन भ्रष्टाचार स्वेच्छाचारी कर निर्धारण तथा भारतीय कृषकों के शोषण को प्रश्रय दिया। परिणामस्वरूप, कर-दाता इतना गरीब हो गया कि ईस्ट इण्डिया कम्पनी को भारत छोड़ना पड़ा। अतः प्रबन्धन में यह ध्यान रखना चाहिए कि उस हँसिनी का वध न करे जो सोने का अण्डा देती है। ग्राहकों के हित की चिन्ता किए बिना अत्यधिक शोषण या लाभार्जन ईस्ट इंडिया कम्पनी जैसे शक्तिशाली संगठन के पतन का प्रमुख कारण सिद्ध हुआ।

ब्रिटिश काल में राजतन्त्र की शैली पर वाणिज्य क्षेत्र में भी प्रबन्ध-प्रतिनिधि प्रणाली का विकास हुआ। प्रबन्ध-प्रतिनिधि (एजेन्ट) वे कम्पनियाँ थीं जो अनुपस्थित मित्रों तथा मालिकों के लिए उद्योगों का प्रबन्ध करती थीं जिनमें मालिक अधिकांश अंग्रेज थे। अभी भी बहुत से भारतीय परिवार कम शेयरों के होते हुए भी ऐसी कम्पनियों का संचालन करते हैं जो कि उनके अंग्रेज मालिकों ने उन लोगों को प्रायः मुफ्त दी थीं क्योंकि वे ब्रिटिश काल के दौरान उनके स्वामिभक्त एवम् विश्वास पात्र थे। इस प्रकार अंग्रेजों ने जाति-प्रथा, पक्षपातपूर्ण प्रबन्धन अयोग्य मालिक को मान्यता, बख्शिश प्रथा तथा पारिवारिक स्वामिभक्ति प्रथा भारत को उत्तराधिकार के रूप में दी।

स्वतन्त्रता के समय भारत के प्रबन्धन की कुछ ऐसी अवस्था थी जो पश्चिम के प्रबन्धन से पचास वर्ष पीछे तथा औद्योगिक क्रान्ति से एक सौ वर्ष पीछे थी। अतः स्वतन्त्र्योत्तर भारतीय प्रबन्धक के लिए प्रबन्धन-पद्धति के नए युग में प्रवेश करने की एक विराट चुनौती थी।

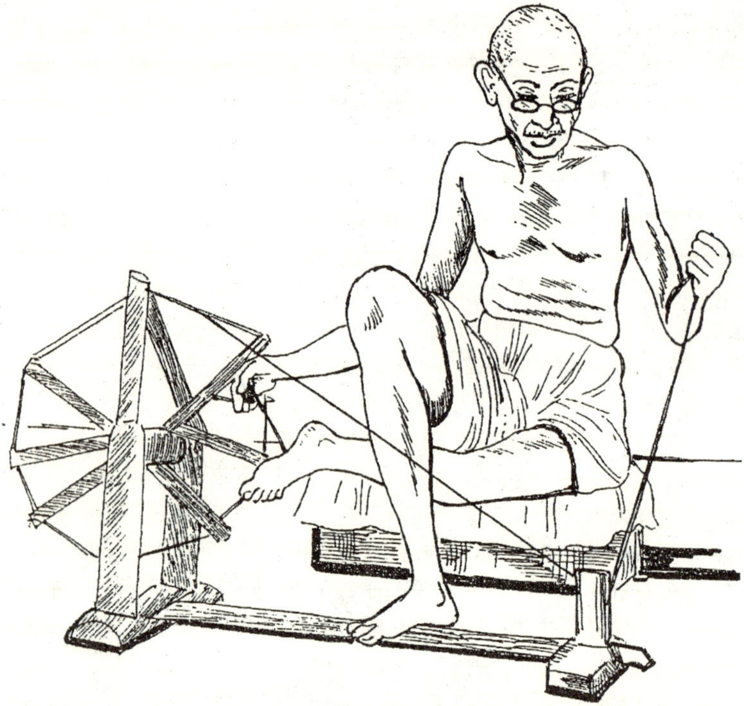

11. गाँधीवादी प्रबन्धन प्रणाली

प्रबन्धन की गाँधीवादी प्रणाली का अध्ययन दो प्रतिरूपों पर किया जा सकता है अर्थात् समष्टि और व्यष्टि। मोहनदास कर्मचन्द गाँधी एक जन्मजात नेता नहीं, अपितु एक पोषित नेता थे। उन्होंने अपने सिद्धान्तों को अपने जीवन के लगातार संघर्ष के द्वारा विकसित किया था परिणावस्वरूप, उनकी कथनी और करनी में कोई अन्तर नहीं था। वस्तुतः उनके निजी और सार्वजनिक जीवन में कोई भिन्नता नहीं थी। वे वही करते थे, जिसमें उन्हें विश्वास होता था। उनका सुस्पष्ट सन्देश था कि "दूसरों को प्रेरणा देने से पहले स्वयं को प्रेरित करो"। फिर भी व्यावहारिक रूप से समष्टि और व्यष्टि स्तर का अध्ययन गाँधीवाद को समझने में सहायता करेगा। इसलिए, हम उस लेख में निरूपण करेंगे कि गाँधी जी ने अपने प्रबन्धन सिद्धान्तों को अपने आश्रमों के माध्यम से किस प्रकार विकसित किया, जिन्हें बाद में उन्होंने भारत को आजादी दिलाने में सफलतापूर्वक आजमाया।

गाँधी जी ने अपनी खोज दक्षिण अफ्रीका के फीनिक्स आश्रम और टॉलस्टाय फार्म नामक दो आश्रमों से आरम्भ की। बाद में, उन्होंने अपने सिद्धान्तों को सेवाग्राम और साबरमती आश्रमों में अन्तिम रूप से विकसित किया। अपने जीवन के अन्तिम चरण में, उन्होंने साबरमती आश्रम छोड़ दिया और वहाँ वे कभी नहीं गए।

आश्रम गाँधी जी के लिए उनका घर था। यह मनोरंजन का स्थान नहीं था, अपितु वहाँ दिन-प्रतिदिन के कर्त्तव्य पूरे किए जाते थे। उन्होंने 100 एकड़ जमीन खरीदी और फीनिक्स बन्दोबस्त की नींव रखी। यह आर्थिक समानता निहित प्रणाली थी और शरीर तथा मन की शुद्धि इसका लक्ष्य था। आश्रम में प्रत्येक व्यक्ति को आश्रम के उद्देश्यों के प्रति योगदान देना होता था। आश्रमवासियों को पूर्ण स्वास्थ्य के लिए आवश्यक मात्रा में सादा ओर सस्ता आहार ही लेना होता था, ताकि वे गरीबों से अभिज्ञेय हो सकें। आश्रम में सभी सह-कर्मी दूसरे धर्मों के अनुयायियों के प्रति समान भाव रखते। तथापि 'आश्रम नियम' पहले कुछ ढिलाई लिए हुए थे, परन्तु दिन-पर दिन इनका अनुपालन सख्त होता गया। बिल्कुल यही चीज किसी संगठन में एक नव आगन्तुक के साथ भी घटित होती है। बाद में, उन्होंने अपने आश्रमों

में 'अविवाहित' और 'ब्रह्मचारी' रहने की सलाह दी। उनका विश्वास था कि किसी व्यक्ति का भौतिक आनन्द की ओर जाना भ्रमवश है। उन्होंने स्वयं या दूसरों के शुद्धिकरण के विचार के साथ अनुभूति के सभी अंगों पर नियन्त्रण करने के लिए व्रत को अपनाया। आइए, हम गाँधी जी के प्रबन्धन के कछ तत्वों का आधुनिक प्रबन्धन अंगों के सन्दर्भ में विवेचन करें :

1. संगठन

संगठन एक परिवार की तरह होना चाहिए। सह-कर्मियों में एक जागरुकता तथा भावनात्मक उत्साह पैदा किया जाता था कि पूरा संगठन एक उस परिवार की तरह होता है, जिसमें समाज के कल्याण में ही व्यक्तिगत सदस्यों का कल्याण शामिल होता है और सभी को प्रत्येक का तथा प्रत्येक को सभी का ध्यान रखना चाहिए। एक दूसरों की खुशियों और दुःखों में भागीदार होना, संगठन की संगठित शक्ति की कुंजी है। व्यक्तिगत स्वार्थ संगठन की एकता और शक्ति के मार्ग में रुकावटें पैदा करता है। परिवार प्रणाली संगठन के कमजोर सदस्यों की सुरक्षा करती है और उसे सीखने ओर सुधारने का अपेक्षित अवसर दिए बिना, उसकी बुद्धि के कारण उसे अमेरिका प्रणाली 'रखो और निकालो' की तरह संगठन से निकाला नहीं जाता है। जो कोई भी शरीर को पालने के लिए पर्याप्त भोजन से अधिक खाता है, वह चोर है। सत्य के सभी सिद्धान्तों और अहिंसा या प्यार पर दृढ़ रहते हुए, उन्होंने आश्रम में या अपने संगठन में निम्नलिखित अनुपालन सुनिश्चित किए।

(क) **खाने पर नियन्त्रण :** शरीर को जीवित रखने और इसे सेवा करने वाले यन्त्र के रूप में चुस्त-दुरुस्त रखने के लिए खाना आवश्यक है और खाने में स्व-आसक्ति कभी भी नहीं होने दी जानी चाहिए। इस सिद्धान्त के अनुपालन में मिर्च और मसालों जैसे उत्प्रेरक भोजन से बचना चाहिए। मांस, मदिरा, तम्बाकू, भाँग इत्यादि को आश्रम से अलग रखा गया था। मेहमानों और आगन्तुकों से भी आश्रम के नियमों का सख्ती से पालन करने का अनुरोध किया जाता था। तथापि, मेहमानों के मामले में, उनके जीने के स्वाभाविक ढंग पर विशेष ध्यान दिया जाता था। किसी भी व्यक्ति को पानी की बर्बादी सहित किसी वस्तु की बर्बादी की अनुमति नहीं थी।

(ख) **अनाधिकार :** किसी को कोई ऐसी वस्तु प्राप्त नहीं करनी चाहिए, जिसकी उसे वास्तव में आवश्यकता न हो। उदाहरणार्थ, यदि कोई फर्नीचर के बिना काम चला सकता है, तो उसे फर्नीचर नहीं रखना

चाहिए।

(ग) **शारीरिक श्रम :** सक्षम शरीर वाले वयस्कों को अपने सभी कार्य स्वयं ही करने चाहिए और आपातकाल के सिवाय दूसरों की सेवा नहीं लेनी चाहिए। उनके विचार पश्चिमी जगत की उस आदत से काफी मिलते हैं, जिसमें संगठन में प्रत्येक को अपनी चाय खुद बनानी होती है और छोटे-छोटे कार्यों के लिये चपरासी या अर्दली को नहीं बुलाया जाता है। शारीरिक श्रम का महत्व सिखाने के उद्धेश्य से गाँधी जी ने अपने आश्रम के सदस्यों के लिए साफ-सफाई के कार्यों में बारी-बारी से भाग लेना अनिवार्य कर दिया था। यह ध्यान रखा जाता था कि सड़कें और रास्ते थूकने या किसी अन्य प्रकार से गन्दे न किए जाएँ। आश्रम में इस कार्य के लिए बाहर से कोई मजदूर न बुलाने पर विशेष बल दिया जाता था। उनका विश्वास था कि शारीरिक श्रम से 'आत्मा' पवित्र होती है।

(घ) **निडरता :** किसी संगठन में डर नहीं होना चाहिए। व्यक्ति को माता-पिता, जाति, सरकार, मालिक, लुटेरों इत्यादि का डर त्याग देना चाहिए।

(ङ.) **सहनशीलता :** संगठन को सभी धर्मों के प्रति समान रूप से सहनशीलता रखनी चाहिए। गाँधी जी के आश्रम में सभी धार्मिक मतों को समान रूप से इज्जत और बढ़ावा दिया जाता था।

(च) **आश्रम की मुख्य गतिविधियाँ :** उपर्युक्त गुणों के साथ-साथ आश्रमों में गतिविधियों का एक निर्धारित क्रम था, जो कि प्रातः 4.15 बजे से 4. 45 बजे तक धार्मिक महापूजा से आरम्भ होता था, और सांय 7.00 बजे से 7.30 बजे तक सांयकालीन प्रार्थना पर समाप्त होता था। गाँधी जी के लिए भगवान राम उतने ही महान थे, जितने कि दूसरों के ईसा मसीह या हजरत मोहम्मद। स्वयं की शुद्धि करने में सहायता के लिए और दिन भर के कार्यों को भगवान को समर्पित करने के लिए पूजा की जाती थी। परिणामस्वरूप कोई भी अपने प्रतिदिन के कार्यों के परिणामों या नतीजो से बहुत अधिक जुड़ा हुआ नहीं था, क्योंकि सब कुछ भगवान् को अर्पित कर दिया जाता था।

(छ) **आत्म निर्भर संगठन :** गाँधी जी का विचार था कि उनका आश्रम एक ग्राम की तरह या एक संगठन की भाँति स्वतः पूर्ण इकाई होना चाहिए। इसे अपने दिन-प्रतिदिन के कार्यों को करने के लिए बाहरी सहायता पर निर्भर नहीं रहना चाहिए। इसे यह भी सुनिश्चित करना चाहिए कि इसका धन उचित प्रतिफलों के बिना न जाए।

(II) **संगठन के उद्देश्य :** संगठन के उद्देश्यों या लक्ष्यों को लगातार दिमाग

में रखा जाना चाहिए और प्रायः इनकी चर्चा सह-कर्मियों के बीच की जानी चाहिए। किसी दूसरे विषय की तुलना में अहिंसा पर अधिक चर्चा की जाती थी। गाँधी जी के आश्रम का उद्देश्य सार्वभौम कल्याण से विभिन्नता न रखते हुए लगातार देश-सेवा की कोशिश करना था और राष्ट्र कल्याण के प्रति व्यावहारिक शिक्षा एवम् प्रशिक्षण दिया जाता था। चरित्र निर्माण को भी अपेक्षित महत्व दिया जाता था। गाँधी जी ने अपने प्रारम्भिक राजनैतिक जीवन क्रम में अपने राजनीतिक गुरु गोखले से सीखा कि भारत के राजनैतिक जीवन का धार्मिकीकरण करना आवश्यक है। संगठन के उद्देश्य को प्राप्त करते समय किसी के साधनों की अनदेखी नहीं करनी चाहिए। गाँधी जी के लिए सत्य और प्रेम सुनहरे साधन थे।

(III) **कार्य एक यज्ञ :** आश्रम में प्रत्येक व्यक्ति एक श्रमिक था, कोई मजदूर या दास नहीं था। प्रत्येक व्यक्ति आश्रम के उद्देश्य/लक्ष्य से परिचित था। प्रत्येक को उसके अपने विषय का पूर्ण ज्ञान प्राप्त करने के लिए प्रोत्साहित किया जाता था और उसे आश्रम की गतिविधियों के सभी विभागों से सहयोजित किया जाता था। आश्रम का आदर्श सेवा के लिए जीना था। इस प्रकार की संस्था में निठ्ठलेपन या कर्तव्य से बचने की कोई जगह नहीं थी और प्रत्येक कार्य को पूरी विश्वसनीयता के साथ पूरा किया जाता था। आश्रम की प्रत्येक गतिविधि यज्ञ की प्रकृति की होती थी। यह सबके लिए आवश्यक था कि कम से कम एक घण्टा, गरीब के रूप में भगवान-अवतार (दरिद्र नारायण) के ध्यान में लगाएँ। गाँधी जी और आश्रम में उनके सह-कर्मियों के लिए एक मात्र पूँजी या प्रेरणादायक तत्व सेवा में 'विश्वास' था। जोड़ी गई कोई भी अन्य वस्तु इसमें मिल जाती थी, क्योंकि वहाँ विश्वास था। विश्वास बुद्धिमत्ता को प्रकाशमय बनाता है और उद्योग की आदतों का निर्माण करता है। विश्वास पर्वतों को हिला सकता है। यज्ञ का अर्थ है कार्यवाही में बुद्धिमता (योगः कर्मसु कौशलम्)। इसलिए सूत की शक्ति और एकता की जाँच की योजना बनाई गई थी। प्रगति इस प्रकार हुई कि बीस काउंट के खुरदरे सूत को यज्ञ में नहीं गिना गया। तथापि, गाँधी जी कभी संतुष्ट नहीं हुऐ, क्योंकि कताई प्रत्येक गाँव में अपनी जड़े नहीं जमा सकी। उनके लिये कार्य समुद्र जैसा विशाल और कठिनाइयों से भरा हुआ था। उन्होंने आश्रम के सभी सहकर्मियों को उनको आबंटित कार्यों के अतिरिक्त प्रतिदिन कम से कम आधा घण्टा कताई करने के लिए कहा। इस प्रकार उन्होंने पूरे देश में खादी के कारखानों का सृजन किया क्योंकि

प्रत्येक व्यक्ति को कताई करने और स्वयं बुने कपड़े पहनने को प्राथमिकता देने हेतु कहा जाता था। किसी उद्यम में तकनीक को महत्व देने ओर उस उद्यम के कर्मचारियों के बीच, बाजार योग्यता और उच्च प्रेरणा उत्पन्न करने का यह अति उत्तम ढंग था। उनके किसी व्यक्ति से कोई मतभेद नहीं थे। उन्होंने निर्देश दिए कि मशीनों में समय-समय पर सुधार किया जाना चाहिए। यहाँ सैकड़ों कर्मचारी थे, परन्तु उन सभी में सम्भवतः वांछित विश्वास आस्था नहीं थी। इसलिए, वे उससे उत्पन्न फल का आनन्द नहीं उठा सके। परन्तु वे पूर्ण सफलता के प्रति सदैव आशावादी रहे।

(IV) **दल-भावना का रख-रखाव :** सभी सह-कर्मी एक ही भगवान के जीव हैं। आश्रम में कोई उच्च कुल का या निम्न कुल का नहीं था। इसका यह अर्थ नहीं कि सभी में एक समान योग्यता थी या सभी एक समान योग्यता रखते हों। सभी के पास समान गुण, समान सम्पत्ति या समान अवसर नहीं होते थे। फिर भी, वे विभिन्न स्तरों, योग्यताओं ओर आयुवर्ग के भाइयों और बहनों के समान ही माने जाते थे। वे (गाँधी जी) सभी के लिए न्यूनतम मजदूरी में विश्वास रखते थे। सभी शिल्पों और पेशों का वेतन लगभग एक समान होना चाहिए। गाँधी जी यह मानते थे कि किसी आदमी को अपनी आवश्यकता से अधिक कुछ भी प्राप्त करने का कोई अधिकार नहीं है और प्रत्येक व्यक्ति, जो श्रम करता है, वह निर्वाह स्तर की मजदूरी का पात्र है। इस प्रकार, किसी संगठन में मजदूरी निर्धरित करने में गाँधी जी मार्क्स से काफी आगे थे। उनके अनुसार मन्त्रियों, लिपिकों और चपरासियों के वेतनों में बहुत अधिक अन्तर नहीं होना चाहिए। वे यह मानते थे कि विकास और अन्य गतिविधियां लोगों की पहल और प्रयासों के द्वारा ही की जानी होंगी। बाहरी सहायता या सरकार पर निर्भरता कम से कम होनी चाहिए। गाँधी जी का यह मानना था कि पूरा विश्व उनका परिवार है (वसुधैव कुटुम्बकम्)। कोई अपने स्थान से हटे बिना विश्व की सेवा कर सकता है अपने किसी पड़ोसी या सह-कर्मी की सेवा करना विश्व की सेवा करना ही है। वह अपने पड़ोसी की सेवा करके इस पर अमल कर सकता है। लेकिन यह भी सत्य है कि स्वयं की सेवा किए बिना कोई दूसरों की सेवा नहीं कर सकता। कोई भी व्यक्ति स्वयं की सबसे अच्छी सेवा अपने कर्तव्य पूरे करके (स्वधर्म) कर सकता है। एक दिन यह अपने अन्तः-निरीक्षण करने की बजाए दूसरे के निष्पादन में दिखाई देगा। और जो कोई भी दूसरों की सेवा किए बिना अपने निजी साध्य को प्राप्त करने की चेष्टा करता है, वह अपने

आप को और साथ ही अपने संगठन को भी हानि पहुँचाता है। गाँधी जी के लिए, उनके समक्ष निर्धरित किए गए लक्ष्यों को प्राप्त करना बहुत अधिक प्रोत्साहन या सन्तुष्टिदायक था, न कि वित्तीय मजदूरी या भौतिक सुविधाओं में वृद्धि करना।

(V) **संगठन में खुलापनः** गाँधी जी ने कहा था कि उनका जीवन एक सन्देश है। आश्रम में कोई मामला गोपनीय नहीं था। आश्रम में पूर्ण पारदर्शिता और खुलापन था। आश्रम में कोई गाँधी की आलोचना स्वतन्त्रता से कर सकता था। वास्तव में, उन्होंने, उनसे रचनात्मक वार्ता के परिणामस्वरूप आश्रम में बहुत सी वस्तुओं में संशोधन किए। वह आश्रम में डेरी बनाने पर सहमत हो गए थे, जो पहले वहां नहीं होती थी। उन्होंने काका कालेलकर को आश्रम से उनके राम के ऊपर सार्वभौम प्रार्थना रचने के लिए नियुक्त किया था और इसे खुशी से आश्रम में अपनाया गया। एक बार एक महिला उनके पास आई और अपने बेटे को चीनी खाने से रोकने के लिए गाँधी जी की नसीहत (सीख) चाही। गाँधी जी ने उसे 15 दिन बाद आने को कहा! तब वह आई। गाँधी जी ने लड़के को कम चीनी खाने के लिए कहा। उसने ऐसा किया। पूछने पर गाँधी जी ने बताया कि उसके बेटे को नसीहत देने से पूर्व उन्होंने स्वयं चीनी खाना बन्द कर दिया। यह स्व-उदाहरण प्रस्तुत करते हुए, गांधी जी द्वारा प्रेरणा देने का एक उत्तम ढंग था।

(vi) संगठन को शासित करने वाले सिद्धान्त

उपर्युक्त के अतिरिक्त, आश्रम के अन्य सिद्धान्त निम्नलिखित हैं :

(क) प्रत्येक कार्य की कुछ महत्ता और मूल्य है। कोई निम्न या उच्च नहीं।

(ख) श्रमिक या किसान का जीवन ही वास्तविक जीवन है।

(ग) किसी को किसी के साथ दुश्मनी नहीं रखनी चाहिए और अपने कर्तव्यों का सत्यनिष्ठा से पालन करना चाहिए।

(घ) प्रत्येक को समाज के विरोध के बिना अपना अधिक से अधिक विश्वास करना चाहिए।

इस प्रकार गाँधी जी इस बात के प्रति बहुत जागरुक थे कि संगठन को सभी रूपों में अपने सामाजिक उत्तरदायित्वों को निभाना चाहिए।

(ङ) कोई अत्यधिक उपभोक्तावाद में न फँसते हुए, अपने संगठन को स्वस्थ रख सकता है।

(च) संगठन में महिलाओं को उचित स्थान या मान-सम्मान दिया जाना चाहिए। महिला में निहित मातृ-शक्ति संगठन के लिए अनन्त ऊर्जा का स्त्रोत बन सकती है।

(छ) संगठन में जाति, वंश या लिंग के आधार पर कोई भेद-भाव नहीं होना चाहिए।

(ज) संगठन के सभी व्यवहार और लेन-देन एक ऐसी भाषा में होने चाहिए, जो संगठन के सभी सदस्यों द्वारा आसानी से समझे जा सकते हों।

वित्तीय मामले और नियन्त्रण प्रणाली

आश्रम के लेखों को ठीक प्रकार से रखा जाता था और वर्ष में एक बार उनका अंकेक्षण (ऑडिट) करवाया जाता था। लेखों की विवरणिका आश्रम के ट्रस्टियों तथा गाँधी सेवा संध के अध्यक्ष को भेजी जाती थी।

व्यक्तिगत उपलब्धियों और आश्रम की उपलब्धियों की प्रतिदिन मॉनीटरिंग की जाती थी और मुक्त विचार-विर्मश तथा वार्ता के बाद उसमें सुधार किए जाते थे। गाँधी जी वित्तीय मामलों पर बहुत बारीकी से ध्यान देते थे क्योंकि उनका यह मानना था कि वांछित राशि से अधिक खर्च करना चोरी है।

इसी प्रकार रवीन्द्र नाथ टैगोर भी अपने वित्तीय लेख विदग्ध विवरणों सहित रखते थे। दोनों का यह मानना था कि ईमानदारी सबसे अच्छी नीति है और इससे कहीं आगे, वित्तीय ईमानदारी किसी संगठन की सर्वोच्च आवश्यकता है। जब टैगोर, अपने संस्थान शान्ति निकेतन के अनुदान के लिए पूछने दिल्ली आते थे, तो गाँधी जी तत्काल उसका प्रबन्ध कर देते थे, क्योंकि वे पाते थे कि अपने संगठन को चलाने के लिए धन के बारे में पूछने की प्रक्रिया में देश के एक महान् बुद्धिजीवी को अपनी ऊर्जा और समय नष्ट होने के कारण अनावश्यक परेशानी हो रही थी वे अपना अमूल्य समय किसी लाभदायक कार्य में लगा सकते थे।

ग्राहक भगवान के रूप में

गाँधी जी यह तर्क देते थे कि ग्राहक भगवान है। इसलिए किसी व्यापार, व्यवसाय या उद्योग का मूल उद्देश्य उपभोक्ता/ग्राहक की सेवा होनी चाहिए। यदि उसे कोई ऐसी वस्तु दे दी जाती है, जिसकी उसे अपेक्षा या आवश्यकता नहीं है, तो यह उसके प्रति हिंसा या अन्याय होगा। वे यह मानते थे कि अपेक्षा या आवश्यकता का निर्धारण क्रेता की अपेक्षा विक्रेता को करना चाहिए, क्योंकि वह उस पेशे से

सम्बन्धित होने के कारण सब निर्णय लेने की बेहतर स्थिति में होता है। इस प्रकार, गाँधी जी वर्तमान युग के लिए उपयुक्त बाजार प्रबन्धन के अत्यन्त निकट थे।

अकेले व्यक्ति के रूप में गाँधी जी

गाँधी जी यह मानते थे कि सदा बढ़ती हुई आवश्यकताओं की सदैव बढ़ते हुए उत्पादन द्वारा लगातार सन्तुष्टि की जानी चाहिए। यह सभ्यता को आत्महत्या की ओर ले जाएगा, क्योंकि भौतिकता के पागलपन का प्रभाव या अत्यधिक साम्यवाद, प्रकृति और समाज के पोषक संसाधनों का भक्षण कर लेगा। इसलिए, किसी को आवश्यकताओं को सीमित रखने का प्रयत्न करना चाहिए, ताकि हम आने वाली पीढ़ी के रहने के लिए बेहतर संसार छोड़ सकें।

तथापि महात्मा गाँधी जैसे महान पुरुषों का अपना स्वयं का दर्शन होता है। जैसे कि उन्होंने गुरुदेव टैगोर का अनुसरण किया है–

एकला चलो रे
यदि वे पुकार का उत्तर नहीं देते, एकला चलो रे,
यदि वे डरते हैं और दीवार की ओर मुँह करके मौन दुबक जाते हैं,
अरे ओ अभागे,
अपने कदमों तले काँटो को रोंद दे,
और खून भरी राह पर अकेला सफर कर,
यदि वे रोशनी नहीं दिखाते,
जब रात तूफानों से घिरी हो,
अपने हृदय में दर्द की भीषण ज्वाला प्रज्वलित कर
और उसे अकेले ही जलने दे।

इस प्रकार, प्रबन्धन की गाँधीवादी प्रणाली में ऐसा बहुत कुछ है, जो आज भी प्रासंगिक है। विश्व की अत्यधिक सफल सॉफ्टवेयर कम्पनी, इन्फोसिस के प्रमुख श्री नारायण मूर्ति कहते हैं कि गाँधी जी, उनके प्रबन्धन के आदर्श हैं। अपने कर्मचारियों की भलाई के लिए भवन निर्माण और स्वास्थ्य जाँच सुविधाओं के लिए कम्पनी की ओर से पर्याप्त सरकारी ऋण देने के विकल्पों और जहाँ तक हो सके अकेले धन से उत्पन्न त्वरित मूल्यों को सहायता प्रदान करने के बारे में वे सचेत हैं। इस प्रकार उन्होंने अपने संगठन में विश्वसनीय और समर्थन देने वाले परिवार का निर्माण किया है और गाँधी जी द्वारा प्रायोगिक जैसे संगठन को अपना यथोचित अवदान करने में लगातार लगे हुए हैं।

(ग) श्रम सम्बन्ध

गाँधी जी ने ग्रहण किया था कि औद्योगिक शान्ति के बिना विकास नहीं हो सकता। उन्होंने नियोक्ता और कर्मचारी के प्रति अधिक उदार और प्रबुद्ध रवैया अपनाने पर जोर दिया। वे यह मानते थे कि पूँजीपति मालिक व्यवसाय को अपने विवर्धन के लिए नहीं चलाता, अपितु कर्मचारियों के लाभ और समग्र रूप से लाभ सहित पूरे समाज की भलाई के लिए समाज के ट्रस्टी के रूप में व्यवसाय करता है। उन्हें कर्मचारियों की शिक्षा शक्ति को बढ़ाने की कोशिश करनी चाहिए, ताकि श्रमिकों का उद्देश्य "इकाई के मालिक" का दाँया हाथ बनना हो सके।

जब वे श्रमिकों के शोषण के विरुद्ध खड़े हुए तो उन्होंने श्रमिकों से प्रयत्न और उत्पादन में वृद्धि के माध्यम से मजदूरी में वृद्धि करवाने के लिए कहा। उन्होंने उन्हें चेतावनी दी कि सोने का अण्डा देने वाली मुर्गी को न मारें। उन्होंने श्रमिकों को अनुस्मरण कराया कि उनकी स्थिति सदैव उनके कार्य की गुणवत्ता पर निर्भर करेगी। यदि वह अधिक मजदूरी माँगता है, तो उसे उसका पात्र होना चाहिए अन्यथा मुश्किल से कोई एक नियोक्ता होगा जो उसे नियुक्त करेगा। उन्होंने गैर-जिम्मेदार श्रमिकों और गलती करने वाले या अतिश्योक्ति पूर्ण माँगे करने वाले या हिंसा का आश्रय लेने वाले श्रमिकों को समर्थन देने वाले श्रमिक संघों को सख्त चेतावनी दी थी।

उन्होंने डाक विभाग, जन सफाई, पुलिस इत्यादि में, जहाँ हड़ताल की ज्वाला गरीबों पर पड़ती है, जैसे हड़तालों का विरोध किया था।

हड़ताल किसी न्यायोचित कार्य के लिए की जानी चाहिए। उन्होंने कहा कि यदि मैं कैबिनेट मन्त्री हूँ, तो मैं हड़तालियों की धमकियों के आगे कुछ भी स्वीकार नहीं करुँगा, क्योंकि उसमें से जबरदस्ती या दबाव की गन्ध आती है। वह केवल शान्तिपूर्ण हड़ताल का समर्थन करते थे वैसी हड़ताल जापान में होती है जहाँ लोग काले बिल्ले लगा कर हड़ताल का आश्रय लेते हैं परन्तु हड़ताल की अवधि के दौरान राष्ट्र के हित में वे और अधिक उत्पादन करते हैं।

उन्होंने कहा कि हड़तालें श्रमिकों को लाभ की बजाए हानि अधिक पहुँचाती हैं। श्रमिक जितने संगठित होंगे हड़तालों की संख्या उतनी ही कम होगी। हड़ताल को लम्बी अवधि तक जारी रखने के लिए श्रमिकों को हड़ताल के दौरान अपने संगठन की बजाए स्वयं पर निर्भर होना चाहिए और उसे सफल बनाने के लिए हड़ताल में हिंसा नहीं होना चाहिए। यदि हड़ताली कर्मचारियों के स्थान पर कार्य करने वाले उपलब्ध हैं, तो हड़ताल सफल नहीं हो सकती। वे श्रमिक जो पूँजीपति बनना चाहते हैं, हड़ताल में सफल नहीं हो सकते।

इस प्रकार औद्योगिक सम्बन्धों की गाँधीवादी धारणा भूतकाल की अपेक्षा आज अधिक प्रासंगिक है। जितनी शीघ्र यह कार्यन्वित की जाए, औद्योगिक सद्भाव और औद्योगिक प्रगति के लिए यह उतना ही अच्छा होगा।

12. नारायणमूर्ति का आधुनिक प्रबन्धन आदर्श

इन्फोसिस के प्रमुख नारायणमूर्ति को सन् 2001 में संसार के शीर्षतम् उद्यमियों में गण्य किया गया। वे भारत के गौरव हैं। उन्होंने अपनी जीवन-यात्रा एक छोटी शुरुआत से प्रारम्भ की। आज भी वह सरल जीवन-शैली अपनाए हुए हैं।

उन्होंने सन् 1981 में जिस कम्पनी की नींव डाली, वह सन् 2002 में दुनिया की उच्चतम गुणवत्ता वाला सोफ्टवेयर उपक्रम हो गया। गह प्रथम भारतीय कम्पनी है जो संयुक्त राज्य अमेरिका के स्टॉक एक्सचेंज नैसडाक में तकनीकी कम्पनी के रूप में सूचीबद्ध हुई। यह संसार की पाँच सौ सबसे बड़ी कम्पनियों में से एक है।

कुशलता तथा सार्वधिक लाभ की प्रबन्धन सदी में नारायणमूर्ति गांधीवादी प्रबन्धन प्रणाली में विश्वास करते हैं तथा कर्मचारियों की सुख-सुविधा, उनको शेयर धारक बनने का विकल्प और परस्पर विश्वास एवम निर्भरयोग्य पारिवारिक वातावरण के मूल्यों को अपने संगठन में सुनिश्चित करते हैं।

ग्राहकों के साथ सदाशयता इन्फोसिस का एक आधार स्तम्भ है। इन्फोसिस का प्रबन्धन स्वयं को ग्राहकों की स्थिति में स्थापित करता है तथा उनकी समस्याओं को अपनी समस्याएँ समझता है।

विश्व की सर्वश्रेष्ठ बहुदेशीय कम्पनियों की भांति इन्फोसिस जहाँ भी हो, वहाँ से मेधा को आकर्षित करता है। इन्फोसिस एक ठौर है जहाँ विभिन्न देशों, धर्मों तथा विभिन्न सोच के व्यक्ति एक साथ एक समूह की भाँति काम करते हैं तथा कम्पनी और अपने जीवन को उन्नत करते हैं। अत्यन्त प्रतियोगितात्मक तथा पेशागत परिवेश को कम्पनी में प्रोत्साहन दिया जाता है तथा उसका सम्मान किया जाता है। इस प्रकार इन्फोसिस का प्रबन्धन उस भारतीय प्रबन्धन के लिए अति प्रेरणादायक है जो कई वर्षों से जाति, धर्म अथवा क्षेत्रीयता की ओर झुका हुआ है।

कुछ भारतीय कम्पनियों का समर्पण अपने शेयरधारकों के प्रति है। इसलिए इन कम्पनियों को खुले बाजार में आवश्यकता से अधिक निवेश उपलब्ध है। यह इन्फोसिस की भी घोषित नीति है। मूर्ति का उद्देश्य वृहद है। वे अपनी कम्पनी के

शेयर धारकों के लिए एक सुनहरे भविष्य की संरचना करने की आशा करते हैं। उन्होंने कुछ दोहरे व्यक्तित्व वाले मार्क्सवादियों के ढोंग का इस प्रकार खण्डन किया—"प्रथम तुम धन बनाओ, फिर निर्धनता को कम करने के विषय में सोचो। धन की सृष्टि के पश्चात् ही तुम इसके वितरण के विषय में सोच सकते हो।"

मूर्ति के अनुसार, कम्पनी का चरम लक्ष्य इसके निर्माणकर्त्ताओं से ऊँचा होना चाहिए। वह ही सम्पूर्ण विश्व में सम्माननीय कम्पनी हो सकती है जो सर्वोत्तम पेशेवरों को काम में लगाकर सर्वोत्तम उत्पाद अथवा सेवा देती है। इन्फोसिस पेशेवरों की, पेशेवरों के लिए, पेशेवरों द्वारा संचालित कम्पनी है।

कम्पनी के उद्देश्य हैं तथा होने चाहिए; ग्राहकों का संतुष्टीकरण, लागत में कमी, कम चक्रीय समय, उन्नत उत्पादकता तथा निरन्तर बढ़ती हुई ग्राहकों की संख्या।

किसी भी उद्यमी प्रयोग को सफल होने के लिए एक सुदृढ़ टीम अपरिहार्य है। इन्फोसिस में समूह सर्वग्राही मूल्यबोध के आधार पर कार्य करता है तथा प्रत्येक कार्य में प्रत्येक व्यक्ति की अस्मिता तथा सम्मान की रक्षा करता है। कम्पनी का मूल्यबोध या विचारधारा ही अँधकार के क्षणों में, विभिन्न परीक्षाओं में तथा उतार-चढ़ाव में पथ प्रदर्शक प्रकाश की भाँति टिमटिमाता रहता है। इन्फोसिस का प्राँगण एक ऐसा कार्यस्थल है जहाँ युवा पुरुष एवम् महिलाएँ बिना जाति-पाँति, स्थान एवम् रंग-विभेद के काम करते हैं तथा योगी की भाँति इन्फोसिस की ख्याति को आगे बढ़ाने में सन्लग्न रहते हैं। इन्फोसिस प्रबन्धन उनके खानपान, खेलकूद तथा उत्तम कार्य परिवेश का पूरा ध्यान रखता है जो शायद विश्व में सर्वश्रेष्ठ है। विश्व स्तरीय तो निश्चित ही है।

नारायणमूर्ति ने सन् 1991 के आर्थिक उदारीकरण को सन् 1947 में भारत को राजनैतिक स्वतन्त्रता उपलब्ध होने की भाँति आर्थिक स्वतन्त्रता की संज्ञा दी है। परन्तु कई उद्योगपति जो सरकारों से आर्थिक सहायता तथा नियन्त्रण प्रणाली के लाभ लेने के अभ्यस्त हो चुके हैं, वे सरकार की किसी न किसी नीति या प्रक्रिया का बहाना लेकर सरकार पर दोषारोपण करते हैं।

मूर्ति के अनुसार, "उदारीकरण का अर्थ है कि बिना किसी राष्ट्रीय सीमाओं के जहाँ सबसे अधिक सस्ती पूँजी मिले, जहाँ कम से कम लागत हो, वहाँ उत्पादन हो तथा जहाँ सबसे अधिक लाभ प्राप्त हो।"

गति, कल्पना और स्वप्न तथा क्रियान्वयन में श्रेष्ठता, सफल कम्पनी या उपक्रम के तीन सार्वभौमिक तथा चिरन्तन लक्षण हैं।

नेतृत्व का अर्थ है असम्भव का स्वप्न देखना तथा अपने अनुयायियों को उसे प्राप्त करने के लिए सहायता देना। स्वयं उदाहरण प्रस्तुत करके नेतृत्व करना सर्वोत्तम नेतृत्व प्रणाली है। मूर्ति के अनुसार स्थिरता टिकाऊपन, ऊर्जासम्पन्न

विक्रेताओं द्वारा उपलब्ध होती हैं जो उत्पाद के लिए पथ-प्रर्दशन करते हैं तथा बिक्री निश्चित करते हैं, उस उत्पादन में संलग्न व्यक्तियों द्वारा जो समय पर ग्राहक को उच्चकोटि के उत्पाद उपलब्ध कराते हैं तथा उनसे समय पर हिसाब बनाकर कीमत वसूलते हैं। प्रत्येक उद्यम को अपने शेयरधारकों के लिए सर्वोत्तम लाभ पहुँचाने के लिए ऊँचे लाभक्रम की ओर ध्यान केन्द्रित करना चाहिए। वास्तव में, किसी निगम की सफलता उस ढाँचे पर निर्भर करती है जो लाभ-वृद्धि करता है।

नारायणमूर्ति प्रबन्धकों को सलाह देते हैं कि वे ऐसा जीवन जिएँ तथा ऐसा अपना कैरियर बनाएँ जिससे समाज को कुछ लाभ पहुँचे। यदि प्रबन्धक इस धरती पर प्रत्येक पुरुष, औरत और बच्चे के आँसू नहीं बन्द कर सकता, तो उसका स्वप्न, स्वप्न नहीं है।

उत्तर प्रदेश में सहारा समूह के प्रबन्ध-निदेशक भी नारायणमूर्ति की भाँति कहते हैं कि वह 'प्रबन्ध श्रमिक' हैं तथा सभी कर्मचारियों एवम् श्रमिकों की कम्पनी में हिस्सेदारी है। सहारा में कार्यरत सभी व्यक्ति सामूहिक रूप से तथा व्यक्तिगत रूप से सहारा से सम्बन्धित होने तथा सहारा में काम करने में गर्व अनुभव करते हैं। प्रातः वे एक दूसरे को 'शुभ सहारा' कहकर अभिवादन करते हैं।

इस प्रकार 'सहारा' उ.प्र. में पनप सका जबकि वहाँ माफिया का प्रभुत्व है। इसी प्रकार बिहार की लगातार चरमराती कानून-व्यवस्था के बीच भी जमशेदपुर, (अब झारखण्ड में) टिस्को कारखाना सतत प्रगति करता रहा। एक ओर चोरी तथा श्रमिक संघो की समस्याओं से जूझते बिहार में एक के बाद एक औद्योगिक इकाईयाँ बन्द होती गईं, पर टिस्को इस्पात उद्योग के क्षेत्र में सर्वश्रेष्ठता के पथ पर कदम से कदम बढ़ाता चलता रहा। यह उन कई लक्ष्यों तथा कई वर्षों तक शिखर पर स्थित कई सच्चे मानव-संसाधन प्रबन्धकों के कारण सम्भव हुआ। उन्होंने स्थानीय जनसंख्या के बीच में इतनी विश्वसनीयता कायम की कि श्रमिकों द्वारा किसी भी हड़ताल का स्थानीय लोगों ने यह कहकर विरोध किया कि फैक्टरी उनकी माँ है। टाटा समूह, आई.टी.सी., हिन्दुस्तान लीवर तथा कई अन्य औद्योगिक समूहों के अपने नैतिक मापक हैं। जीवन में दृढ़ आत्म-विश्वास की सहायता से जीवन में नैतिक स्थिरता का पालन किया जा सकता हैं चाहे चारों ओर भ्रष्टाचार फैला हो।

टिस्को के प्राक्तन प्रबन्ध निदेशक रूसी मोदी यह अनुभव करते हैं कि भारत में केवल अभिप्रेरणा, मनोबल तथा मानवीय संस्पर्श संगठन को उत्तम स्थिति में रख सकता है। आई.टी.सी के प्राक्तन अध्यक्ष जे.एन. सप्रू कहते हैं कि सर्वाधिक विकसित तकनीकी स्वीकृत नहीं होगी यदि वह मानवीय योग्यता और आकांक्षा से नहीं जुड़ती है। नई तकनीकी को श्रमिकों तथा कर्मचारियों द्वारा ग्रहण करने के लिए सामंजस्य रखकर चलना पड़ेगा। भारत के संविधान के अनुच्छेद 43 क [11] में भी यह प्रावधान है कि कारखाने का स्वामित्व सरकार या व्यक्ति विशेष के पास हो सकता

है पर उपयुक्त विधान द्वारा श्रमिक प्रबन्धन में श्रमिकों का अंश ग्रहण करना सुनिश्चित होगा। इसका ठोस आर्थिक परिणाम यह होगा कि श्रमिक अब भाड़े के श्रमिक नहीं होंगे परन्तु उनकी उद्यम की सफलता में रुचि रहेगी तथा वे लाभांश पा सकेंगे। इस प्रकार श्रमिक या कर्मचारी निर्णयन प्रक्रिया में एक घटक होंगे। कम्पनी की उन्नति-अवनति, उतार-चढ़ाव तथा लाभ-हानि से उनका अभिन्न सम्बन्ध होगा।

पुरातन पारिवारिक वाणिज्य समूह स्वामिभक्ति, परस्पर विश्वास तथा कृतज्ञता के आधार पर अपना वाणिज्य या उद्योग चलाते थे। नए परिवेश में भी ये स्वदेशी मूल्य प्रासंगिक है पर इनका सदुपयोग नई तकनीकी का प्रयोग तथा गुणवत्ता प्राप्ति के लिए अधिक करना होगा।

पारिवारिक उद्योग समूह वित्तीय बाजार में साख पर अधिक ध्यान केन्द्रित करते हैं। भारत से दो सौ कारखानों के श्रमिकों के एक सर्वेक्षण में यह प्रकाश में आया कि श्रमिक/कर्मचारी, नौकरी-संरक्षा, आमदनी एवम् व्यक्तिगत लाभ को उच्च प्राथमिकता देते हैं।[12]

हाल ही में एक अध्ययन के अनुसार यही एक महत्वपूर्ण कारण है कि भारतीय औद्योगिक इकाइयाँ क्रमशः बेकार और प्रतियोगिता के अयोग्य हो गई हैं। श्रमिकों के मध्य अल्प असुरक्षा उत्पाद या सेवा की गुणवत्ता तथा उत्पादन बढ़ाने में मददगार होगी एवम् उद्यम को दीर्घजीवी बनाएगी। अतः किसी संगठन की सफलता के लिए मुख्यतः भारत में सही प्रकार की उपक्रम संस्कृति विकसित करने की आवश्यकता है।

भारत ने जापान को बुद्ध की शिक्षा दी। बुद्ध की शिक्षा को जापानी परिवेश में अपनाकर जापान वाणिज्य तथा उद्योग के क्षेत्र में इतना अग्रणी देश हो गया। आज भारत को जापान से जापानी वाणिज्य तथा प्रबन्धन प्रणाली सीखनी चाहिए जो कि जापान की संस्कृति के मुख्य मूल्यों पर आधारित है अर्थात्

i. अमाई (परस्पर निर्भरशीलता) अथवा पारिवारिक बन्धन (नोक)
ii. ऑन (कर्त्तव्य)
iii. गिरी (सामाजिक दायित्व) एवम्
iv. निन्जो (मानवीय संवेदना)

भारत में, इन्डल (इण्डियन एल्युमिनियम कम्पनी) ने जीवन भर नौकरी देने तथा श्रमिकों द्वारा शेयरों में भागीदारी का अनूठा प्रयोग किया पर उसमें उन्हें वांछित सफलता प्राप्त नहीं हुई। उत्पादक इकाई सब समय सक्रिय तथा प्रगातिशील रखना प्राथमिकता है। यह भी सन्देह है कि प्रमुख उपक्षेत्रों के अतिरिक्त जैसे सुरक्षा तथा अन्य छोटे-छोटे कार्यों में लगे कर्मचारियों के बीच शेयरों में भागीदारी तथा उच्च वेतनमान का प्रयोग समान रूप से सफल होगा। जो कर्मचारी कम्पनी की मूल विचारधारा, लक्ष्य तथा उद्देश्य के साथ नहीं जुड़ पाते, उन पर विशेष रूप से निगरानी

करनी होगी। यह उपयुक्त समय है कि अपने श्रमिकों तथा कर्मचारियों को भावनात्मक तथा मनोवैज्ञानिक रूप से एकबद्ध रखने के लिए कम्पनी अपने मूल उद्योग या वाणिज्य में कार्यरत रहे। इन्फोसिस में सुरक्षा तथा इतर कार्यों में सन्लग्न कर्मचारियों के व्यवहार में वक्रता आई है जो कि इन्फोसिस की लंबी घोषित संस्कृति के विपरीत है। इन्फोसिस के कॉल सेन्टरों के सन्चालन में तो दूसरी संस्कृति प्रकाश में आ रही है। इसलिए इन्फोसिस को या तो इस संस्कृति को उचित ढंग से मोड़कर इसे नया स्वरूप देना पड़ेगा अथवा कॉल सेन्टरों की संस्कृति को मूल इन्फोसिस की संस्कृति के साथ एक करना होगा। इन्फोसिस एक सफल उद्यमी समूह है। वे शीघ्र ही इसका हल निकाल लेंगे। फिर नारायणमूर्ति जैसे पुराने इन्फोसिस के अध्यक्ष इन्फोसिस से पूरे समय प्रत्यक्ष या अप्रत्यक्ष रूप से जुड़े हुए हैं।

एक सलाहकारी संस्था एक्सेन्चर[13] के अध्ययन के अनुसार भारतीय कम्पनियाँ अपने आँगन में ही उपाय करके 20 से 25 प्रतिशत उत्पादकता में वृद्धि कर सकती हैं। ऐतिहासिक रूप से भारतीय सँगठनों ने तुलनात्मक रूप से अपनी प्रमुख योग्यताओं, योजना-मूल्यांकन, तकनीकी चुनाव तथा उत्पादों के बढ़ते हुए बाजारों के उपयोग करने की रणनीति पर कम ध्यान दिया। अनावश्यक एवम् बहुधा उन नई-नई परियोजनाओं को न्याय-सँगत बताया जिन पर सरकारी प्रोत्साहन, सहायता और आर्थिक सुविधाएँ उपलब्ध थीं। सरकार को एक बाधा मानकर भारतीय प्रबन्धक अपनी प्रबन्ध रणनीतियाँ तैयार करें। निष्पक्ष निर्णय पर अधिक निर्भर हों तथा प्रपत्रों व सहमति के आधार पर रणनीति तैयार करें। भारतीय प्रबन्धक विश्वस्तरीय गुणवत्ता, क्रेता की आवश्यकता, निर्यात की नई दिशाएँ तथा सूचना प्रौद्योगिकी का प्रबन्धन में अधिक से अधिक प्रयोग पर आधारित नवीन रणनीतियों पर अधिक ध्यान केन्द्रित करें।

भारत में स्नेह और दण्ड की नीति को पूर्णतौर से त्याज्य नहीं किया जा सकता है। भारत में मानव-संसाधन धनी है। इन्फोसिस तथा चीन की रणनीति की भाँति भारत को हस्तशिल्प अथवा हाथ से बने उत्पादों पर ध्यान केन्द्रित करना होगा जहाँ दूसरे देश प्रतियोगिता नहीं कर सकते। चीन का निर्यात व्यवसाय में लकड़ी, बाँस तथा छाल से बनी वस्तुएँ (22 करोड़ अमेरिकी डालर) हेल्मेट, टोपी, छाता इत्यादि (19 करोड़ अमेरिकी डालर)। अतः श्रम पर आधारित भारत में उद्योग अन्तर्राष्ट्रीय बाजार में प्रतियोगी होंगे।

भारतीय उद्योग अथवा निर्माणकारी क्षेत्र को सरकार पर निर्भरशीलता से बाहर आना होगा जैसे 1990 के आर्थिक सुधारों के पश्चात् नारायणमूर्ति सरकार को ही भूल गये तथा उन्होंने प्रण किया कि वे सरकार के पास और माँगों का पुलन्दा लेकर नहीं जाएँगे। भारतीय उद्योग-क्षेत्र में काफी आत्म-विश्लेषण तथा स्वयं सुधार करने की आवश्यकता है न कि सब समय सरकारी सहायता। कृषि क्षेत्र समय की

परीक्षा में खरा उतरा और उसने भारतीय अर्थ-व्यवस्था को सम्यक् वृद्धि तथा स्थायित्व सुनिश्चित किया।

भारत मे उद्योगपतियों तथा प्रबन्धकों के कार्यक्षेत्र को अलग-अलग करना होगा। प्रबन्धन शैली को नारायणमूर्ति की भांति विकेन्द्रित करना होगा तथा निर्देशन और नियंत्रण शैली को त्यागना होगा जिसके अन्तर्गत कर्मचारियों की तरक्की में कुशलता तथा परिणामों पर आवश्यकता से कम जोर दिया जाता है। इक्कीसवीं सदी योग्यता तथा प्रतियोगिता की सदी है।

करनी होगी। यह उपयुक्त समय है कि अपने श्रमिकों तथा कर्मचारियों को भावनात्मक तथा मनौवैज्ञानिक रूप से एकबद्ध रखने के लिए कम्पनी अपने मूल उद्योग या वाणिज्य में कार्यरत रहे। इन्फोसिस में सुरक्षा तथा इतर कार्यों में सन्लग्न कर्मचारियों के व्यवहार में वक्रता आई है जो कि इन्फोसिस की लंबी घोषित संस्कृति के विपरीत है। इन्फोसिस के कॉल सेन्टरों के सन्चालन में तो दूसरी संस्कृति प्रकाश में आ रही है। इसलिए इन्फोसिस को या तो इस संस्कृति को उचित ढंग से मोड़कर इसे नया स्वरूप देना पड़ेगा अथवा कॉल सेन्टरों की संस्कृति को मूल इन्फोसिस की संस्कृति के साथ एक करना होगा। इन्फोसिस एक सफल उद्यमी समूह है। वे शीघ्र ही इसका हल निकाल लेंगे। फिर नारायणमूर्ति जैसे पुराने इन्फोसिस के अध्यक्ष इन्फोसिस से पूरे समय प्रत्यक्ष या अप्रत्यक्ष रूप से जुड़े हुए हैं।

एक सलाहकारी संस्था एक्सेन्चर[13] के अध्ययन के अनुसार भारतीय कम्पनियाँ अपने आँगन में ही उपाय करके 20 से 25 प्रतिशत उत्पादकता में वृद्धि कर सकती हैं। ऐतिहासिक रूप से भारतीय सँगठनों ने तुलनात्मक रूप से अपनी प्रमुख योग्यताओं, योजना-मूल्यांकन, तकनीकी चुनाव तथा उत्पादों के बढ़ते हुए बाजारों के उपयोग करने की रणनीति पर कम ध्यान दिया। अनावश्यक एवम् बहुधा उन नई-नई परियोजनाओं को न्याय-सँगत बताया जिन पर सरकारी प्रोत्साहन, सहायता और आर्थिक सुविधाएँ उपलब्ध थीं। सरकार को एक बाधा मानकर भारतीय प्रबन्धक अपनी प्रबन्ध रणनीतियाँ तैयार करें। निष्पक्ष निर्णय पर अधिक निर्भर हों तथा प्रपत्रों व सहमति के आधार पर रणनीति तैयार करें। भारतीय प्रबन्धक विश्वस्तरीय गुणवत्ता, क्रेता की आवश्यकता, निर्यात की नई दिशाएँ तथा सूचना प्रौद्योगिकी का प्रबन्धन में अधिक से अधिक प्रयोग पर आधारित नवीन रणनीतियों पर अधिक ध्यान केन्द्रित करें।

भारत में स्नेह और दण्ड की नीति को पूर्णतौर से त्याज्य नहीं किया जा सकता है। भारत में मानव-संसाधन धनी है। इन्फोसिस तथा चीन की रणनीति की भाँति भारत को हस्तशिल्प अथवा हाथ से बने उत्पादों पर ध्यान केन्द्रित करना होगा जहाँ दूसरे देश प्रतियोगिता नहीं कर सकते। चीन का निर्यात व्यवसाय में लकड़ी, बाँस तथा छाल से बनी वस्तुएँ (22 करोड़ अमेरिकी डालर) हेल्मेट, टोपी, छाता इत्यादि (19 करोड़ अमेरिकी डालर)। अतः श्रम पर आधारित भारत में उद्योग अन्तर्राष्ट्रीय बाजार में प्रतियोगी होंगे।

भारतीय उद्योग अथवा निर्माणकारी क्षेत्र को सरकार पर निर्भरशीलता से बाहर आना होगा जैसे 1990 के आर्थिक सुधारों के पश्चात् नारायणमूर्ति सरकार को ही भूल गये तथा उन्होंने प्रण किया कि वे सरकार के पास और माँगों का पुलन्दा लेकर नहीं जाएँगे। भारतीय उद्योग-क्षेत्र में काफी आत्म-विश्लेषण तथा स्वयं सुधार करने की आवश्यकता है न कि सब समय सरकारी सहायता। कृषि क्षेत्र समय की

परीक्षा में खरा उतरा और उसने भारतीय अर्थ-व्यवस्था को सम्यक् वृद्धि तथा स्थायित्व सुनिश्चित किया।

भारत मे उद्योगपतियों तथा प्रबन्धकों के कार्यक्षेत्र को अलग-अलग करना होगा। प्रबन्धन शैली को नारायणमूर्ति की भांति विकेन्द्रित करना होगा तथा निर्देशन और नियंत्रण शैली को त्यागना होगा जिसके अन्तर्गत कर्मचारियों की तरक्की में कुशलता तथा परिणामों पर आवश्यकता से कम जोर दिया जाता है। इक्कीसवीं सदी योग्यता तथा प्रतियोगिता की सदी है।

13. प्रबन्धन में भागीदारी

भारतीय संविधान के अनुच्छेद 43क के अनुसार राज्य को विभिन्न सरकारी एवम् अर्द्धसरकारी उपक्रमों एवम् संगठनों में श्रमिकों की भागीदारी सुनिश्चित करना चाहिए, यह राज्य का नीति निदेशक तत्व निजी उद्योगों को श्रमिकों की भागीदारी सुनिश्चित करने के लिए बाधित नहीं करता है, फिर भी संविधान की आत्मा का समुचित आदर करना प्रत्येक भारतीय का कर्त्तव्य है.

प्रसिद्ध संविधान शास्त्री दुर्गादास बसु का मत है कि चाहे उद्योग का स्वामित्व व्यक्तिगत हो या सरकारी, उस उद्योग में लगे श्रमिकों, कर्मचारियों अथवा कर्मियों को प्रबन्धन में अंश ग्रहण करने का अवसर मिलना चाहिए, इसका आर्थिक लाभ यह होगा कि श्रमिक को केवल भाड़े का श्रमिक न समझने से वह औद्योगिक इकाई की सफलता में स्वयं रुचि लेगा, क्योंकि उन्हें भी उसका लाभांश प्राप्त होगा। समुचित उत्पादकता के बिना देश की प्रगति असम्भव है। किसी भी देश की मुद्रा की ताकत वस्तुतः उस देश के उत्पादन को परिलक्षित करती है।

उद्योग के प्रबन्धन में भागीदारी चार स्तरों पर संभव है–प्रथम निर्णय लेने के स्तर पर, द्वितीय निर्णय के कार्यान्वयन के स्तर पर, तृतीय लाभ के विभाजन में एवम् चतुर्थ मूल्यांकन के स्तर पर।

भारत में प्रबन्धन में भागीदारी वस्तुतः संवैधानिक फरमान ही न होकर वित्तीय नैतिकता का तकाजा है। भारत का अर्थतन्त्र अभी तक प्रायः सरकारी तन्त्र एवम् सहायता पर ही आधारित था। प्रायः सभी उद्योगों में सार्वजनिक धन का निवेश हुआ है, यहाँ तक कि टाटा एवम् बिड़ला जैसे प्रसिद्ध भारतीय औद्योगिक घरानों में भी, टेल्को में पन्द्रह प्रतिशत से अधिक टाटा का निवेश नहीं है। भारत में हितैची, सोनी, नेशनल, निप्पो स्टील, आईबीएम, फिलिप्स, कोका कोला जैसी बहुराष्ट्रीय कम्पनियाँ नहीं हैं जो अपने कार्यक्रमों के अतिरिक्त कई राष्ट्रीय सरकारों को भी वित्तीय सहायता दे सकती हैं। वित्तीय संस्थाओं एवम् राष्ट्रीयकृत बैंकों में वस्तुतः भारतीय जनता

THE CONSTITUTION OF INDIA

जर्नादन का ही निवेश है तथा जब ये संस्थाएं उद्योगों को ऋण देती हैं, उसका अप्रत्यक्ष रूप से अर्थ है कि भारतीय जनता का ही पैसा उनमें लग रहा है। पर देश का दुर्भाग्य है कि धन या सुविधाओं का प्रबन्ध संभालने वाला व्यक्ति अपने को मालिक समझ बैठता है, अर्थात् आजकल नौकर ही मालिक हो गया है। कैसा विरोधाभास है–भारतीय तन्त्र में। दूसरी ओर, हिस्सेदार (शेयर होल्डर) भी जनता के प्रतिनिधि अधिक हैं, चंद मालिकों को छोड़ कर, अतः प्रजातन्त्र में श्रमिक को ही प्रबन्धन में अधिक अंश प्राप्त होना चाहिए। कई जनमुखी कम्पनियों ने सफलता पूर्वक इस प्रयोग का परीक्षण किया है, आज आदित्य बिड़ला समूह में जैसे जयश्री टेक्सटाइल, ईस्टर्न स्पिनिंग मिल्स प्रभृति कम्पनियों के शेयर या ऋणपत्र (डिबेंचर) बाजार में आते हैं तो कम्पनी के प्रबन्धकों के साथ-साथ श्रमिकों को भी उन्हें खरीदने का अग्राधिकार दिया जाता है, पर बहुधा जुए या नशेखोरी की आदतों से लाचार ऋणग्रस्त श्रमिक ये शेयरों को भी अपनी भावी पीढ़ी की चिन्ता किये बिना अफसरों से सस्ता लाभ लेकर हस्तान्तरित कर देते हैं।

भारत में श्रमिक भागीदारी सम्बन्धी प्रावधान

विभिन्न औद्योगिक विधिगों के अन्तर्गत सभी वादों एवम् प्रतिवादों का हल प्रबन्धन एवम् श्रमिकों को प्राथमिक तौर पर परस्पर वार्तालाप एवम् सूझ-बूझ द्वारा करना चाहिए। वाद-निबटान की व्यवस्था दोनों की सहमति से ही स्थिर हो सकती है।

द्वितीय, कम्पनी की योजनाओं एवम् रोकड़ आदि को दोनो पक्षों को मिलकर तैयार करना चाहिए, आजकल कम्पनियाँ इन किताबों में बड़ी हेरा-फेरी करती है ताकि सुविधानुसार हिसाब-निकास बनाया जा सके।

जो भी निर्णय हो, उसे दोनों पक्षों को पूर्ण श्रद्धा एवम् शक्ति से पालन करना चाहिए, दोनों पक्षों में परस्पर विश्वास होना चाहिए, प्रबन्धन को यह चेष्टा करनी चाहिए, ताकि श्रमिक वर्ग प्रशिक्षण के माध्यम से इन सभी निर्णयों में अपनी अर्थपूर्ण एवम् सक्षम भागीदारी निभा सके, नए कार्यक्रमों या तकनीकों में भी श्रमिकों के समुचित प्रशिक्षण की व्यवस्था होनी चाहिए, प्रबन्धन को करखाने में ऐसा वातावरण उत्पन्न करना चाहिए ताकि श्रमिकों या कर्मियों को काम करने में आनन्द प्राप्त हो, फिर भी यदि कुछ श्रमिकों में खराब आदतें पड़ जाती हैं तो उनके लिए मार्ग-दर्शक या उपदेश समितियाँ होनी चाहिए, ऋणग्रस्त श्रमिकों को शोषणकारी साहूकारों से बचाने के लिए बैंको या सहकारी संस्थाओं द्वारा उनके लिए अतिरिक्त ऋणों की व्यवस्था करनी चाहिए।

भारत सरकार के सरकारी प्रतिष्ठानों में विशेषतः आयुध कारखानों में ऐसी व्यवस्था है कि सबसे नीचे से सबसे ऊपर स्तर तक श्रमिक प्रतिनिधियों एवम् प्रबन्धन की संयुक्त समितियाँ हैं जो प्रत्येक स्तर पर उत्पादन का परिमाण, गुणवत्ता

एवम् कीमत पर ध्यान रखती है। निदेशक मण्डल के स्तर पर भी श्रमिक संगठन का प्रतिनिधित्व रहता है तथा नीचे तीन स्तरों से विभिन्न रपटों का आकलन एवम् निगरानी इस सर्वोच्च स्तर पर होती है। यह देखा गया है कि ऐसा करने से जहाँ मजदूर संगठन के प्रतिनिधियों के दिमाग से कई भ्रान्त धारणाएँ दूर हो जाती हैं, वहीं प्रबन्धन को भी मजदूरों की कई न्यायसंगत समस्याओं का ज्ञान होता है जिनका वे सहज में ही समाधान कर सकते हैं। मजदूर नेताओं को भी वास्तविकता का आभास हो जाता है तथा वे यह समझ जाते हैं कि कारखाना एक कामधेनु नहीं है जो अजस्त्र ढंग से श्रमिकों को लाभ पहुँचाता रहेगा। दूसरे, बाजार में उत्पाद की बिक्री करके कारखाना चलाना भी सहज काम नहीं है एवम् सब समय मालिक कारखानों को गाय की भाँति नहीं दुहते रहते हैं। इस प्रकार की पारदर्शिता से देखा गया है कि विभिन्न औद्योगिक इकाईयों में प्रबन्धन एवम् श्रमिकों के मतभेदों में कमी आई एवम् दोनों पक्ष सही रूप से एक दूसरे के दृष्टिकोणों को समझने लगे।

जापानी प्रयोग

गुणवत्ता केन्द्रों के द्वारा जापान के सभी कारखानों में श्रमिकों की भागीदारी सुनिश्चित की जाती है; गुणवत्ता केन्द्रों के प्रयोग के पूर्व इन मौलिक सिद्धान्तों को हृदयंगम करना होगा।

प्रत्येक व्यक्ति उत्तम कार्य करना चाहता है, यदि उसे समुचित मान्यता मिले।

प्रत्येक के काम के लिए सम्यक् मान्यता दी जाए तथा प्रत्येक के सुझाव को समुचित गुरुत्व दिया जाए।

उत्तम नैतिक चरित्र एवम् ईमानदारी की मान्यता हो।

मातहत काम करने वालों को काम करने के ढंग एवम् तकनीक में ज्ञान वृद्धि की व्यवस्था एवम् सम्यक् प्रोत्साहन।

जापान की आज के औद्योगिक संसार में आश्चर्यजनक प्रगति का एक प्रमुख कारण यह भी है कि प्रत्येक इकाई का कर्मचारी अपना पद आदि भूलकर इकाई से स्वयं को आत्मसात कर लेता है। वह चालीस प्रतिशत तक बचत करता है, वह यह नहीं बताना चाहता कि वह किस पद पर कार्य करता है जबकि भारत में पद पहले, इकाई बाद में, चाहे वह इकाई सड़ी गली ही क्यों न हों। जापान में श्रमिक संगठन में नेतृवर्ग भी प्रोफेसरों के भाषणों के माध्यम से अपने ज्ञान की निरन्तर वृद्धि करते रहते है ताकि आधुनिक युग में वे पीछे न हो जाए। उदाहरणार्थ भारत में बहुधा पुराने मजदूर नेताओं की कई धारणाएँ एवम् विचार अब वर्तमान तकनीक एवम् आर्थिक तेज दौड़ के सन्दर्भ में उपयुक्त नहीं है। फिर भी वे उनसे चिपके रहना चाहते है। जापान का प्रबन्धन कोई भी हिसाब किताब सम्बन्धी जानकारी श्रमिक संगठनों को उपलब्ध कराने में नहीं हिचकिचाता है, जबकि भारत में लोग सोचते हैं कि सूचनाएँ गोपनीय है। पर वास्तव

में श्रमिक संगठनों को सब पता रहता है। प्रत्येक छह महीने के बाद कम्पनी का हिसाब प्रकाशित होता है जो श्रमिक संगठनों को भी दिया जाता है। ये श्रमिक संगठन भी इन सूचनाओं को बाहर नहीं प्रकाशित करते हैं, जबकि भारत में यह भय रहता है कि श्रमिक संगठनों की कुंजी तो बड़े-बड़े राजनैतिक दलों के हाथ में है एवम् उन्हें ये सूचनाएँ देना प्रत्येक श्रमिक नेता का प्रथम कर्त्तव्य है। जापान में श्रमिक संगठन शॉप फ्लोर (निचले) स्तर पर कोई नियन्त्रण या हस्तक्षेप नहीं करते हैं।

जापान में प्रायः प्रत्येक श्रमिक का कारखानें में जीवन पर्यन्तं का साथ होता है। उसके अवकाश ग्रहण करने के बाद एक उत्तराधिकारी को कारखाने का प्रबन्धन नौकरी देने का प्रयत्न करता है। ऐसा नहीं है कि भारत में यह सम्भव नहीं है। इंडाल कम्पनी ने अपने प्रतिष्ठान में ऐसा मिला-जुला प्रयोग सफलतापूर्वक किया है ऐसा ही टाटा प्रबन्धन प्रशिक्षण संस्थान, पुणे में भी व्यवस्था है तथा वह संस्थान भारत का श्रेष्ठतर प्रशिक्षण संस्थान है। आजकल प्रचलित अपरिपक्व रिटायरमेंट पद्धति को श्रमिक इसलिए स्वीकार कर लेते हैं ताकि वे अपने बच्चों को कोई व्यापार आदि में लगाकर उनके जीवन का निर्माण कर सकें।

उपसंहार

प्रत्येक स्तर पर 8-12 श्रमिकों या कर्मचारियों को लेकर गुणवत्ता केन्द्र बनाये जा सकते हैं पर उनके द्वारा दिये गये सुझावों पर गहराई एवम् गुरुत्वपूर्ण ढंग से विचार करना चाहिए। अन्यथा इन गुणवत्ता केन्द्रों में भी निराशा के बादल छा जाएँगे ये केन्द्र भारत सरकार के सफल उपक्रम भारत हैवी इलेक्ट्रिकल्स द्वारा चलाए जा रहे हैं तथा गुणवत्ता केन्द्र चलाने वाले प्रायः प्रत्येक औद्योगिक इकाई या संगठन को आइएसओ 9000 प्रमाण-पत्र भी मिल गए हैं पर उच्चतम प्रबन्धन को संगठन के अहम् में अपने को समाहित करना होगा। आजकल की तेज दौड़ में यदि अहम् आड़े आया तो संगठन बैठ जायेगा तब न रहेगा संगठन और न बजेगी अहम् की बांसुरी। सन् 1967 में भारत सरकार ने संयुक्त सुझावकारी समितियों (जेसीएम) को चारों स्तर पर लागू किया अर्थात् राष्ट्रीय स्तर, मन्त्रालय स्तर, विभागीय अध्यक्ष के स्तर पर तथा मुख्य कार्यकारी अधिकर्ता के स्तर पर। उसके नीचे कार्य समितियाँ थीं, इकाई के स्तर पर स्थानीय उत्पादक पार्षद थीं। ये सभी उत्पादन एवम् गुणवत्ता बढ़ाने तथा श्रमिकों के स्वास्थ्य, काम के परिवेश, सफाई, कल्याणकारी कार्यक्रम, आवास तथा उनकी शिकायतों के निबटाने के विषयों की आलोचना करते थे, पर प्रायः यह व्यवस्था भी लालफीताशाही एवम् विलम्ब के कारण प्रभावहीन हो गईं, अतः गुणवत्ता केन्द्रों की व्यवस्था ही भारत में एकमात्र राजपथ है जिसको तुरंत सभी प्रतिष्ठानों में लागू होना चाहिए। तभी औद्योगिक प्रतिष्ठानों में कार्यरत मानव-संसाधन अपना समुचित उत्पादन देगा एवम् उससे ही देश का औद्योगिक क्षेत्र वर्तमान विश्व में प्रतियोगिता करने में सक्षम होगा।

14. भारतीय बनाम पाश्चात्य प्रबन्धन पद्धति

आजकल जापान सहित अनेक पश्चिमी देश औद्योगिक प्रगति की दौड़ में भारत से आगे हो गए हैं। आज हमारे लिए यह आत्मावलोकन का प्रश्न है कि हम कहाँ भटक गये ओर हम क्या गलती कर रहे हैं? क्या हमें विकसित देशों की बराबरी करने के लिए उनकी जीवन पद्धति एवम् कार्यशैली को अपनाना पड़ेगा? यह ध्रुव सत्य है कि सम्यक् सांस्कृतिक या सामाजिक चेतना के बिना कोई भी नकल व्यक्ति को सफल नहीं बना सकती। उसे अन्ततोगत्वा अपनी मौलिकता एवम् सांस्कृतिक चेतना का सहारा लेना ही पड़ेगा। फिर भारतीय संस्कृति तो एक जीवन्त संस्कृति है।

विश्व में अनेक सभ्यताओं ने जन्म लिया पर वे काल के गर्भ में समा गईं, दूसरी ओर, भारतीय संस्कृति आजकल विश्व में अपने और अधिक प्रकाश से जगमगा रही है, इसका अर्थ यह है कि भारतीय चिन्तन में ऐसे सनातन तत्व विद्यमान हैं जो व्यक्ति और समाज के प्रबन्धन में प्रति व्यक्ति के स्तर पर सम्बल का कार्य करते हैं।

जापान ने भी पश्चिमी प्रबन्धन पद्धति को अपनी बौद्ध संस्कृति की पृष्ठभूमि में ग्रहण किया जो वस्तुतः भारतीय संस्कृति का ही एक फलक है। आजकल आधुनिक प्रबन्धन के गुरु अमेरिकावासी पीटर ड्रकर भी यह मानने लगे हैं कि प्रबन्धन में 'स्व प्रतिबिम्ब' 'आत्मविश्लेषण' तथा 'व्यक्ति-उन्नति' का विशेष महत्व है। वे प्रायः अब अस्सी वर्ष की उम्र को पार कर चुके हैं ओर पश्चिमी प्रबन्धन की खोज करने के बाद भारतीय मनीषी की भाँति कहते हैं, 'जाकी रही भावना जैसी, प्रभु मूरत देखी तिन जैसी' (गोस्वामी तुलसी दास)

शंकराचार्य ने भी स्पष्ट रूप से घोषणा की थी 'मेरे पास शरीर है पर मैं शरीर नहीं हूँ' अर्थात् वस्तुओं को विवेकपूर्ण ढ़ंग से पक्षपात रहित होकर देखना चाहिए। मौन धारण अमेरिकी प्रबन्धन में एक संचार पद्धति का महत्वपूर्ण अंग बनती जा रही है जिसकी व्याख्या जैन गुरु महावीर स्वामी ने नए सन्दर्भों में की थी.

अतः आवश्यकता है कि हम पश्चिमी प्रबन्धन का अन्धानुकरण न करके

अपनी विरासत में समाधान खोजें, प्रायः हम प्रशासन एवम् प्रबन्धन को एक मानते आ रहे थे, पर आजकल प्रशासन कल्याणमूलक राज्य की अवधारणा से जुड़ा हुआ है अर्थात् गरीबी एवम् अभाव पीड़ित मनुष्यों की बिना शर्त सेवा करना, जबकि प्रबन्धन अधिक से अधिक लाभ एवम् निवेश से सम्बधित है.

प्रशासन एवम् प्रबन्धन में विभेद की एक पतली रेखा है. प्रबन्धन के नए सन्दर्भ में हम कह सकते हैं कि भारत में प्रबन्धन की मुख्यतः निम्न पद्धतियाँ प्रचलित थीं एवम् आज भी ये पद्धतियाँ प्रत्येक संगठन में एकल या सम्मिश्रण के रूप में विद्यमान हैं–

इन्द्र का प्रबन्ध तन्त्र
रावण का प्रबन्ध तन्त्र
दधीचि का प्रबन्ध तन्त्र
कुबेर का प्रबन्ध तन्त्र
शंकर का प्रबन्ध सागर
मनुवादी चाणक्यवादी प्रबन्ध तन्त्र
राम का प्रबन्ध तन्त्र

इन्द्र के प्रबन्ध तन्त्र की विशेषता है कि प्रबन्धक प्रायः भौतिकता में लीन रहता है। शासक इन्द्र के साथी देवता उसे ईश्वर का अवतार मानते हैं तथा इन्द्र की सत्ता को 'मनसा-वाचा-कर्मणा' से स्वीकार करते हैं. मध्यकालीन युग या मुगल शासन काल में यह प्रथा विद्यमान थी, शासक राजा, सम्राट, बादशाह में सभी प्रकार की सत्ता केन्द्रित हुआ करती थी वे न्यायपालिका एवम् विधायिका का भी मुखिया हुआ करते थे सभी कार्य सम्राट या बादशाह पर समाप्त या शुरु होते थे सम्राट को न्याय का स्त्रोत माना जाता था। अधिकाँश नवाब, सम्राट या बादशाह अन्य कार्यों के अतिरिक्त युद्ध कला में भी निपुण हुआ करते थे. अतः उनकी सुसुप्त सत्ता का आदर स्वाभाविक था. आजकल की प्रजातन्त्रीय प्रणाली कोई तथाकथित बादशाह, सम्राट या प्रबन्धक स्वयं युद्ध कर्म करने नहीं जाते हैं, उसे केवल निर्णयों के युद्ध फाइलों में ही करने पड़ते हैं आजकल जनता भी यह जानना चाहती है कि उसके शासक ने उसके पक्ष में क्या निर्णय लिए जनता को शासक या प्रबन्धक से भय नहीं रह गया है, इसलिए यदि आजकल के प्रबन्धक जहाँगीर की भाँति केवल आपमें सिमटे, दावतों या मनोरन्जन या पश्चिमी भौतिकवाद में व्यस्त रहेंगे तो हो सकता है कि उन्हें अपने अधीनस्थ कर्मचारियों या जनता का मन से सहयोग न प्राप्त हो, आजकल कर्मचारी स्वयं को सम्राट या बादशाह का नौकर निवेशित या कर्मचारी नहीं समझते हैं बल्कि संगठन या संस्थान का कर्मचारी समझते हैं। वे यह भी समझते हैं कि प्रायः सभी संगठनों, संस्थानों या कारखानों को चलाने में जनता का राजस्व ही है। अतः

यह कैसे किसी एक की बपौती हो सकती है? यह संगठन के शीर्षस्थ व्यक्ति के लिए एक संकट की घण्टी है।

रावण के प्रबन्ध तन्त्र की विशेषता है कि जिस प्रकार हो, ध्येय की प्राप्ति करो, सोने की लंका बनाओ, उसकी रक्षा एवम् संवर्द्धना करने के लिए शक्ति का सहारा लो, अनियन्त्रित शक्ति के साथ अहंकार स्वंयमेव चला आता है। एक व्यक्ति का निरकुंश प्रबन्ध के मुँह से निकला वाक्य ही शासनादेश है अर्थात् प्रबन्धक वस्तुतः व्यक्तिवादी अहम् का तुष्टीकरण ही है। यद्यपि रावण अत्यन्त ज्ञानी, विज्ञानी एवम् पण्डित था, पर वह व्यवहार में दूसरों का शोषण करता था, ऐसे प्रबन्ध तन्त्र में कोई सलाहकार क्या कर सकता था? जब सर्वोच्च प्रबन्धक या महाप्रबन्धक कोई सलाह सुनने को तैयार ही नहीं, तब कोई तन्त्र ही नहीं होता, यह व्यक्तिवादी तन्त्र होता है। ऐसा संगठन एक दिन अवश्य नष्ट होगा, चाहे उसका प्रबन्धक कितना भी शक्तिशाली क्यों न हो, माफिया गुटों एवम् धोखाधड़ी करने वालों के तन्त्र प्रायः इस प्रकार के होते हैं बिना परिश्रम के शीघ्र पूँजी अर्जन करने वालों का भी इसी प्रकार, दिमाग खराब हो जाता है और वे जैसे उदित होते हैं वैसे ही सूर्यास्त की तरह क्षितिज में विलीन हो जाते है उनके साथ-साथ उनके कार्यकत्ताओं एवम् सहायकों का भी वही हश्र होता हैं, उनके कारोबार एवम् संगठन पर तरस खाने वाले लोग भी नहीं उपलब्ध होते है, क्योंकि उनका महाप्रबन्धक बिना किसी प्रयोजन के सभी को शत्रु समझ कर या बनाकर कष्ट पहुँचाता रहता है।

रावण से दूर योगी की भाँति कर्मशील एवम् दूसरों को अनावश्यक कष्ट न पहुँचाने वाले तन्त्र का नाम है कुबेर का प्रबन्धतन्त्र, पर यह नहीं भूलना चाहिए कि कुबेर भी रावण का सौतेला भाई था। कुबेर के तन्त्र में व्यक्ति शनैः शनैः धनोपार्जन करता रहता है, वह धन के साथ-साथ अपना जीवन-यापन भी सुखपूर्वक करता रहता है धन एकत्रित करना मुख्य उद्देश्य होता है। सम्भवतः लक्ष्मी सुन्दर होती है एवं जिसके पास सुन्दर स्त्री हो, उसे सँभल-सँभल कर कदम रखना चाहिए। उस प्रबन्ध तन्त्र के बाहरी नहीं होते हैं तथा आन्तरिक शत्रु भी कम होते हैं। क्योंकि सभी को पैसा लुटाया जाता है। सर्वत्र शान्ति विराजमान रहती है गुण्डों-बदमाशों को भी ये पैसे से खरीद लेते है। इस तन्त्र में हिसाब-किताब एवम् निगरानी का जोर रहता है, पर लाभ ही इसका गंतव्य है, इस प्रकार का तन्त्र मुख्यतः आजकल के प्रबन्धक का तन्त्र है, इसके अन्तर्गत हमारे देश के प्रायः सभी व्यावसायिक या औद्योगिक संगठन आते है जो स्वभावतः शान्तिप्रिय एवम् परिश्रमशील हैं। उनका उद्देश्य होता है अधिक से अधिक लाभ कमाना। स्वभावतः बाजार ही उनके लिए देवता होता है। वे चाहें तो बाजार भी अपने लिए मोड़ सकते हैं पर अपनी शान्ति को नष्ट नहीं करना चाहते क्योंकि उससे गलाकाट प्रतियोगिता में रावणीय तत्वों का प्रवेश हो जाता है। अतः उन्हें बाजार की माँग एवम् आपूर्ति चक्र से जो लाभ प्राप्त होता है, वे उसी में

सन्तुष्ट रहते हैं जो प्रबन्धक लाभ नहीं दिखा पाते, उन्हें संगठन से ससम्मान विदाई दे दी जाती है। अपने इस सन्तोष एवम् शान्ति को स्थायी रखने के लिए उन्हें धर्म का सहारा लेना पड़ता है जो कि विभिन्न पण्डितों के माध्यम से उनके दरवाजे पर दस्तक देता रहता है। जहाँ भारत का प्रबन्ध तन्त्र इस प्रकार का था, वर्तमान में कलियुग उस तन्त्र में इन्द्र प्रबन्धन का समावेश हो रहा है एवम् प्रबन्धक अपने जीवन काल में ही आनन्द एवम् स्फूर्ति करना चाहता है जबकि कुबेर तन्त्री अपनी पीढ़ियों एवम् भविष्य के लिए धन इकट्ठा करने पर ज्यादा सोचते हैं।

वे येन-केन-प्रकारेण अपने उद्देश्यों की पूर्ति में विश्वास रखते हैं। कुबेर तन्त्र के संचालन के फलस्वरूप इतना अतिरिक्त धन पैदा होता है कि सभी प्रसन्न रहते है। पर इस व्यवस्था में शनैः शनैः भ्रष्टाचार का प्रवेश हो जाता है क्योंकि पैसा जिसके हाथ से गुजरता है वह अपनी चिकनाहट को छोड़ जाता है। भ्रष्टाचार का मुकाबला करने के लिए इस तन्त्र में धर्म के माध्यम से नैतिक शिक्षा अत्यावश्यक होती है क्योंकि जिस धन के द्वारा वे बाजार की सत्ता को खरीदते हैं, उसी धन को हस्तान्तरित करने वाले उसके विश्वसनीय लोग भी भ्रष्ट हो जाते हैं। फलतः कुबेर तन्त्र लड़खड़ाने लगता है। यही कारण है कि हमारे देश में कई प्रसिद्ध बड़े-बड़े औद्योगिक एवं व्यावसायिक घरानों ने भ्रष्टाचार बन्द कर दिया है।

कुबेर के प्रबन्ध-तन्त्र से अधिक अनिश्चित भोले शंकर का भी अपना प्रबन्ध संसार है। इस संसार में जिसने भक्ति या चापलूसी कर ली उसे वरदान मिल गया, पर यह भक्ति एकछत्र एवम् लगनपूर्वक होनी चाहिए। ऐसे भक्ति या चाटुकारिता भी नियमपूर्वक होनी चाहिए शंकर रूपी बॉस अल्प में ही अर्थात् धतूरा-पान-पत्ता पाकर ही खुश हो जाते है पर वे यह भूल जाते हैं कि उनके चमचे वरदान या शक्ति प्राप्त करके समाज में कितना ताण्डव नृत्य करेंगे। पर शंकर भगवान् का विश्वास है कि जिसने तपस्या की है उसे फल मिलना ही चाहिए सत्कर्म का फल तो मिलना ही चाहिए अन्यथा व्यक्तियों को कर्म व्यवस्था पर से विश्वास उठ जाएगा। वरदानी व्यक्ति के तेज को सँभालना तो ब्रह्मा, विष्णु या सामाजिक व्यवस्था का दायित्व है तथा हो सकता है कि विष ही विष की औषधि के रूप में तैयार हो रहा है, पर कभी-कभी शंकर को भी ऐसे लोग परेशान करने लगते हैं तब उन्हें ऐसे ही भस्मासुरों के विनाश के लिए कोई पथ निकालकर स्वयं उनका संहार करना पड़ता है अन्यथा न रहेगा संगठन और न रहेगा प्रबन्धक और न ही उसका चापलूस।

शंकर प्रबन्धन जैसा ही विलक्षण दधीचि का प्रबन्धन है इसके अन्तर्गत प्रबन्धक संगठन, संस्थान या समाज के हित में निजी स्वार्थ या शरीर का बलिदान भी कर देता है। 'भगीरथ' का धरती पर गंगा को लाना इसी प्रकार का आख्यान है राजा बलि एवम् हर्ष की शासन व्यवस्था भी इस श्रेणी में आती है। लोक-प्रशंसा या लोक-निन्दा से दूर रहकर ऐसे प्रबन्धक केवल यह सोचकर सामाजिक कार्यों में

पूर्णतः समर्पित रहते हैं कि सभी ईश्वर की सन्तानें हैं एवम् मनुष्य' मात्र की सेवा ही वस्तुतः ईश्वर सेवा है। इस प्रकार का प्रबन्धन प्रायः अनेक स्वयंसेवी संगठनों एवम् धार्मिक संगठनों में दृष्टिगोचर होता है। ये संगठन सदैव फलते-फूलते रहते हैं क्योंकि इनमें 'लेने' की अपेक्षा 'देने' की भावना ही अधिक प्रबल होती है, कोई भी संगठन स्वार्थ लिप्सा पर नहीं चल सकता। वह पक्षपात रहित एवम् न्यायप्रिय होना चाहिए। कोई भी संगठन अपने कर्मचारियों को केवल आर्थिक सन्तुष्टि के आधार पर पूर्णतः काम में सकुशल अभिप्रेरित नहीं कर सकता है। उसके प्रबन्धन को काम सक्रिय नेतृत्व तथा काम करने की उपयुक्त परिवेश प्रदान करना होगा। कलियुग में ऐसे संगठनों का दिन-प्रतिदिन अभाव होता जा रहा है क्योंकि प्रायः व्यक्ति भौतिक वस्तुओं के अधिकतम दोहन में आस्था रखते हैं। दधीचि तन्त्र के लोग 'सादा जीवन' और 'उच्च विचार' में विश्वास रखते हैं तथा संगठन में श्रमिकों की पूर्ण भागीदारी का भी इसमें प्रावधान रहता है।

एक और प्रबन्धन पद्धति की हमने चर्चा की है वह है मनुवादी-चाणक्यवादी प्रबन्धन, इस प्रबन्धन पद्धति में नियम-निर्देशों की पूजा होती है, प्रबन्धक भी राज सत्ता के गुणों में निपुण होता है चाणक्य के तन्त्र की विशेषता है कि प्रबन्धक/राजा सुशील हो। वह भ्रमण करके सभी कुछ स्वयं देखे, कभी सन्तुष्ट न हो अर्थात प्रगतिमान रहे। कुलीन व्यक्ति को अपने पास रखे जिन्हें आदि, मध्य और अंत का ज्ञान हो। सेवा राजा या प्रबंधक को शोभा देती है। प्रजा शक्तिहीन राजा को छोड़ देती है। बिना मंत्री के राजा नष्ट हो जाता है राजा अपने राज्य में किये हुए पाप को भोगता है आधुनिक प्रजातन्त्र के परिवेश में एक बार श्रीमती इन्दिरा गाँधी ने कहा था, ''यथा प्रजा तथा राजा''। चाणक्य का मत था–'यथा राजा, तथा प्रजा'।

प्रबन्धक नियमों, अधिनियमों की दुहाई देकर लोगों का शोषण करता है अतः इस प्रकार के तन्त्र में लोक कल्याण गंतव्य न होकर इस तन्त्र द्वारा निर्मित सिद्धान्तों का तुष्टीकरण ही इष्ट हो जाता है; संगठन या संस्थान का महती उद्देश्य ओझल हो जाता है और संगठन के सभी श्रमिक, कर्मचारी या अधिकारी अप्रासंगिक उद्देश्यों में अपना श्रम एवम् शक्ति बर्बाद करते रहते हैं। इस प्रकार का प्रबन्ध तन्त्र सभी सरकारी तन्त्रों में विद्यमान है एवम् समय-समय पर अपना स्वरूप परिवर्तित करता रहता है सरकार जैसे विशाल नौकरशाही संगठनों के लिए नियम पालन आवश्यक हो जाता है क्योंकि इन संगठनों मे संगठन का मुखिया सबसे नीचे वाले व्यक्ति तक नहीं पहुँच पाता है फिर ये नियम या प्रक्रियाएँ भी वस्तुतः धर्म से, संविधान से, विधि से निकली हैं और वे धर्म-संगत होती हैं। इन प्रक्रियाओं के अनुपालन या कार्यान्वयन में देरी, अकर्मण्यता एवम् घूसखोरी ही इन नियमों या प्रक्रियाओं को बदनाम करती है। प्रसिद्ध कार्मिक विशेषज्ञ पार्किन्सन इन संगठनों का बड़ा मखौल उड़ाते हैं। वे कहते है कि ये संगठन अपने मुख्य उद्देश्यों के लिए नहीं जीते हैं अपितु वे अपने

संगठन के कर्मियों के तुष्टीकरण में ही लगे रहते हैं। फलतः जो साधन था, वही साध्य हो जाता है। वर्तमान में ऐसा प्रतीत हो रहा है जैसे पूरा शासन-प्रशासन तन्त्र अपनी ही समस्याओं, सुख-सुविधाओं से सम्बन्धित कार्यों में व्यस्त हो। यह भारतीय चिन्तनधारा के विपरीत है। इसीलिए गाँधी जी ने सभी स्तरों पर विकेन्द्रीकरण का सुझाव दिया, ताकि सभी स्तरों पर निर्णय पूर्ण सहमति एवम् भागीदारी से हो सभी को अपने विचार रखने का अवसर मिले एवम् सभी के अनुभव का लाभ संगठन को मिले, इसमें कार्यान्वयन के समय सभी मनोयोगपूर्वक सहयोग करते हैं आजकल औद्योगिक इकाईयों में विकेन्द्रीकरण, गुणवत्ता केन्द्रों के माध्यम से सुचारू रूप से लागू हो रहा है तथा भारत के संविधान के अध्याय नौ तथा नौ (क) में पंचायत प्रणाली आदि के माध्यम से सत्ता का पूर्ण विकेन्द्रीकरण होने जा रहा है।

वर्तमान परिस्थिति अति दयनीय है। स्व. कालका प्रसाद (आईएएस) के अनुसार, ''कई वर्षों से राज्य एवम् राज्यतन्त्र का उपयोग नाना प्रकार के निजी एवम् सामूहिक/दलगत स्वार्थों, इच्छाओं, आकांक्षाओं की पूर्ति में होने लगा है। 'वीर-भोग्या वसुन्धरा' की अवधारणा के तहत समर्थ, दबंग एवम् प्रभावशाली व्यक्ति ही राजनीति में सफल हो पा रहे हैं। उपलब्ध व्यवस्थाओं का अधिक से अधिक दोहन एवम् शोषण हो रहा है उद्योगपति, राजनेता एवम् सरकारी तन्त्र मिलकर 'कॉकस' की तरह कार्य कर रहे हैं। प्रायः निष्पक्ष एवम् निष्ठावान लोगों पर वे भारी पड़ रहे हैं।'' (साभार-'यथार्थ की ओर)।

इसी परिस्थिति से देश को उबारने के लिए निर्वाचन आयोग एवम् उच्चतम न्यायालय ने हाल ही में अति सक्रियता का परिचय दिया है। इससे साधारण जनमानस की मनुवादी प्रबन्धन में कुछ यह आस्था लौटी है कि यह तन्त्र भी अपने आप में कुछ सुधार प्रक्रिया लागू कर सकता है। भविष्य ही इसका साक्षी होगा। यह आशा की जाती है कि कार्यपालिका सहित राज्य के तीनों अंग भ्रष्टाचार, विलम्ब एवम् अकर्मण्यता जैसी बुराइयों का निराकरण करेंगे एवम् नियमों पर आधरित प्रबन्धन को लोकपरक प्रबन्धन में परिवर्तित करेंगे। औद्योगिक एवम् व्यापारिक संगठनों के विषय में कहा हैं—'व्यापार द्वारा धन अर्जित करना एक स्वाभाविक धर्म है'। अतः उन्हें अधिक से अधिक मुनाफा कमाने में बाधा नहीं होगी। भारतवासी सदियों से राम या कृष्ण की प्रबन्धन पद्धति को ही श्रेयस्कर मानते चले आ रहे हैं क्योंकि यही हमारी सांस्कृतिक विरासत का एक अन्यतम मोती है. इसे हम सनातन प्रबन्धन पद्धति भी कह सकते हैं।

इस पद्धति के अनुसार मनुष्य को गीता के अठारहवें अध्याय के अनुसार तीन श्रेणियों में विभाजित किया गया है अर्थात् सात्विक, राजसिक एवम् तामसी। सात्विक व्यक्ति या श्रमिक वह है जो दृढ़ उत्साह से युक्त है। तथा अहंकार मुक्त है वह कर्म में आसक्ति नहीं रखता। जो कर्मफल भोगना चाहता है, वह राजसी कर्ता

कहलाता है। वह दूसरों से द्वेष रखता है तथा धन का लोभी होता है। जो विषयी, हठी और दूसरों का अपमान करने वाला है वह तामसी कर्मी कहा जाता है कलियुग में अधिकांश व्यक्ति राजसी-तामसी श्रेणी में आते हैं। स्वभावतः जैसी बीमारी वैसी ही उसकी औषधि। यदि प्रबन्धक अपने साथ या अधीनस्थ कर्मचारियों के स्वभाव को युक्ति-युक्त समझ लें, तो उसका आधा काम पूरा हो गया, जैसे डॉक्टर यदि मर्ज को ठीक-ठीक पकड़ ले तो इलाज आसान हो जाता है। सफल प्रबन्धक का दायित्व है कि वह अपने संगठन में सात्विक गुणों को प्रोत्साहित करें एवम् राजसी एवम् तामसी गुणों को कम करें। यह कार्य 'चित्त शुद्धि' कार्यक्रमों के माध्यम से शीघ्रतापूर्वक हो सकता है जैसे रहन-सहन एवम् खान पान में सरलता लाने से भी 'चित्त शुद्धि' के लिए धरा तैयार की जा सकती है तथा योग एवम् प्राणायाम के माध्यम से उसकी पूर्ण उपलब्धि प्राप्त की जा सकती है यदि हनुमान की भाँति किसी व्यक्ति को अपनी क्षमता के विषय में ज्ञान न हो, तो उसका आभास कराना कुशल प्रबन्धक का दायित्व है।

भारतीय शास्त्रों में कहा गया है, यदि व्यक्ति कर्म न करे, तो वह प्रभावहीन होकर नष्ट हो जाएगा तथा कर्मों को न करने वाला परिवार, संस्था-कम्पनी या समाज नष्ट हो जाएगा। यह भी आवश्यक है कि प्रत्येक संस्थान या संगठन में नेतृवर्ग अपने कर्म के द्वारा सभी के सामने एक आदर प्रस्तुत करें। 'महाजनो येन् गतः सः पन्था।' गाँधी जी ने भी कहा है—"मेरा जीवन ही मेरा सन्देश है" अर्थात् व्यक्ति की कथनी एवम् करनी में अन्तर नहीं होना चाहिए।

प्रबन्धकों जैसे अशोक, अकबर, घनश्यामदास बिड़ला, जमशेदजी टाटा को कोई भी सफलता प्राप्त करने में असुविधा नहीं हुई। वे सफल भी हुए एवम् लोकप्रिय भी। एक सर्वेक्षण के अनुसार यदि हमारे देश में प्रत्येक स्तर पर नेतृत्व ठीक हो जाए तो प्रायः एक तिहाई उन्नति बिना किसी निवेश के हासिल की जा सकती है। इसीलिए राम के विषय में भी कहा जाता है—"हे राम! तुम्हारा जीवन ही तुम्हारा सन्देश है" (गुप्त)। रामचरितमानस में तुलसीदास ने यह स्पष्ट किया है कि "राम ने रावण पर सेना द्वारा विजय नहीं प्राप्त की, विजय रथ और ही हैं।' शूरता और धीरज दोनों ने विजय प्राप्त की। बल, विवेक संयम व परोपकार चारों उसके घोड़े है, जो क्षमा, दया व समता रूपी रस्सियों में बन्धे हैं। विज्ञान, संयम व नियम ही बाण है। निर्मल और अचल मन तर्कश हैं" (रामचरितमानस)।

विभीषण का प्रसंग यह इंगित करता है कि प्रबन्धन का धर्म है कि वह राजहित या संगठन हित को ही सर्वोपरि ही माने। राजा को या मुख्य प्रबन्धक को संगठन या सिंहासन के हितैषियों का अपमान नहीं करना चाहिए अन्यथा देश में विभीषण, जयसिंह, मीरजाफर पैदा होते रहेंगे एवम् भीष्म, नन्द के प्रधानमन्त्री आमत्य जैसे सिहांसन के प्रति आस्थावान व्यक्ति दूर हटते जाएंगे।

वर्तमान जापानी प्रबन्धन पद्धति में भी यही है कि प्रत्येक संगठन या संस्था को पूर्णतः प्रजातान्त्रिक कार्यविधि एवम् सहकारिता पर आधारित होना चाहिए। कर्मचारियों, श्रमिकों की प्रबन्धन में पूर्ण भागीदारी होनी चाहिए अन्यथा वे पूरे मन से काम नहीं करेंगे एवम् आवश्यक उत्पादन एवम् गुणवत्ता उपलब्ध नहीं हो पायेगी। जापान में प्रत्येक कर्मी का कम्पनी के साथ जीवन-पर्यन्त अनुबन्धन होता है। वह अपने जीवन काल में कम्पनी का शेयरधारक होता है तथ उसकी मृत्यु के पश्चात् उसकी संतान को योग्यता अनुसार उसी कम्पनी में नौकरी का अवसर मिलता है। जापान में सभी कर्मचारी एवम् प्रबन्धक एक छत के नीचे काम करते हैं। एक ही कल्ब में जाते हैं तथा एक साथ ही भोजन करते हैं। कोई समय बर्बाद नहीं करता और न ही वे अनावश्यक छिद्रान्वेषण में संलग्न होते हैं। ऐसा न हो कि अपनी सामन्ती प्रबन्धन को जीवित रखने में हम संगठन को ही नष्ट कर दें फिर न रहेगा बांस, न बजेगी बाँसुरी, सामन्ती युग में भी श्री राम अपने सहयोगियों से परामर्श करके कदम उठाते थे। वे जन भावना का भी सम्यक् आदर करते थे। यही कारण था कि न चाहते हुए भी उन्होंने अपनी प्रिय पत्नी सीता का परित्याग कर दिया था। श्री राम राजा का स्वरूप उनके मन्त्री हनुमान के बिना अधूरा है श्री राम स्वयं कहते हैं-

"सोई सेवक प्रियतम मग सोई, सम अनुशासन मानै जोई। जो अनीति कछु भाषौ भाई, तौ मोहि बरजहूँ भय बिसराई।" (लंकाकाण्ड 64/3)

सेवक सेव्य भाव बिनु, भव न तरिअ उरगारि अर्थात् जहाँ प्रबन्धन को श्रमिकों के हितों का ध्यान रखना चाहिए, वहाँ श्रमिकों एवम् कर्मचारियों को भी प्रबन्धन में विश्वास एवम् श्रद्धा भाव रखना चाहिए। ताली एक हाथ से नहीं बजती है। इन्हीं भारतीय तत्वों पर आधारित है पश्चिम एवम् जापान की प्रबन्धन पद्धति। जापान पद्धति के कुछ मूल तत्व हैं—पारिवारिक बन्धन (नोक)। व्यक्तिगत एवम् सामाजिक कर्तव्य (गिरि) एवम् मानवीय सम्वेदना। इनके आधार पर जापानी प्रबन्धन में निरन्तर प्रत्येक क्षेत्र में उन्नति की अवधारणा की गई है।

इनके माध्यम से समाज एवं परिवार के प्रति अगाध दायित्व का प्रावधान किया गया है, भारतीय दर्शन का मत है कि 'धर्म' ही पृथ्वी को धारण करता है—धारणार्थ नित्याहु'। वही बात गोस्वामी तुलसीदास के शब्दों में 'धन्य सो भूपु नीति जो करई।' (उत्तराखण्ड 201/2)

अर्थात् वह राजा या प्रबन्धन धन्य है जो नीति के अनुसार चलता है। नीति, नियम या सिद्धान्तों का जिस देश या हमारी संस्कृति के ये ही प्रधान तत्व हैं 'वुसधैव, कुटुम्बकम', 'योगः कर्मस कौशलम् सगठन में शासन होता है, वही स्थायी होता है। प्रजा अथवा लाभार्थियों को लाभ पहुँचाता है, हमारे संयुक्त परिवार जैसा साम्यवादी प्रबन्धन तो दूसरी किसी जगह नहीं है। सभी सदस्य अपनी योग्यता के अनुसार अर्जन करते हैं पर आवश्यकता के अनुसार उन पर कर्त्ता खर्च करता है अर्थात् यदि

कम अर्जन करने वाला या अक्षम सदस्य बीमार पड़े तो उस पर आवश्यक खर्च करने के लिए कर्त्ता उसकी आमदनी को ध्यान में नहीं रखेगा। परिवार का कर्त्ता उसकी आवश्यकतानुसार ही उसके परिवार पर खर्च करेगा। आज हमारे परिवारों का विखण्डन हो रहा है, इस विघटनकारी प्रक्रिया को रोकना होगा अन्यथा भारतीय मानस अशान्ति के दल-दल में फंस जाएगा। प्रत्येक स्तर पर व्यक्ति को विकास का अवसर मिलना चाहिये ताकि योग्यता अँधकार से प्रकाश में आ सके। प्रबन्धकों को अधिक वेतन 'लेने' की अपेक्षा संगठन या समाज को अधिक 'देने' में विश्वास रखना चाहिए। साम्यवादी नेता स्व. माओत्से तुंग ने ठीक ही कहा है कि हजारों कलियों को खिलने दो अर्थात् प्रबन्धन विकासोन्मुखी हो न कि वह प्रतिभा को दबाए।

लगभग एक हजार वर्षों की गुलामी के पश्चात एवम् आजकल के समय में अन्य देशों से पिछड़ने का कारण यह स्वाभाविक ही है कि हमारी आस्था हमारी प्रबंधन पद्धति या दर्शन से उठ रही है एवम् हमें बाहरी पद्धति उत्तम लग रही हैं। हमें घबड़ाने की आवश्यकता नहीं है। हम अपनी जड़े न छोड़ें। जापान ने तो पश्चिमी प्रबन्धन का अन्धा अनुकरण नहीं किया। उसने मेजि क्रान्ति के परिवर्तन के द्वारा बौद्ध संस्कृति को मिश्रित कर लिया एवम् अपनी एक मौलिक प्रबन्धन पद्धति की खोज कर ली। हमें आत्मविश्वास को जगाना पड़ेगा। स्वदेशी को अपनाना होगा।

आज जो पश्चिमी प्रबन्धन प्रणाली है, वह वस्तुतः हमारी प्राचीन वस्तुपरक या न्यासंगत प्रबन्धन पर जोर देती है, यही प्रबन्धन व्यवस्था अपनाकर हम अपने देश के विभिन्न स्तरों पर अगणित संगठनों में स्फूर्ति एवं आत्मविश्वास जगा सकते हैं। यह हमारी देश एवं संस्कृति के प्रति सच्ची देश-भक्ति

उपसंहार

अधुनातन प्रबन्धन विज्ञान के अन्तर्गत सौद्देश्य प्रबन्धन, रेखीय कार्यक्रम, गणितीय और सांख्यिकी मॉडलिंग, मॉडल निर्माण-विधि, स्वाँग रचना या सिम्यूलेश विधि, क्रीड़ा सिद्धान्त, प्रतीक्षा रेखा, सम्भावित सिद्धान्त, क्रिया अनुसन्धान, समर्पण का सिद्धान्त, प्रतिस्पर्धात्मक व्यूह रचना का सिद्धान्त, प्रत्यायोजन का सिद्धान्त, श्रम विभाजन का सिद्धान्त, विकल्पों का मूल्यांकन आदेश की एकात्मकता का सिद्धान्त तथा उच्च, उच्च मध्यमवर्गीय पर्यवेक्षणीय, कुशल सन्देशवाहन, कम्प्यूटीकृत प्रबन्ध और सूचना क्रियाविधि जैरी तकनीकियों के सामने प्रथम द्रष्टया भारतीय प्रबन्धन प्रणाली प्राचीन तथा संदर्भहीन ज्ञात होती है पर ऐसा नहीं है।

भारत का सामाजिक-सांस्कृतिक परिवेश व्यक्ति को बाँधे रहता है और वह इस प्रभाव से पृथक नहीं हो सकता जब तक वह धरती के इस भाग में स्थित है। भारत को इस धरती की सौंध उसे मोहपाश में बाँधे ही रहेगी। इस पृष्ठभूमि का प्रबन्ध कार्यान्विन पर इसका करण-कारण सिद्धान्त से अपना प्रभाव पड़ेगा ही।

आज भारतीय प्रबन्धन कार्यान्वयन या प्रक्रिया अपरिहार्य रूप में विदेशी एवम् पश्चिमी प्रणलियों या पेशे से प्रभावित है पर ये भी प्रत्यक्ष या अप्रत्यक्ष रूप से परम्परागत अथवा ऐतिहासिक भारतीय अभ्यासों से आंशिक रूप से परिवर्तित हो गई हैं और होना भी चाहिए अन्यथा इनके भारत में प्रयोग को वांछित सफलता प्राप्त नहीं हो सकती। प्रत्येक प्रबन्ध प्रणाली समाज के वृहद क्षेत्र का अंग है। प्रबन्ध स्थानीय मानव व्यवहार से प्रभावित होता है। प्रबन्धक भी सामाजिक प्राणी है। वह शून्य में कार्य नहीं कर सकता है। इसलिए भारत में वह स्थानीय संस्कृति जो मूलतः भारतीय संस्कृति का अभिन्न अंग है, से ओतप्रोत रूप से प्रभावित होगा। परिणावस्वरूप भारत में सभी इकाईयों, औद्योगिक या वाणिज्य इकाईयों या समूहों को भारतीय प्रबन्धन प्रणाली को अपनाना ही होगा।

गोन्जालेज तथा मेकूमिलन ने कहा है कि प्रबन्धकीय विचारधारा संस्कृति से सम्बन्धित है और अमेरिका की प्रबन्धकीय पद्धति सर्वव्यापक नहीं है। अमेरिका के प्रबन्ध सिद्धान्त दक्षिण अमेरिका के देश ब्राजील, मैक्सिको तथा क्यूबा में ही सफल

नहीं हुए, सात समुन्दर पार भारत की बात कौन करे? अमेरिका की प्रबन्ध प्रणाली जो-कि केवल उच्च लाभ तथा उच्च पारिश्रमिक पर जोर देती है, जर्मनी तथा जापान ने असफल प्रमाणित कर दी है। जर्मनी तथा जापान दोनों कर्मयोगियों के देश हैं, कर्म संस्कृति से आप्लावित हैं तथा उत्प्रेरणा उनकी धरती पर स्वयमेव उत्पन्न हुई है।

दूसरी ओर चीन ने अपनी सस्ती विशाल मानव-सम्पदा का उपयोग करके आज विश्व-बाजारों पर कब्जा कर लिया है तथा उससे अमेरिका, जर्मनी तथा जापान सहित सभी विकसित देशों के समूह जी-नौ के देश आतंकित हैं। चीन ने यह उपलब्धि अपनी सांस्कृतिक विरासत को तथा मार्क्स के सिद्धान्तों का समन्वय करके प्राप्त की है वहीं जापान ने यह उपलब्धि बुद्ध के सिद्धान्तों को अपनी सांस्कृतिक धरोहर के साथ मिश्रित करके प्राप्त की है।

भारतीय प्रबन्धन प्रणाली ब्रिटिश-भारत से उत्तराधिकार में प्राप्त इन दोनों देनों से अभी भी उबर नहीं पायी है, प्रथम विलम्ब दूसरा भ्रष्टाचार। विलम्ब भारतीय प्रबंधन का ही नहीं अपितु देश का सबसे बड़ा शत्रु है। विलम्ब को दूर करने के लिए भारतीय वाणिज्य एवम् उद्योग ने भ्रष्टाचार का अवलम्बन किया पर वह भी सफल नहीं हुआ। भ्रष्टाचार भस्मासुर की भाँति अब निजी क्षेत्र को भस्म करने के लिए दौड़ रहा है। दूसरे विलम्ब अब अपने ही सृष्टा सरकारी तन्त्र को भस्मासुर की भांति धरती में भस्म करने को आतुर है। आज सरकारी तन्त्र के अपने आधारभूत कार्य ही सम्पन्न नहीं हो पा रहे हैं। जिन सरकारी अधिकारियों तथा कर्मचारियों ने अपनी नौकरी अवधि को भ्रष्टाचार में लिप्त होकर भी निर्दोष सिद्ध करके पार कर ली, वे सरकारी नौकरी से अवकाश प्राप्त करने के पश्चात् पेंशन आदि सेवा-निवृति भत्ता तथा सुविधाओं के लिए दर-दर भटक रहे हैं। दूसरी ओर निजी क्षेत्र अब भ्रष्टाचार से इतना भयभीत अथवा खफा है कि उसने अब भ्रष्टाचार को बन्द करने की ठानी है। उसका अपना आंगन भ्रष्टाचार के विषैले नाग की फुँकार से आहत है। अतः कुछ ख्यातिप्राप्त निजी समूहों ने जैसे—विप्रो, टाटा, आई.टी.सी., इन्फोसिस, जिन्दल आदि ने कम्पनी नीति ही बना ली है कि वे रिश्वत नहीं देंगे चाहे उन्हें कोई भी कुर्बानी देनी पड़े। आखिर, गाँधी के देश में गाँधी के सिद्धान्त बहुत दिनों बाद आए कि यदि साधनों की यदि पवित्रता का सहारा नहीं लिया जाएगा तो वह साधक को आगे नहीं बढ़ने देगी।

परिस्थितियों के अनुसार प्रबन्धन में परिवर्तन आवश्यक है, जैसे आजकल स्वामित्व एवम् प्रबन्धन पृथक-पृथक हैं। यदि प्रबन्धन आवश्यकीय परिवर्तन नहीं लाता है, तो वह बेबीलोनिया तथा रोम की सभ्यताओं की भाँति इतिहास के गर्भ में समा जायेगा। प्राक्तन प्रधानमन्त्री इन्दिरा गाँधी के अनुसार 'हमारे जैसे विकासशील समाज के लिए प्रबन्धन को उत्तरोत्तर योगदान देना है'। प्रो. ए.एन. अग्रवाल ने हमें चेतावनी देते हुए कहा है—''अकुशल प्रबन्ध विनाश करता है, पूँजी तथा उत्पादन में ऊँचा अनुपात रखता है तथा विनियोगों एवम् आधुनिक तकनीकों के प्रयोग की

घटी हुई क्षमता रखता है। अतः विकासशील राष्ट्रों में प्रबन्धकीय ज्ञान को सर्वोच्च प्राथमिकता देनी चाहिए।"

व्यवसाय या उद्यम का कुशल संचालन करना प्रबन्धकों का प्रथम दायित्व है जिससे अधिक से अधिक लाभ हो। ग्राहकों के प्रति सहानुभूति उसका दूसरा दायित्व है। प्रबन्ध का समाज के प्रति कर्तव्य-निर्वाह तीसरा दायित्व है, उदाहरणार्थ भारत का टाटा समूह स्थानीय समुदाय की जनता की स्थिति सुधारने का हृदय से प्रयत्न करता है।

भारतीय प्रबन्धक प्रणाली पर विहंगम दृष्टि डालने से ज्ञात होता है कि हम न तो रावण की स्वेच्छाचारी प्रबन्ध पद्धति अपना सकते हैं न ही ब्रिटिश काल की सामन्तशाही व्यवस्था। इस प्रकार कुछेक प्रमुख सिद्धान्त भारतीय प्रबन्धन प्रणाली में उभर कर आते हैं—विशिष्टीकरण का सिद्धान्त, संगठन सरंचना का सिद्धान्त, नियन्त्रण के विस्तार का सिद्धान्त, अधिकार प्रत्यायोजन, उत्प्रेरक मजदूरी का सिद्धान्त आदि।

स्पष्ट है कि प्राचीनकालीन भारत के शासकों तथा जनता को प्रबन्धकीय ज्ञान था। भारतीय संस्कृति का आधार है धर्म और धर्म का अर्थ है जो इस संसार या संगठन का आधार है तथा उसका विकास करता है। संक्षेप में धर्म का अर्थ है स्वधर्म अर्थात् कर्तव्य।

सारांश रूप में वर्तमान के सन्दर्भ में नारायणमूर्ति का प्रबन्ध मॉडल अनुसरणीय है पर उसमें कुबेर की प्रबन्धन प्रणाली का योग होना चाहिए। कुबेर प्रबंधन प्रणाली में लाभ ही ईश्वर है अर्थात् बाजार एवम् ग्राहक ही सभी कुछ है। रावण के स्वप्रेरित अहंकारी, एकल तथा निरंकुश एवम् भागीरथ के त्याग तथा लोक संग्रह पर आधारित प्रबंधन पद्धतियों के बीच मध्य मार्ग को अपनाया जा सकता है जिसमें कृष्ण के गीता संदेश में निहित प्रबन्धन प्रणाली, राम की अनुशासित तथा नैतिक प्रबंधन पद्धति, भोले शंकर की कर्म पर आधारित विभेद रहित प्रबन्धन प्रणाली के ग्रहणीय सिद्धान्तों को अपनाया जा सकता है।

इनमें ही मनु तथा चाणक्य की नौकरशाही पद्धति अर्थात् नियमन सम्बन्धी पद्धति पड़ती है पर वही आगे चलकर सब समय विकसित होने वाली प्रबन्धन प्रणाली का गला घोट देती है। अतः उसे केवल अत्यंत अनुशासित तथा नियमबद्ध सामाजिक परिवेश में ही अपनाना चाहिए। मुगल तथा ब्रिटिश पद्धति जो भारत में प्रचलित थी, सामान्यतः पूर्णतः रावण की प्रबन्धन पद्धति की भाँति त्याज्य है। गांधीवादी प्रबन्धन प्रणाली भविष्य में प्रासंगिक होने जा रही है पर गाँधी का यह सिद्धान्त कि 'मेरा जीवन ही मेरा सन्देश है', सभी प्रबन्धन पद्धतियों का केन्द्र बिन्दु है जिसका सफलतापूर्वक सार्वभौमिक एवम् सार्वकालिक रूप में प्रयोग हो चुका है।

आशा है कि भारतीय प्रबन्धक इन पद्धतियों को समझेंगे तथा स्वयमेव विश्लेषण करके परिस्थिति अनुसार उनको अपनाएँगे। पर यह स्फटिक की भाँति सत्य है कि भारतीय प्रबन्धन पद्धति तथा सर्वस्वीकृत सफल अभ्यास या तकनीकें आधुनिक प्रबन्धन पद्धति में भी समान रूप से प्रासंगिक हैं।

संदर्भ

1. अग्रवाल, पी. के. : 'कार्य उत्प्रेरण : प्रबन्धक की दृष्टि में' मैनेजमेंट इन गवर्मेंट-मासिक पत्रिका, प्रशासनिक सुधार विभाग, सरदार पटेलभवन, भारत सरकार, नई दिल्ली, अंक जुलाई-सितम्बर, 2000 पृष्ठ - 11
2. चन्द्र, प्रताप : 'हिन्दू मस्तिष्क' पृष्ठ 44, इण्डियन इंस्टिट्यूट ऑफ एडवांस्ड स्टडी, शिमला, वर्ष 1977
3. अग्रवाल डा. पी. के. : 'मोटिवेशन एण्ड इण्डियन ब्यूरोकेसी', पृष्ठ IX वर्ष 1995 एम.डी. पब्लिकेशनस, नई दिल्ली-110002
4. चौधरी, अरिन्दम : 'काउन्ट योर चिकन्स विफोर दे हैच - थ्योरी इन मैनेजमेंट' विकास पब्लिशिंग हाउस प्रा0 लि0, नई दिल्ली, 2005, पृष्ठ-165
5. अग्रवाल, डा. पी. के. : 'इण्डियाज मूव टूवर्ड्स सस्टेनेबिल डेवलपमेंट' एम. डी. पब्लिकेशन प्रा. लि., नई दिल्ली, 1996, पृष्ठ-110
6. तुलसीदास : रामचरितमानस, लंकाकाण्ड, 79-80 दोहे के बीच में
7. तुलसीदास : रामचरितमानस, उत्तरकांड, दोहा - 119 क
8. वही 6 : दोहा 77 - 78
9. विरमानी बी. आर. गुप्ता, एस. यू. : इण्डियन मैनेजमेन्ट, विजन बुक्स, नई दिल्ली, 1991, पृष्ठ - 29
10. वही

11. बसु, डी. डी. : कॉन्स्टिट्यूशनल लॉ ऑफ इण्डिया, प्रेन्टिस हॉल ऑफ इण्डिया प्रा.लि. नई दिल्ली, 1996, पृष्ठ-VII

12. गर्ग, एस (सम्पादक) : एक्सिलेन्स थ्रू पीपोल इण्डियन मैनेजमेन्ट, अरिहंत पब्लिशिंग हाउस, जयपुर, 1996, पृष्ठ-10

13. जैन, संजय : एक्सेन्चर : मेकिंग इण्डियन मैनूफैक्चरिंग ग्लोबली कम्पटीटिव, डी.एल.एफ. सेन्टर, संसद मार्ग, नई दिल्ली, वर्ष, 2002

सन्दर्भ ग्रन्थ

अग्रवाल सागर अग्रवाल अंकुर	:	इण्डियन सिस्टम ऑफ मैनेजमेंट (अंग्रेजी), शिप्रा पब्लिकेशन्स विकास मार्ग, दिल्ली-110092, वर्ष 2005, कुल पृ.-14
केलकर, रवीन्द्र	:	हड़ताल, नवजीवन प्रकाशन मन्दिर, अहमदाबाद - 14, 1961, कुल पृ. - 271
गाँधी, एम. के.	:	आश्रम ओबजरवेन्सिस इन एक्शन (अंग्रेजी), नवजीवन पब्लिशिंग हाऊस, अहमदाबाद, वर्ष 1995, कुल पृ.-921
महास्कर, रामभन	:	सेवाग्राम आश्रम, सर्व सेवा संघ प्रकाशन, राजघाट, वाराणसी, वर्ष 1997, कुल पृ.-471
माथुर, डॉ. जगन्नाथ	:	गाँधी प्रसंग (द्विवार्षिक द्विभाषीय जरनल), वाल्यूम 3, अंक 2,
स्वरूप, मुख्य सम्पादक		जनवरी 30, 2001 मातृ अँचल, बैंक रोड, इलाहाबाद - 211002
नन्जुउप्पा, डॉ. डी. एम.	:	इकॉनोमी ऑफ ह्यूमन वैल्यूज, गाँधी शान्ति प्रतिष्ठान, बैंगलूर, वर्ष 1993, कुल पृ.-731
नौलखा, डॉ. आर. एल.	:	प्रबन्ध, मलिक एण्ड कम्पनी (प्रकाशन), चौड़ा रास्ता, जयपुर - 302003, वर्ष 1993, कुल पृ. -456

देसाई, वसन्त : प्रबन्धन के सिद्धान्त, ग्रन्थ अकादमी, पुराना दरियागंज, नई दिल्ली - 110002, वर्ष 2000, कुल पृ.-291

सन्दर्भ ग्रन्थ

अग्रवाल सागर : इण्डियन सिस्टम ऑफ मैनेजमेंट (अंग्रेजी), शिप्रा
अग्रवाल अंकुर पब्लिकेशन्स विकास मार्ग, दिल्ली-110092, वर्ष 2005, कुल पृ.-14

केलकर, रवीन्द्र : हड़ताल, नवजीवन प्रकाशन मन्दिर, अहमदाबाद - 14, 1961, कुल पृ. - 271

गाँधी, एम. के. : आश्रम ओबजरवेन्सिस इन एक्शन (अंग्रेजी), नवजीवन पब्लिशिंग हाऊस, अहमदाबाद, वर्ष 1995, कुल पृ.-921

महास्कर, रामभन : सेवाग्राम आश्रम, सर्व सेवा संघ प्रकाशन, राजघाट, वाराणसी, वर्ष 1997, कुल पृ.-471

माथुर, डॉ. जगन्नाथ : गाँधी प्रसंग (द्विवार्षिक द्विभाषीय जरनल), वाल्यूम 3, अंक 2,

स्वरूप, मुख्य सम्पादक जनवरी 30, 2001 मातृ अँचल, बैंक रोड, इलाहाबाद - 211002

नन्जुउप्पा, डॉ. डी. एम. : इकॉनोमी ऑफ ह्यूमन वैल्यूज, गाँधी शान्ति प्रतिष्ठान, बैंगलूर, वर्ष 1993, कुल पृ.-731

नौलखा, डॉ. आर. एल. : प्रबन्ध, मलिक एण्ड कम्पनी (प्रकाशन), चौड़ा रास्ता, जयपुर - 302003, वर्ष 1993, कुल पृ. -456

देसाई, वसन्त : प्रबन्धन के सिद्धान्त, ग्रन्थ अकादमी, पुराना दरियागंज, नई दिल्ली - 110002, वर्ष 2000, कुल पृ.-291